그리스도인들에게 동성애는 가장 뜨거운 감자 중 하나다. 양 극단의 적나라한 충돌에 익숙해진 지도 오래다. 그만큼 차분한 사유는 더 어려워졌다. 많은 이들이 진지한 숙고보다 선명한 결론에 기초한 단호한 행동이 필요하다고 느낀다. 하지만 실제 현실이 잘 보여 주는 것처럼, 전면적 대립 국면에서 취하는 단호함은 문제 해결을 향한 진전 대신 실익이 없는 희생만 더하곤 한다. 그래서 우리는 고민하며 최선의 길을 묻는다.

이 책에는 동성애에 관한 네 사람의 색다른 주장이 담겨 있지만, 책의 제목은 "두 가지 견해"다. 실제 목소리가 둘이어서가 아니라, 네 사람의 논의를 읽는 우리의 관심이 '찬성이냐 반대냐'에 쏠리기 때문이다. 사안이 그만큼 민감하다. 우리 손에 '뜨거운 감자'가 놓였고, 우리는 이 감자를 어떻게 해야 주의 뜻에 순종하는 것인지 알고 싶다. 문제는 올바른 입장에 대한 우리의 절박함이 자칫 섣부른 결론으로 이어지기 쉽다는 것이다.

이 책의 저자들은 모두 복음주의 신앙을 고백하지만, 이들의 주장은 많은 보수주의자들의 '현실부정적' 논조를 벗어난다. 동성애 자체는 더 이상 논란의 대상이 아니며, '치유 가능성'과 같은 해묵은 논리도 수용하지 않는다. 저자들은 모두 동성애라는 엄연한 현실을 진지하게 받아들이고, 이 현실과 교섭하는 복음적 태도를 묻는다. 느슨했을지도 모르는 우리의 성경 읽기를 재검토하고, 오늘과 같은 복잡한 현실 속에서 교회됨의 의미를 다시 생각하게 한다. 각 저자는 이런 숙고의 과정을 거쳐 동성애라는 현실에 대처하는 나름의 결론을 이끌어 낸다. 어떤 점에서 이 책의 글들은 설득의 시도보다는 차라리 실존적 자기 성찰의 기록에 가깝다.

이 책의 입장이 불편할 독자들도 있겠지만, 사실 이 책의 논의는 복음주의적 사유의 좋은 사례들이다. 결론을 못 찾은 이들은 결론에 이르는 진지한 고민의 실례를 만날 것이고, 이미 결론을 내린 이들은 그 결론의 성경적·신학적 토대를 검증하는 기회를 만날 것이다. 독자들이 이 책을 통해 성숙한 관점을 확보하고, 이를 토대로 신실한 실천으로 나아갈 수 있기를 희망한다.

권연경

숭실대학교 기독교학과 신약학 교수

동성애에 대한 견해는 성경의 문자를 넘어 그 문자를 어떻게 해석할 것인가와 관련한 문제다. 우리네 교회는 이를 혼동하여, 노예제도를 찬성하고 여성 참정권을 반대하며 아파르트헤이트를 지지했다. 그런 점에서 이 책은, 동성애에 대한 저자들의 주장과 반박을 나란히 제시하며 성서를 해석하고 신학을 구체적으로 적용하는 다양한 관점들을 보여 주기에 매우 유용하다. 특히 대화에 참여한 저자들이 모두 다른 견해를 가졌지만 몰상식하지 않고, 자신의 삶과 관련한 이야기로 독자들의 지평을 더욱 넓혀 주며, 나아가 목회적 적용에 있어서 서로 거리가 멀지 않은 결론을 내린다는 점이 매우 인상적이다. 우리 교회의 현실을 고려하건대, 이 책과 같은 저작들이 더 출판되어야 한다. 지금 우리에게 필요한 것은 혐오를 불러일으키는 끔찍한 선동이 아니라 차근차근 성경 말씀에, 그리고 함께 살아가는 이웃의 삶에 귀를 기울이는 공부이기 때문이다.

김근주
기독연구원느헤미야 전임연구위원, 구약학 교수

동성애에 대해 각각 다른 입장을 가진 성서학자와 신학자 네 명이 자신의 주장을 분명하게 개진하면서도 교회 현장에서 동성애와 동성애자들을 어떻게 대해야 할지 진솔하게 토론하고 길을 모색한다. 이 책의 장점은, 동성애에 대한 양쪽 견해의 핵심 주장과 근거가 무엇인지 잘 소개해 준다는 것이다. 더욱이 서로 다른 신학적 견해를 지니고서도, 동성애자들을 어떻게 환대하고 도울 수 있을지 한결같이 진지하게 서로 묻고 답하는 저자들의 공통된 노력과 태도가 인상 깊다. 가까운 미래에 이 문제를 더욱 피부로 마주할 한국 교회에게 이 책은 참으로 유용한 자료가 될 것이다.

신원하
고려신학대학원 원장, 기독교윤리학 교수

동성애에 대한 두 가지 견해

IVP(InterVarsity Press)는
캠퍼스와 세상 속의 하나님 나라 운동을 지향하는
IVF(InterVarsity Christian Fellowship)의 출판부로
생각하는 그리스도인을 위한 문서 운동을 실천합니다.

Copyright © 2016 by Preston Sprinkle, William Loader,
Megan K. DeFranza, Wesley Hill, Stephen R. Holmes.
Originally published in English under the title
Two Views on Homosexuality, the Bible, and the Church
Published by The Zondervan Corporation L.L.C.
501 Nelson Place, Nashville, TN 37214, USA
All rights reserved.

Published by arrangement with The Zondervan Corporation L.L.C.,
a division of HarperCollins Christian Publishing, Inc.
through rMaeng2, Seoul, Republic of Korea.

This Korean Edition copyright © 2018 by Korea InterVarsity Press
156-10 Donggyo-Ro, Mapo-Gu, Seoul 04031, Republic of Korea

이 한국어판의 저작권은 알맹2 에이전시를 통하여
The Zondervan Corporation L.L.C.와 독점 계약한 IVP에 있습니다.
신 저작권법에 의하여 한국 내에서 보호받는 저작물이므로
무단 전재와 무단 복제를 금합니다.

동성애에 대한 두 가지 견해

Two Views on Homosexuality, the Bible, and the Church

윌리엄 로더 웨슬리 힐
메건 드프란자 스티븐 홈스

성경은 무엇을 말하며
어떻게 적용할 것인가

프레스턴 스프링클 편집
양혜원 옮김

Ivp

차례

약어 __ 8
서문 • 프레스턴 스프링클 __ 11

제1장 동성애와 성경 윌리엄 로더 __ 25

답변　메건 드프란자 __ 77
　　　웨슬리 힐 __ 87
　　　스티븐 홈스 __ 95
응답　윌리엄 로더 __ 103

제2장 공통 기반을 찾아 성경에서 기독교 윤리로 가는 여정 메건 드프란자 __ 109

답변　윌리엄 로더 __ 161
　　　웨슬리 힐 __ 171
　　　스티븐 홈스 __ 179
응답　메건 드프란자 __ 187

제3장 그리스도, 성경, 영적 우정 웨슬리 힐 __195

　　답변　윌리엄 로더 __231
　　　　　메건 드프란자 __239
　　　　　스티븐 홈스 __249
　　응답　웨슬리 힐 __255

제4장 과거에 귀 기울이며 현재를 성찰하기 스티븐 홈스 __261

　　답변　윌리엄 로더 __307
　　　　　메건 드프란자 __315
　　　　　웨슬리 힐 __325
　　응답　스티븐 홈스 __333

결론: 동성애, 성경, 교회 • 프레스턴 스프링클 __339
옮긴이의 글 • 양혜원 __355
주제/저자 찾아보기 __371
성경 찾아보기 __382

약어

고대 문서
기타

Pss. Sol.	Psalms of Solomon
T. Benj.	Testament of Benjamin
T. Levi	Testament of Levi
T. Naph.	Testament of Naphtali
4Q177 4QCatena[a]	(MidrEschat[b]) Catena[a], 또한 Midrash on Eschatology[b]
4Q270 4QD[e]	Damascus Document[e]
4Q270 4QD[f]	Damascus Document[f]

필론

Abr.	De Abrahamo, On the Life of Abraham
Contempl.	De vita contemplative, On the Contemplative Life
Deus	Quod Deus sit immutabilis, That God Is Unchangeable
Ebr.	De ebrietate, On Drunkenness
Her.	Quis rerum divinarum heres sit, Who Is the Heir?
Hypoth.	Hypothetica
Ios.	De Iosepho, On the Life of Joseph
Mut.	De mutatione nominum, On the Change of Names
Prob.	Quod onmis probus liber sit, That Every Good Person Is Free
QG	Quastiones et solutiones in Genesin, Questions and Answers on Genesis
Somn.	De somniis, On Dreams
Spec.	De specialibus legibus, On the Special Laws
Virt.	De virtutibus, On the Virtues

요세푸스

Vita	*Vita, Life*
Ap.	*Contra Apionem, Against Apion*
A.J.	*Antiquitates judaicae, Jewish Antiquities*
B.J.	*Bellum judaicum, Jewish War*

플라톤

Leg	*Leges, Laws*

오비디우스

Metam.	*Metamorphoses*

일반 약어

AB	Anchor Bible Commentary
BETL	Bibliotheca ephemeridum theologicarum lovaniensium
Ms	manuscript
NovT	Novum Testamentum, New Testament
SemeiaSt	Semeia Studies
WBC	Word Biblical Commentary

윌리엄 로더

ELJ	William Loader, *Enoch, Levi, and Jubilees on Sexuality* (2007)
DSS	William Loader, *The Dead Sea Scrolls on Sexuality* (2009)
PS	William Loader, *The Pseudepigrapha on Sexuality* (2011)
PJT	William Loader, *Philo, Josephus, and the Testaments on Sexuality* (2011)
NTS	William Loader, *The New Testament on Sexuality* (2012)

서문 프레스턴 스프링클

오늘날의 종교와 정치 담론에서 동성애만큼 격하고 혼란스럽게 논쟁되는 주제는 드물다. 동성 관계도 신성한 관계가 될 수 있는가 하는 것은 오늘날 교회가 직면하는 가장 긴박한 윤리 문제 중 하나다. 휴거나 천년설이나 방언 등과 같이 그리스도인들이 논쟁을 벌이는 다른 문제들과는 달리 동성애는 인간 존재의 핵심을 건드린다. 다른 곳에서도 이미 말한 바 있지만, 이것은 그저 논쟁할 쟁점이 아니라, 실제 사람의 중심과 인간성을 직접 다루는 문제다.[1]

동성애가 그저 쟁점이 아닌 것은, 사람이 단순한 쟁점이 아니기 때문이다. 그렇다고 해서 쟁점이 아닌 것은 아니다. 사실은 몇 가지 쟁점을 안고 있다. 인간의 본성과 결혼과 젠더와 섹슈얼리티와 관련된 성경 본문이나 교리나 성경신학적 주제의 영향을 받은 쟁점들이다. 동성애를 제대로 이해하려면 성경의 맥락이 되는 고대 근동 사회와 그리스-로마 사회를 파고들어야 하며, 동성 관계에 대한 유대교와 초기 기독교의 관점을 연구해야 하며, 심리학과 사회학과 생물학의 최근 연구

---

1 나의 책 *People to Be Loved: Why Homosexuality Is Not Just an Issue* (Grand Rapids: Zondervan, 2015)를 보라.

들을 참고해야 한다. 또한 동성애는 들을 줄 알아야 하는 문제다. 실제 게이와 레즈비언과 양성애자의 목소리를 듣고 그들의 삶을 이해해야 한다.[2]

이 주제를 처음 연구하기 시작할 때, 나는 수십 권의 책과 수백 편에 달하는 논문을 파고들었고, 감당할 수 없어 보일 만큼 많은 연구를 조금씩 진행해 갔다. 연구하면서 나는 히브리어와 헬라어 단어에 대해, 섹슈얼리티에 대한 성경의 관점에 대해, 섹슈얼리티에 대한 성경의 관점에 관한 난제들에 대해, 교회사에 대해, 고대 메소포타미아 사회의 섹슈얼리티에 대해, 로마의 시로 알려져 있는 고대 포르노그래피에 대해 많은 것을 배웠다. 그러나 비로소 동성애라는 '주제'를 이해하기 시작한 것은 게이들과 레즈비언들을 실제로 알고 사랑하게 된 이후였다.

그래서 나는 이 책을 무척 기대한다. 이어지는 장에서는 깊은 학술적 지식이 제대로 펼쳐질 것이다. 이 책의 필진은 성서학, 신학, 섹슈얼리티와 젠더 분야에서 탁월한 성과를 낸 학자들이다. 그러나 그들 중 실제 사람들, 게이들과 레즈비언들, 단순한 쟁점이 아닌 사람의 삶과 유리한 채 치솟은 상아탑의 높은 방에서만 이 주제를 연구한 사람은 하나도 없다.

---

2 트랜스젠더 등 다른 성 소수자와 관련된 윤리적 문제도 섹슈얼리티와 관련된 문제만큼이나 긴박하지만 이 책의 범위를 넘어서기 때문에, 여기서는 맥락상 필요한 경우가 아니고서는 LGBTQ+ 약어 사용을 피할 것이다.

쏟아져 나오는 동성애에 대한 책들

1980년에 존 보스웰John Boswell이 『기독교, 사회적 관용, 동성애』Christianity, Social Tolerance, and Homosexuality³라는 도발적인 책을 출판하기까지, 성서학자들과 신학자들은 동성애 주제를 거의 건드리지 않고 있었다. 보스웰은 초기 기독교가 동성 커플을 허용했으며, 성경이 금지하는 것은 오직 특정 형태의 착취적 동성애 행위라고 주장했다. 그의 책은 성서학자들의 혹독한 비판을 받았지만,⁴ 교회가 게이와 레즈비언들을 온전히 수용할 수 있도록 성경을 읽는 길로 이어지는 문을 열었다.

보스웰 이후 몇몇 연구서가 뒤따랐다. 흥미롭게도 역사학자들과 성서학자들이 쓴 책 대다수는 보스웰의 몇몇 주장에는 동의하지 않으면서도, 결론적으로는 성경이 금지하는 동성애 관계에는 서로 합의한 배타적 동성 간 결혼은 포함되지 않는다고 결론지었다.⁵

동성애를 긍정하지 않는 학자들은 이에 반박하며 전통적 기독교 성 윤리의 성경적·역사적 근거를 제시했다. 그중에서 중요한 책 중 하

3 John Boswell, *Christianity, Social Tolerance, and Homosexuality: Gay People in Western Europe from the Beginning of the Christian Era to the Fourteenth Century* (Chicago: University of Chicago Press, 1980).
4 특히 Richard Hays, "Relations Natural and Unnatural: A Response to J. Boswell's Exegesis of Rom. 1", *Journal of Religious Ethics* 14 (1986): pp. 184-215를 보라.
5 그중에서도 가장 두드러지는 책들은 다음과 같다. Robin Scroggs, *The New Testament and Homosexuality: Contextual Background for Contemporary Debate* (Philadelphia: Fortress, 1983); William Countryman, *Dirt, Greed, and Sex: Sexual Ethics in the New Testament and Their Implications for Today* (rev. ed.; Minneapolis: Fortress, 2007); Daniel A. Helminiak, *What the Bible Really Says about Homosexuality* (Estancia, NM: Alamo Square, 2000). 『성서가 말하는 동성애』(해울); Dale Martin, *Sex and the Single Savior: Gender and Sexuality in Biblical Interpretation* (Louisville: Westminster John Knox, 2006); Martti Nissinen, *Homoeroticism in the Biblical World: A Historical Perspective*, trans. Kirsi Stjerna (Minneapolis: Fortress, 1998).

서문   13

나가 로버트 개그넌Robert Gagnon이 2001년에 출간한 두툼한 책 『성경과 동성애 행위』The Bible and Homosexual Practice인데,[6] 지금도 보수적 관점에서 이 주제를 다루는 가장 방대하고 깊이 있는 성경 연구로 꼽힌다. 그리고 성경이 동성 간 관계에 대해서 뭐라고 말하는지에 대해 서로 다른 결론들을 내리는 새로운 물결의 연구들이 지난 몇 년간 쏟아져 나왔다.[7] 이 주제를 다루는 책과 논문의 수가 이렇게 늘어났음에도, 여러 학문 분야와 관점을 아우르는 새로운 작업과 신선한 대화는 여전히 많이 필요하다.

새로운 기여

카운터포인츠Counterpoints 총서에 속한 이 책은 이미 진부해진 이 논쟁에 여러 면에서 신선한 관점을 더한다.

우선, 복음주의 기독교 출판사로서는 처음 시도하는 책이다. 10년, 아니 불과 5년 전만 하더라도 이러한 책은 나오기 힘들었을 것이다. 최근까지도 복음주의에는 동성애에 대한 관점은 단 한 가지만 존재했다. 소위 긍정하지 않는 관점non-affirming view이다. 보수주의자들은 시위를 하거나 그저 반대 입장을 고수하겠지만, 실상은 성경을 믿으며 복

---

6 Robert Gagnon, *The Bible and Homosexual Practice: Texts and Hermeneutics* (Nashville; Abingdon, 2001).

7 긍정하는 입장에 대해서는, 예를 들어 James Brownson, *Bible, Gender, Sexuality: Reframing the Church's Debate on Same-Sex Relationships* (Grand Rapids: Eerdmans, 2013); Robert Song, *Covenant and Calling: Toward a Theology of Same-Sex Relations* (London: SCM, 2014)를 보라. 긍정하지 않는 입장에 대해서는, 예를 들어 Kevin DeYoung, *What Does the Bible Really Teach about Homosexuality?* (Wheaton, IL: Crossway, 2015). 『성경이 동성애에 답하다』(지평서원); Sprinkle, *People to Be Loved*를 보라.

음을 가르치는 확고한 복음주의자들 중에서 동성애를 긍정하는 관점affirming view을 탐구해 보거나, 아예 거기에 합류해 돌아서지 않는 사람들이 점점 늘어나고 있다. 동성애를 긍정하는 한 게이 그리스도인 친구와 대화하는데 그가 나더러 자신보다 "더 진보적"이라고 말한 것을 나는 잊지 못할 것이다. 가장 좋아하는 설교자가 누구냐고 물었더니 그는 존 파이퍼John Piper와 데이비드 플랫David Platt이라고 답했다. 또 다른 친구는 모든 것을 성경으로 밀어붙이는 사람을 비행기에서 만난 일을 이야기해 주었다. 그녀는 자기 신앙에 대해 아주 공개적으로 목소리를 냈다. 무릎에 성경을 펼쳐 놓고는 주변 사람들 모두에게 예수님에 대해 이야기하면서 그분을 믿지 않으면 다 지옥에 갈 거라고 말했다. 나중에 알고 보니, 그녀는 레즈비언 목사였다고 한다.

이제 이 문제는 더 이상 기독교와 비기독교의 논쟁이 아니다. 진짜 기독교의 관점은 단 하나밖에 없다고 믿는 사람들도 여전히 있겠지만, 이제 동성애와 성경과 교회에 대한 논쟁은 기독교 내의 토론 주제가 되었다. 그리스도인들은 더 이상 성경이 **말하는** 것 뒤에 숨을 수 없게 되었다. 이제 우리는 성경이 **의미하는** 것을 이해하기 위해 고된 노력을 기울여야 한다. 물론 우리 전통의 풍성한 역사와 대화하면서 말이다.

둘째로, 기독교와 동성애에 대한 논의는 성경 해석학이 지배해 왔다. 성서학자로서 나는 성경에서 논의를 시작하는 게 마땅하다고 생각한다. 그리스도인과 동성애에 대한 토론은 모두 시작하는 순간부터 기도로 마치는 순간까지 계속 성경을 펼쳐 놓고 있어야 한다. 이 책의 저자들은 모두 성경을 매우 중요하게 생각한다. 그러나 그동안 이 대화에서 역사신학과 조직신학에 대해서는 충분한 주의를 기울이지 못해 왔다. 성서학자들은 계속 헬라어와 히브리어 용어에 대해서 이야기하는데, 신학자들은 아우구스티누스와 바르트에 대해서, 그리고 성경이 현대 윤리에 (적용되는지 안 되는지 여부가 아니라) 어떻게 적용되는지에 대해 이야기해 왔다.

이 책에서는 두 가지 모두를 보게 될 것이다. 비록 '두 가지 관점'에 대한 책이지만, 두 관점을 각각 대변하고 변호하는 데에 일부러 신학자와 성서학자를 한 사람씩 배치했다. 따라서 당신은 레위기 18장 22절과 로마서 1장 26-27절이 아우구스티누스의 『결혼의 유익에 대하여』On the Good of Marriage 와 어떻게 연결되는지 보게 될 것이다. 우리는 신학과 성경을 한 자리에 가져와서 동성애에 대해서 각자가 어떻게 생각하는지 유익하고 정직한 대화를 나눌 것이다.

셋째로, 동성애에 대한 과열된, 그리고 제법 역겨운 대부분의 논쟁에서와 달리, 이 책에서는 매우 다른 어조의 대화를 경험할 것이다. 중요한 윤리적·신학적 문제에 대해 서로 동의하지 않는 사람들이 끝까지 상대를 존중하고 예의를 지키며 대화하는 모습을 보여 주는 것은 아마도 이 책이 처음이 아닐까 싶다. 내 경험으로 보건대, 목청을 높이고 화를 내는 논쟁은 문제를 이해하는 데 도움이 되지 않는다. 차분히 앉아서 정말로 상대방의 말에 귀 기울일 때 비로소 건설적 대화가 가능하다.

그렇다고 우리가 반드시 서로 동의해야 한다는 뜻은 아니다. 이 작업을 끝내고 자신의 관점을 바꾼 필자는 한 명도 없다. (만약 그랬다면 계약을 맺은 출판사는 참 난감했을 것이 분명하다!) 이 책에서 당신은 두 관점에 대한 강력하고도 예리한 주장들을 볼 것이다. 특히 필자들이 상대의 의견에 대해 내놓는 답변은 책값이 아깝지 않을 만큼 통찰력과 가치가 있다. 필자들은 직설적이되 상대를 비하하지 않고, 솔직하되 공격적이거나 거칠지 않은 태도를 견지하는 사람들이다.

저자들 소개

이러한 책에 가장 적합한 필진을 찾는 일은 쉬운 일이 아니다. 갖가지 기준이 있다. 저자는 모두 자기 분야인 신학이나 성서학에서 성과를 낸 학자로서 출간된 단행본이나 검증된 학술 논문으로 그것을 입증한 사람이어야 한다. 또한 폭넓은(목사들이나 학자들만이 아닌) 독자층과 대화할 줄 알아야 하며, 다른 필자들과 함께 건설적이고 겸손한 대화를 제시할 수 있어야 한다. 게다가 이 책에서는, 동성애를 싸워 이겨야 할 학문적 전투로 보지 않고 자신의 관점이 실제 사람들 개인에게 미치는 영향을 이해하는 필자를 찾은 것인지 철저히 확인했다.

이러한 기준들에 비추어 우리가 선정한 필진에 나는 무척 흡족하다. 모든 필자가 앞에 언급한 기준들에 탁월하게 부합하는 사람들이다. 윌리엄 ("빌") 로더 William ("Bill") Loader 박사 Dr theol, 마인츠 대학교, 독일는 고대 유대교와 기독교의 섹슈얼리티에 대해 가장 탁월한 학자라는 평을 받고 있으며, 그 주제에 관한 학술 도서를 다섯 권 저술했고 최근에는 그것을 요약해서 『성에 대한 이해』 Making Sense of Sex라는 대중적 도서를 펴냈다.[8]

---

[8] William Loader, *Making Sense of Sex: Attitudes towards Sexuality in Early Jewish and Christian Literature* (Grand Rapids: Eerdmans, 2013). 로더의 다른 책으로는 *The New Testament*

빌은 동성애 관계를 긍정하는 관점에서 논한다. 그러나 그는 우리가 성경을 진지하게 받아들여야 하며, 성경이 모든 형태의 동성애 관계를 금지하고 있다고 확고하게 믿는다. 성경이 말하고 의미하는 것은 분명하다. 동성애 관계는 잘못된 것이다. 그러나 현대 윤리에 성경을 적용할 때는 생물학, 인류학, 사회학 등 섹슈얼리티와 젠더와 관련한 다른 분야들의 학문적 성과를 고려해야 한다. 해석학적·윤리학적 이유에서 로더는 신실하고 배타적인 동성 간 관계는 신성하다고 인정한다.

메건 드프란자Megan DeFranza 박사PhD, 마르케트 대학교는 성, 젠더, 섹슈얼리티에 대한 신학적 연구에서 새롭게 떠오르는 리더다. 『기독교 신학에서 보는 성차』Sex Difference in Christian Theology라는 선구적 저서에서 그녀는, 모든 사람이 분명하고 배타적으로 남성 혹은 여성으로 태어난다고 하는 가정에 간성intersex인 사람들의 존재가 어떠한 도전을 던지는지 탐구한다. 생물학적 성의 복잡한 발달 과정과 현대 신학과 윤리에 맞게 성경을 해석하는 난제를 연구하면서, 그녀는 어려서부터 지켜 온 동성애를 긍정하지 않는 관점을 재고하게 되었다. 메건은 성경의 금지 본문은 인신매매, 경제적 착취, 젠더와 사회 계급의 이해에 얽힌 서로 다

on Sexuality (Grand Rapids: Eerdmans, 2012); Philo, Josephus, and the Testament on Sexuality: Attitudes towards Sexuality in the Writings of Philo, Josephus, and the Testaments of the Twelve Patriarchs (Grand Rapids: Eerdmans, 2011); The Pseudepigrapha on Sexuality: Attitudes towards Sexuality in Apocalypses, Testaments, Legends, Wisdom, and Related Literature (Grand Rapids: Eerdmans, 2011); Sexuality in the New Testament (London: SPCK, 2010); The Dead Sea Scrolls on Sexuality: Attitudes towards Sexuality in Sectarian and Related Literature at Qumran (Grand Rapids: Eerdmans, 2009); Enoch, Levi, and Jubilees on Sexuality: Attitudes toward Sexuality in the Early Enoch Literature, the Aramaic Levi Document, and the Book of Jubilees (Grand Rapids: Eerdmans, 2007); Sexuality and the Jesus Tradition (Grand Rapids: Eerdmans, 2005); The Septuagint, Sexuality, and the New Testament: Case Studies on the Impact of the LXX in Philo and the New Testament (Grand Rapids: Eerdmans, 2004) 등이 있다.

른 권력들이 지배하던 고대 성 문화의 배경에서 읽어야 제대로 이해할 수 있다고 주장한다. 성경 본문은 서로 합의한 배타적 동성 간 결합에 초점을 맞추지 않았다.

웨슬리 힐Wesley Hill 박사PhD, 더럼 대학교는 이 주제에 대해 많은 책과 에세이를 쓴 중견 성서학자이자 신학자다. 무엇보다도 웨슬리는 자신이 게이 그리스도인이라고 밝히는데, 그의 글 첫 문단에서도 보겠지만 그는 이 논의에서 직접 영향을 받는 사람이다. 웨슬리는 동성애 관계를 긍정하지 않는 관점에서 주장하는데, 소위 금지 본문들(레 18:22; 20:13; 롬 1:26-27; 고전 6:9; 딤전 1:9-10)을 되짚어 보고 그것을 결혼, 성, 출산에 대한 신학의 지배적 입장과 대비해서 보여 주며, 여기서 아우구스티누스를 우선적 대화 상대로 꼽는다.

스티븐 홈스Stephen Holmes 박사PhD, 킹스 칼리지, 런던는 왕성히 활동하는 신학자로서 탁월한 저서를 여러 권 출간했다. 스티븐의 글은 성과 결혼의 신학에 초점을 맞추면서 성경의 소위 금지 본문들(레 18:22; 롬 1:26-27 외)은 중요하지만, 이 논쟁에서 부차적 문제라고 주장한다. 성과 결혼에 대한 기독교 신학만으로도 동성 간 관계의 신성함은 배제되는데, 이는 성과 결혼이 출산을 위한 것이며 동성 커플은 출산을 할 수 없기 때문이다. 스티븐은 아우구스티누스의 결혼에 대한 견해를 동성애에 대한 기독교 신학 논의의 기초로 삼는다. 그는 동성애에 대해 긍정하지 않는 입장이지만, 이혼 후에 재혼한 이성애 커플들을 기독교 지도자들이 교회 안에 받아들인 것과 비슷한 방식으로 교회가 게이나 레즈비언 커플들을 목회적으로 수용할 어떤 가능성을 살펴본다.

이 책의 필자들은 모두 성경에 대한 높은 식견, 복음과 교회에 대한 헌신, 사람들에 대한 사랑, 특히 이 주제에 가장 크게 영향을 받는 사람들에 대한 사랑을 보여 준다. 여기에서는 감상적으로 감정에 호소하는 주장이나 사랑에 대한 포스트모더니즘의 관점, 곧 '나를 사랑한다면 내가 하고 싶은 것을 다 인정해 주어야 해'라는 관점에 근거하는 주장은 하나도 찾지 못할 것이다. 탐구하는 지성과 연민의 마음으로 따라가다 보면, 모든 필자들이 성경 그리고 신학과 매우 진지하게 씨름한다는 것을 알게 될 것인데, 이는 성경의 저자가 하나님이시며 그분의 진리, 여러 세기에 걸쳐 그리스도인 사상가들이 다각도에서 바라보고 숙고한 그 진리를 하나님이 인간 저자들을 통해 인류에게 전하셨다고 그들이 믿기 때문이다.

용어에 대한 안내

동성애를 논하는 데 있어서 가장 어려운 것 중 하나는 언어다. ('동성애'라는 단어 자체를 불쾌하게 여기는 사람들도 있다.) 이 논의를 처음 접하는 사람들은 새로운 용어들을 잔뜩 접하고 행여 말을 잘못해서 검열관을 자처하는 사람들의 감시에 걸릴지도 모른다는 위협을 느끼기도 한다. 그래서 이 책의 저자들과 나는 여기에서 논의하는 두 가지 관점을 설명하는 데에 어떤 용어를 사용할지 많은 시간을 들여 결정했다. 우리는 이 논의에 종종 사용되는 용어들—보수적, 자유주의적, 역사적, 진보적, 수정주의적, 정통 등등—을 다 살펴보았는데, 그러한 용어들은 대부분 그 함의에 문제가 있음을 알게 되었다. '긍정'affirming과 '비긍정'non-affirming이라는 용어가 갈수록 많이 사용이 되고 있어서 그것을 거의 채택할 뻔했지만, '비긍정'이라는 용어가 불필요하게 부정적으로 받아들여질지 모른다는 우려가 있었다. 게다가 동성애에 대해서는 '비긍정'의 입장인 사람들도 동성애자들에 대해 긍정하는 부분들이 많았다. 따라서 현재로서 이 책이 대변하는 두 가지 관점을 제대로 설명할 완벽한 용어는 없는 셈이다.

그래서 상당한 논의 끝에 우리는 '긍정'과 '전통적'traditional이라는 용어를 쓰기로 했다. 완벽하지는 않지만, 다른 용어들보다는 나은 듯하다. 특히 독자들이 이 말이 정확히 무엇을 의미하는지(그리고 의미하지 않는지!) 제대로 이해한다면 말이다. 서로 합의한 배타적 동성애 관계도 하나님의 복을 받을 수 있고 교회 생활에 온전히 참여할 수 있다고 보는 빌 로더와 메건 드프란자의 견해에 대해서는 '긍정'이라는 용어를 사용했다. 다시 말해, 이 관계가 본질적으로 죄는 아니라는 견해다. 웨슬리 힐과 스티븐 홈스가 견지하는 다른 견해는 '전통적'이라고 칭했다. 이 표현은 모든 종류의 동성 간 성관계를 성경과 기독교 신학이 금지한다고 하는 입장에만 국한된다. 그러니까 홈스와 힐이 결혼이나 동성애 성향 전부에 대해서 '전통적' 입장을 취한다는 것은 아니다. 앞으로 보겠지만, 결혼이나 섹슈얼리티에 대한 그들의 일부 견해는 비전통적untraditional으로 간주할 수도 있다. 마찬가지로 로더와 드프란자도 게이와 레즈비언 관계에 대한, 또는 정치적 장에서 활동가들이 펼치는 안건들에 대한 모든 것을 반드시 긍정하는 것은 아니다. 여기에서 '긍정'이라고 하는 용어는 게이와 레즈비언 결혼 관계도 하나님 앞에서 신성한 관계로 인정받을 수 있다는 관점에만 국한된다.

독자들에 대한 도전

최근에 나는 카운터포인츠 총서에 속한 책 『지옥에 대한 네 가지 견해』 Four Views on Hell — 이 또한 아주 논쟁이 치열한 주제다! — 의 총괄 편집자로 일했다. 그 책의 서문에서 내가 독자들에게 도전한 말은 이 책에서도 더욱 참되게 적용된다.

시간이 지나고 반복해서 회자됨에 따라, 검증되지 않은 신념이 성경에 근거하지 않은 채 유지되는 경우가 흔히 있다. 우리는 어떤 진리를 확신하면서도 왜 그런지는 알지 못한다. 특정 교리들을 믿으면서도 그것을 언제나 성경적으로 변호하지는 못한다. 하지만 하나님의 영감을 받은 말씀이 진리의 궁극적이고 최종적인 권위라고 믿는 사람들에게 이러한 태도는 용납할 수 없는 것이다. 우리는 개혁되어야 하며 언제나 개혁해야 한다.[9]

개신교 전통에 속한 학자들은 에클레시아 셈페르 레포르만다 ecclesia semper reformanda, 혹은 '교회는 언제나 개혁되어야 한다'라는 말을 만들어냈다. 동성애 주제를 연구하고 재고하는 내 마음이 이것과 같았다. (지금도 이어 가고 있는) 성경과 동성애에 대한 연구를 처음 시작했을 때, 나는 성경이 이끄는 대로 나아가겠다고 개인적으로, 그리고 공개적으로 다짐했다. 그리고 독자 여러분도 그렇게 하기를 도전한다. 성경을 믿는 그리스도인들은 자신이 **무엇**을 믿는지를 아는 것에 만족해서는

---

9 Preston M. Sprinkle, ed., *Four Views on Hell* (Grand Rapids: Zondervan, 2016), p. 15.

안 되며, **왜** 믿는지도 탐구해야 한다. 불행히도 보수적 그리스도인들은 이미 특정한 관점에 대해 형성된 열심―자신이 **왜** 그것을 믿는지 알든 모르든―을 지닌 채로 동성애라는 주제에 접근하는 경우가 많다. 진보적 그리스도인의 경우도 마찬가지다. 조금이라도 보수적인 냄새를 맡으면 바로 등을 돌리고 반대 방향으로 달려간다.

이 두 가지 접근법을 모두 피하기를 장려한다. 그 대신에, 성경에 대한 당신의 식견을 시험해 보라. 마음과 성경을 모두 펼쳐 놓고 이 책의 모든 글을 읽으라. 본문이 이끄는 대로 나아갈 용기를 품고, 그것이 21세기 교회에 어떻게 적용되는지 탐험하라.

제1장

동성애와 성경

윌리엄 로더

이 세상의 인간적 경험

최근 들어서 갈수록 많은 사람들이 자신이 동성애자임을 공개적으로 인정하고 있다. 그중에는 존경받는 지도자들, 헌신된 그리스도인들, 많은 사랑을 받는 보통 시민들도 있다. 고작 몇 십 년 전 만 해도 그렇게 공개적으로 말하지 않았을 것이다. 실제로 여러 나라의 법률상, 자신이 동성애자임을 적극적으로 드러냈다는 의심은 법의 구속을 받기에 충분했다. 처음에는 젊은이들 몇 명이 '커밍아웃'을 무릅쓰고, 의혹의 시선을 던지는 사회 앞에 자신의 자유를 과시해 보이기도 하면서 시작했던 이 움직임은, 이제 비교적 일반적인 현상이 되었다. 사람들은 유난 떨지 않으면서, 또한 별 두려움 없이 자신이 '게이'라고 매체에 나와 말한다. 그러나 게이인 것이 (게이인 본인에게, 종종 그 부모에게도) 여전히 수치스러운 일로 여겨지는 경우에는, 여전히 어느 정도의 두려움이 남아 있다. 지금도 우리는 집에서 쫓겨나는 아이들의 이야기와 자살하는 사람들의 이야기를 듣는다.

이러한 비극이 종교나 신앙과 무관하게 일어나기도 한다. 그러나 늘 그렇지는 않다. 따라서 종교와 신앙이 영향을 미치는 경우, 특히 기독교 전통 안의 상황에서 이 문제를 접근해 보는 것은 타당하다. 요즘에는 성경을 믿는 전통적 가정에서도 부모가 충격과 반대와 거절로 반응하는 대신에 자기 자녀에게서 늘 보아 왔던 것들을 인정하고 받아들이는 경우가 많다. "우리 아들은 아주 어릴 때부터 그랬어요", 혹은 "우리 딸은 늘 그랬어요. 어린아이일 때부터 알아챌 수 있었죠"라는 말을 나는 참 번번히 들었다. 이처럼 갈수록 많은 사람들이, 소수이기는 하지만 타고난 성적 지향이 동성에게 향하는 사람들이 무시할 수 없을 만큼 존재한다는 것을 인식하고 있다. 그리고 더 많은 사람들이 그러한 경험을 나눌수록, 그냥 있을 수 있는 일이며 그런 사람들이 있는 것이라고 받아들이는 경우도 많아졌다. 그렇기 때문에 동성 간 결혼을 동성애자 시민들에게 마땅하고 옳은 일이라고 보고 합법화하는 국가가 늘어나고 있는 것이다.

또한 이제는, 아이가 불완전한 혹은 모호한 성기를 가지고 태어나는 경우처럼 다른 차이들에 대해서도 아는 사람들이 많다. 그리고 자신의 내면이 남성이라고 느끼지만 몸은 여성이거나 그 반대인 경우도 실제로 있다. 섹슈얼리티에서는 동시에 생리학적이며 심리학적인 차이가 많이 있다. 그리고 이러한 현상은 다른 포유류의 세계에서도 목격할 수 있다. 모든 사람이 단순히 남성이거나 여성으로 나뉘지는 않는다. 게다가 성적 지향은 생애에 걸쳐 변할 수도 있으며, 어떤 사람들은 이성애와 동성애 지향을 모두 지니고 있기 때문에 문제는 더욱 복잡해진다. 이러한 모든 차이를 개인의 고의적 도착증이라고 믿는 사람은 이제 거의 없다.

경험을 신앙에 연결시키기: 사람을 바꾼다?

신앙이 있는 사람의 경우 이러한 현실을 깨달은 것은 고작 시작에 불과하다. 개인은 무엇을 해야 하는가? 그리고 가족이 관련되는 경우, 그 가족은 무엇을 해야 하는가? 굳이 무엇을 해야 할 이유가 있는 것인가? 이 질문에 대한 답은, 기독교 신앙이 전통적으로 이러한 성적 지향을 도착적인 것 또는 적어도 병리적인 것으로 보아 왔고, 그것을 행동으로 옮길 경우 심각한 죄를 짓는 것이라고 보았다는 사실에 있다. 어떤 경우, 특히 성경을 믿는 사람들의 경우에는 성경의 금지 조항들이 그들의 실제 경험과 충돌하면서 신앙의 위기를 낳기도 한다. 그럴 때 어떤 사람들에겐 두 가지 대안이 있다. 자기 신앙을 버리거나, 자기 아이를 버리는 것이다. 또 어떤 사람들에겐 이러한 위기가 불러오는 당혹감과 고통이, 앞의 것보다는 좀더 이해하고 용납하는 듯 보이는 대안들로 이어지기도 한다. 사람들은 자신 또는 자기 자녀에게 동성애 지향을 지우고 이성애 지향을 집어넣는 치료를 받게 해 왔다. 그러나 그런 치료들은 거의 성과가 없었다. 그러한 치료를 받아야 한다고 믿었거나 스스로 그런 치료를 시도했다가 엄청난 스트레스와 고통을 받았다는 이야기가 많이 존재한다. 무시하기에는 그 숫자가 너무나도 많다.[1]

---

1 Wesley Hill, *Spiritual Friendship* (Grand Rapids: Brazos, 2015), p. 73에 나오는 조심스러운 평가를 보라.

경험을 신앙에 연결시키기: 성경을 바꾼다?

다른 길을 택하는 사람들도 있다. 자기 자신을 바꾸는 대신에 그들은 이렇게 묻는다. 우리가 성경을 이해하는 방식을 바꿀 필요가 있지 않은가? 사실은 성경이 동성애나 동성애 행위를 정죄하지 않는다는 것을 보여 줄 수 있다면 어떻겠는가? 전자의 경우가 아마도 후자의 경우보다는 쉽겠지만, 성경이 정죄하는 행위가 특정한 맥락이나 사람들에게 국한된 것이라고 주장하는 사람들이 이미 나타나기 시작했다. 그들은 성경의 정죄가 동성애자가 아닌 이성애자가 동성애 행위를 할 경우에 해당한다고 주장한다. 혹은 우상숭배와 관련된 의식에서 행하는 동성애 행위에 해당한다고 주장한다. 또는 성인들 간의 사랑에서 나타나는 동성애 표현이 아니라 고대사회에 만연하던 성인과 미성년자 사이의 동성애 행위에 해당한다고 주장한다. 그리고 여성들 간의 동성애는 한 번도 정죄받은 적이 없으며, 정죄받았다고 생각하는 것은 본문을 오독했기 때문이라고 증명하려 하는 시도들도 있어 왔다.

동성을 향한 사랑의 감정의 경우, 성경이 감정을 포함해서 사람의 성적 지향 자체를 판단하지는 않으며, 행위와 행하려는 의도만 판단한다는 주장이 제기되었다. 이러한 주장은 많은 사람들에게 큰 안도감을 주었다. 행위로 옮기지 않는다면 게이여도 괜찮고 동성애적 감정을 느껴도 괜찮다는 것이다. 곧 살펴보겠지만, 성경의 관점을 이렇게 완화하는 것은 동성애 지향 자체도 죄의 징후로 보는 성경을 정당하게 대변하지 못하는 것이다. 그러나 그 주장은 많은 사람들이 자신의 동성애 지향을 죄책감 없이 받아들일 수 있게 해 주었고, 결코 행위로 옮기지 않겠다는, 적어도 정죄받는 그 형태로는 드러내지 않겠다고 자신을 얽매는 결심으로, 자신에 대한 이해와 성경에 대한 이해를 한데 엮어 낼 수 있게 해 주었다. 그래서 어떤 사람들은 평생 독신으로 살기로 선택했고, 비록 어떤 사람들은 그것을 안타깝게 여길지라도 용감하게 그 길을 고집하는 사람들에 대한, 일부는 매우 감동적인 이야기들이 많이 있다. 그러나 또 어떤 사람들은 그러한 선택이 현실적이지 않다고, 적어도 건강하지 않다고 본다. 독신을 선택하는 것과, 모든 동성애자들이 자신의 성적 지향을 자연스럽게 표현하지 못하도록 암묵적으로 강요하는 것은 서로 다른 문제다.

경험을 신앙에 연결시키기: 둘을 모두 지킨다?

일부 사람들만 걷고자 마음먹는 더욱 먼 길은, 성경 저자들이 동성애 지향과 행위에 대해서 믿고 말한 내용 자체가 정확하고 충분한지 재고해 보아야 하지 않는가 묻는 것이다. 이러한 접근은 새로운 방법이 아니며, 다른 많은 쟁점들에서 타당한 이유로 우리가 더는 공유하지 않는 성경 저자들의 믿음과 태도들에 대해 이미 취할 수밖에 없던 방법이다. 그 쟁점들을 나열하자면 참으로 길다. 창조의 시기(6천 년보다는 분명 오래되었다!), 창조의 순서, 여성의 기원, 출산의 고생과 잡초를 뽑으며 척박한 땅을 일구는 수고로움의 기원, 언어들의 기원, 지구가 평평하다거나 태양이 지구를 중심으로 돈다는 믿음. 이러한 문제들은 우주와 우주의 기원에 대한 고대의 관점을 반영한다. 어떤 것들에는 도덕적·윤리적 함의가 있다. 여성의 지위를 다소 열등하게 보는 관점

(성직 안수 논쟁에 영향을 미치는), 결혼과 이혼의 문제(이혼은 언제나 금지된 것인가? 간음은 반드시 이혼으로 이어져야 하는가?), 노예제도(허용되는 경우가 있는가?) 등을 포함해 많은 예들이 그렇다.

이 모든 것들에 대해, 우리는 성경 저자들의 이해와 가정을 갱신하고, 우리가 귀히 여기며 하나님의 말씀을 듣는 통로인 그들의 증언이 그 당시의 언어와 관념으로 표현되었다는 것을 조심스레 받아들여야 했다. 동성애도 그들의 믿음으로부터 우리의 이해를 갱신해야 할 그 영역들 중 하나일까? 보이는 것처럼 그들이 만약 동성을 향한 욕망과 행위를 의도적 왜곡과 죄로 보았다면 우리도 동조하는 것이 마땅하겠지만, 그렇지 않은 많은 사례를 보게 된다. 그러한 경우에는 정죄가 유효하지만, 그렇지 않은 경우 우리는 이에 답할 새로운 길을 찾아야 한다. 상황을 재평가하지 않고서 단순히 정죄를 지지하는 일은 무책임한 처사일 것이다.

성경과 그 세계

성경 마주하기

이러한 해법들은 모두 한편으로는 성경을 이해하는 방식에, 또 한편으로는 현대의 경험을 이해하는 방식에 달려 있다. 이어질 내용에서는 성경에 집중할 것이다. 여기에서 나의 관점은 성경이 말하는 것을 가능한 한 정확하게 설명해야 한다는 것이다. 종교적·문화적 맥락을 포함해, 고유한 언어와 맥락 속에서 성경이 말하는 바에 귀를 기울여야 한다고 나는 굳게 믿는다. 본문에서 내가 듣고 싶은 내용에 의미를 부여하지 않고, 좋든지 싫든지 그것이 말하는 바를 드러내는 것이 중요하다. 누구나 지닌 어쩔 수 없는 맹점들을 경계하기 위해서는, 내가 초점을 잃지 않게 해 줄, 내가 간과할지 모르는 것들을 놓치지 않도록 도와줄 사람들과 함께 이 연구를 해야 하며, 실제로 나는 그렇게 했다.[2]

성경을 해석할 때 나는 존경과 경외의 자세로 다가간다. 이 원칙을 실로 모든 관계에 적용한다. 선택적으로 귀 기울이고, 자신이 듣고 싶은 것만 듣거나, 우리의 말에서 우리가 의도하지 않은 것을 읽어 내는 사람들이 있다. 그러나 다른 사람을 존중한다는 것은 우리가 상대를 결코 다 알 수 없으며, 우리의 지식에는 언제나 한계가 있다는 사실을 인정하는 것이기도 하다. 곧 겸손을 뜻한다. 이것은 나와 하나님과의 관계에서도 중요하다. 좋든 싫든 나는 하나님이 말씀하시는 것을 들어야 한다. 결코 하나님을 다 알 수 없다는 것을 인정해야 한다. 그것은 관계를 방해하지 않는다. 어떤 면에서 오히려 관계를 가능하게 한다. 하나님을 거룩하게 대하듯 다른 사람도 거룩하게 대해야 하고, 같은 의미에서 나는 성경도 거룩하게 대한다.

나는 무엇보다도 신약학자로서 성경을 대하는데, 주후 1세기 말까지 초기 유대교 문헌에서 나타나는 섹슈얼리티에 대한 태도에 전문적 관심이 있다. 구약성경을 다룰 때는 그 본문이 무엇이라고 말하는지

---

[2] 내 책 *Making Sense of Sex: Attitudes towards Sexuality in Early Jewish and Christian Literatures*(Grand Rapids: Eerdmans, 2013)는 요약본으로서, Eerdmans에서 출판한 내 연구서 다섯 권의 인덱스를 포함하고 있다. 그 다섯 권은 다음과 같다. *Enoch, Levi, and Jubiliees on Sexuality* (2007) (=*ELJ*); *The Dead Sea Scrolls on Sexuality* (2009) (=*DSS*); *The Pseudepigrapha on Sexuality* (2011) (=*PS*); *Philo, Josephus, and the Testaments on Sexuality* (2011) (=*PJT*); *The New Testament on Sexuality* (2012) (=*NTS*).

만 보지 않고, 초기 유대교와 신약성경에서 그 본문이 어떻게 사용되고 이해되었는지도 함께 볼 것이다.

구약성경
레위기

구약성경에 나오는 중요한 동성애 관련 구절은 레위기에 나오는 두 금지 구절이다.

"너는 여자와 교합함같이 남자와 교합하지 말라. 이는 가증한 일이니라." (레 18:22)

"누구든지 여인과 교합하듯 남자와 교합하면 둘 다 가증한 일을 행함인즉 반드시 죽일지니, 자기의 피가 자기에게로 돌아가리라." (레 20:13)

두 히브리어 본문을 모두 '여자가 하는 식으로 남자와 함께 눕지 말라'라는 뜻으로 읽을 수 있고, 그러면 초점은 여자처럼 행동하는 남자의 수치에 있다. 그러나 이 본문의 요점은 항문 성교에 있고, 레위기 20장 13절은 그 행위를 하는 두 사람을 모두 죽이라고 명한다.

이 금지 구절들은 몇 가지 다른 금지 구절들과 함께 나오는데, 레위기 18장에서는 여러 형태의 근친상간(18:6-18), 월경 중의 성교(18:19), 간음(18:20), 몰렉에게 아이를 제물로 바치는 것(18:21), 수간(18:23)을 포함한다. 이러한 행위들은 이집트와 가나안의 악을 나타낸다(18:1-3, 24). 같은 우려를 품고서 레위기 20장에 나오는 금지 조항들도 몰렉에게 자식을 바치는 것(20:4), 마술(20:6), 간음(20:10), 근친상간(20:11-12,

14, 17, 19-21), 수간(20:15-16), 월경 중의 성교(20:18)를 금지한다. 이교적 행위에 대한 우려가 담겨 있고, "가증한"이라는 단어가 이러한 행위를 단순한 도덕적 범주 이상의 문제로 보게 하기는 하지만, 그렇다고 해서 동성 간의 성교에 대한 금지가 단지 이교의 성매매와 같은 이교적 맥락에만 국한된다고 결론 내리기는 어려운데, 이는 다른 금지들이 단순한 이교 관습의 우려 이상을 보여 주기 때문이다. 이 본문에서는 하나님의 뜻을 거스른다는 것 외에는 다른 금지의 근거를 제시하지 않는다.³

이 본문이 염려하는 것은 그러한 행위들이 성교의 목적인 임신에 이르지 못한다는 것일 수도 있는데, 그렇다면 수간과 월경 중의 성교에도 적용되며 자녀를 제물로 바치는 것을 금지하는 것과도 통하지만, 간음과 근친상간의 경우와는 맞지 않는다. 아니면 피와 정액, 두 물질이 섞이는 것을 문제 삼는 것일지도 모른다. 좀더 폭 넓게는, 부적절한 섞임, 경계를 흐리는 것에 대한 우려가 작용했을 수도 있다. 부적절한 혼합은 많은 영역에 적용되었다. "네 가축을 다른 종류와 교미시키지 말며, 네 밭에 두 종자를 섞어 뿌리지 말며, 두 재료로 직조한 옷을 입지 말지며"(레 19:19). 그리고 다른 성의 옷을 입는 경우 cross-dressing, "여자는 남자의 의복을 입지 말 것이요, 남자는 여자의 의복을 입지 말 것이라. 이같이 하는 자는 네 하나님 여호와께 가증한 자니라"(신 22:5)에도 적용되었는데, 이는 공동체 안에서 실제로 그렇게 행하는 사람들이 있었다는 증거가 되기도 한다.

---

3   구약성경의 구절들에 대해서는 *NTS* pp. 22-31를 보라.

레위기 18장 22절과 20장 13절을 오경(성경의 첫 다섯 권) 전체의 맥락에서 읽을 경우, 청중은 성적 결합을 이성 간의 성교에만 국한한 것으로 이해할 수 있는 창조 이야기와 그것들을 연결시켰을 수도 있다. 금지의 근거로 사람들이 무엇을 제시해 왔든지, 분명 금지 조항들은 절대적인 것으로, 또한 뒤에서 살펴보겠지만, 여성 간 동성애 관계에까지 적용되는 것으로 이해되었다.

레위기 이외

창세기 1장과 2장의 창조 이야기는 동성애의 가능성을 언급하지 않지만, 첫 이야기에서는 인간이 남자와 여자로 창조되었다고 하고(1:27), 두 번째 이야기에서는 어떻게 여자가 첫 남자의 갈비뼈로 만들어졌는지(2:15-23), 그 후에 남자와 여자가 합의상 친족을 만들기 위해 어떻게 서로 성적으로(그리고 그 이상으로) 연합했는지 이야기한다(2:24). 이 본문을 하나님이 의도하신 질서에 대한 설명으로 이해한다면, 창조 이야기는 이성애 외의 여지를 주지 않으며 따라서 그 질서를 저버리는 것은 죄라고 암시한다. 여기에서는 동성애 행위는 말할 것도 없고 동성애 지향의 문제도 언급되지 않으며, 이 첫 부부의 죄로 인한 결과가 묘사되고 있는 3장 16-20절에서도 동성애는 언급되지 않는다.

동성 간 성행위를 '소도미'sodomy이라고 부르는 것은 창세기 19장에서 유래하는데, 소돔 Sodom의 남자들은 롯의 (실은 천사들이었던) 남자 손님들을 강간하고 싶어 한다. 롯은 대신에 자기 딸들을 내어 주는데, 전통적으로 여성을 얼마나 업신여겼는지를 보여 주는 끔찍한 제안이지만, 그 남자들은 거절한다. 그 일이 있은 후 천사들이 개입해서 롯

과 그의 가족을 구해 준다. 이와 비슷한 남성들의 폭력은 사사기 19
장의 기브아에서도 일어나는데, 그 결과 레위인의 첩은 끔찍한 폭행
을 당하고 죽는다. 소돔과 고모라 이야기의 핵심은 천박한 무례와 남
성 강간이다. 이들이 서로 동의하에 동성 간 성행위를 했다고 추측할
수도 있지만, 성경은 그것에 대해 말이 없다. 나중에 성경에서 이 이야
기를 암시하는 부분들은 대개 무례한 대접을 강조한다(사 1:10; 3:9; 렘
23:14; 겔 16:48-50). 곧 살펴보겠지만, 이 이야기는 훗날 유대교와 초기
기독교 문헌에도 등장한다.

이 외에 구약성경에서 동성애를 언급하는 부분은 거의 없다. 누
군가는 함이 아버지 노아의 벗은 몸을 보았을 뿐만 아니라 강간까지
했다고 추측할 수도 있겠다(창 9:20-27). 어떤 사람들은 신명기 23장
17-18절이 남성 간의 이교적 성매매를 암시하는 것이라고 보기도 하
지만,[4] 단정하기에는 무리가 있다. 어떤 사람들은 다윗과 요나단의 우
정을 호모에로틱한 homoerotic 관계로 보기도 하는데, 특히 그들 사이의
사랑이 여인에 대한 사랑보다 컸다고 언급된 부분(특히 삼상 20:41-42
과 삼하 1:17-26) 때문에 그렇지만, 이것 또한 분명하지 않다. 초기 유대
교 문헌을 보면 이 본문이 그런 식으로 해석되었다는 암시는 어디에
도 없는데, 만약 그랬다면 이 본문을 다른 방식으로 읽으려는 시도들
이 잇따랐을 것이다. 남성 간의 우정이 반드시 호모에로틱했을 필요는
없다.

---

[4] 왕상 14:21-24; 15:12-14; 22:46; 왕하 23:7; 욥 36:13-14. Robert A. J. Gagnon, *The Bible and Homosexual Practice: Texts and Hermeneutics* (Nashville: Abingdon, 2001), pp. 100-103.

초기 유대교 문헌
유대교 배경에서의 초기 유대교 문헌

기독교의 첫 세기가 시작되는 시점까지 약 4세기 간에 걸쳐서 나온 매우 광범위하고 다양한 유대교 문헌을 보면, 동성애가 등장하는 맥락은 저자들이 비유대교 사회의 악에 대해서 경고할 때임을 알 수 있다.[5] 주전 2세기 초에 기록된 『에녹1서』와 『희년서』에 묶인 글들에서는 동성애에 대한 이야기를 찾을 수 없다.[6] 거기서는 주로 비유대교 사회의 성적 부도덕에 대해 경고하는데(예를 들어, ELJ 7:20-21; 9:15; 30:3), 동성애는 전혀 언급하지 않는다. 고모라 사람들이 성적으로 부도덕하다고 일반적으로 묘사하기 때문에(ELJ 16:5-6; 20:5-6) 동성애를 가정하고 있을 수 있지만, 직접적 언급은 없다. 마찬가지로, 사해 근처 쿰란 동굴에서 발굴된 문헌과 그중의 기타 분파의 문서들도 기껏해야 그 맥락 안에서 다른 금지 조항들과 함께[7] 다른 성의 의복을 입지 말라는 것을 포함한[8] 레위기의 금지 조항들을 반복할 뿐이며, 그 자체를 주제로 주목하지는 않는다.[9] 어떤 문서는 소돔과 고모라에서 사람들이 역겨운 행동을 하고 서로 뒹굴었다고 말하는데 그것이 동성애에 대한 언급일 수도 있고,[10] 『희년서』에서도 그렇지만 그러한 성적 부도덕은 그 도시들의 특징으로 상정된다.

---

5   유대교 문헌 참조에 대해서는 NTS pp. 32-33를 보라.
6   『에녹1서』와 『희년서』에 대해서는 ELJ를 보라.
7   4QD^f/4Q271 3 3-4; 4QOrd^a/4Q159.
8   4QD^e/4Q270 2 ii.16-18/6QD/6Q15 5 3-4.
9   사해 문서에 대해서는 DSS를 보라.
10 4QCatena^a/4Q177 iv.10.

비유대교 배경의 초기 유대교 문헌

바깥세상의 악을 직접 지적하는 문헌들, 특히 이방 배경에서 글을 쓰던 사람들의 문헌에서는 동성애에 대한 언급이 좀더 구체적으로 나온다.[11] 시 형식의 신탁, 『시빌라의 신탁』Sibylline Oracles 제3권 앞부분은, 로마인들이 남성끼리 성교를 하고, 성인 남성이 남자아이와 성교를 하고, 남자아이를 성매매에 이용한다고 비난한다.[12] 이 책의 또 다른 부분에서는 그 범위를 넓혀서 다른 여러 민족들에게도 "남자아이와 경건하지 못한 관계를 맺는다"며[13] 비슷한 공격을 한다. 그리고 십계명에서 간음을 금지한 조항에 동성애 금지를 덧붙이는 경우가 흔해졌다. 십계명이 나오는 두 구약성경 본문의 헬라어 번역 사본 대부분에서는 간음 금지를 여섯 번째 조항, 즉 십계명의 두 번째 석판의 첫 번째 조항으로 놓는다. 그리고 이 두 가지 내용이 『시빌라의 신탁』 3:764과 4권과 5권에서 연결되는 것을 볼 수 있는데, 4:33-34은 간음을 "남성에 대한 가증스럽고 역겨운 폭력"과 연결시키고, 5:166-168은 "소년과 간음을 하고 불법적 관계를 맺는다"고 로마를 공격하고 그러므로 로마가 "남자답지 못하고 불의한, 악한 도시"이며 "불결"하다고 선언한다(5:387, 430도 비슷하다).

기독교 첫 세기 초에 기록되었을 가능성이 있는 두 번째 에녹서는 "자연에 반하는 죄, 소돔과 같은 식으로 아이들의 항문이 타락"하는 것과[14] "가증스러운 불륜, 즉 친구들끼리 항문으로 하는 것과 입에

---

11 이어지는 글에 대해서는 PS를 보라.
12 Sibylline Oracles, 3:185-87.
13 같은 책, 3:596-99.
14 Ms P 10:2.

담기에도 역겨운 온갖 종류의 사악한 더러움"(34:1-2)을 개탄한다. 이러한 언급들은 세 가지 점에서 중요하다. 소돔이란 말을 동성애 관계를 상징하는 데 쓴다는 점, 하나님이 사람을 창조하신 방식으로서 자연 nature(문맥에 따라 자연, 본성, 본질, 순리 등으로 번역했다—역주)을 근거로 삼은 논증이라는 점, 성인 사이에서 서로 합의한 동성애 관계도 정죄한다는 점이다. 에녹서보다 약간 늦게 기록된 『아브라함의 묵시』 Apocalypse of Abraham는 이 마지막 사항을 염두에 둔 것으로 보이는데, 항문성교를 하는 남성들이 아니라 벌거벗은 채 이마를 맞대고 서 있는 것으로 묘사된 두 남성을 정죄한다(24:8).

이보다 두 세기 전에 기록된 『가짜 아리스테아스 편지』 Pseudo-Aristeas는 남창을 정죄하는데, 세상에서 널리 퍼진 관습이라고 하면서 그것은 도착 perversion(문맥에 따라 곡해 또는 왜곡으로 번역하기도 했다—역주)이라고 묘사한다. 그리고 동성애가 인구의 감소를 낳을 것이라고 한탄한다.[15] 사람의 자연스러운 상태를 곡해한다는 개념은, 주전 1세기에 기록된 유대교 문서인 『가짜 포킬리데스』 Pseudo-Phocylides의 주장들 중 하나에 깔려 있는데, 이 문서는 주전 7세기의 그리스 현인이 기록한 고대의 지혜서로 위장하고 있다. 그리스 철학자 플라톤처럼 이 책의 저자는 동물들에게는 동성애가 없다고 주장한다(이제 우리는 이것이 사실이 아님을 안다).[16] 그리고 다른 저자들과 마찬가지로 간음의 금지와 동성애를 연결시키고,[17] 여성들 간의 동성애에도 금지를 적용시킨다.[18] 그는

15 Pseudo-Aristeas, 152.
16 Pseudo-Phocylides, 191.
17 같은 책, 3.
18 같은 책.

또한 남자 성범죄자를 자극할 수 있으니 남자아이의 머리는 땋지 말라고 부모들에게 경고한다.[19]

도착이라는 관점은 주전 1세기 저서인 『솔로몬의 지혜』Wisdom of Solomon에도 나온다. 로마서에서 바울이 말하는 것처럼, 이 저자는 하나님을 곡해하는 사람들이 대개 자기 자신도 곡해하므로 그 결과 성도착적 태도와 행위가 나타난다고 주장한다.[20] 『열두 족장의 유언』 Testament of the Twelve Patriarchs에서 동성애 관계를 정죄할 때도 같은 논리를 사용한다. 이 책은 주후 2세기에 그리스도인들을 거쳐 현재의 형태를 갖추게 되었지만, 원래는 더 앞선 시기의 자료들을 포함한 유대교 문서다.[21] 여기에서는 창세기 6장의 네피림과 소돔의 남자들을 유비 관계로 묶는다.[22] 그 근거는 천사들이 자신이 속한 창조 질서를 부인하고 여자들, 곧 인간들과 성관계를 맺음으로써 죄를 지은 것처럼, 소돔의 남자들도 유사하게 남자들과 성관계를 맺음으로써 자신의 창조 질서를 왜곡했다는 것이다. 『레위의 유언』T. Levi 14:6과 『베냐민의 유언』T. Benj. 9:1도 소돔 사건을 암묵적으로 이렇게 이해하고 있을 수 있다.

대개 소돔과 고모라는 명시적으로나 암묵적으로나 성적인 폭력으로 해석되는 무례함의 사례로 제시되지만, 때로는 폭력을 동반하지 않고 당시 이방인 도시들 대부분에서 행해지던 동성애의 예로 사용되기도 한다. 몹시 잔인한 성폭력의 이미지 몇몇이 『솔로몬의 유언』Testament

---

19 같은 책, 210-214.
20 *Wisdom of Solomon*, 13:1; 14:12, 22-31.
21 증언 문서들에 대해서는 *PJT* pp. 368-435를 보라.
22 *T. Naph.* 2:2-4:1.

of Solomon에 나오는데, 악마 오니아스가 남자아이들을 강간하는 모습,[23] 악마 오노스켈리스가 남성들의 참 본성을 왜곡하는 모습,[24] 바알세불이 남성의 항문 성교를 장려하는 모습이 묘사된다.[25]

알렉산드리아의 필론

유대인 철학자 필론Philo의 방대한 저서에서도 비슷한 관점들이 나오는 것을 볼 수 있다.[26] 그는 예수님 생애 당시와 그 직후에 알렉산드리아에서 활동했다. 그의 목적은 당대의 지적 분위기에서 동료 유대인들이 당당하게 살아갈 수 있도록 그들의 유대교 신앙을 독려하는 것이었다. 그리고 그는 동성애를 반대하는 입장에서 제시할 수 있는 가장 방대한 레퍼토리를 보여 준다. 『특별 율법』Special Laws에서 그는 레위기의 금지 조항을 직접 다루는데,[27] 남자와 여자를 만드신 것(창 1:27)은 하나님이 의도하신 창조 질서라는 것이 그의 입장의 근거다. 자연에 따르지 않는 것은 하나님의 창조에 따르지 않는 것이며, 그러므로 정죄의 대상이 된다. 이러한 근본적 가정을 지니고 그는 당시 유대교 안에서 회자되었음이 분명한 논거들을 나열한다. 그중 어떤 것들은 그리스-로마 사회의 동성애 관계를 비판한 사람들의 입장과 같은데, 이에 대해서는 잠시 후에 짧게 살펴볼 것이다. 전반적으로 그는 성인과 소년의 동성애와[28] 약자들(대개 노예들)에 대한 성적 착취에 대해 주로 이

---

23 Testament of Solomon, 2:2-3.
24 같은 책, 4:5.
25 같은 책, 6:4; Ms P; PS pp. 136-141.
26 PJT pp.2-258를 보라.
27 Spec. 3.37-42.
28 Spec. 3.37; QG 4.37,39; Contempl. 50-52, 59; Hypoth. 7.1

야기하는데,[29] 이러한 일들은 요란한 파티 같은 곳에서 술을 너무 많이 마시고 열정이 폭발해서 동성애든 이성애든 부적절한 성관계들이 벌어지는 상황에서 일어나는 것으로 묘사된다.[30] 또한 그는 여성 간의 동성애와,[31] 소년을 범하는 상황이 아닌 합의된 성인 남성 간의 동성애도 정죄한다. 후자의 입장은 수동적 역할을 하는 파트너가 스스로를 장식하는 방식을 설명하는 데서 나타난다고 볼 수 있다. "그들이 얼마나 눈에 띄게 머리를 땋고 장식을 하는지, 그리고 얼굴을 닦고 화장품을 발라 대는지, 그리고 향기로운 기름에 질식할 만큼 자신을 담그는지 보라."[32] 필론은 이러한 수동적 역할을 하는 파트너가 더러는 행진 같은 때에 앞장서기도 한다고 지적한다.[33] 성인 남자 간의 동의하에 이루어지는 성관계는 소돔 남자들의 특징이라는 가정 또한 깔려 있다.[34]

동성애에 대한 그의 판단은 성경을 근간으로 하는 논리에서 출발하지만, 그에 대한 구체적 설명은 다른 분야도 폭넓게 아우른다. 예를 들어, 그가 인간의 창조 목적에 대해 이해하고 있는 바는 그 당시 사회가 제시하는 이상향의 영향을 받은 것이 분명하다. 당시 사회에서 남성성은 수동적인 여성성과는 대조되는 수컷성virility을 의미했다. 하나님이 여자를 창조하시기는 했지만, 남자와 동등하게 창조하시진 않았다고 보았고, 따라서 다른 남성이 항문으로 삽입하는 것을 허용함

---

29 Prob. 124.
30 Abr. 135; Contempl. 53-56.
31 QG 2.49; Virt. 20-21; Her. 274; Comtempl. 57-63에서 성의 기원에 대한 아리스토파네스의 신화를 받아들이지 않는다고 말하는 부분에도 이 내용이 암시되어 있다.
32 Spec. 3.37.
33 같은 책, 3.40-41.
34 Abr. 135.

으로써 여성의 역할을 자처하는 남자는 자신을 수치스럽게 하는 것으로 여겨졌다. 필론은 나아가서 이러한 역할을 택하거나 (노예처럼) 강제로 당하는 남자는 여자처럼 되어서 수컷성을 잃어버리고 결국 성적으로 불능이 된다고 했다.[35] 그는 이것을 "여성 질병", 곧 남성의 여성화라고 불렀다. 그는 여성화한 남성뿐 아니라 남성화한 여성도 정상이 아니라고 보았는데, 남성과 여성의 창조 질서가 왜곡된 것이라고 했다.[36] 이러한 논의를 할 때, 그는 때로 성경에서 다른 성의 옷을 입는 것을 금지한 구절을 인용한다.[37]

또한 필론은 능동적 역할을 하는 남성 파트너가 수컷성을 잃지는 않지만 정액, 그의 표현으로는 씨앗을 불모의 땅에 뿌림으로써 낭비한다고 정죄한다.[38] 그러다가는 정액이 고갈될 수도 있다는 것이다. 실제로 유대인과 그리스-로마의 비평가들은 동성애 행위가 도시의 급격한 인구 감소로 이어질 것이라고 진지하게 걱정했다.[39] 이러한 염려는 당시의 높은 유아 사망률로 볼 때 우리가 생각하는 것보다 훨씬 더 근거 있는 것일 수 있다. 따라서 많은 사람들이 재생산의 목적을 위해서만 정액을 사용해야 한다고 주장했다. 그럼으로써 동성애 관계만이 아니라 자위와 모든 형태의 피임, 생리나 임신 기간 혹은 완경(完經) 후의 성관계와 불임 여성과의 성관계도 사실상 금지하게 되었다. 마지막 사례의 경우, 필론은 동반자에 대한 애정과 연민을 명목으로 서로 성

---

35 같은 책.
36 *Spec.* 3.37; *Abr.* 136; *Contempl.* 60; *Spec.* 1.325; 2.50.
37 *Virt.* 18-21.
38 *Spec.* 3.37, 39.
39 *Spec.* 3.32-33, 39; *Abr.* 135-136; *Contempl.* 62.

관계를 갖는 것은 타당하다고 양보한다.[40] 이미 창세기에서도 생육하라는 명령(창 1:28)과 더불어 동반자 관계의 가치도 긍정했기 때문이다(2:18-25).

필론은 소돔 이야기를 창세기 19장에만 국한해 다루지 않는다.[41] 다른 사람들과 마찬가지로 그는 여기에 나타나는 성폭력 행위를 그보다 더 큰 문제의 일부로 보았다. 그들의 "기이하고 끔찍한 죄악의 행위들과 모든 가증스러운 불경건의 행동들에는 자연의 질서를 전복하려는 목적이 있었다"고 말한다.[42] "여성에 대한 미친 정욕에서 이웃의 결혼 생활을 망가뜨렸을 뿐만 아니라, 능동적 파트너가 수동적 파트너와 공유하는 성 본성에 대한 존중 없이 남자가 남자 위에 올라탔다."[43] 여기에서도 마찬가지로 자연을 근거로 하는 주장을 볼 수 있는데, 그는 거기에 더해 그러한 남자들이 남자와 여자 모두와 불법한 성관계를 맺었을 가능성이 아주 크다고 주장한다. 이것은 필론의 시대에 요란한 파티에서 흔하게 일어나는 현상이었다.

필론은 그러한 행위를 하다가 적발된 사람은 사형시켜야 한다고 했던 레위기 20장 13절의 규정을 암시할 뿐만 아니라, 그것을 즉시 시행해야 한다고 덧붙인다.[44] 동성애 지향이 어떤 사람들에게는 자연스러운 상태라고 하면서 플라톤의 『향연』에 나오는 아리스토파네스의 연설[45]을 인용하는 경우들이 있다는 것을 필론은 알고 있었다. 거기에서

---

40 Spec. 3.35.
41 그가 주로 논의하는 것은 Abr. pp. 133-141다.
42 Spec. 2.170.
43 Abr. 135.
44 Spec. 3.38.
45 Plato's Symposium, 189-193; Philo Contempl. 57-63.

플라톤은 아리스토파네스가 어떤 신화를 이야기하게 하는데, 그 내용은 한때 인간이 세 가지 모습, 즉 남성과 여성과 양성(남성-여성)으로 존재했다는 것이다. 그런데 인간의 불경건에 화가 난 제우스가 각 사람을 반으로 잘라서 각각 성기를 부여했다. 그때부터 두 반쪽이 서로를 찾아다니면서 세 가지 종류의 성적 끌림이 존재하게 되었다. 양성 인간의 두 반쪽, 그러니까 남자와 여자가 서로 결합하려 하는 것은 물론이고, 두 반쪽의 남성과 두 반쪽의 여성도 마찬가지로 자신의 원래 반쪽을 찾음으로써 동성애 결합이 생긴다는 것이다. 플라톤은 이 주장에 동의하지 않았고, 필론은 열렬히 반대했다. 그는 이러한 이야기가 "새로운 개념으로 사람의 귀를 미혹하게 하려는 유혹"일 뿐만 아니라, "진리를 사랑하도록 어려서부터 훈련을 받은 모세의 제자들은 이러한 이야기를…극도로 경멸해야" 한다고 했다.[46] 필론은 창세기를 통해서 이와는 아주 다른 이야기를 알고 있었는데, 그 이야기는 바로 하나님이 양성이 아니라 남자 아담으로부터 여자를 만드셨고, 화가 나서가 아니라 애정에서 그렇게 하셨다는 것이다. 그 후에 하나님은 그들이 남자와 여자로서 연합하는 것을 인정하셨고, 그것은 하나님의 의도였을 뿐만 아니라 선한 일이었다. 필론은 바울과 마찬가지로 하나님이 사람을 이성애자로, 그러니까 남자 혹은 여자로 만드셨지 동성애자로 만들지는 않으셨다고 생각했다. 필론은 고자에 대해서 알고 있었고, 그렇게 태어나는 경우도 있다는 것을 알고 있었지만,[47] 그것은 성 불능과 관계된 것이지 성적 지향과는 아무런 상관이 없다고 보

---

46   Contempl. 63.
47   Ios. 58; Somn. 2,184; Ebr. 211.

왔다. 그는 자기 자신과 다른 사람의 열정을 만끽하는 데에 집착하는 고자들을 비판했다.[48]

요세푸스

주후 66-70년, 로마에 대항하는 반군 초기에 갈릴리의 지휘관이었다가 나중에는 이기는 편으로 넘어가서 로마에서 말년을 보낸 요세푸스는 동성애에 대해 남긴 기록은 별로 없지만, 필론과 마찬가지로 동성애를 혐오했다.[49] 그가 동성애를 언급한 부분들은 대개 주요 인물에 대한 이야기를 할 때다. 예를 들어 (희곡 『안토니와 클레오파트라』로 유명한) 안토니우스에 대해서 이야기하면서 그가 헤롯의 아내와 그녀의 남자 형제를 다 알렉산드리아로 꾀어내 성적으로 착취하려 했지만 실패했다고 말한다.[50] 요세푸스는 또한 헤롯이 말년에 "외모가 아름다워서 몹시 예뻐했던 내시들이 몇 명 있었는데," 그중 한 명은 "왕을 잠재우는 일"을 맡고 있었다고 한다.[51] 호모에로틱한 관계를 시사하는 부분이다. 이것을 언급한 맥락은 헤롯의 아들 알렉산더가 돈으로 내시들을 유혹해서,[52] 압살롬이 다윗의 첩들과 했던 것, 아브넬이 사울의 첩들과 했던 것과 같은 친밀한 관계를 맺게 하려 한 "수치스러운"[53] 일에 대한 이야기를 하는 부분이다.

필론의 경우와 마찬가지로 요세푸스에게 있어서 남성과 여성의 성

---

48 *Deus* 111; *Mut.* 173.
49 *Ap.* 2.199, 213; *PJT*, pp. 259-367.
50 *A.J.* 15.25, 30; *B.J.* 1.439.
51 *A.J.* 16.230.
52 같은 책, 16.232; 참고. *B.J.* 1.488-492.
53 *A.J.* 16.229.

적 관계는 창조 질서라는 논리 안에 잘 모셔져 있었다.[54] 거기에 남성과 남성의 관계는 설 자리가 없었다. 그도 레위기의 금지 본문을 인용하면서 그러한 태도가 "불법적 쾌락을 추구하는" 전형적 태도라고 설명한다.[55] 그는 일부 사람들을 이스라엘의 회중에 들지 못하게 한 신명기 23장 1절이 남자들, 특히 동성애 관계에서 수동적 역할을 하는 고자들에게도 적용이 된다고 했는데, 그 근거는 "그들의 영혼이 여성화하여…몸의 성 마저 바꾸었고 이와 함께 다른 모든 것이 보는 사람 눈에 끔찍하게 되었"기 때문이라는 것이다.[56] 유대 전쟁에서 열심당원들이 여성을 범하고 여성화하고 여성의 옷을 입고 여성의 정욕을 따라한다고 주장한 것은,[57] 자신의 경쟁 상대인 열심당에 대한 요세푸스의 정치적 편견 때문이었을 것이다. 요세푸스는 그리스 도시들이 동성애를 관용한다고 비난하는데,[58] 그는 당시의 로마인들처럼 동성애를 그리스의 질병으로 규정했다.[59]

그리스-로마의 태도

현재 남아 있는 유대교 문헌들이 레위기의 금지 구절과 하나님의 창조의 본질이라는 가정에 근거해서 동성애에 대해 일관되게 부정적 입장을 보이는 것과 마찬가지로 그리스-로마 사회도 동성애에 대해 부

---

54 *Ap.* 2.199.
55 *AJ.* 3.275.
56 같은 책, 4.290-291.
57 *BJ.* 4.561-562.
58 *Ap.* 2.273-275.
59 같은 책, 2.269.

정적이었다.[60] 앞에서도 지적했지만, 플라톤은 아리스토파네스가 들려준 성적 지향의 기원에 대한 신화를 인정하지 않고 자신이 지지하지 않는 견해라고 설명한다. 그는 성관계는 종의 번성에 기여해야 한다고 강조하며 다른 목적으로 쓰이는 것에 반대했다.[61] 당시 아테네 사회에서는 나이 든 남자가 어린 남자를 멘토하다가 그것이 때로 성적인 관계로 발전하기도 했고, 이러한 관습을 신약성경 시대에도 지지하는 사람들이 있었는데,[62] 플라톤은 이에 반대한 것이다. 플라톤은 소크라테스의 입을 빌려서 통제되지 않은 열정을 경계하며, 더 고상한 형태의 아름다움을 추구할 것을 촉구한다.[63] 전통적으로 스파르타 사회는 성적 관계로 발전하는 멘토링 관계를 인정했고, 일부 그리스 사회는 남자 간의 성적 관계가 특히 군인들 사이에서 서로 간의 결속을 다진다고 보았는데, 요세푸스는 *Ap*. 2.273-275에서 이것을 크게 비판했다. 그리스 사람들은 이러한 성적 관계가 어린 남자가 결혼할 나이, 즉 서른 정도가 되면 끝난다고 보았다. 로마법은 시민 간의 동성애 관계를 형사 범죄로 규정했지만[64] 로마 시민이 노예나 외국인처럼 그보다 열등한 사람과 맺는 동성애 관계는 관용했다.[65] 때로 로마인들은 동성애

---

60 *NTS*, pp. 74-108를 보라.
61 *Leg*. 838E-839A.
62 Bruce S. Thornton, *Eros: The Myth of Ancient Greek Sexuality* (Boulder, CO: Westview, 1997), pp. 196-199; Martha C. Nussbaum, "*Eros* and Ethical Norms: Philosophers Respond to a Cultural Dilemma", in *The Sleep of Reason: Erotic Experience and Sexual Ethics in Ancient Greece and Rome*, ed. Martha C. Nussbaum and Juha Sihvola (Chicago and London: University of Chicago Press, 2002), pp. 55-94를 보라.
63 *Phaedrus* 253D; *Symposium* 210-212.
64 *Lex Scatinia*.
65 Craig A. Williams, *Roman Homosexuality: Ideologies of Masculinity in Classical Antiquity* (Oxford: Oxford University Press, 1999), pp. 96-104; Marilyn B. Skiner, *Sexuality in Greek and*

를 그리스의 질병이라고 하면서 욕망을 통제 못하는 전형적 모습이라고 경멸했고, 이에 그리스인들은 대개 로마인들이 어린 남자가 서른이 되면 그런 관계가 멈출 것으로 보지 않는다는 사실을 경멸했다.[66] 동성애를 비판한 그리스와 로마 사람들의 경우, 진정한 남자는 결코 다른 사람이 자신에게 삽입하도록 허용해서는 안 되며, 그것을 허용하는 것은 자신의 지위를 여성의 지위로 낮추는 것이라고 강조했다.[67] 그들은 남자와 여자의 관계를 서로 다른 성기의 문제로 보기보다는 남성성을 기준으로 삼았고, 어떤 사람들은 여성의 성기를 단순히 남성의 성기가 안으로 들어가 있는 것으로 보았다. 따라서 여성성은 결함이 있는 것이었다. 신체적 힘, 지적 능력, 감정적 통제 면에서 열등하고 수동적이라고 말이다.[68] 남자의 성적 반응은 여성에게서부터 남성에게까지 넓은 스펙트럼을 가질 수 있지만, 결코 수동적 역할을 받아들이는 데까지 가지 말아야 했다. '나약하게'softy 되는 것, 여성적으로 되는 것은 매우 수치스러운 일이었다. 남자는 다른 남자의 아내나 그 집안의 다른 사람들과 자는 것과 같이 주어진 경계를 넘는 행위를 하지 않도록 지나친 정욕을 피해야 했지만, 그 외에는 자신의 권력과 권리를 사용해서 자유롭게 성적 만족을 추구할 수 있었다. 노예를 성적으로 착취하는 일에 반대하거나 사창가가 남자와 여자 모두에게

Roman Culture (Oxford: Blackwell, 2005), pp. 199-200; Johannes N. Vorster, "The Making of Male Same-Sex in the Graeco-Roman World and Its Implications for the Interpretation of Biblical Discourse", *Scriptura* 93 (2006): p. 447에 나오는 논의들을 보라.
66 Skinner, *Sexuality*, pp. 212-213, 266.
67 *Met.* 9.728-34; Skinner, *Sexuality*, pp. 212, 249-251; Vorster, "Making of Male Same Sex", p. 449.
68 Vorster, "Making of Male Same-Sex", pp. 437-438.

가져올 수 있는 위험을 문제 삼는 사람은 거의 없었다. 남자들 사이의 동성애 관계에 대한 태도가 제법 다양했던 것에 반해, 여성들 간의 동성 관계는 널리 비판을 받았다. 예를 들어, 오비디우스는 동물의 세계에서 그러한 일이 일어나지 않는다고 주장했다.[69]

기독교 운동을 형성한 사람들을 포함해, 유대인들에게 동성애는 비유대교 사회가 타락한다는 징후였다. 당연하게도 바울은 이제 막 형성되기 시작한 로마의 그리스도인 공동체에 쓴 편지에서 동성애가 이방인 타락의 가장 큰 징표라고 따로 지적해서 이야기했는데, 자신의 견해가 그들에게도 새롭지 않으리라는 것을 그는 분명 알았을 것이다.

로마서 이외의 신약성경

바울 이외의 신약성경

신약성경으로 가 보면, 자신을 로마 사람들에게 소개하는 바울의 편지가 이 논쟁과 관련한 주요 본문이고, 그곳 1장에 몇 구절이 나온다. 그것을 살펴보기 전에, 간혹 동성애를 암시한다고 해석되기도 하는 다른 본문들을 먼저 살펴보기로 하자.[70] 마가복음 9장 42절에서 예수님은 "또 누구든지 나를 믿는 이 작은 자들 중 하나라도 실족하게 하면 차라리 연자 맷돌이 그 목에 매여 바다에 던져지는 것이 나으리라"고 하셨다. 여기에서 "실족하게 하면"으로 번역된 헬라어는 스칸달리조skandalizo인데, 여기에서 '스캔들'scandal이라는 단어가 나왔고, 성적 잘

---

69 Skinner, *Sexuality*, pp. 187-190, 253.
70 *NTS*, pp. 334-338를 보라.

못을 일컫는 맥락에서도 사용되었다.[71] 따라서 예수님은 아동 학대에 대해서 말씀하시는 것일 수도 있다. 그리고 "나를 믿는"이라는 말로 미루어 그리스도인 공동체 안에서 일어나고 있는 학대를 말씀하신 것일 수 있다. 여기에서 사용된 표현이 매우 극단적인 이유는 오늘날까지도 반복해서 이어지고 있는 그러한 끔찍한 범죄를 지칭하기 때문이라고 볼 수 있다. 그 뒤에 나오는 말도 매우 극단적인 이미지다. 손 또는 발을 자르거나 눈을 빼어 버리거나 하는 표현들 말이다(막 9:43-48). 마태는 5장 29-30절에서 성적 잘못을 지칭해서 그러한 표현을 쓴다. 극단적 언어 사용은 잘못을 제대로 지적하고 변화를 일으키기 위한 것이었다.

동성애를 암시하는 것이라고 여겨지는 다른 본문들은 그렇게 해석할 근거가 빈약한데, 백부장의 노예를 성적 맥락에서 본다든가(마 8:5-13; 눅 7:1-10; 요 4:46-54에 나오는 왕의 신하의 아들),[72] 요한복음 19장 26절에서 "[예수께서] 사랑하시는 제자"라는 말을 성적으로 해석하는 것과 같은 경우다.[73] 고자에 대한 예수님의 말씀은 결혼을 하지 않는 것을 자신의 소명으로 여기는 사람들이 있을 것이라는 주장의 근거가 되고, 고린도전서 7장 7절에서 보듯 바울도 그러한 사람들 중 하나였다. "어머니의 태로부터 된 고자도 있고, 사람이 만든 고자도 있고, 천국을 위하여 스스로 된 고자도 있도다. 이 말을 받을 만한 자는 받을

---

71 예를 들어, *Pss. Sol.* 16:7을 보라.
72 Daniel Helminiak, *What the Bible Really Say about Homosexuality* (Millennium Ed., 개정증보; Estancia, NM: Alamo Square, 2000), pp. 127-129.
73 Thomas Hanks, "Romans", in *The Queer Bible Commentary*, eds. Deryn Guest, Robert E. Goss, Mona West, and Thomas Bohache (London: SCM, 2006), pp. 582-605, at 584.

지어다"(마 19:12).[74] 고자가 된다는 것은 성적 지향의 문제가 아니라, 성적 능력의 문제다. 고자들은 무성적이지 않았다. 필론은 어떤 고자들이 자신의 상태를 이용해서 온갖 성적 행위를 한다고 불만을 표시했다. 고자로 태어난 사람들이라는 말을 사람들이 어떻게 이해했을지는 그저 추측만 할 수 있을 뿐이다. 불완전하거나 모호한 성기를 가지고 태어난 사람을 포함했을 수 있고, 그런 사람들은 오늘날 폭넓게 간성이라고 부르기도 하는 이들의 범주에 들어갈 것이다. 한 가지 분명한 것은, 젠더 정체성은 복잡다단하다는 점을 그들이 인식했음을 그 표현이 암시한다는 것이다.[75]

로마서 이외의 바울

이제 바울로 돌아가자.[76] 로마서에 분명하게 제시된 그의 관점 외에 다른 바울 서신 중에서 그가 동성애를 언급하는 것으로 볼 수 있는 본문이 두 개 있다. 고린도전서에서 성적 잘못을 경고하는 부분에서 바울은 자신과 고린도 교인들이 다 알고 있는 그 사실을 지적한다. "불의한 자가 하나님의 나라를 유업으로 받지 못할 줄을 알지 못하느냐"(고전 6:9). 그러고서 그는 전형적 잘못들을 나열하는데, 그중에는 그가 헬라어로 아르세노코이타이 arsenokoitai 와 말라코이 malakoi 라고 부르는

---

[74] 이에 대해서는 NTS pp. 436-444를 보라.
[75] 예를 들어, J. David Hester는 "Eunuchs and the Postgender Jesus: Matthew 19.12 and Transgressive Sexualities", JSNT 28 (2005), pp. 13-40에서 "예수님이 하신 것으로 알려진 이 말은 정체성의 이성애적 이분법 패러다임의 특권적 지위에 의문을 품게 한다"(p. 37) 라고 말했다. 또 한 Megan K. DeFranza, *Sex Differencde in Christian Theology: Male, Female, and Intersex in the Image of God* (Grand Rapids: Eerdmans, 2015), pp. 70-83를 보라.
[76] 이어지는 부분에 대해서는 NTS pp. 293-326에 나오는 좀더 자세한 논의를 보라.

사람들도 포함되어 있다. 이 단어의 뜻에 대해서는 많은 논쟁이 있었다.[77] 후자는 '나약한 자들' 혹은 여성적인 남성들을 의미하는데, 꼭 동성애자를 지칭하는 말은 아니다. 동성애자를 말하려 했다면, 쓸 수 있는 다른 표현도 많았다. 첫 번째 단어는 아마도 남자와 동침하는 남자들을 뜻할 것이다(문자적으로, '남자 동침자들'male-bedders이다). 개연성으로 따져 보면 이 말들은 동성애 관계에서 능동적 입장과 수동적 입장의 경우를 일컫는다고 해석할 수 있다. 첫 번째 단어는 두 번째 단어와는 달리 디모데전서 1장 10-11절에 나오는 비슷한 목록에도 등장하는데, 노예 무역상을 언급하는 부분 바로 앞에 나온다. 그렇다면 적어도 여기에서는 성적 착취를 위해 남자 노예를 구입하는 사람들과 연관이 있는 말이라고 볼 수 있다. 동성애에 대해서 바울이 가장 모호하지 않게 말하는 내용은 로마서에서 찾을 수 있다.

로마서

무엇을 그리고 왜?

바울은 자신이 방문하려 계획하고 있던 로마의 사람들에게 편지를 쓰면서 그의 가르침이 타당함을 주장했는데, 이는 그것에 의문을 제기하는 사람들이 있었기 때문이다. 그는 로마서 1장 16-17절에서 자신이 이해하는 복음을 제시하고 3장 22-26절에서 비슷한 말로 되풀이한다. 그리고 그 두 본문 사이에 그는 모든 사람과 하나님 사이의 관계가 죄 때문에 깨어졌고, 따라서 그리스도가 주시는 회복이 모든 사

---

[77] *NTS* pp. 326-334를 보라.

람에게 필요하다고 주장한다. 그는 동성애부터 언급하는데, 그것을 정죄하면 유대교 배경이 짙은 청중과 접점을 찾을 수 있음을 알았기 때문이다. 로마서 2장에서 그가 이러한 판단을 청중에게로 돌릴 때쯤이면 그들이 동성애자들을 상대로 가졌을 수 있는 우월성은 사라지게 된다. 왜냐하면 자신들도 죄를 지었고 하나님의 심판 앞에서 비유대인과 마찬가지로 죄인으로 서 있음을 인정할 수밖에 없기 때문이다. 비록 그들의 죄는 그 성격이 매우 다를지라도 말이다. 따라서 구원은 이 방인만이 아니라 모두에게 필요하며, 모두에게 주어진 것이라고 바울은 말하는 것이다. 어떤 의미에서 바울은 함정을 놓은 것이지만, 그렇다고 그가 동성애 관계에 대해서 말한 것이 진심이 아니라고 볼만한 여지는 없다. 게다가 컨트리맨Countryman이 주장하는 것처럼, 바울이 할례와 음식에 대한 율법과 마찬가지로 동성애 금지 규정 역시 더 이상 유효하지 않다고 말하는 것은 더더욱 아니다.[78]

스완컷Swancutt이 주장하는 것처럼, 로마 사람들에게 편지를 쓸 당시 바울은 탈선한 스토아학파의 교사들에 대한 소문을 알았던 데다가,[79] 자신의 성기에 칼을 맞는 것으로 끝이 난 가이우스 칼리굴라 황제의 착취에 대해서도 알았을 수 있다.[80] 그러나 무엇보다도 바울은 우리가

---

[78] William Countryman, *Dirt, Greed, and Sex*, pp. 108-123; Helminiak, *Homosexuality*; Hanks, "Romans", p. 586도 비슷하다.

[79] Diana M. Swancut, "'The Disease of Effemination': The Charge of Effeminancy and the Verdict of God (Romans 1:18-2:16)", in *New Testament Masculinities*, eds. Stephen D. Moore and Janice Capel Anderson; SemeiaSt 45 (Atlanta: SBL, 2003), pp. 193-234, at 205-206; "Sexy Stoics and the Rereading of Romans 1.18-2.16", in *A Feminist Companion to Paul*, ed. Amy-Jill Levine with Marianne Bickerstaff (London: T&T Clark, 2004), pp. 42-73, at 43, 70-72.

[80] James V. Brownson, *Bible, Gender, Sexuality: Reframing the Church's Debate on Same-Sex Relationships* (Grand Rapids: Eerdmans, 2013), p. 157에 Neil Elliott, *The Arrogance of Nations:*

앞에서 본 것과 같은 유대교 전통을 굳건히 고수하는데, 레위기의 금지 본문과 창조에 대한 이해와 명예로운 남자란 무엇인가에 대한 이해에 기초해서, 하나님이 만드신 질서에 어긋나는 태도와 행동이 무엇인지를 제시한다.

이어지는 좀더 자세한 논의를 보면 우리가 이미 살펴본 주장들이 바울의 이야기에서도 다시 등장하는 것을 볼 수 있다. 그가 말하는 대상은 매우 일반적이다. 그는 동성애자 남성이 아닌 이성애자의 동성애 행위에 대해서만 말하는 것이 아니고,[81] 이교의 종교적 행위의 맥락에서 일어나는 동성애 관계에 대해서만 말하는 것도 아니고(그럴 경우 바울의 심리학적 설명은 말이 되지 않을 것이다),[82] 남자아이와의 동성애 관계에 대해서만 말하는 것도 아니다.[83] 바울은 상호 동의의 경우도 언급하기 때문이다. 그리고 지향을 빼고 행위만 일컫는 것도 아니다.[84] 그렇게 되면 죄에 대한 바울의 전형적 접근 방식에서 매우 예외적인 경

Reading Romans in the Shadow of Empire (Minneapolis: Fortress, 2008), pp. 79-82를 끌어온 논의.
[81] 참고. John Boswell, *Christianity, Social Tolerance, and Homosexuality: Gay People in Western Europe form the Beginning of the Christian Era to the Fourteenth Century* (Chicago: Chicago University Press, 1980), pp. 111-114; Walter Wink, "Homosexuality and the Bible", in *Homosexuality and Chritian Faith: Questions of Conscience for the Churches*, ed. Walter Wink (Minneapolis: Fortress, 1999), pp. 33-49, at 34-37.
[82] Boswell, *Homosexuality*, p. 108; M. Kuefler, *The Manly Eunuch: Masculinity, Gender Ambiguity, and Christian Ideology in Late Antiquity* (Chicago: University of Chicago Press, 2001), pp. 255-260; Hanks, "Romans", p. 594와 비교하라.
[83] Robin Scroggs, *The New Testament and Homosexuality: Contextual Backgroud for Contemporary Debate* (Philadelphia: Fortress, 1983), pp. 99-139와 비교하라.
[84] Robert A. J. Gagnon, "The Bible and Homosexual Practice: Key Issues" and "Response to Dan O. Via", in Dan O. Via and Robert A. J. Gagnon, *Homosexuality and the Bibie: Two Views* (Minneapolis: Fortress), pp. 40-92, 99-105, at 81, 92; "Notes to Gagnon's Essay in the Gagnon-Via *Two Views* Book", 2009년 2월에 확인한 http://www.robgagnon.net/2VOnlineNotes.htm, pp. 82, 136와 비교하라.

우가 된다. 그리고 과도한 열정이 수반되는 동성 간 성관계에 대해서만 말하는 것도 아니다.[85]

로마서 1장 18-25절 — 왜곡에서 왜곡으로

바울은 그의 복음에 대해 로마서 1장 16-17절과 3장 21-26절에서 자신이 주장한 것을 뒷받침할 논거를 죄에 대한 하나님의 분노에 초점을 맞춤으로써 시작한다(1:18). 지혜서(13:1-14:31; 유사하게 살전 4:5; 고전 10:7-8)에서와 마찬가지로, 바울은 하나님이 누구신지 인지하지 못하고 거짓 신들을 만들어 내는 죄와 그 결과로 인한 죄를 연결시킨다. 그는 여기에서 창세기 3장에 나오는 아담과 하와의 죄 이야기를 반복하는 게 아니라,[86] 하나님을 왜곡해서 이해한 결과 왜곡된 성적 끌림에 빠지게 된 인간의 죄에 대해서 더 폭넓게 이야기한다. 이것은 심리학적 논증이라고도 볼 수 있다. 바울은 이렇게 쓴다 "하나님을 알되 하나님을 영화롭게도 아니하며 감사하지도 아니하고, 오히려 그 생각이 허망하여지며 미련한 마음이 어두워졌나니. 스스로 지혜 있다 하나 어리석게 되어"(롬 1:21-22). 그렇기 때문에 그들이 "썩어지지 아니하는 하나님의 영광을 썩어질 사람과 새와 짐승과 기어 다니는 동물 모양의 우상으로 바꾸었"다고 바울은 설명한다(1:23). 그리고 이어서, "그

---

85 참고. Dale B. Martin, *Sex and the Single Savior: Gender and Sexuality in Biblical Interpretation* (Louisvill: Westminster John Knox, 2006), pp. 51-64, at 54, 56; Boswell, *Homosexuality*, pp. 111-112; Brownson, *Sexuality*, pp. 149-178.

86 참고. Richard B. Hays, *The Moral Vision of the New Testament: A Contemporary Introduction to New Testament Ethics* (San Francisco: HarperOne, 1996), pp. 384-385, 388. 『신약의 윤리적 비전』(IVP); James D. G. Dunn, *Romans* (WBC 38AB; Nashville: Nelson, 1988), p. 62. Joseph A. Fitzmyer는 *Romans* (AB 33; New York: Doubleday, 1993)에서, 창세기 1장에 대해서와 달리 "여기에서는 창세기에 나오는 아담에 대한 이야기가 전혀 암시되지 않고 있다"고 했다(p. 274).

러므로 하나님께서 그들을 마음의 정욕대로 더러움에 내버려 두사 그들의 몸을 서로 욕되게 하게 하셨"다고 말한다(1:24). 여기에서 초점은, 어쩔 수 없으며 죄에 해당하지 않는(시신을 만지는 경우나 몽정을 한 경우나 출산을 한 경우처럼) 전례적 부정함의 문제가 아니라, 도덕적 부정함의 문제다. 여기에서 바울이 말하는 것은 사람들이 자기 몸으로 서로 행하는 죄다. 그러므로 바울에 의하면, 하나님은 사람들이 왜곡된 열정에 빠지게 내버려 두셨다는 것인데, 그는 1장 25절에서 다시 한 번 왜 그렇게 되었는지 말한다. 바로, 진리를 거짓으로 바꾸고 하나님을 하나님으로 예배하지 않았기 때문이라는 것이다. 따라서 강렬한 동성애적 열정을 느끼고 그것을 행위로 옮겼다는 것만이 문제가 되는 게 아니라, 그러한 열정을 느꼈다는 것 자체가 문제가 된다. 그는 이것이 하나님이 사람을 만드신 방식, 곧 동성이 아닌 이성에게 끌리도록 하신 방식에 위배된다고 주장한다.

로마서 1장 26절 — 왜곡된 열정과 왜곡된 행동

로마서 1장 26절에 와서야 우리는 이러한 왜곡된 열정이 무엇이며 그것이 어떠한 행동을 낳는지 보게 된다. 바울은 1장 24절에서 자신이 한 말에 이어서 이렇게 설명한다. "이 때문에 하나님께서 그들을 부끄러운 욕심에 내버려 두셨으니"(1:26). 그는 성적 열정을 세 번 서로 다른 단어를 사용해서 언급한다. 에피튀미아이 epithymiai, "정욕" desires (24절). 파테 pathe, "욕심" lusts (26절). 오렉세이 orexei, "음욕" lust (27절). 세 번째인 1장 27절의 경우 그는 남자가 서로에 대한 충동 혹은 열정에 불타는 것에 대해서 말한다. 그리고 바꾼다거나 왜곡한다는 말을 세 번 한다.

두 번은 하나님에 대한 참 이해를 거짓 이해로 바꾼다는 것이다. 알락산_allaxan_, "바꾸었다"_exchanged_(23절); 메텔락산_metellaxan_, "바꾸어"_exchanged_(25절). 나머지 하나는 1장 26절에 나오는데, 여자들의 왜곡된 열정과 행동에 대한 자신의 주장을 설명하는 부분이다. 메텔락산_metellaxan_, "바꾸어"_exchanged_. 바울은 욕망_desire_이 하나님이 창조하신 것들 중에 속하며, 그것 자체는 중립적이라고 보았다. 문제는 '사람이 그것을 가지고 무엇을 하는가'였다. 그러나 여기에서 그가 말하는 욕망은 중립적이지 않은데, 그의 주장에 따르면, 그것이 움직이는 방향 때문에 왜곡된 상태가 드러나는 것이다. 우리는 그가 다르게 말했기를 바랄 수 있지만, 단지 그것을 행동으로 옮기는 것뿐 아니라 애초부터 방향이 잘못된 욕망을 가졌기 때문에 이미 용납할 수 없다는 것이다. 이는 그가 보기에 그것이 왜곡된 마음의 상태에서 나오는 것이고, 따라서 우리가 원래 지어진 모습과 다른 것이기 때문이다.

왜 바울이 먼저 여자들에 대해서 말하고 나서 남자들에 대해서 말했는지에 대해서는 여러 설명이 있다. 남자들 간의 동성애보다 여자들 간의 동성애가 이방 사회에서 더 많이 비판받아서 그런 것일까? 아니면 오히려 그 반대 방향으로, 먼저 덜 중요하게 여겨지며 따라서 어떤 의미에서 그들에게 종속된 여자들(그런 이유로 "그들의 여자들"이라고 되어 있지만, 문자적으로는 "여성들"이다)로부터 시작하고, 그다음에 남자들에 대해서 이야기하려는 것일 수도 있다. 아마 정확한 이유는 영영 알 수 없을 것이다.

로마서 1장 26절 — "여자들"의 왜곡

그러한 여자들에 대한 바울의 주장은 이렇다. "그들의 여자들women[문자적으로는 "여성들"females]도 순리대로 쓸 것을 바꾸어 역리로 쓰며" (1:26). 여기에서 바울은, 당시 사람들 대부분이 자연스럽다고 본 것(바울에게 이것은 하나님이 창조하신 질서를 의미했다)에서 벗어난 여자들의 성행위를 염두에 둔 것일 수도 있다. 남자가 여자 위에서 질로 삽입하는 성교 외의 모든 성관계,[87] 예를 들어, 항문 성교나 오럴 섹스나 자위, 생리 또는 임신 기간 중의 성관계("바꾸어"라는 말이 암시하는 그런 행동만큼 극적이지는 않을지라도), 혹은 수간 등을 의미할 수도 있다. 가능성을 배제할 수 없는 해석들이다. 그러나 그 뒤에 오는 내용, 곧 남성 간의 성관계에 대한 내용으로 볼 때, 좀더 자연스러운 해석은 여성 간의 동성애를 가리킨다고 보는 것이고,[88] 그렇다면 앞에서도 보았듯 레위기의 금지 본문에 포함되는 행위다. 당시의 남성 중심 문화로 봤을 때, 남자가 아닌 여자가 성관계의 방식을 주도한다는 듯이 바울이 말했으리라는 것은 좀 이상하다. 여성을 이렇게 따로 지적했다는 것은 여성들이 남성들과 별개로 행한 어떤 일에 초점을 맞춘 것으로 보

---

[87] Brownson, *Sexuality*, pp. 207-208; Swancutt, "Disease of Effemination", pp. 200(그는 이것을 "간음과 임신 중의 성관계에서부터 '상호 삽입' 그리고 '성 역할 바꾸기'에 이르기까지 다양한 종류의 성관계"를 일컫는 것으로 읽어야 한다고 했다), 209; 마찬가지로, Swancutt, "Sexy Stoics", p. 63; James E. Miller, "The Practices of Romans 1:26: Homosexual or Heterosexual?" *NovT* 37 (1995), pp. 1-11; Hans Debel, "'Unnatural Intercourse' in Rom 1:26-27: Homosexual or Heterosexual?" in *The Letter to the Romans*, ed. Udo Schnelle; BETL, 226 (Leuven: Peeters, 2009), pp. 631-640.

[88] Raymond F. Collins, *Sexual Ethics and the New Testament: Behavior and Belief* (New York: Crossroad, 2000); Robert Jewett, *Romans* (Hermeneia; Minneapolis: Fortress. 2007), p. 176; Bernadett J. Brooten, *Love Between Women: Early Christian Responses to Female Homoeroticism* (Chicago: University of Chicago Press, 1998), pp. 239-253; Fitzmyer, *Romans*, p. 284.

아야 한다. 그렇게 해석해야 이어지는 구절을 바울이 "그와 같이…"로 시작하는 게 말이 된다. 여기에서 서로 같은 것은 이 남자들과 여자들이 하나님의 창조와 본성에 어긋나게 동성에게 이끌리고 그것을 행동으로 옮긴다는 것이다. 이곳과 이어지는 구절에서도 바울이 "여자"와 "남자"를 사용하는 방식은, 창세기 1장 27절에 나오는 "남자"와 "여자"의 창조를 암시하는 게 거의 확실한데, 이 구절은 바울이 이 문제를 이해하는 근간이다. 창조 질서의 왜곡이라는 주장에서 보더라도, 여기에서 말하는 것은 레즈비언 관계라고 보는 게 제일 적합하다.

로마서 1장 27절 — "남자들"의 왜곡

바울은 남자들에 대해서는 다음과 같이 말한다. "그와 같이 남자들men [문자적으로는 "남성들"males]도 순리대로 여자 쓰기를 버리고 서로 향하여 음욕이 불 일듯 하매 남자가 남자와 더불어[문자적으로는 "남성들 안에"] 부끄러운 일을 행하여 그들의 그릇됨에 상당한 보응을 그들 자신이 받았느니라"(1:27). 이것은 남성 동성애 욕망과 그로 인한 행위를 말하는 게 분명한데, 바울은 이 둘이 모두 죄의 결과라고 본다. 여기에서 초점은 남자아이와 맺는 성관계나 누군가를 성적으로 착취하는 경우가 아니라, 성인들 간의 합의된 동성애 행위라고 말할 수 있는, 쌍방의 열정("서로 향하여")이다. 이러한 동의에 의한 행위는 바울이 1장 24절에서 남자들이 자기 몸을 "서로 욕되게" 했다고 한 데서도 이미 암시되었다. 여기에서 '남성이 남성 안에'는 말 그대로 항문 성교를 일컫는 것일 수 있다.

로마서 1장 26-27절 — 무엇이 "순리"인가?

로마서 1장 26절과 27절에서 바울은 순리nature에 호소한다. 그의 생각이 남성의 음경과 여성의 질이 상보적으로 결합한다는 식으로 현상을 관찰한 세속적 수준일 수도 있고, 플라톤이 제기했고 필론과 같은 사람들이 받아들인, 오직 종의 번성으로 이어지는 것들만 선하고 자연스럽다는 주장을 염두에 둔 것일 수도 있지만, 그런 가능성은 희박하다. 바울은 다른 곳, 예를 들어 결혼 문제를 논하는 곳에서는 결코 이러한 논증을 사용하지 않는다. 바울은 자연스러워 보인다는 이 유로 여자들이 예배에서 머리에 쓴 것을 벗지 말라고 촉구할 수 있고(고전 11:13), 접붙임과 관련해서도(롬 11:24) 무엇이 자연스럽고 자연스럽지 않은지 이야기할 수도 있다. 그러나 바울에게 있어서 자연스럽다는 것은 신학적 상태인데, 이는 하나님이 그렇게 창조하신 것이며, 그러므로 옳은 것이기 때문이다(고전 11:16).[89] 앞에서도 말한 것처럼, 그가 로마서 1장 26-27절에서 "여자"와 "남자"를 사용하는 방식은 창세기 1장 27절에서 인간이 "남자와 여자"로 창조되었다고 하는 이야기를 반영할 뿐만 아니라, 반영하려 의도된 것이 거의 분명하다. 따라서 바울이 로마서 1장 26절과 27절에서 말하는 태도와 행동들은 하나님의 창조를 왜곡하기 때문에 죄이고, 바울이 주장하는 것처럼 그것은 하나님에 대한 왜곡된 반응의 결과다. 바울은 고린도전서 11장 3절에서 분명히 말한 것처럼 남자가 여자의 머리로 창조되었다는 것을 염두에

---

[89] 이에 대해서는 NTS pp. 311-315; Gagnon, "Notest", p. 82; Brooten, *Love Between Women*, pp. 269-270; Andrie B. du Toit, "Paul, Homoseuxality, and Christian Ethics", in *Neotestamentica et Philonica: Studies in Honour of Peder Borgen*, ed. David E. Aune (Leiden: Brill, 2003), pp. 92-107, at 100-101를 보라.

두고, 따라서 전통적으로 여자와 연관되는 수동적 역할을 남자가 하는 것이 부끄럽고 수치스러운 일이라고 보았을 수 있다.[90] 그러나 바울이 자연에 관심을 두는 이유는 단순히 그것에 그치지 않으며, 어쨌거나 그는 능동적 역할을 하건 수동적 역할을 하건 동성애자들의 행위는 수치스러운 것이라고 본다. 그의 요점은 동성애 욕망과 그것의 표현은 하나님이 남자와 여자를 지으신 방식에 위배된다는 것이다.

로마서 1장 26-27절 – 창조/자연에서 "남자와 여자"

바울은 유대인으로서, 지금까지 남아 있는 당대 유대교 문헌에서 반복해서 볼 수 있는 어떤 신념을 지니고 있었는데, 이는 바로 하나님이 사람을 남자와 여자로 지으셨다는 것이다. 오직 이성애자들이 있을 뿐이다. 날 때부터 고자인 사람에 대한 언급에서 보았듯 어떤 사람들은 간성이라는 넓은 범주에 속한다는 인식이 있었다고 볼 수 있지만, 바울의 경우든 다른 유대교 문헌의 경우든, 플라톤의 『향연』에서 아리스토파네스가 주장한 것처럼 남자든 여자든 자연적으로 동성애자인 사람이 있다는 관점을 용납했다는 근거는 없다. 그리고 바울이 어떤 사람들은 타락의 결과로 동성애자가 된 것이라고 생각했다는 근거도 없다. 여기에서 바울은 그런 식으로 말하지 않는다. 자기 이해와 성적 지향이 왜곡된 것은 아담의 타락 때문이 아니라, 사람들이 하나님과 그분의 참된 본성을 거부했기 때문이라고 설명한다. 따라서 바울이 여기에서 동성애자가 아니라 이성애자에 대해서만 말하는 것이

---

90 Brownson, *Sexuality*, pp. 204-215.

라고는 볼 수 없다.

로마서 1장 24, 26-27절 — 바울과 성적 열정

마틴의 주장처럼 바울이 성적 열정 자체를 나쁘게 본다는 근거는 없다.[91] 바울은 성적 열정이 때로 억제하기 힘들다고 보고, 그럴 경우 못 이기는 사람은 결혼을 하라고 권하되(고전 7:9), 그렇게 하는 것을 죄로 생각하지 말라고 말한다(고전 7:28). 성적 열정은 죄가 아니다. 그러나 그 방향이 어긋나는 것은 확실하게 죄다. 필론의 관점처럼 바울은 남자가 남자를 향해 그런 욕망을 가지는 것이, 그들이 지나친 음주를 했다던가 해서 넘치는 열정에 사로잡힌 결과라고 보았을 수도 있다. 그러나 바울은 그런 언급은 하지 않고 심리적 원인에 더 집중한다. 바울은 지나친 열정을 바람직하게 보지 않았을 것이며, 특히 그것이 잘못된 방향으로 나아갔다면 더욱 그랬을 것이다. 유대인 철학자 필론처럼, 바울은 그 당시에 있던 열정과 그 과잉에 대한 담론을 알고 있었을 것이다. 그러나 그의 주장은, 지나치지만 않으면 동성애도 괜찮다는 게 아니라, 동성을 향한 열정이 죄인 것은 그 방향이 잘못되었기 때문이고, 실제 실천으로 옮기는 것은 더욱 죄가 된다는 것이다. 동성에게 끌린다면 무언가 문제가 있다는 것이고, 바울은 그 문제가 하나님과 관계가 잘못되었기 때문에 일어난다고 보았다.

---

[91] Martin, *Sex and the Single Savior*, pp. 59-60, 65-76.

로마서 1장 28-32절 — 바울이 말하는 왜곡된 심리

바울이 레위기가 금지하는 행위에 국한해서만 말하고 있고, 동성을 향해 그러한 열정이나 욕망을 가지는 것에 대해서는 중립적이었을 것이라는 관점은 정당화하기 힘들다. 오늘날 많은 사람들이 이러한 관점을 가지고 있고, 그러므로 독신으로 살기만 한다면 괜찮다고 동성애자들에게 (내가 보기에는 거짓된) 위로를 준다. 만약 그랬다면 참으로 바울답지 않은 일인데, 그의 초점은 단지 행위만이 아니라 그 성향 자체도 죄라는 것이기 때문이다. 열매만이 아니라 나무 자체가 상한 것이다. 과도한 것뿐 아니라 그 방향의 일반적 열정에 대해서 계속해서 부정적으로 이야기하는 것과, 그러한 열정은 왜곡의 결과라고 하는 그의 심리적 설명은 다른 해석의 여지를 주지 않는다. 로마서 1장 28절에서 바울이 다시 한 번 이 주장을 정리할 때도 그러한 관점이 다시 나타나는데, "또한 그들이 마음에 하나님 두기를 싫어하매[문자적으로는, '적합하지'fitting 않다고 여기므로], 하나님께서 그들을 그 상실한[문자적으로는 '적합하지 않은'unfit] 마음대로 내버려 두사, 합당하지 못한 일을 하게 하셨으니"라고 말한다. 바울은 여기에서 같은 어원의 단어를['worthwhile'과 'depraved'로(개역개정에서는 "싫어하매"와 "상실한"으로-역주) 번역된] 두 번 사용해서 그 둘의 연관성을 강조한다. 하나님에 대한 적합하지 않은 이해는 적합하지 않은 마음을 낳는데, 그래서 성적 끌림과 욕망이 잘못된 방향으로 가고, 왜곡이 왜곡을 낳는다는 것이다.

바울은, 하나님에 대한 왜곡된 이해와 이로 인한 자기 자신과 하나님에 대한 왜곡이 "핑계하지 못할" 것이라고 말한다(1:20). 그는 적합하지 않은 마음에 대한 설명을 1장 29-32절에서 이어 가는데, 죄로 인해 왜곡된 마음이 온갖 종류의 죄를 낳는다는 것을 보여 주고, 그러한 사람들은 죽어 마땅하다는 결론을 내린다. 이것은 아마도 레위기 20장 13절이 명하는 사형에 대한 암시일 수 있다. 왜냐하면 그 목록은 다른 죄 대부분에 사형을 형벌로 적용하지 않기 때문이다.[92] 마지막 절에서 바울이 죄를 퍼뜨리고 장려하는 사람들에 대해 하는 말도 여전히 동성애 관계를 염두에 두고 하는 말이라고 볼 수 있다. 특히 종교 안과 밖에서 모두 만연하던 어린 사람들에 대한 성 착취 산업에 대해 필론이 한 말을 상기했을 것이다.[93]

로마서 1장 27절 — 어떤 결과를 낳는가?

남자들이 동성애 행위를 함으로써 그들 자신이 그 결과를 받는다는 로마서 1장 27절의 언급은 주석가들에게 난제였다. 만약 필론에게 물어봤다면 그들이 자기 자신을 여성적으로 만들어 버리는 것이라는 식으로 대답했을 것이다. 그러나 그것은 수동적 역할을 하는 사람에게만 해당된다. 로버트 쥬이트Robert Jewett는 양쪽에 모두 영향을 미칠 수 있는 통증의 문제를 지적하는데, 이 설명이 좀더 그럴듯하다.[94] 또 어떤 사람들은 좀더 모호하게 중독, 만족감의 결여, 혹은 시간과 힘의 낭비 등을 주장했다. 어떤 사람들은 여기에서 칼리굴라 황제의 암살을 떠올릴 수도 있지만,[95] 이 구절에서 초점은 한 사람만이 아니라, 이

---

92 Gagnon, *Bible and Homosexual Practice*, p. 122.
93 *Spec.* 4.89; *Contempl.* 53-56, 61.
94 Jewett, *Romans*, p. 179.
95 Brownson, *Sexuality*, p. 157.

러한 행위를 하는 모두를 향한다. 그때나 지금이나 동성애란 곧 항문 성교를 일컫는다는 일반적 가정을 반영하는 것일 가능성도 크다. 그러나 최근까지 항문 성교는 동성애자만이 아니라 이성애자들도 임신을 피하기 위해서 흔히 행했던 것이고, 동성애가 반드시 항문 성교를 의미하는 것도 아니라고 많은 동성애자들은 지적한다.

결론: 오늘날 성경 저자들의 말에 귀를 기울인다는 것

결론적으로, 성경의 저자들이 동성애 관계를 이야기할 때 그 메세지는 제법 분명하다. 레위기는 그 행위를 금지했고, 유대인들은 그것이 여성 동성애에도 동일하게 적용된다고 보았다. 바울은 행위와 태도, 동성애 욕망도 죄라고 보았다. 단지 행위만을 죄로 본다거나, 지나친 열정으로 행할 때만 죄이고 일반적 열정과 표현은 괜찮다고 본 것이 아니다. 동성애자라는 것이나 동성에게 성적으로 끌리는 것 자체가 윤리적으로 중립적이라고 보지도 않았다. 현대까지 남아 있는 유대인 저자들의 글에서 나타나는 주장과 마찬가지로 바울은 모든 사람이 이성애자라고 보는 것 같다. 동성애 지향은 하나님이 만드신 사람의 본성에 어긋나는 것이다. 따라서 그는 그러한 끌림을 심리적 문제로 다룬다. 하나님에 대한 왜곡된 이해가 왜곡된 마음을 낳고 그 왜곡된 마음이 동성에게 성적으로 이끌린다는 것이다. 또한 바울은 성인 남자와 남자아이 사이의 성관계에 대해서만 말하는 것도 아니다. 상호 합의된 관계도 포함하기 때문이다. 또한 우상숭배의 맥락에서 일어나는 행위에만 국한하는 것도 아니다. 그렇다면 심리적 문제라는 그의 주장과 맞지 않는다. 또한 동성에 대해 열정을 느끼고 표현하는 것이 어쩔 수 없는 타락의 결과라거나 그냥 병리적인 것이라고 설명하지도 않는다. 그는 동성애가 하나님의 참 본성을 인정하지 않는 죄에서 비롯하는 죄라고 본다. 정말로 성경이 말하는 것을 그대로 보고, 또한 그 맥락 안에서 읽고자 한다면, 우리가 아무리 좋은 의도로 오독을 하더라도 대충 넘어가려 하지 말아야 할 것이다.

회개하고 회복하라?

그렇다면 성경이 생명과 희망의 근원인 그리스도인은 어떻게 해야 하는가? 교회 전통에서 가장 오래된 것이라고 할 수도 있는 한 가지 대답은 성경의 금지를 그대로 지키고 바울처럼 행위만이 아니라 욕망도 죄라고 보는 것이다. 이러한 관점은 일관성 있는 접근으로서, 어떤 사람들은 가혹하게 판단하는 자세로 그것을 취하지만, 또 어떤 사람들은 그것을 진리로 믿고 사랑과 연민으로 동성애자들에게 다가가서 그들이 죄와 그 결과로부터 벗어날 수 있도록 돕고자 노력한다. 그리고 동성애자들은 자신의 성적 지향을 바꾸도록 도움을 받아 더 이상 동성에게 끌리지 않고 하나님이 만드신 원래 모습으로 돌아가라는 조언을 받는다. 이러한 선택의 강점은 바울이 말하는 바를 아무런 타협 없이 진지하게 받아들인다는 것이다. 약점은 인간 경험의 현실을 충분히 진지하게 받아들이지 않는다는 것, 특히 소수이기는 하지만 매우 존경받는 사람들을 포함해 어떤 사람들이 자연스럽게 동성에게 끌리는 듯 보인다는 널리 인정받는 현실을 받아들이지 않는다는 것이다. 그 결과로, 동성애자들이 자신의 동성애 지향을 바꾸려 노력하다가 결국 실패하고 큰 상처까지 입은 슬픈 이야기들이 많이 들려온다.

받아들이되 금하라?

또 한 가지 대응은 첫 번째 선택에 대한 반작용이기도 한데, 두 가지를 다 취하는 것이다. 곧 성경에서 말하는 것과 사람들이 실제 생활에서 관찰하는 것을 모두 받아들이는 것이다. 이렇게 하는 이유는, 왜곡이나 죄의 결과가 아니라 그냥 그러할 뿐이라고 볼 수밖에 없는 당사자들 개인과 그 가족들이 마주하는 고통스러운 경험 때문이다. 어떤 사람들은 변하려고 너무 애를 쓴 나머지 스스로를 고문할 지경에 이른 세월을 거친 후에 이러한 결론에 도달하기도 한다. 그렇다면 그들은 어떻게 자신의 현실과 바울의 주장을 조화시킬 수 있을까? 한 방법은 바울이 어떤 사람들은 정말 자연적으로 동성에게 끌린다고 보았고, 그 감정을 행동으로 옮기는 것만 문제 삼았다고 말하는 것이다. 이것은 결혼한 남자가 다른 여자에게 끌리는 경우와 같다고 주장할 수도 있다. 감정은 자연스러운 것이다. 죄는 그것을 가지고 무엇을 하겠다는 혹은 해 버리는 의도와 행위에 있는 것이다. 어떤 음식을 먹고 싶지만 그 욕망에 책임감 있게 반응해야 하는 것과 비슷한 이치다. 그렇다면 동성애는 장애를 가진 것과 유사하다고, 따라서 아담과 하와의 죄의 결과 중 하나라고 설명할 수도 있다. 이러한 모든 설명은 동성애자라는 사실을 수치심 없이 받아들일 수 있게 해 준다. 다만 그것을 행동으로 옮기지 않고 독신으로 살면 된다.

그러나 이러한 선택지는 성경과 인간 경험 사이의 만족스럽지 못한 타협이며 그 무엇도 제대로 인정하지 않는 것이라는 비판을 받을 수 있다. 용감해 보일 수는 있지만, 자기 자신에게 그리고 암묵적으로 타인에게도 자신의 성을 결코 온전히 표현해서는 안 된다는 규칙을 부과하는 것은 비극적일 뿐만 아니라 위험할 수도 있다. 동성애자인 것은 괜찮지만 자신의 성을 자연스럽게 표현해서는 안 된다고 말하는 것은 불공정하고 일관성 없어 보인다. 이는 동성애자들을 정당하게 대하는 방법이 아니다.

내가 보기에, 바울을 이렇게 재해석하는 것은 첫 번째 선택과는 달리, 바울이 말하는 바를 제대로 이해하지 못하는 것이다. 현재 남아 있는 다른 유대인들의 글에서와 마찬가지로 바울도 자연적으로 동성애자인 사람들이 있다는 사실을 받아들이지 않는다고 할 수 있으며, 바울은 오히려 동성에게 끌리는 것이 죄로 인해 왜곡된 마음의 결과라고 설명한다. 바울과 다른 유대인들이 가정하는 바는 하나님이 사람을 남자와 여자로 지으셨다고 하는 창세기 1장 27절에서 비롯된다. 바울은 동성애를 아담의 타락에서 비롯되는 장애로 설명하지 않고, 그래서는 안 되는 것, 곧 하나님에 대한 왜곡된 이해에서 비롯되는 마음의 상태로 설명한다. "그 생각이 허망하여지며, 미련한 마음이 어두워졌나니"(롬 1:21), "하나님께서 그들을 마음의 정욕대로 더러움에 내버려 두사"(1:24), "하나님께서 그들을 그 상실한 마음대로 내버려 두사"(1:28). 끌린다는 것은 죄가 아니되 그것을 실행하는 것은 죄가 되는, 간음과 간음하고 싶은 마음의 문제와는 다르다. 바울은 이성에게 끌리는 것과 달리, 동성에게 끌리는 것을 하나님이 우리를 남자와 여자로 지으신 것에 위배되는 자연스럽지 않은 것으로 보기 때문이다.

받아들이고 긍정하라?

세 번째 선택지는 첫 번째와 같지만, 종종 오해받기도 하고 성경을 포기한다는 비판을 받는다. 그러나 반대로, 최선의 경우 이는 성경에 대한 깊은 존경에서 비롯한다. 아무리 좋은 의도에서라도 내용을 희석시키지 않고 성경이 말하는 그대로를 받아들인다는 첫 번째 입장과 공통된 기반 위에 있다. 이 자세도 행위와 지향 모두를 금지하는 성경의 주장을 제대로 인지하며, 그러므로 일관성 있다. 그러나 동시에, 바울이(그리고 다른 성경 저자들이) 그 문제에 대해서 모든 것을 다 알았고, 또한 할 수 있는 말을 다 했다고 보는 것은 그들을 정당하게 대하지 않는 셈이라고 주장한다. 바울의 주장이 그러한 것은 그가 오늘날 남아 있는 글에서 나타나는 그 당시 다른 유대인들의 생각처럼, 모든 사람은 남자와 여자, 곧 이성애자라고 보았기 때문이라는 것이다. 인간이 그러한 존재라고 보았다면, 그의 결론은 타당하다. 그렇게 이성애자로 지음 받은 사람들이 동성에게 끌리기 시작하면 그것은 하나님의 창조 질서에 어긋나는 것이다.

그렇다면 오늘날 우리가 보는 현상이 제기하는 질문은 이것이다. 정말로 동성애자인 사람이 있다면 어떻게 하겠는가? 사회 일반과 우리가 사는 여러 국가의 정부들은 정말로 동성애자인 사람들이 있음을 인정하게 되었으며, 그래서 많은 국가들이 동성 간 결혼의 장벽을 허물었다. 이 글의 도입에서도 말한 것처럼, 이제는 박해나 모욕이나 형사처벌 없이 자신들의 성적 지향을 말할 수 있게 된 사람들 중에는 모범적 그리스도인을 포함해서 모범적 시민이 많이 있다. 그렇다면, 인간의 성에 대한 바울의 이해는 제한적이었다고 보아야 하지, 정말로 동성애자인 사람들에게 그의 판단을 적용할 수는 없는 것이다.

그러므로 이 선택지를 취하는 사람들은 동성애자들이 이성애자들과 똑같이 대우받아야 하며 차별당해서는 안 된다고 주장하는데, 이런 결론은 지식에 기초한 사랑이라는 성경적 원칙에서 나온 것이다. 이러한 주장을 하려면 바울과 그의 동료 유대인들의 접근에 깔린 인간의 성에 대한 가정이 그때 이후로 우리가 얻은 인간의 성에 대한 통찰과 관찰로 보완되어야 한다는 것을 인정해야만 한다. 그러므로 동성애는 1세기의 이해를 21세기의 이해로 보완할 필요가 있는 많은 영역 중 하나일 뿐이다. 이것은 성경 저자를 존중하지 않는 게 아니라, 진리에 헌신하고 기꺼이 변화하는 것이 신앙의 핵심이라고 보는 성경 저자들과 같은 태도를 취하는 것이다.

선택지들의 경중 달아보기

이 세 가지 선택지들의 경중을 달아볼 때, 나는 첫 번째가 가장 만족스럽지 않다고 생각한다. 세 번째처럼 첫 번째 선택에는 로마서에서 바울이 한 말을 두 번째 선택보다 더 정확하게 해석한다는 강점이 있다. 반면, 그 약점은 오늘날의 현실을 고려하지 못하고 모든 사람이 다 이성애자라고 생각함으로써 동성애자들이 자신의 상태를 바꾸기 위해 도움을 받아야 한다고 말한다는 것이다. 두 번째 선택의 강점은 세 번째 선택의 강점과 같은데, 실제로 동성애자인 사람들이 있다고 인정하는 것이다. 그러나 두 가지 약점을 가지고 있다. 첫째는, 근거가 부족한데도 바울이 정말로 동성애자인 사람들이 있다고 믿었다고 보는 것인데, 바울의 심리학적 논증이 그 가능성을 배제한다. 둘째는, 정말로 동성애자인 사람들이 자신의 성을 제대로 표현할 수 있는 길을 막는다는 것인데, 그들이 동성애자라는 점 자체가 문제가 되지 않는다면 그러한 주장은 부당하고 공정하지 못하다. 궁극적으로 동성애자들이 자신의 성을 표현하지 못하게 하는 두 번째 입장의 근거는 레위기의 금지 조항을 엄격하게 따르는 데서 오는 것인데, 레위기도 인간의 성에 대한 이해가 제한적이다. 세 번째 선택의 장점은 공정성의 문제와 인권의 문제가 걸려 있다는 것을 인정하고, 전통적으로 기독교는 새로운 이해로 인해 성경의 명령을 재고해야 하는 경우와 늘 씨름해 왔다는 사실을 인정한다는 것이다.

성경과 경험 모두를 가져오기 — 우리 신앙의 토대

기독교 운동의 초기부터, 성경과 경험 모두를 고려해서 성경의 일부를 제쳐 놓거나 다른 부분을 더 중요하게 여기는 것 등을 선택해야 하는 경우들이 있었다. 그럴 때마다 논란이 있었는데, 주로 성경의 문자적 명령을 지키려고 하는 사람들과 성경의 핵심 가치가 변화를 정당화한다고 보는 사람들 사이의 논쟁이었다. 어떤 면에서 이러한 갈등은 예수님이 사랑에 초점을 맞추고 죄인들과 어울림으로써 그것을 못마땅하게 여긴 당시의 경건한 사람들과 마찰을 일으킨 데서 일찍이 나타났다고 볼 수 있다. 안식일은 사람을 위해 있는 것이지, 사람이 안식일을 위해 있는 것이 아니라는(막 2:27) 예수님의 주장은 성경 해석에 있어서 사람을 먼저 고려해 우선순위를 분별하는 모습의 전형이다. 예수님은 결코 성경의 명령을 저버리신 적이 없다고 논박할 수 있겠지만, 이방인들이 기독교 운동에 참여하며 신자들이 마주한 문제들 앞에서는 이야기가 달라진다. 창세기 17장은 그들이 할례를 받을 것을 요구했다. 그러나 대부분의 신자들은 하나님이 그리스도 안에서 보여 주신 새로운 사랑은 그것을 요구하지 않는다는 결론에 도달했다. 일부 신자들이 보기에 그렇게 분명한 성경의 명령을 따르지 않는 것은 이단이었다. 바울은 이방인을 차별하는 모든 규정은 제쳐 놓아야 한다고 했고, 그것 때문에 성경은 결코 제쳐 둘 수 없다고 주장하는 신자들로부터 사역 기간 내내 시달림을 받았다. 마가는 예수님이 성경에 나오는 음식과 정결에 대한 법을 지키지 않으셨을 뿐만 아니라, 먹는 게 사람을 더럽게 하는 게 아니기 때문에 처음부터 사실은 말이 되지 않는 규정이었다고 주장하시는 모습을 보여 준다(막 7:1-23).

수 세기가 지나면서 몇 가지 다른 문제들, 예를 들어 노예제도, 여성의 역할, 이혼 등이 갈등을 불러일으켰다. 이 경우들에 각각 성경의 명령을 제쳐 두어서는 안 된다고 생각하고 변화에 반대한 사람들이 있었다는 것을 이해할 수 있다. 또한 성경의 명령의 효력을 대충 설명해 넘기려 하는 사람들도 있었다. 그러나 더 나은 길은, 성경 저자들의 관점과 그들이 그러한 주장을 한 이유를 인정하고 존중하며, 새로운 이해에 근거하고 예수님의 자세가 기초했던 사랑에 초점을 맞추어 변화의 근거를 인정하는 것이다. 바울과 그 당시의 유대인들에게 (주로 자신보다 나이가 두 배는 많은 남자와 결혼했던) 여성들의 사회적 지위는 남자보다 열등한 것이었고, 따라서 몇 가지 예외를 제외하고는 지도력을 행사하지 말고 교회 안에서 잠잠해야 하는 게 맞았다(고전 14:34-36; 딤전 2:9-15). 그러나 이 부분에서 사회는 마땅하게 변했다. 노예들에 대해서도 마찬가지다. 노예를 인격체로 인정한 바울에게서 더 나아가 교회가 실제로 노예제도를 없애기까지는 여러 세기가 걸렸다. 분명하게 금지된 이혼의 경우도(막 10:9-12), 일부 교회를 포함해서 많은 사람들이 어떤 상황에서는 이혼이 관련자 모두에게 더 나은 선택이라고 본다.

인간 본질에 대한 그들의 이해가 보완되어야 한다고 주장하는 것은 성경의 저자들, 특히 바울을 무시하는 게 아니다. 실재의 본질에 대해서 그들이 가졌을 다른 많은 생각들에 대해서도 마찬가지다. 거기에는 우주가 수천 년 밖에 되지 않았다고 하는 믿음이나, 이 세상이 창세기에서 말하는 순서대로 7일 만에 지어졌다고 하는 믿음이나, 원래 인간은 남자 하나였고 그의 갈비뼈에서 여자가 만들어졌다고 하는 믿음이나, 출산의 고통과 가시와 엉겅퀴는 하와의 죄 때문에 생겼다고 하는 믿음도 포함된다. 그들이 가졌던 우주론도 여기에 덧붙일 수 있다. 우주가 세 개의 층으로 되어 있다거나 태양이 지구를 돈다는 믿음 말이다. 그러나 실상은 하나님에 대한 믿음이 새로운 이해를 촉발시켰다. 예를 들어, 우주가 수십억 년이 되었다고 인정하는 것은 우리가 성경의 나머지 부분도 다 저버린다는 뜻이 아니다. 마찬가지로, 인간은 단지 남자와 여자가 아니라 이성애자도 될 수 있고 동성애자도 될 수 있다고 인정하는 것은 성경이 인간에 대해서 말하는 모든 것을 저버린다는 뜻이 아니다. 두 번째와 세 번째 선택지처럼 인간의 성에 대한 새로운 이해를 받아들인다면, 인간의 성에 대해 보완이 필요한 이해에 기초했던 그 당시의 법을 그대로 부과하는 것은 정당화하기 어렵다. 여러 세기에 걸쳐서 신앙의 발전이 특징적으로 보여준 갈등의 패턴에서 우리는 예수님이 개척하신 쪽이 아닌 그 반대편에 서기 쉽다. 여러 면에서 이것은 성경을 어떻게 접근하느냐의 문제로 귀결된다.

매우 존경받는 시민들과 깊이 헌신된 그리스도인들 가운데서 진정으로 서로 사랑하는 동성 파트너들을 (그리고 어떤 국가들에서는 결혼을) 많이 볼 수 있다. 그들이 성적 오르가즘에 집착한다거나 계속해서 항문 성교를 한다고 생각하는 것은 그들에게 매우 불쾌한 일이 되기도 한다. 항문 성교를 전혀 하지 않는 사람들도 많기 때문이다. 그들은 가장 모범적인 이성애 결혼의 경우에서처럼 상호 헌신과 애정을 주장한다. 궁극적으로 그들의 관계의 합법성을 인정하는 가장 영향력 있는 논거는 이러한 사람들이고, 그들의 존재는 그 어떠한 지적 논쟁보다도 설득력이 있다. 그리고 그렇게 인정을 받고 나면 성적 측면은 더 이상 문제의 핵심이 되지 않고, 동성애도 인간의 깊은 친밀감의 영역 중 하나로 제자리를 찾게 된다.

윌리엄 로더에 대한 답변 메건 드프란자

이렇게 학문적으로 탁월한 학자들, 특히 윌리엄 로더 박사와 함께 이 책에 기여하게 되어서 영광이다. 로더 박사가 저술한 여러 책들은 성경을 연구하는 오늘날의 학생들에게 성에 대한 고대사회의 인식을 더 잘 이해하도록 돕는 자료를 참으로 많이 제공해 주었다. 이 책을 집필한 다른 모든 저자들처럼 로더 박사는 성경을 매우 존중하고, 이러한 관점 때문에 성경을 우리의 구미에 맞게 해석하지 않는다. 성경을 존중한다는 것은 평평한 지구, 대홍수, 대학살, 가부장제, 혹은 노예제도와 같은 어려운 문제들을 대충 넘어가지 않는다는 것을 뜻한다. 그래서 로더 박사는 그리스도인들에게 성경의 저자들이 원래 하고자 한 말을 그대로 들을 것을, 그 후에 지난 2천 년간의 기독교 역사 속에서 형성된 우리 자신의 관점을 (있는 그대로) 가져와서 대화할 것을 요청한다. 이것이 바로 기독교 윤리를 위한 성경 연구의 역할이다.

지향과 행위를 분리하는 (그러면서 후자만 정죄하는) 주장이나, 성경 저자들이 (상호적이고 신실한 관계가 아닌) 착취적 관계만 비판한다는 주장은 성경의 '타자성'을 존중하지 않는 것이라고 로더 박사는 말한다. 그러한 면에서 그의 주장은 나의 관점뿐만 아니라 웨슬리 힐 박사의 주장에도 도전한다. 힐 박사가 욕망에 대한 주장에 답할 것이라고 믿고, 나는 여기에서 로더 박사의 논제의 나머지 절반(p. 30)에 집중하고자 한다.

성경 본문이 애매할 경우, 그래서 한 가지 이상의 해석을 가능하게 할 경우, 로더는 같은 시대의 성경 외 다른 유대교 문서를 살펴봄으로써 논쟁을 마무리한다. 나는 그러한 전통적 문서들이 도움이 된다고는 생각하지만, 그렇다고 해서 다른 해석의 가능성을 차단한다고는 생각하지 않는다. 궁극적으로 나의 주장은, 성경이 금지를 명할 때의 어조를 보면 또 다른 방향의 해석도 가능하게 해 준다는 것이다.

전통의 경중 달아보기: 아담, 하와, 자연

성경 저자들은 동성애 행위뿐 아니라 욕망도 정죄했을 것이라는 그의 주장에서 로더는 다시 한 번 아담과 하와라는 인물 위에 증축된 자연법 논쟁으로 돌아간다. 그는 고대의 저자들이 동성애 욕망을 이성애자의 간음 욕망과는 다르게 보았을 것이라고 주장한다. 후자의 경우 "끌린다는 것은 죄가 아니되, 그것을 실행하는 것은 죄가 되"기 때문이다. 반면에 "동성에게 끌리는 것[은] 하나님이 우리를 남자와 여자로 지으신 것에 위배되는 자연스럽지 않은 것"이다(p. 70).

로더 박사는 레위기를 쓴 저자가 아담과 하와를 염두에 두었다고 주장하지는 않는다. 레위기의 금지 규정에 대한 몇 가지 이유를 제시하지만, 그는 "이 본문에서는 하나님의 뜻을 거스른다는 것 외에는 다른 금지의 근거를 제시하지 않는다"고 인정한다(p. 35). 대신에 그는 이 본문을 나중에 유대교 문헌이 어떻게 받아들였는지 살펴보고, 거기에서 바울과 다른 신약성경의 저자들이 그것을 어떻게 해석했을지 단서를 찾으려 한다. "레위기 18장 22절과 20장 13절을 오경(성경의 첫 다섯 권) 전체의 맥락에서 읽을 경우, 청중은 성적 결합을 이성 간의 성교에만 국한한 것으로 이해할 수 있는 창조 이야기와 그것들을 연결시켰을 수도 있다. 금지의 근거로 사람들이 무엇을 제시해 왔든지, 분명 금지 조항들은 절대적인 것으로, 또한 뒤에서 살펴보겠지만, 여성 간의 동성 관계에까지 적용되는 것으로 이해되었다"(p. 36). 본문(혹은, 이 경우 본문의 이면)에 있는 논리가 분명하지 않은 상황에 전통은 단서를 주기도 한다. 그럼에도, 성경 저자들이 자기 시대의 상황을 늘 반영할 것이라는 가정을 하지 않도록 주의를 기울여야 한다.

로더는 바울의 동시대인 몇몇이 아담과 하와를 근거로 이성애의 자연 질서를 주장하고 모든 동성 지향은 거절했다는 증거를 충분히 보여 주었다. 1세기의 유대인 저자 필론은 레위기의 금지 규정과 "남자와 여자를 만드신 것(창 1:27)"을 서로 분명하게 연결시켜 그것이 "하나님이 의도하신 창조 질서"라고 본다(p. 42). 그리고 필론 조금 다음에는 『에녹2서』의 유대인 저자가 "자연에 반하는 죄"와 "소돔과 같은 식으로 아이들의 항문이 타락[하는 것]"을 연결시키고 또 다른 본문에서는 "친구들끼리 항문으로 하는 것"을 비판하는데, 로더는 이것을 "성인 사이에서 서로 합의한 동성애 관계"로 본다(pp. 39-40). 그 당시의 또 다른 유대교 문헌인 『아브라함의 묵시』에 나오는 "벌거벗은 채 이마를 맞대고 서 있는" 남자들에 대한 묘사는, 모든 종류의 동성애 행위가 아담과 하와의 창조에 각인된 하나님의 질서를 침해한다고 여겨졌다는 또 다른 근거로 제시된다(p. 40).

이러한 본문들은, 일부 고대의 저자들이 (앞의 『에녹2서』에 묘사된 성인과 남자아이 간의 동성애와 같은) 착취적 동성애 관계만이 아니라, 서로 동의한 관계도 정죄했다는 것을 확실히 보여 주고, 또 일부는 그러한 주장의 근거를 아담과 하와의 자연 질서에 두었다는 것도 보여 준다. 그럼에도 필론과 달리 바울은 자연스런 성적 지향을 논할 때 분명하게 그것을 아담과 하와에게 연결시키지 않는다. 히브리 전통의 창조 이야기에 익숙하지 않은 사람들이 이해할 수 있도록 바울이 자연으로부터 논거를 세워 가는 로마서 1장에 보면 이 첫 부모에 대한 이야기가 전혀 등장하지 않는다.[1] 여성의 지위에 대한 바울의 양가적 주장에도 불구하고, 바울은 필론의 여성 혐오 근처에도 못 미친다. 필론이 바울처럼, "남편도…자기 몸을 주장하지 못하고 오직 그 아내가 하나니"(고전 7:4b)라고 말하는 것은 상상하기 어렵다.

아담과 하와에 대한 바울의 신학적 해석은, 창세기의 기록을 『에녹1서』에 나오는 네피림의 전설과 혼합해서 타락한 천사 아자젤로부터 하와가 성적 유혹을 받았다고 설명하는 『아브라함의 묵시』의 저자와도 다르다.[2] 하와가 인류의 타락에 대한 책임이 더 큰 것처럼 보이게 하려고 이야기를 바꾼 『아브라함의 묵시』는 바울과 매우 대조되는데, 바울은 로마서 5장 12-19절에서 죄에 대한 책임을 아담에게 부과하고, 고린도후서 11장 2-3절에서도 하와가 유혹을 받았다기보다는 속

---

[1] Dale Martin, *Sex and the Single Savior* (Louisville: Westminster John Knox Press, 2006), pp. 52-57.
[2] 네피림은 인간 여성과 짝짓기를 한 타락 천사로 묘사되었는데, 이것은 창세기 6장 4절의 "하나님의 아들들"에 대한 고대의 해석이다.

은 것이라고 보는 전통을 따른다.[3]

증거가 있는 경우는 이러한 저자들이 공통된 관점을 가진 것으로 보는 게 안전하다. 바울이 "여자 같은 사람"effeminate[s](고전 6:9 KJV의 *malakoi*, 개역개정에서는 "탐색하는 자"—역주)을 비판한 것은 미덕과 남자다움을 연관시키는 한편, 여자 같음과 악을 연관시키는 고대의 관습을 긍정하는 듯하다. 그러나 바울은 또한 덕스러운 여인들을 칭송했고 그들과 복음의 증진을 위해 동역했다.[4] 본문이 제시하는 근거 이상의 확신을 갖고 주장하지 않도록 우리는 조심해야 한다.

전통의 경중 달아보기: 소돔

바울의 주장과 그의 동시대인들의 주장 사이에 나타나는 또 다른 차이는 바울이 모든 동성애 관계에 대한 패러다임으로 소돔을 쓰지 않는다는 것이다. 로더가 보여 준 것처럼, 모든 종류의 동성애 행위가 소돔과 연결되기 시작했다. 『에녹2서』에서 성인과 남자아이 사이의 동성애, 『열두 족장의 유언』에 나오는 자연의 왜곡, 그리고 필론이 기록한 성인 간에 동의된 성관계(각각 pp. 39, 41, 43)가 그 예다. 이러한 전통은 보편적이고 또한 꽤 지속적인 것으로서 21세기에도 여전히 소돔법 sodomy laws(전통적으로 영어에서는 동성애를 'sodomy'라고 일컬었다—역주)이라는 게 남아 있다.[5] 소도미sodomy의 엄격한 정의는 "동성 간 혹은 이성

---

3   Megan K. DeFranza, "The Transformation of Deception: Understanding the Portrait of Eve in the Apocalypse of Abraham, ch. 23", *Priscilla Papers*, 23.2 (Spring 2009): pp. 21-28.
4   바울이 로마서 16장 1-15절에서 칭찬하는 여자들을 보라.
5   "12 States Still Ban Sodomy a Decade After Court Ruling"(법원 판결 10년 후에도 여전히 열두

간의 항문 및 구강 결합"이지만, 일상적 맥락에서는 모든 종류의 동성애를 일컫는 말로 사용된다.⁶ 그러나 실제로 창세기 19장 4-9절에서는 윤간 시도에 대해서만 말한다.

동성 간의 사랑을 윤간과 연결시키는 서구의 전통은 심각한 편견으로서, 성경을 명확하게 하기는커녕 성경을 제대로 읽는 것을 방해하고, 게이와 레즈비언 또는 양성애자의 이야기를 제대로 듣지 못하게 한다. 소도미가 무엇인지 제대로 배우기도 전에 아이들은 불타는 도시 이야기, 악한 일을 하는 사람들 위에 쏟아지는 하나님의 분노 이야기 앞에서 두려움에 떨도록 일찌감치 문화적으로 구성된다. 10대들이 가족들에게 커밍아웃하는 일을 그토록 겁내는 것도 당연하지 않은가? 사랑 많은 그리스도인 가정일지라도, 바로 그 가정에서 그들은 소돔이라는 이름 앞에 하나님의 분노를 두려워하도록 배웠다.

동성애 관계를 묘사할 때 소돔을 패러다임으로 사용하지는 않았지만, 바울의 언어가 바울 자신보다 더 온화한 것도 아니다. 고린도전서 6장 9절에서 그는 아르세노코이타라는 단어를 '하나님의 나라를 유업으로 받지 못할 불의한 자'들의 목록 가운데 집어넣는데, 소돔의 전통보다 그다지 나을 것이 없다. 이러한 어조 때문에, 나는 바울이 문제 삼은 것이 일반적 동성애 행위인지 아니면 그것보다 협소한 범위의 것인지에 대해 의문을 품게 된다.

주는 소도미 금지, April 4, 2014) Associated Press, *USA Today*, http://www.usatoday.com/story/news/nation/2014/04/21/12-states-ban-sodomy-a-decade-after-court-ruling/7981025/.
6 http://www.merriam-webster.com/dictionary/sodomy.

그때와 오늘날의 목회의 어조

바울이 말하는 게 모든 동성애 행위에 대한 것이었을 가능성이 있지만, 그가 로마 제국에서 일어나는 대다수의 동성애 행위를 일컫는 것이었다고 볼 수도 있다. 스티븐 홈스가 말하듯, "인류의 역사나 인류학에서, 평생 가는 배타적이고 동등한 동성 관계는 현대 서구를 제외하고는 사실상 알려진 바가 없다. 동성 간 성행위는 흔한 것이지만, 그러한 형태를 한 경우는 거의 없다"(p. 282). 1세기에 흔했던 형태는 상당한 권력의 차이가 있는 성관계였다. 상류층 남자가 하류층 남자, 소년, 고자, 노예와 갖는 관계이거나, 경제적 필요 때문에 성을 팔 수 밖에 없는 사람들을 부유한 남자들이 착취하는 관계이거나, 평범한 것에 싫증난 귀족들이 좀더 자극적인 쾌락을 찾았고 거기에 부응해 인신매매로 이익을 보려는 사람들이 그들의 필요를 채워 주는 관계였다. 바울의 시대에는 이러한 관계들이 동성애 관계의 흔한 형태였다. 그리고 바울이 고린도, 에베소, 로마의 그리스도인들에게 경고하는 어조의 강도로 볼 때 그가 염두에 둔 것이 바로 이러한 종류의 착취적 관계였다고 보는 편이 더 타당하다.[7]

해석에서 윤리로 나아가는 과제에 대해서 말하면서 로버트 송 Robert Song은 다음과 같이 주의를 준다. "과거에 했던 말을 그냥 그대로 반복하는 게 신실한 것이라고 우리는 생각할 수 없다. 다른 맥락에서 같은 말을 하는 것은 다른 말을 하는 것이다."[8] 여기에서 나는, "의도적 왜

---

[7] 이 주장의 더 넓은 논지와 근거에 대해서는 이 책에 내가 쓴 장(p. 109)을 보라.
[8] Robert Song, *Covenant and Calling: Towards a Theology of Same-Sex Relationships* (London:

곡과 죄"로부터 나타나는 성적 행위는 "정죄가 유효하지만, 그렇지 않은 경우 우리는 이에 답할 새로운 길을 찾아야 한다"라는 로더 박사의 말에 동의할 수밖에 없다(p. 32).

바울이 만약 동성에게 끌리지만 자신의 성적 지향을 바꿀 수 없는 그리스도인을 만났다면 로마서, 고린도전서, 디모데전서에서와 같은 말로 대응하지는 않았을 것이라고 나는 생각한다. 만약 그가 성행위를 이성애 결혼에만 국한시키고자 했다면, 예수님이 간음한 여인을 대하셨을 때처럼 이야기했을 것이라고 생각한다. 그녀는 분명히 율법을 어겼지만, 우리는 지옥불과 유황의 경고가 아니라 연민, "가서 다시는 죄를 범하지 말라"라 하시는 부드러운 충고와, 이어서 그녀를 정죄하려고 안달이 난 사람들을 향한 엄한 경고를 읽는다(요 8:2-11). 나는 사도 바울이 자기 육신 안의 싸움을 상기하며(롬 7:7-25) 공감으로 답할 것이라고 생각하는데, 이는 맥락이 다름을 그가 인식할 것이기 때문이다. 다른 말이 필요하다.

바울이 사용한 강경한 언어가 특정 행위를 지칭하는 것이었기 때문에 목회적으로 적합한 것이었다고 볼 수 있지 않을까? 내가 이 책에 쓴 장에서 주장하는 것처럼, 만약 고대사회의 성적 착취를 일컫는 것이라면 이 "공포의 본문"에서 보게 되는 강한 경고는 매우 적합하다고 나는 생각한다. 노예에 대한 남자 주인 및 여자 주인의 흔한 학대, 남자아이를 잡아다가 때로는 거세를 해서 돈 있는 사람들을 위해 살아 있는 이국적 섹스 장난감으로 만들어 팔았던 노예제도, 가난한 여

SCM, 2014), pp. xii-xiii.

자나 창녀를 부려먹는 일들 말이다. 이러한 끔찍한 성적 착취가 오늘날에도 이어지고 있다는 사실을 그리스도인들이 점점 더 많이 인식하면서, 바울의 정당한 분노를 우리도 느끼고 있다.

    로더 박사가 옳을 수도 있다. 그 구절들의 어조를 이해해 보려는 시도 때문에, 그리고 성행위―이기심과 욕심이 아닌 사랑과 헌신에서 나오는 행위―는 다양하다는 나의 인식 때문에 나도 모르게 성경 본문을 무르게 만든 것일 수 있다. 하지만 성경 본문이 우리가 생각하는 것만큼 그렇게 분명하지 않다면 어떻겠는가? 바울의 강경한 말이 완벽하게 납득되는 맥락을 상상할 수 있다면 어떻겠는가? 바울이 내가 듣고 싶은 말을 하는 것으로 재구성하는 것은 나쁜 해석이지만, '좋은 그리스도인 목사는 어떤 말을 하겠는가? 그것을 어떻게 말하겠는가? 자신의 동성애 욕망을 이해하려고 애쓰는 그리스도인 대학생에게 예수님은 어떻게 응답하셨겠는가?'라고 묻는 것, 그것이 기독교 윤리학의 과제다.

윌리엄 로더에 대한 답변 웨슬리 힐

윌리엄 로더의 글은 학문적 깊이가 있으며, 세심하고 철저하게 파고든 성경 석의다. 내가 그의 주장에 동의하지 않는 부분은 석의의 exegetical 차원보다는 해석의 hermeneutical 차원이다. 석의의 부분에서는 (전부는 아니지만)[9] 많은 부분에서 나는 로더와 동의한다. 근본적으로 로더의 입장은, 동성애에 대한 성경의 금지는 오늘날 우리가 바울보다 더 많이 알기 때문에, 특히 '선천적으로' 동성에게 끌리고 그러한 끌림을 신실하고 덕스럽게 표현할 수 있는 사람들에 대해서 더 많이 알기 때문에 더 이상 적용되지 않는다는 것이다. 오늘날 우리가 본질이고 심리적으로 어느 정도 고정된 성적 지향이라고 보는 것을 바울을 따라 정죄한다면, 그것은 한 부류의 사람들 전체에게 (성적) 친밀감이 없는 삶을 부과하는 것이고, 이는 사랑과 자비를 우선순위로 하는 바울 자신의 가장 중요한 통찰(롬 13:8-10) 자체에 위배된다.

글 끝에 가서 로더는 나 자신의 관점과 비슷한 입장을 요약하면서

---

[9] 한 가지만 살펴보자면, 로마서 1장에서 나는 "아담의 흔적"을 볼 수 있으며, 나중에 이스라엘의 '타락'에서도 그의 모습이 보인다(롬 7장). 그리고 이것은 내가 로마서 1장을 읽는 방식에 영향을 미친다. 바울은 이방인의 문화적 관습만 특별히 지적하는 게 아니라, 성경의 넓은 도화지 위에서 작업을 하면서 (가이우스 칼리굴라와 같은) 특정한 문화적 사례에는 덜 신경을 쓰는 것으로 보인다.

다음과 같이 말한다. "그렇다면 동성애는 장애를 가진 것과 유사하다고, 따라서 아담과 하와의 죄의 결과 중 하나라고 설명할 수도 있다. 이러한 모든 설명은 동성애자라는 사실을 수치심 없이 받아들일 수 있게 해 준다. 다만 그것을 행동으로 옮기지 않고 독신으로 살면 된다." 그러고서 그는 이에 대해 세 가지 비판을 하는데, 그것에 내 답변을 순서대로 제시하고자 한다.

먼저, 로더에 의하면 이러한 '타협적 관점', 곧 '동성애자임은 받아들이지만 동성애 행위는 하지 말라'는 관점은 "근거가 부족한데도 바울이 정말로 동성애자인 사람들이 있다고 믿었다고 보는 것인데, 바울의 심리학적 논증이 그 가능성을 배제한다"는 것이다. 타협적 관점에 대해 로더가 제기하는 문제는 두 가지다. 첫째, 바울은 아마도 모든 사람이 '이성애자'라고 생각했을 것이다, 둘째, 따라서 바울은 동성애 행위만이 아니라 동성애 욕망을 느끼는 심리적 성향도 반대했다. (로더는 두 번째 조항을 여러 번 반복하면서 바울이 "동성애 지향은 하나님이 만드신 사람의 본성에 어긋나는 것"이라고 믿었다고 주장한다.) 이에 대해서 나는 두 가지를 말하고 싶다. 첫째, 당시의 다른 저자들처럼 바울은 사람을 '이성애자'로도 '동성애자'로도 보지 않았을 가능성이 크다.[10] 그는 정상 범주의 '성적 지향'에 대해서 생각하지 않았을 것인데, 왜냐하면 오늘날 의미하는 바대로의 성적 지향의 관점에서 전혀 생각하지 않았기 때문이다. 또한 어쨌거나, 바울이 무엇을 알았고 무엇을 몰랐

---

[10] David M. Halperin, *One Hundred Years of Homosexuality: The New Ancient World* (New York: Routledge, 199), 1장; Holt N. Parker, "The Myth of the Heterosexual: Anthropology and Sexuality for Classicists", *Arethusa* 34 (2001): pp. 313-362를 보라.

는지와 상관없이, (동성애 행위만을 정죄하는 것이 아닌) '동성애자'를 정죄한다고 로더가 보는 본문은 현대 심리학과 문화가 말하는 '동성애 경험'의 일부만을 정죄하는 것으로 볼 수 있다. 바울은 "마음의 정욕"(롬 1:24), "부끄러운 욕심"(1:26), 그리고 남자들이 "서로 향하여 음욕이 불 일듯"(1:27) 하는 것을 심하게 비판한다. 이 모든 구절은 내가 보기에 이 본문의 가장 직접적인 초점, 곧 이러한 열정들의 결과로 나타나는 성적 행위에 국한해서 보는 게 제일 좋다. 다시 말해서, 만약에 바울이 동성에게 끌리는 내적인 심리적 경험에 초점을 맞추는 것이라면, 그는 그 내적인 경험 전체가 아니라 일부에 초점을 맞추는 것이다. 그는 탐욕과 그 결과를 강조하는 것이지, 동성이나 이성으로 향하는 '태도 이전'의 어떤 것을 말하는 게 아니다. 열정에 들끓는 환상이나 성기의 접촉 없이도 그러한 성적 지향은 존재한다.

로마서 1장과 관련해 로더가 설명하는 것을 포함하는 경우가 많지만, 오늘날의 '성적 지향'에 대한 이해는 "열정"이나 "탐욕"으로 축소될 수는 없다. 예를 들어 미국심리학회는 성적 지향을 "남자, 여자, 혹은 두 성 모두를 향한 감정적이고 낭만적인, 그리고/혹은 성적인 끌림의 지속적 패턴"이라고 정의하고, 성과 관련된 여러 행위는 그 사람의 성적 지향이 "표현되는" 방식이라고 정의한다.[11] 마찬가지로 동성애자들은 자신의 성적 지향을 설명할 때 협소하게 "성적인" 것만큼이나 감정적이고 낭만적인 것에도 초점을 맞춘다. 동성애자들은 단지 동성인 사람과 섹스를 하고자 하는 의향만을 말하지 않고(기독교 용어로, 이러한

---

11 American Psychological Association, "Sexual orientation, homosexuality and bisexuality", 2016년 3월 8일에 확인, http://www.apa.org/helpcenter/sexual-orientation.aspx.

의향은 의식적으로 계발된 탐욕의 패턴으로서 경험되기 전에 유혹으로서 경험될 수 있다), 성기의 접촉이 없는 동성 간의 우정을 민감하게 느끼고 그것을 누리는 것에 대해서도 말한다. 그들은 동성 간의 감정적이고 지적인 교류에 대한 선호나 특별한 관심에 대해서 말한다. 그리고 그러한 사람들을 찾아내고 관계를 유지하는 특별한 '능력'에 대해서 말하기도 한다. 그리고 이러한 자신들의 경험이 단지 동성 간의 성기 접촉에 대한 욕망과 같거나 그것으로 축소될 수 있다고 보지 않으며, 그렇다고 그것이 그러한 욕망과 늘 깔끔하게 구분되는 것도 아니라고 본다. 다시 말해서, 동성에 대한 우정과 친밀감에 대한 이러한 폭넓은 욕망의 경험은, 그들의 성적 욕망이 반대 성의 사람과 성관계를 하는 게 전부였다면 경험할 수 없는 성격의 것이라고 본다. 어떤 레즈비언 여성은 이렇게 쓴다.

성적 욕망은 성적이지 않은 갈망과 사랑과 흠모로부터 그렇게 쉽게 분리될 수 [없다].…에로스$_{eros}$는 그런 식으로 일어나지 않는다! 나는 레즈비언이기 때문에 지금 내가 맺고 있는 것 같은 우정 관계를 맺는다. 그리고 그것은 내가 임신 센터에서 자원봉사를 하는 이유이기도 하다. 내가 상담을 하는 여자들에게 끌려서가 아니라, 내가 다른 여자들과 느끼는 연결되었다는 감정에는 흠모와 에로틱한 부분이 있고, 그러한 연결을 자비를 베푸는 일을 통해 표현하고 싶었기 때문이다. 내가 레즈비언인 것은 내가 좋아하는 작가들을 좋아하는 이유의 한 부분이다. 내가 누구이며 이 세상에서 어떻게 사느냐 하는 것과 내가 레즈비언인 것은 서로 구분될 수 없다.[12]

마찬가지로 어떤 게이 남성은 이렇게 쓴다.

동성애 지향은 동성을 향한 욕망 혹은 에로스의 한 형태이지만, 에로스를 성적 욕망으로만 축소시키는 것은 그것의 더 풍부한 의미를 잊어버리는 것이다. 에로스는 성적인 의미로 축소된 친밀감이 아니라, 배타적이고 헌신된 동반자 관계라는 더 넓은 의미의 친밀감을 욕망하는 사랑의 형태다. 육체적이고 감정적인 친밀함에 대한 갈망이다. 에로스는 종종 성적 욕망으로 경험되지만, 그것과 동일시될 수는 없다.[13]

동성애자들의 이러한 복합적 경험으로 볼 때, 로마서 1장이 그들에게 직접적으로 하는 말이기도 하고 아니기도 하다는 것을 인식하는 게 중요한 것 같다. 바울이 말하는 동성 간의 성기 접촉에 대한 규정은, 동성 간의 성관계를 포함해 오늘날 행해지는 특정한 형태의 동성애 행위가 여전히 그리스도 안의 삶과 공존할 수 없는 것임을 보여 주는 것이라고 나는 믿는다. 그러나 바울이 그보다 더 넓은 의미로 동성에게 끌리는 감성sensibility, 곧 동성애자들의 특징이기는 하지만 그들에게 국한되지는 않은 욕구도 정죄하는 것인지는 전혀 분명하지 않다. 역사적 인물 바울도, 그의 글을 통해서 만나는 저자 바울도 '게이 감성'이라는 개념을 전혀 이해하지 못하는 것으로 보이기 때문이다.

로더의 두 번째 비판은, '성적 지향은 인정하되 행위는 정죄한다'

---

12 Eve Tushnet, "Order from Confusion Sprung", eve-tushnet.blogspot.com, 2016년 3월 8일에 확인, http://eve-tushnet.blogspot.com/2010_06_01_archive.html#1921445070183139.
13 Aaron Taylor, "Can One Be Gay and Christian?" *First Things* website, 2016년 3월 8일에 확인, http://www.firstthings.com/web-exclusives/2013/04/can-one-be-gay-and-christian.

는 관점이 "정말로 동성애자인 사람들이 자신의 성을 제대로 표현할 수 있는 길을 막는다는 것인데, 그들이 동성애자라는 점 자체가 문제가 되지 않는다면 그러한 주장은 부당하고 공정하지 못하다"는 것이다. 또 다른 곳에서 그는 강하게 말한다. "독신을 선택하는 것과, 모든 동성애자들이 자신의 성적 지향을 자연스럽게 표현하지 못하도록 암묵적으로 강요하는 것은 서로 다른 문제다." 그러나 이러한 식의 구분은 성경과 기독교 전통이 역사적으로 성적 지향이라는 것을 정죄했다고 다시 한 번 가정하거나 암시하는 것으로 보여 우려가 된다. 이미 언급한 것처럼, 나는 그렇지 않다고 생각한다. 로마서 1장은 탐욕과 성과 관련된 행위들을 염두에 둔 것인데, 역사적으로 교회는 동성애에 관심을 돌렸을 때(사실 그것 자체가 시대착오적이지만), 성적 지향이 아닌 행위에 초점을 맞추었다. 간략하게 말해서, 전통적 기독교는 '동성애자인 것' 혹은 '동성애 지향을 지닌 것' 혹은 '게이 섹슈얼리티를 표현하는 것'을 정죄하지 않았는데, 그러한 형태의 개념이 없었기 때문이라는 단순한 이유에서만이 아니라, 오늘날 우리가 '동성애'로 규정하는 많은 것들을 긍정적으로 받아들였기 때문이다. 수십 년 동안 로마 가톨릭교회는 동성 간 성적 결합을 비판하는 입장을 유지하면서도, '동성애'라는 이름으로 일어나는 많은 것들을 표현할 수 있는 안전한 자리를 마련해 주었다.[14] 흔히 가톨릭교회가 '감정적 능력'이라고 부르는 것을 발휘하여 자신의 성적 에너지를 승화할 수 있는 길은 많다. 그리고 독신인 사람들도 "사람과 연결되고, 소속감을 느끼고, 생명을

---

14 이러한 주장은 Frederic S. Roden, *Same-Sex Desire in Victorian Religious Culture* (New York: Palgrave Macmillan, 2002)와 같은 책들의 주장이다.

줄 수 있는 인간 섹슈얼리티의 내적 역동에 몸과 영으로 반응"할 수 있다.[15]

또한 나는 독신의 삶이 제대로 기독교적인 의미를 가지려면 반드시 "자유로운" 선택이어야 한다는 로더의 생각에도 의문의 여지가 있다고 생각한다. 내가 오래전부터 알던 이성애자 친구는 이제 80대인데, 결혼하고 싶었지만 한 번도 결혼하지 못했고, 그러면서 성관계도 가지지 않기로 선택했다. 그녀는 자신이 기독교의 제자도를 따르면서 어쩔 수 없이 치러야했던 대가로 그것을 받아들였는데 그것이 "자유롭지 못한" 선택이었다고 한다면, 그녀의 독신됨은 불공정한 것이었는가? 성경에서도 그리고 교회의 역사에서도 참으로 많은 아름다운 소명들이 신자들의 바람과는 달리 그들에게 강제로 부과되었다(예를 들어, 출 4:1-17을 보라). 이브 투쉬넷Eve Tushnet은 이러한 소명을 오늘날의 상황에 맞게 표현했다.

우리의 소명에는 자유의 요소들이 있다. 배우자를 선택할 수 있고, 친구도 선택할 수 있다. 그러나 우리는 또한 제약이 있는 상황에 살기도 한다. 많은 소명들이 하나님으로부터 부름을 받았다는 인식에서 선택한 것이라기보다는 상황의 결과이고, 그 상황들은 종종 우리가 선택하지 않았을 것들이다. 예를 들어, 자신도 중독에서 회복 중이면서 중독과 씨름 중인 다른 사람들을 돕고 있다면, 그 상황을 자신이 선택한 것은 아니지만 그 길이 진정한 사랑의 길이라는 것을 발견할 수도 있다. 연로한 친척을 돌보는 일

---

15 Louis J. Cameli, *Catholic Teaching on Homosexuality: New Paths to Understanding* (Notre Dame, IN: Ave Maria Press, 2012), p. 65.

은 힘들지만, 그것은 (결혼과 마찬가지로) 성화의 길일 수도 있다. 내가 늘 사용하는 예는 원하지 않는 임신을 하게 된 여성들과 일하면서 얻은 것인데, 임신 테스트기에서 그 두 번째 선이 보이는 순간 당신은 생각지도 않게 하나님이 부르신 길에 들어서는 것이다.[16]

짧게 말해서, 독신이 동성애자들이 받아들여야 하는 의무이기 때문에 그것이 비인간적이고 사랑이 아니며 생명을 주는 게 아니라고 말하는 것은, 내가 생각하기에는 전통적으로 기독교가 신자들에게 제시한 자유를 오해하는 것이다.

로더의 마지막 비판은 동성애 그리스도인들에 대한 이러한 "받아들이되 금하라"는 관점은 궁극적으로 "레위기의 금지 조항을 엄격하게 따르는" 것에 근거하는데 "레위기도 인간의 성에 대한 이해가 제한적"이라는 것이다. 나중에 나오는 내 글에서, 동성과 성관계를 하지 않는 것이 그러한 협소한 의미보다는 결혼과 성차와 출산에 대한 성경 전체의 메시지를 아우구스티누스의 관점에서 폭넓게 읽은 데서 비롯한다는 것을 보여 주고자 했기 때문에, 여기에서는 나와 같은 관점이 레위기나 로마서 1장(혹은 다른 "증거 본문")을 따로 떼어서 협소하게 읽은 데서 비롯된 게 아니라고 본다고만 말하겠다.

---

16 Eve Tushnet, "The Three False Gods of Marriage, Freedom, and Morality", February 25, 2016, 2016년 3월 9일에 확인, http://patheos.com/blogs/evetushnet/2016/02/the-three-false-gods-of-marriage-freedom-and-morality.html.

윌리엄 로더에 대한 답변 스티븐 홈스

로더 교수의 글은 그의 박학함과 신중한 성격을 잘 드러낸다. 동성애 행위에 대한 고대 문헌에 대한 그의 지식은 아마도 따라올 자가 없을 것이고, 그 학식의 열매는 이곳에서 십분 발휘되었다. (한 가지 부수적 질문이 있기는 하지만) 석의의 차원에서 내가 그와 맞설 상대가 된다고 생각할 수는 없고, 대신에 세 가지 차원의 중요한 문제를 제기하고자 한다. 하나는 섹슈얼리티라고 하는 더 넓은 주제에 대한 것이고, 또 하나는 우리가 석의의 열매를 가지고 무엇을 하느냐에 대한 것이고, 마지막은 성경 교리에 대한 것이다.

먼저 내가 가지고 있는 부수적 질문부터 짚고 넘어가자면, 로더는 로마서 1장 18-32절에서 바울이 상대하는 청중이 유대인이라고 두 번 주장했는데, 그중에서 한 번은 그들이 "유대교 배경이 짙"다고 했다(p. 55). 로마서에 대한 요즘의 학문적 동향을 내가 민감하게 따라가지는 않지만, 이것은 매우 이상한 가정이라고 생각한다. 로마서 11장 13-24절은 바울의 청중이 (적어도 상당수가) 비유대인라고 분명하게 말한다. "내가 이방인인 너희에게 말하노라"라며 바울은 이 본문을 시작하기 때문이다. 이러한 부분이 로더의 석의에 어떤 실질적 변화를 가져울지는 잘 모르겠지만, 다소 의아하게 여겨져서 지적을 남긴다.

내가 중요하게 여기는 첫 번째 요점은, 로더가 동성애 행위에 대한 본문에 초점을 맞추되 결혼/성에 대한 성경 신학의 더 넓은 주제와는 연결시키지 않는다는 것이다. 창세기 1-2장을 다른 본문의 배경으로 제시하기는 하지만, 아가서도 (내 생각에는) 전혀 언급하지 않고, 마태복음 19장에 대한 언급도 없고, 고린도전서 7장을 잠깐 보고 지나가는 정도다. 내가 보기에 이것은 중요한 문제인데, 로더의 주장의 많은 부분이 자연적인/정상적인 것의 왜곡이라는 개념에 근거하기 때문이다. 이러한 주장이 설득력 있으려면 성경이 섹슈얼리티에 대해서 말하는 범주에 대해 어느 정도 분석이 필요하다고 생각한다.

로더가 지적하는 것처럼, 서신서만으로는 바울이 말하는 '자연'이라는 것이 무엇인지 제대로 이해하기 힘들다. 그래서 그가 무엇을 염두에 두고 말한 것인지 그럴 듯하게 재구성해 볼 수밖에 없다. 내가 생각하기에 그러한 재구성에는 히브리 성경이 풍부하게 묘사하는 바르게 경험된 인간 섹슈얼리티의 선함이 상당 부분 고려되어야 하고, 따라서 바울을 제대로 이해하려면 그 부분을 연구해야 한다고 본다. 이러한 가정들이 로더의 논증에 깔려 있다고 보지만, 그 어디에서도 분명하게 나타나지 않는데, 분명하게 그것을 말로 표현하지 않으면 그 부분을 제대로 다루기가 힘들다.

둘째로, 우리가 석의의 결과를 가지고 무엇을 하느냐의 문제로 들어가서, 로더는 로마서 1장 26-27절이 동성애 행위만이 아니라 호모에로틱한 욕망도 정상이 아니라고 가르친다고 주장하는데, 그럴 수 있다고 생각한다. 그러나 그러한 석의를 기반으로 그가 취하는 두 가지의 입장은 내가 보기에 모두 비판의 여지가 있다. 그는 바울이 이성애가 정상이라 생각했다고 주장하고, 다른 욕망들도 비정상은 아니라고 가정한다. 이것을 차례로 살펴보겠다.

로더는 바울이 모든 사람은 이성애자라고 보았을 것이라고 반복해서 주장한다[그중 하나만 인용하자면, "하나님이 사람을 남자와 여자로 지으셨다는 것이다. 오직 이성애자들이 있을 뿐이다"(p. 63)]. 내가 보기에 이것은 틀렸고, 사실은 좀 심각하게 틀렸다. 로더는 성적 지향이라고 하는 것은 현대 서구의 사고방식이고 따라서 바울의 시대에는 알려져 있지 않았을 것이므로 바울도 그것을 몰랐을 것이라고 말한다. 이것이 사실이라면, 동성애 지향만이 아니라 이성애 지향에도 동일하게 적용될 것이다. 두 가지 주장 모두 사람은 한 가지 성의 사람에게만 에로틱하게 끌린다는 주장이다. 이것은 최근 몇 십 년간 서구에서 정상적 경험이 되었지만, 내 자신의 글에서도 주장하듯 이러한 경험이 근대 후기 서구인들 이외에 그 누구의 정상적 경험이었는지/경험인지 나타내는 근본적 증거는 하나도 없으며, 그렇지 않았다는/않다는 증거는 많이 있다.

바울은 당시 그리스-로마 문화를 잘 알았고 그래서 그 사회의 많은 성인 남자들의 성적 관심은 성인 여자와 청소년 남자가 지닌 신체 형태와 특징에 자극받았다는 것을 알았을 것이다. 또한 바울은 독신이나 절제된 이성애 일부일처제가 섹슈얼리티의 바른 질서라고 끈질기게 주장했지만, 그렇다고 그가 사람들이 자연적으로 이성애자라고 생각했으리라고 볼 수는 없다. 직설적으로 말해, 바울은 분명 남자든 여자든 자기 노예를 습관적으로 강간하는 로마 귀족들을 직접 알았을 것이다. 바울이 그들을 "이성애자"라고 보았다는 것은 그가 여자 노예에 대한 강간을 남자 노예에 대한 강간보다 좀더 용납할만한, 혹은 적어도 좀더 자연스러운 것이라고 보았다는 말이 된다. 내 생각에 바울은 두 가지 경우 모두 비정상적 섹슈얼리티의 표현으로 보고 끔찍하게 여겼을 것이다.

이것은 앞에서 지적한 두 번째 가정으로 이어지는데, 바로 이성애 욕망은 잘못되지 않았다는 가정이다. 이 부분도 여러 번 주장되었지만, 한 가지 직접적 주장에 초점을 맞추자면, 로더는 "끌린다는 것은 죄가 아니되 그것을 실행하는 것은 죄가 되는, 간음과 간음하고 싶은 마음의 문제"를 언급한다(p. 70). 그는 이에 대해 별다른 논의를 하지 않고 하나의 가정 혹은 주장으로 남겨 두는데, 이러한 표현은 틀린 것으로 보인다. 그에 대한 자명한 대답은 예수님이 마태복음 5장 27-28절에서 하신 말씀인데, 예수님은 오히려 그에 반대되는 주장을 하신다. 간음의 실행만 잘못이 아니라, "음욕"을 품고 보는 것도 잘못이라고 예수님은 말씀하셨다. 이에 대해 로더는 자신이 '간음할 의향'과 '끌리는 것'을 서로 구분했다고 지적하겠지만, 내가 보기에 '음욕을 품고 본다'는 말은 (헬라어 번역에서나 영어 번역에서나) 그저 '끌리는 것'을 뜻한다.

기독교 신학에서 타락과 원죄의 사상은 우리의 모든 욕망이 어떠한 식으로 잘못되었다고 가르친다. 이 교리는 물론 바울의 편지에서 비롯되었지만(예를 들어, 롬 3:10-18; 7:14-25; 8:7-9; 엡 2:1-3), 체스터턴 Chesterton이 언젠가 남긴 인상적인 말처럼, 이것은 실증적으로 증명될 수 있는 유일한 교리다. 우리가 원칙적으로는 순전한 이성애 욕망—어쩌면 하와를 향한 아담의 욕망과 같은 것—을 생각할 수 있다고 말할 수 있겠지만, 에덴의 동쪽에서는 모든 욕망이 비틀어졌고, 거기에는 모든 이성애 욕망들도 포함된다.

그래서 이제 로더의 주장의 핵심으로 가 보면, 그는 결론적으로 세 가지 대안을 제시하는데, 세 가지 모두 그가 분명하게 구분한, 죄된 동성애 욕망과 순전한 이성애 욕망의 구도에 기초하고 있다. 그가 '받아들이되 금하라'는 입장을 거부하는 석의적 이유는 게이와 레즈비언을 용납하는 것은 동성애 욕망이 잘못된 것이라는 바울의 가르침을 제대로 반영하지 않기 때문이다. 그러나 모든 사람의 모든 욕망은 잘못되었다. 교회는 죄인들의 모임이다. 레즈비언과 게이들에게 제안된 용납은 이성애자에게 제안된 용납과 똑같다. 우리 모두가 하나님의 자비와 그리스도의 희생을 통해서 있는 모습 그대로 나오도록 초대를 받았다. 여러 면에서 잘못된 것을 욕망하지만, 성령의 사역을 통해서 서서히 변화해 바른 것을 욕망하도록 말이다.

마찬가지로 '받아들이되 금하는' 입장을 거부하는 로더의 목회적 이유는 "동성애자인 것은 괜찮지만 자신의 성을 자연스럽게 표현해서는 안 된다고 말하는 것은 불공정하고 일관성 없"기 때문이라는 것이다(p. 70). 그러나 우리는 사실 모든 사람에게 그렇게 말한다. 자신의 섹슈얼리티를 자연스럽게 표현하는 것은 괜찮지 않으며, 이는 다른 모든 자연스러운 욕망들도 마찬가지다. 대신에 우리 모두에게 복음은, 회개하고 삶의 모든 영역에서 변화하라고 말한다. 그리스도인의 결혼은 우리 자신의 성적 욕망을 채우라는 허락이 아니라, (독신과 마찬가지로) 우리의 변덕스러운 욕망이 변화하는 금욕적 훈련이다.

나의 세 번째 요점은 성경의 교리에 대한 것이다. 로더는 "성경과 경험 모두를 고려해서 성경의 일부를 제쳐 놓거나…"라는 요청으로 글을 마감한다(p. 73). 나는 우리가 경험에 근거해서나 다른 어떤 것에 근거해서나 성경을 제쳐 놓아야 한다는 것을 받아들일 수 없다. 때로는 우리의 경험 때문에 성경에 대한 이해를 재검토할 수밖에 없고 그래서 잘못 이해했다는 것을 알게 되는 경우들이 있을 것이다. 우리는 언제나 맥락 속에서, 성경 이야기 전체의 관점에서, 그리스도의 렌즈를 통해서 성경을 잘 읽어야 한다. 오직 성경만이 가지는 권위를 우리 자신의 해석에 부여하지 않도록 언제나 조심해야 한다. 하지만 결코 제쳐 두어서는 안 된다.

로더는 그렇게 성경을 제쳐 두는 것은 예외적인 일이 아니며, 교회가 예수님 시대 이후로 반복해서 해 왔던 일이라고 주장하는 것 같다. 그러나 그가 제시하는 예들은 모두 설득력이 없고, 적어도 한 가지 경우는 자기모순적이다. 그는 예수님은 "결코 성경의 명령을 저버리신 적이 없다고 논박할 수 있"다고 말하고, 바로 같은 문단에서 "마가는 예수님이 성경에 나오는 음식과 정결에 대한 법을 지키지 않으[신]…모습을 보여 준다"(p. 73-74)고 말한다. 마가가 7장 1-23절에서 들려주는 이야기는 사실 마가가 만들어 낸 이야기라고 말하고자 하는 게 아니라면, 이 두 주장은 서로 모순이다.

노예제도, 여성의 지위, 이혼, 젊은 지구 창조론, 그가 제시하는 예들은 친숙한 것들이다. 이에 대한 대답도 마찬가지로 친숙한 것으로, 여러 책에서 길게 반복되었다.[17] 교회가 노예제도를 반대하기까지는 참으로 오랜 세월이 걸렸지만, (1800년 무렵에 등장한 몇몇 주장에도 불구하고) 성경이 노예제도를 지지한다고 교회가 가르친 적은 없다. 교회는 수 세기 동안 여자는 결함 있는 남자라고 잘못 가르친 아리스토텔레스의 생물학 렌즈를 통해서 성경을 읽었고, 따라서 성경을 오독했다(그래서 바르게 읽는 게 무엇이냐에 대해서는 여전히 의견이 분분하지만, 이 사실 자체는 우리 모두 동의할 수 있다). 이혼에 대해서는 내 글에서 주장한 대로, 성경의 가르침을 제쳐 두는 게 아니라 현실의 복잡함과 씨름하는 목회가 개입할 여지를 남겨 두었다(그리고 게이와 레즈비언 커플에 대해서도 같은 접근을 할 수 있는 가능성도 나는 탐구했다). 창세기 1장을 읽은 (필론, 오리게네스, 아우구스티누스와 같은) 고대의 독자들이 그것을 문자적 6일 창조설로 읽지 않았다는 것은 새로운 소식이 아니다. 필론은 또한 창조의 시기를 잡는 것도 가능하지 않다고 분명하게 말했다. 이러한 예들 중에서 교회가 성경을 '제쳐 두었다'는 사례는 하나도 없다.

로더는 자신의 글에서 성경의 교리에 대해서는 전혀 말하지 않았다. 성경에 대한 "존경과 경외"는 이야기하지만, 그러고 나서 바로 자신이 그러한 원칙을 (마땅히도!) 매우 넓게 적용한다고 말한다(p. 33). 기독교 신학은 성경이 가지는 고유한 지위에서 유래한다. 그렇지 않으면 신학은 설 자리가 없다. 그러한 고유한 지위를 어떻게 표현할지에 대해('무오한', '실수가 없는', '권위적인', '영감을 받은'), 그리고 그 지위가 부과하는 해석의 조건에 대해 동의하지 않을지라도, 그러한 지위가 없어서

---

17 특히 William J. Webb, *Slaves, Women, and Homosexuals: Exploring the Hermeneutics of Cultural Analysis* (Downers Grove, IL: IVP 2001); Richard B. Hays, *The Moral Vision of the New Testament: A Contemporary Introduction to the New Testament Ethics* (London: T&T Clark, 1997)를 보라.

는 안 된다. 나는 로더가 성경의 권위에 충실하다고 보고, 그가 성경을 '제쳐 둔다'고 한 표현은 내가 규명하지 못한 어떤 해석학적 원칙을 일컫는 부정확한 방식이라고 본다. 그러나 이 부분을 분명하게 해 주면 좋겠다.

마지막으로 나는 로더가 자기 글을 온전한 목회적 관심에서 시작하고 마친 점에 주목하고 그것을 경하하고 싶다. 사람들의 삶과 경험에 우리가 주목하고 반응하는 것은 무엇보다 중요하다. 목회 문제에 대해서는 내 글에서도 길게 다루었으므로 여기에서는 더 이상 말하지 않겠다. 로더는 역사 논의와 그의 석의를 통해 우리에게 참으로 귀한 지식을 많이 제공한다. 그러나 앞에서 주장한 것처럼, "받아들이되 금하라"는 입장을 거부하는 그의 이유는 설득력이 없다고 본다. 그가 제시한 로마서 석의에 동의하지 않아서가 아니라, 석의의 결과를 그가 잘못된 가정의 맥락 속에 두기 때문이다.

응답 윌리엄 로더

믿음의 사람으로서 나는 사회에서나 교회에서나 동성애자라는 것이 치료받아야 하는 질병이 아니라는 인식이 넓어져 가는 것을 환영한다. 이것은 동성애자들에 대한 합당한 태도다. 그러나 나는 성서학자로서, 바울이 처음부터 그렇게 의도했다고 주장하려는 오늘날의 시도가 과연 성경을 합당하게 대하는 것인지에 대해서는 그만한 확신이 없다.

 서로 간의 이러한 존중 어린 견해의 교환을 나는 매우 소중하게 여긴다. 그리고 바울과 그 외의 사람들이 그 당시의 세상에서 무엇이라고 말했는지를 좋으나 싫으나 듣고자 여전히 노력한다. 나는 성경이 실수하지 않는다고 보지 않는데, 그렇지 않으면 바울이 한 말을 옹호해야 한다는 압력을 느끼거나 더 내 관점에 맞게 읽으려 할 것이기 때문이다. 역설적이게도 후자의 접근이 성경의 권위를 높이 평가하는 것이라고 종종 주장되지만, 사실은 전자의 접근이 성경을 더 깊이 존중하는 것이다. 예를 들어 이혼의 경우, 성경에서 그것을 금지함에도 어떤 때는 그것이 더 나은 길이라고 보는 것은 예수님이 보여 주신 모범을 따라 성경적으로 행동하는 것이다. 그러니까 예수님이 때로 안식일 율법을 어기고 행하신 것처럼, 단지 율법이 아니라 지식에 기초한 사랑이 우리의 행동을 결정하게 하는 것이다.

스티븐이 성경을 결코 제쳐 두어서는 안된다고 지적한 것을 이해하며, 그러한 표현을 피하는 대신에 우선순위를 인식해야 한다고 표현하는 편이 좋을지도 모르겠다. 이러한 문제는 일찍부터 논쟁거리가 되었는데, 단지 예수님의 사역에서만 아니라 기독교의 첫 신자들이 할례, 음식, 정결에 대한 성경의 율법을 영구히 무효화했을 때부터 그랬다. 장애물 없이 누구나 들어올 수 있는 공동체라고 하는 성경적 가치를 우선시함으로써 그들은 그렇게 할 수 있었다. 새로운 지식은 이 우주, 인류, 섹슈얼리티에 대한 새로운 이해를 낳았고, 복음의 가치에서 비롯되는 새로운 통찰들은 우리를 노예제도에 도전하게 했으며, 메건이 아주 잘 지적한 대로 특히 여성과 결혼에 대한 가부장적 이해에 도전하게 했다.

이 책의 필자들이 모두 지면의 한계로 몇 가지 부분들은 다루지 못하거나 충분히 명확하게 설명하지 못했다. 내 논지에 대한 충분한 논의는 『신약성경이 말하는 섹슈얼리티』 The New Testament on Sexuality에서 다루었다. 스티븐에게는, 로마 교회가 유대교 배경이 짙다고 내가 말한 것은 이방인 구성원을 부인하려 한 게 아니었다고 분명히 말해 두어야겠다. 예수님이 율법을 대하신 태도에 대한 복음서의 묘사들도 다양하다는 것을 복음서 관련 연구들은 오래전부터 인정해 왔고, 그러한 다양성은 저자들이 단순히 이야기를 '만들어 낸 것'이라는 혐의로 축소될 수 없다. 또한 바울이 동성에게 끌리는 사람들(우리말로 하면 '동성애자들')에 대한 이해가 전혀 없이 모든 사람이 이성애자라고 믿었다고 말하려는 것도 아니다. 만약 그렇다면 로마서 1장에서 그가 전개하는 주장은 말이 되지 않을 것이다. 바울의 논지는 그러한 끌림은 하나님이 원래 사람을 만드신 방식의 왜곡이라는 것이다. 또한 스티븐에게 나는 바울의 논증에 깔린 창세기 1장 27절을 결코 무시하는 게 아니라 (특히 "남자"와 "여자"라는 표현에서 보듯) 그것을 전제하고 있다고 강조하고 싶다. 그리고 메건에게는, 바울의 논증에서 아담과 하와가 암시되었다고 말하는 것은 아니지만, 그 본문에 대한 암시는 분명히 있다고 주장하고 싶다.

메건과 웨슬리는 바울을 유대교의 맥락에서 충분히 읽지 않는다는 생각이 든다. 내가 로마서 1장에 대한 구체적 석의에 초점을 맞추고 그것을 문학적 문맥과 문화종교적 맥락에서 읽은 것은 그렇게 하는 것이 바로 성경을 접근하는 기본이 되어야 한다고 믿기 때문이다. 그렇게 했을 때, 바울의 심리적 논증의 뜻은 분명해 보이며, 그러한 그의 입장은 당시 다른 유대인들의 태도에 대해서 우리가 아는 내용과도 일관성이 있다. 다른 해석이 있다면 그것 역시도 같은 기반에서 주장해야 한다.

의미의 역사적 재구성은 확률의 정도를 가지고 논하는 것이다. 따라서 로마서 1장에서 바울이 특정한 형태의 동성애 태도와 행위, 즉 지나치게 열정에 사로잡힌 것들만 염두에 두고 있고, 그래서 그보다 덜한 동성애 관계에 대해서는 제법 허용하는 입장이었을 가능성도 없는 것이 아니다. 그러나 이러한 주장을 펼치는 사람들에게는, 자신들의 주장 자체를 무효하게 만들고 실질적으로 오늘날의 논의에서 바울의 주장의 상관성을 무시하고서 레위기의 금지 구절만 남기게 될 위험이 있다. 스티븐은 내가 로마서를 읽는 방식에 대해서 '그럴 수 있다'고 받아들이는데, 바울이 과도한 관계만 염두에 두고 이야기했다는 것보다는 나의 해석이 역사적으로 훨씬 더 그럴 듯하다고 본다.

여기에서 문제는 행위나 정도만이 아니라 지향, 곧 잘못된 지향이다. 스티븐이 넌지시 언급한, 예수님이 다른 사람의 아내를 향해 음욕을 품지 말라고 하셨다는 나의 인용은, 다른 성의 상대에게 이끌리는 것이 그 함의상 죄가 아니라는 말을 하기 위해서였다. 여기에서 문제는 행동은 제쳐 두고, 이 끌림이 의도된 것이냐 하는 것이다(헬라어 *pros*와 마태복음에서 사용된 부정사를 합하면 목적이 있었다는 뜻이 된다). 반면에 동성에게 끌리는 것은 그 이상의 의미를 지니고 있었다. 창세기는 남자는 여자에게 끌리고 여자는 남자에게 끌려야 한다고 암시하고 있다. 그렇지 않은 경우, 사람들은 무엇인가 잘못되었다고 믿었다. 우리는 그러한 결론을 내리지 않을 수 있지만, 창세기와 로마서 1장을 이해하는 방식에 따라서 인간과 성을 이해했던 사람들은 수세기 동안 그러한 결론을 타당하게 여겨 왔다. 고자들이 존재했다는 언급도 이를 무효화하지 못하는데, 그들도 여전히 남자로 여겨졌기 때문이다.

최근까지도 성경적 이해에 근거해서 많은 사람들은 동성애자들이 치료를 받아서 다시 이성애자가 되어야 한다고 생각했다. 지식과 경험 때문에 사람들은 이러한 관점에서 벗어날 수 있었고 동성애자라고 해서 나쁘게 여기거나 바뀌어야 한다고 생각할 필요가 없음을 알게 되었다. 이러한 새로운 이해를 받아들이는 많은 사람들이 바울을 다르게 읽으려 하며, 특히 성경을 제쳐 두는 것을 두려워하는 사람들이 그러한데, 그것이 오히려 성경을 제쳐 두는 것이라고 나는 확신한다. 성경을 진정으로 높이 여기고 바울을 존중한다면, 인간의 성에 대한 바울의 이해가 더 이상 적합하지 않다는 것을 정중하게 인정하는 편이 더 낫다. 내가 신앙이 있다고 해서 우주나 인류나 섹슈얼리티에 대해서 바울과 그 시대 사람들이 생각했던 바와 관점을 그대로 가져야 하는 것은 아니다. 메건이 지적하는 것처럼, 젠더는 갱신이 불가피했던 영역 중 하나다. 이러한 유연성을 지니는 것은 기독교 신앙의 유전자에 새겨져 있다.

어떤 사람들은 동성을 향한 지향을 가지고 태어나기도 한다는 사실을 일단 받아들였다면, 그들이 책임 있게 자신의 섹슈얼리티를 표현할 길을 마련해 주지 않는 것은 정의와 연민의 성경적 원칙을 따르지 않는 것이며, 특히 그러한 금지가 우리가 더 이상 공유하지 않는 섹슈얼리티에 대한 이해에서 비롯된 것이었다면 더욱 그렇다. 그렇게 하는 것은 성경 율법의 이름으로 예수님과 바울을 배격한 사람들 곁에 서는 게 아닌가? 그런 것인지 아닌지—아니어야 하겠지만—는 우리가 이 책에서 함께하는 작업이 기여할 부분이 되리라 기대한다.

제2장

공통 기반을 찾아 성경에서 기독교 윤리로 가는 여정

메건 드프란자

예기치 못한 여정

그리스도인의 결혼에 대한 신학이 좀더 관용적이어야 한다고 주장하는 글을 내가 이런 책에서 쓰게 될 줄은 생각지도 못했다. 바이블 벨트라 불리는 보수적 지역에서 기독교 대학을 나와, 복음주의 계열 신학교에서 석사 학위를 받고 신학 박사 과정을 마치고, 생물학적 성/젠더 차이의 복잡성에 대한 논문을 다 쓰고 난 후에도 말이다. 이 부분에 대해 성경은 내게 늘 제법 분명해 보였다. 결혼은 남자와 여자가 하는 것이고, 동성 간의 성행위는 정죄받는다. 이상으로 끝.

하지만 내가 늘 자명하다고 생각했던 것을 재고해 보도록 요청하는 그리스도인들의 목소리, 이성애자 목사들과 신학자들, 심지어 내가 속한 복음주의 전통에서도 그러한 목소리가 늘어가는 것을 무시할 수 없었다. 그러면서 우리가 자명하다고 생각하는 어떤 것들이 자세히 들여다보면 그렇게 자명하지 않다는 것을 알게 되었다.

생물학적 성의 발달은 복잡한 과정이라는 것에 대한 인식이 점점 더 커지면서, 나는 내가 무엇인가를 놓치고 있을 수도 있다는 생각을 하게 되었다. 모든 사람이 분명하게 남자 혹은 여자로 구분되는 것은 아니라는 사실을 나는 이미 알고 있었다. 대부분의 인간은 성이 확고

하지만, 그렇게 자명하고 단순하게 남자와 여자로 구분되지 않는 사람들이 소수이지만 무시할 수 없는 숫자로 존재한다.[1] 더 놀라웠던 것은, 고대의 그리스도인들과 유대인들이 남자와 여자로 분명하게 구분되지 않는 사람들에 대해 잘 알고 있었고 그들을 묘사하는 언어 그리고 그들이 지역 사회에서 차지하는 자리에 대한 법도 있었다는 사실이었다. 예수님은 마태복음 19장 12절에서 그들을 일컫는 말들 중 하나를 사용하신다. "어머니의 태로부터 된 고자도 있고 사람이 만든 고자도 있고 천국을 위하여 스스로 된 고자도 있도다." "어머니의 태로부터 된 고자"는 훗날 랍비들이 전형적 남성/여성의 범주에 들지 않는 몸들을 설명하기 위해서 만들어 낸 네 가지 추가 범주들 중 하나였다. 그리고 어떤 종류의 간성은 이 범주에 해당했다.[2] 성적 발달이 남다른

---

1 간성 혹은 성적 발달이 다른(Differences of Sex Development, DSDs. 역사적으로 "자웅동체"로 불렸다) 사람들은 남성과 여성 신체적 특징을 모두 지닌 몸을 가지고 있다. 2,500명 중 한 사람은 간성으로 태어난다. Susannah Cornwall, ed., *Intersex, Theology, and the Bible* (New York: Palgrave, 2015), p. 1. 간성인 사람은 현재 트랜스젠더와 구분되는데, 트랜스젠더는 몸이 분명하게 남자 혹은 여자로 구별되지만 젠더 정체성이 자신의 신체적 성과 일치하지 않는 경우이기 때문이다. 트랜스젠더들의 윤리와 경험을 살펴보는 것도 긴박한 과제이기는 하지만, 이 책의 범주를 넘어서기 때문에 여기서는 다루지 않는다. 또한 Megan K. DeFranza, *Sex Difference in Christian Theology: Male, Female, and Intersex in the Image of God* (Grand Rapids: Eerdmans, 2015), 1장을 보라.

2 고자로 태어난 사람들은 그들이 태어난 첫날부터 그들 위에 태양이 비친다고 "태양의 고자"(*saris khama*)라고 불렸다. 이 아이들이 특별한 존재임을 알았던 것이다. 남자, 여자, 고자 외에 랍비들은 *aylonith*(성기가 제대로 발달이 되지 않았지만 남자보다는 여자에 더 가까워 보이는 사람), *androgynous*(남자이면서 여자인 사람), *tumtum*(성이 분명하지 않지만 때가 되면 알게 될 것이라고 여겨진 사람)도 있다고 보았다. John Hare, "Hermaphrodites, Eunuchs, and Intersex People: The Witness of Medical Science in Biblical Times and Today", in *Intersex, Theology, and the Bible*, pp. 83-87를 보라. 이 용어들은 구약성경에 나오지 않지만, 예수님은 "어머니의 태로부터 된 고자"라는 말을 쓰셨고, 아우구스티누스는 자웅동체의 존재를 인정했다. Augustine, *The City of God Against the Pagans*, vol. 5, Loeb Classical Library, trans. Eva Mattiews Sanford and William McAllen Green (Cambridge: Harvard University Press, 1965), 16.8, 47. 또한 DeFranza, *Sex Difference*, 1-2장을 보라.

사람의 존재는 새로울 게 없는 사실이었지만, 나로서는 박사 공부를 하면서 처음 접한 사실이었다.

그리스도인의 관점에서 간성에 대해서 생각해 보는 데에 도움을 받고자 성경과 기독교의 역사를 뒤적이면서 나는 거듭 창세기 1장으로 돌아갔다. 하나님이 단 두 종류의 사람, 곧 남자와 여자만을 만드셨다는 자명한 증거로 내가 당연하게 받아들인 본문이었다. 그러나 성경의 그 첫 장을 살펴보면서 나는 이것이 하나님의 선한 창조에 대한 포괄적 기록이 아니라는 것을 알게 되었다. 예를 들어, 이 서사에서는 양서류가 나오지 않는다. 하나님이 만드신 (공중, 바다, 육지) 생물 중에서 어느 범주에도 딱 맞아들지 않는, 땅과 물의 동물의 범주를 '혼합'한 종이기 때문이다. 개구리가 하나님이 창세기 1장에서 창조하신 동물들의 세 범주 중 하나에 분명하게 들어가지 않으므로 타락의 확고한 증거라고 주장하는 구약학자의 글을 나는 읽어 본 적이 없지만, 남자와 여자의 범주가 혼합된 인간의 경우에 대해서는 그렇게 설명하는 것은 들어 본 적이 있다. 성이 혼합된 사람들이 창조 기사에 나오지 않는다는 것이 그들이 하나님의 계획의 일부가 아니라거나 선한 계획의 일부가 아니라는 증거는 아니다. 창세기 1장은 창조를 넓은 범주에서 설명하는 신학적 기록이지, 하나님의 모든 선한 창조를 나열한 과학적 목록이 아니다.[3] 그래서 나는 창세기 1장을 이야기의 도입부로 읽는 게 낫겠다고 생각하기 시작했다. 그렇게 하면 아담과 하와, 남자

---

3   Allister McGrath, John Polkinghorne, Karen Strand Winslow, N. T. Wright, et al., "The Book of Genesis", BioLogo Foundation (April 27, 2012), http://biologos.org/resources/audio-visual/the-book-of-genesis. "From the Dust: Conversations in Creation", directed by Ryan Pettey (Mountain View: CA: Highway Media, 2012)에서 발췌.

와 여자를 모든 인류의 유일한 모델로 보는 대신에, 다수에 해당하는 넓은 범주로 해석할 수 있다.[4]

창세기를 단순하게 읽으면 두 종류의 인간만이 등장하는데, 많은 사람들이 그것이 이상화된 남자와 이상화된 여자를 대변한다고 해석했다. 그러나 창세기를 성경 전체의 맥락에서, 뒤에 가서는 이 두 범주에 들지 않는 사람들(예를 들어, 어머니의 태로부터 된 고자)도 환영하는 이야기의 도입부로 읽으니 남자와 여자라는 범주 사이에 다른 사람들도 들어갈 수 있는 공간이 열리는 것이 보이기 시작했다.[5]

성차에서 섹슈얼리티로: 성경은 무엇을 말하는가?

어떤 사람들은 간성인 사람과 고자가 동성애 혹은 양성애 지향을 가진 사람과는 다르다고 말할 것이다. 맞는 말이다. 그러나 성 발달에 대한 지식이 늘어 가면서 우리는 생물학이 성기 형성에서부터 젠더 정체성과 성적 지향에 이르기까지 모든 것에 영향을 미친다는 사실을 알게 되었다.[6] 많은 아이들이 성의 의미를 이해하기 전부터 자신이 무언가 '다르다고' 느낀다. 그리고 신체가 사춘기에 접어들면 때로 기대치 않았던 욕망, 다수와는 다른 성적 욕망을 경험하기도 한다.

남자나 여자로 깔끔하게 구분되지 않는 사람들에 대해 이해하고자

---

[4] DeFranza, *Sex Difference*, pp. 175-181.
[5] 이사야 56장 3-8절에서 예언된 고자와 외국인에 대한 환영은 사도행전 8장에서 에티오피아의 내시가 세례를 받음으로써 성취된다.
[6] Sheri A. Berenbaum and Adriene M. Beltz, "Sexual Differentiation of Human Behavior: Effects of Prenatal and Pubertal Organizational Hormones", *Frontiers in Neuroendocrinology* 32 (2011): pp. 183-200.

성경과 고대사회의 고자들에 대해서 연구하면서, 나는 남성성과 여성성에 대한 고대사회의 기대가 섹슈얼리티 논쟁에 영향을 미쳤다는 사실을 발견했다. 미덕은 남성적인 것으로 여겨졌고―라틴어에서는 미덕virtue이 vir('남성')에게서 나온다고 보았다―따라서 성적 미덕, 성적 자기통제는 남성의 자질로 여겨졌다. 여성과 고자는 남성적이지 않았기 때문에, 성적으로 통제되지 않는 존재로 희화화되었다.[7] 성과 젠더에 대한 이러한 전제들이 성 윤리에 대한 논쟁에 영향을 미쳤다. 그래서 성경의 지침을 더 잘 이해하기 위해서는 섹슈얼리티에 대한 고대사회의 이해를 더 자세히 들여다보아야 함을 알게 되었다.

고린도서와 디모데서 ― 레위기, 창세기, 사사기에서 비롯된 배경

고대사회의 고자, 특히 예수님이 말씀하신 두 번째 종류의 고자(사람이 만든 고자)에 대해서 연구하면서 나는 고대사회와 우리 사회가 얼마나 다른지 실감했다. 대부분의 고자들은 귀족 가문의 노예였다. 그리고 고대사회에서 노예는 누구나 성 노예가 될 수 있었다. 주인의 성적 요구를 거절할 힘이 전혀 없었기 때문이다. 그러나 그 목적을 위해서 특별히 만들어진 고자들은 값비싼 섹스 장난감이었다. 인신매매꾼들은 소년들을 납치하거나 구매해서 고환을 절단해 사춘기 이전의 아름다움을 보존하게 한 후 부자들이나 포주들에게 팔았고, 포주는 그들의 몸으로 장사를 했다. 많은 고대 남성들은 이렇게 거세된 남자들의 '나긋하고'soft 여성적인 몸을 무척 좋아했는데 그들의 양성적

---

7 DeFranza, *Sex Difference*, pp. 76-77.

특징이 여성적 아름다움보다 더 매혹적이라고 느꼈기 때문이다.[8] 동성 간의 성행위를 정죄하는 구절로 이해되는 성경 본문들을 다시 살펴보면서 나는 거기에서 성 노예라든지 여성스럽거나 나긋한 몸에 관련한 맥락이 중요하다는 것을 알게 되었다.

역사가들은 "로마의 거주민 중에서 다섯 명 중 한 명은 노예였다"고 추정한다.[9] 1세기에 횡행했던 노예무역으로 미루어 보면, 초대 교회의 많은 사람들에게 영향을 끼쳤을, 이런 만연한 성폭력을 바울이 염려했을 가능성은 충분하다. 고린도전서 6장 9절과 디모데전서 1장 9-10절—일부 영역본에서는 동성애 섹슈얼리티 전반을 정죄하는 것으로 읽히는 이 본문—을 자세히 살펴보면 그랬을 가능성이 보인다. 문제는 이 본문들을 어떻게 번역해야 하는지에 대해서 학자들 사이에 논쟁이 치열하다는 것이다. 왜냐하면 그중에서 한 단어(아르세노코이타이)는 이 두 개의 본문에서만 나오고, 또 다른 단어(말라코이)는 성경에 거의 등장하지 않으면서 오직 이 본문에서만 성적 문제와 관련해서 사용되기 때문이다.[10] 더 어려운 문제는, 헬라어 문헌에서 이러한 용어의 조합이 바울 이전에는 동성애를 일컫는 말로 한 번도 사용된 적 없다는 것이다.

---

8 Piotr O. Scholz, *Eunuchs and Castrati: A Cultural History*, trans. John A. Broadwin and Shelley L. Frisch (Princeton, NJ: Markus Weiner, 2001), pp. 113-118.

9 Everett Ferguson, *Backgrounds of Ealry Christianity, 2nd ed.* (Grand Rapids: Eerdmans, 1993), p. 56

10 David F. Wright, "Homosexuals or Prostitutes? The Meaning of *Arsenokoitai* (1 Cor 6:9; 1 Tim 1:10)", *VC* 38 (1984): pp. 125-153; idem, "Translating *Arsenokoites* (1 Cor 6:9; 1 Tim 1:10)", *VC* 41 (1987): pp. 396-398. Preston Sprinkle은 *People to Be Loved: Why Homosexuality Is Not Just an Issue* (Grand Rapids: Zondervan, 2015) 7장, pp. 103-120에서 이 학문적 논쟁을 잘 요약한다.

말라코이의 문자적 의미는 '나긋한 사람들'the soft ones이지만, 때로는 '여성적인 사람'effeminate으로 번역된다. 이에 대해서는 뒤에서 다시 다루도록 하겠다. 한편, 몇몇 학자들은 아르세노코이타이가 '남성'arsen과 '침대'koite(영어에서 '성교'coitus를 연상시키는 단어)를 일컫는 헬라어의 복합어라고 주장했고, 따라서 이 말은 '남자 동침자'male-bedders라는 뜻이라고 주장했다. 이들은 바울이 이 두 단어를 레위기 18장 22절과 20장 13절의 헬라어 번역에서 가져왔다고 보았는데, 레위기의 이 본문들도 현 논의와 관련이 있다.[11]

> 너는 여자와 동침함beds, koiten같이 남자man, arsenos와 동침하지 말라. 이는 가증한 일이니라. (레 18:22)
> 누구든지 여인과 동침하듯beds, koiten 남자man, arsenos와 동침하면 둘 다 가증한 일을 행함인즉 반드시 죽일지니, 자기의 피가 자기에게로 돌아가리라 (레 20:13)[12]

이 네 가지 금지는—정확하게 무엇이, 왜 금지가 되는지 설명해 주는 이야기 없이—모두 죄의 목록에 등장하기 때문에 해석하기가 특별히 어렵다. 바울이 아르세노코이타이를 레위기에서 가져왔다고 생각

---

11 Thomas E. Schmidt, *Straight and Narrow? Compassion and Clarity in the Homosexuality Debate* (Downers Grove, IL: InterVarsity, 1995), pp. 33-34, 95-96. Wright, "Homosexuals or Prostitutes?", pp. 126-129.
12 이 용어가 헬라어 구약성경(LXX)에서는 다르다는 것을 보여 주기 위해서 이 헬라어 단어를 더 문자적으로 번역했다. 영어로 '같이 잔다'고 완곡히 표현한 말은 상호성의 함의를 지니지만, 'bed'라는 말은 섹스란 남자가 다른 사람에게 하는 것이라는 고대사회의 전제를 더 정확하게 반영해 준다. 남자를 침대로 끌어들이는 것은 그를 여자처럼 대하는 것이었다. 히브리어로는 이 두 구절 모두에 'bed'라는 단어를 쓴다.

하는 사람들도 이러한 금지의 이유에 대해서는 서로 견해가 다르다. 모세의 이 명령은 맥락에 상관없이 모든 동성애 행위를 전반적으로 정죄한 것인가, 아니면 강간의 경우를 일컫는 것인가? 혹시 남성성의 명예를 지키려는 고대 가부장 사회 배경에서 나온 것은 아닌가? 다른 남자로부터 삽입을 당하는 것은 남자로서 수치스러운 일로 여겨졌다.

레위기 18장과 20장의 주석에서 (사도 바울과 동시대에 살았던 1세기의 유대인) 필론은 남성의 명예와 수치의 문제를 거론한다. 그는 성인 남자가 남자아이를 성적으로 착취하는 관습을 모세의 율법을 어기는 것 중 하나로 거론한다. 그러나 동의가 가능한 나이가 몇 살인지에 신경을 쓸 현대의 그리스도인들과는 달리 필론은 그 남자아이가 "여자처럼 취급 받는 고통을" 당할 것을, "자기 본성의 소중한 조합을 망가뜨리는 남자-여자"로 변할 것을 걱정한다. 필론은 여기에서 그 일을 한 성인 남자도 책임이 있다고 보았는데, 그 남자는 "그 악 중의 악, 남자답지 못함과…여성스러움의 악으로 이끄는 인도자이자 선생"으로 드러났기 때문이다.[13] 2세기의 그리스도인 목사였던 알렉산드리아의 클레멘스Clement of Alexandria도 비슷한 염려를 하면서, 낮에 체모를 제거하는 남자(예를 들어 면도하는 자)는 "밤에는 자신을 여자로 드러내 보일" 수 있다고 자기 회중에게 경고했다.[14] 여자와 자듯 남자와 자는 남자는 수동적인(삽입당하는) 남자를 망치는 것으로 여겨졌고, 그렇게 상대의 패망을 가져온 것 때문에—남성다움의 명예를 여성성의 수치로 바

---

13 Philo, *The Special Laws*, vol. 3; Matthew Vines, *God and the Gay Christians* (New York: Convergent, 2014), p. 87에 인용됨.
14 Clement of Alexandria, *The Instructor* (*The Paedagogus*), bk. 3; Vines, *God and the Gay Christians*, p. 88에 인용됨.

꾼 것 때문에—비난받았다.

남자의 명예를 보존하고자 하는 이러한 노력은 동성애 성행위와 관련된 유일한 구약성경 이야기에서도 볼 수 있다. 동성애와 가장 자주 연관되는 이야기는 소돔과 고모라 이야기다. 그래서 영어에서 '소도미' sodomy가 '동성애'homosexuality를 의미하게 되었다. 그러나 소돔 성의 남자들은 롯과 그의 손님들을 광란의 파티로 초대한 것이 아니라, 집단 강간의 협박을 한 것이다. 이 천사 손님들을 구출하기 위해 롯은 그들 대신에 처녀인 자기 딸들을 내보내겠다고 제안한다. 감사하게도 천사들이 개입해서 해결하지만(창 19:1-8), 이와 쌍을 이루는 사사기의 이 이야기에서는 희생자가 화를 면하지 못한다. 사사기에서는 "그 성읍의 불량배들이" 레위인이 머물고 있던 "그 집을 에워싸고 문을 두들기며 집 주인 노인에게…네 집에 들어온 사람을 끌어내라 우리가 그와 관계하리라"라고 외친다(19:22). 이 때도 마찬가지로 집주인은 자신의 처녀 딸을 대신 내주겠다 제안하지만, 레위인이 자기 아내/첩을 불량배들에게 내보낸다(19:24-25). "그들이 그 여자와 관계하였고 밤새도록 그 여자를 능욕"했고, 그로 인해 그 여자는 새벽에 그 집 문 앞에서 죽었다(19:25-28).

이 불량배들의 죄는 '동성애'가 아니었다. 이들은 강간하려 했다. 역설적이게도, 실제로 강간을 당한 사람은 남자가 아니라 여자, 레위인의 하층민 아내, 그의 첩이었다. 두 경우 모두 집주인들은 레위기 18장 22절과 20장 13절의 근간이 된다고 볼 수 있는 고대의 가치를 존중하는 것처럼 보인다. 남자 손님들이 여자처럼 대우받기를 원하지 않았기 때문이다. 그들의 가부장적 관점에서 보자면, 강간당하도록 자기 딸들을 내주는 것이 남자가 여자처럼 취급당하게 하는 것보다 나았다.

이러한 고대의 가부장적 가치는 오늘날 기독교의 윤리적 감수성과는 거리가 멀어 보인다. 그래서 많은 학자들은 신약성경의 메시지에 더 무게를 둔다. 레위기 18장과 20장 구절들이 오늘날의 그리스도인에게도 유효한지는 바로 신약성경에 달려있기 때문이다.[15]

이러한 배경을 염두에 둘 때, 그리스도인들은 어떻게 고린도전서와 디모데전서의 경고를 해석해야 하는가?

고린도전서 6장 9-11절(NIV 1984-역자 사역): 여러분은 악한 사람이 하나님의 나라를 유산으로 받지 못한다는 것을 모릅니까? 속지 마십시오. 성적으로 부도덕한 사람이나 우상숭배 하는 사람이나 간음하는 사람이나 **말라코**이나 **아르세노코이타**이나 도둑질하는 사람이나 욕심부리는 사람이나 주정뱅이나 중상하는 사람이나 사기꾼이나 다 하나님의 나라를 유산으로 받지 못할 것입니다. 그런데 여러분 중에 그랬던 사람들이 있습니다. 그러나 여러분은 씻기었고, 거룩하게 되었고, 우리 하나님의 성령을 통해서 주 예수 그리스도의 이름으로 의롭게 되었습니다.

디모데전서 1장 9-10절(NIV 1984-역자 사역): 우리는 또한 율법이, 의로운 사람이 아니라 법을 어기는 사람과 반항하는 사람, 불경하고 죄 많

---

15 레위기 18장과 20장은 그리스도인을 위한 포괄적 성 윤리를 제공해 주지 못한다. 여기에서 여성에게 주는 유일한 성적 지침은 수간을 하지 말라는 것뿐이다(레 18:23). 많은 학자들이 레위기 18장 19절에서 생리하는 여성과 성관계를 가지지 말라고 하는 규정을 가리키면서 적어도 구약성경에서 금지하는 성 가운데서 한 가지는 보편적 구속력을 가지지 않는다고 설명한다. 대부분의 그리스도인들은 아브라함 역시 레위기 18장 9절과 20장 17절을 어기고 배다른 여동생과 결혼했다는 사실, 그리고 야곱이 18장 18절을 어기고 자기 아내의 여동생과 결혼했다는 사실을 무시한다. Jennifer Wright Knust, *Unprotected Texts: The Bible's Surprising Contradictions about Sex and Desire* (New York: HarperOne, 2011), pp. 141-142.

은 사람, 거룩하지 못하고 경건하지 못한 사람, 그러니까 아버지나 어머니를 죽이는 사람, 살인하는 사람, 간음하는 사람과 **아르세노코이타이**, 노예무역상과 거짓말하는 사람과 위증하는 사람, 그 외에 건전한 교리에 어긋나는 모든 것들을 위해서 있는 것을 압니다.

이 용어들의 의미가 무엇이건, 이 두 본문의 맥락으로 미루어 그것이 심각한 죄임을 알 수 있다.[16] 이 구절의 영역본들을 비교해 보면 해석의 논점이 보인다. 뉴 인터내셔널 버전(1984)과 리바이즈드 스탠더드 버전에서는 아르세노코이타이가 본문에 따라 다르게 해석된다.

	말라코이 고전 6:9	아르세노코이타이 고전 6:9	아르세노코이타이 딤전 1:10
킹제임스 버전 (1611)	여성적인 사람 (effeminate)	인간과 스스로를 남용하는 자 (abusers of themselves with mankind)	인간과 스스로를 더럽히는 자 (them that defile themselves with mankind)
리바이즈드 스탠더드 버전(1952)	성도착자 (sexual perverts)	성도착자 (sexual perverts)	소도미를 행하는 자 (sodomites)
뉴 킹제임스 버전 (1982)	동성애자 (homosexuals)	소도미를 행하는 자 (sodomites)	소도미를 행하는 자 (sodomites)
뉴 인터내셔널 버전 (1984)	남창 (male prositutes)	동성애 범죄를 저지 르는 자(homosexual offenders)	도착자 (perverts)
뉴 리바이즈드 스탠더드(1989)	남창 (male prostitutes)	소도미를 행하는 자 (sodomites)	소도미를 행하는 자 (sodomites)
뉴 아메리칸 스탠더드 (1977 & 1955)	여성적인 사람 (effeminate)	동성애자 (homosexuals)	동성애자 (homosexuals)
뉴 인터내셔널 버전 (2011)은 두 용어를 하 나의 문구로 번역했다	남자와 성관계를 하는 남자 (men who have sex with men)		동성애를 행하는 사람 (those practicing homosexuality)

여러 주석가들이 이 두 단어가 쌍 하나를 이룬다고 주장했다. 곧 남성 간의 동성 성행위에서 수동적으로 삽입당하는 사람(말라코이)과 능동적으로 삽입하는 사람(아르세노코이타이)을 일컫는 말이라는 것이다.[17] 수동적 자세를 택하거나 강요당한 사람은 "여자처럼" 취급되었기 때문에 "여성화"되거나 feminized "나긋해졌다" softened고 보았다.[18] 또 다른 학자들은 더 좁게 해석해야 한다고 주장하면서, "나긋한 자들" soft ones은 자기 멘토와 성관계를 맺는 사춘기 이전의 남자아이를 일컫는 것이라고 말한다. 이것은 고대 그리스 사회에서는 흔한 관습이었지만, 로마인, 그리스도인, 유대인들은 비판했다. 어떤 학자들은 성인 남자와 남자아이간의 성관계만 바울이 문제 삼는 것이었다면, 그러한 관습을 일컫는 좀더 특수한 용어, 예를 들면 "아이의 타락" paidophthoria과 같은 말을 택했을 것이라고 반박한다.[19] 그런데 초기 기독교의 악의 목록에는 말라코이와 아르세노코이타이가 나올 것이라는 예상과 달리 "아이의 타락"이 대신 등장한다. 이것은 NIV 2011이 택한 전략과 비슷한 것으로 해석할 수 있지만,[20] 불행히도 NIV의 표현("남자

---

16 몇몇 학자들은 디모데전서 1장과 십계명의 목록이 병렬 구조를 이룬다고 본다. (5) 부모를 공경하라, (6) 살인하지 말라, (7) 간음하지 말라, (8) 도적질하지 말라, (9) 거짓 증언하지 말라. 디모데전서 1장의 저자는 이 고대의 명령이 1세기에 어떻게 위반되는지 보여 주면서 간음하는 자 (moichoi)의 범주를 넓혀 그 안에 포르노이, 말라코이, 아르세노코이타이를 포함시키는 것일 수 있다. Sprinkle, *People to Be Loved*, pp. 117-118, n. 36, 216를 보라.
17 Dale B. Martin, *Sex and the Single Savior: Gender and Sexuality in Biblical Interpretation*(Louisville: Westminster John Knox, 2006), p. 38.
18 Roy E. Ciampa and Brian S. Rosner, *The First Letter to the Corinthians* (Grand Rapids: Eerdmans, 2010), p. 241.
19 Sprinkle, *People to Be Loved*, p. 116.
20 *Didache* 2.2; *The Epistle of Barbabas* 19.4; Michael W. Holmes, ed., *The Apostolic Fathers: Greek Texts and English Translations*, (Grand Rapids: Baker, 1999), pp. 252-253, 320-321. 이 자료를 알려 준 로이 치암파(Roy Ciampa)에게 감사한다.

와 성관계를 하는 남자")은 헬라어 원문에서는 나이가 명시되어 있지 않음에도 아이가 아닌 어른의 행동을 암시한다.

고자 또한 "나긋한 자"로 여겨졌고, 1세기의 어떤 로마인은 그들을 "칼날에 남성성이 잘려 나긋해진 불행한 청춘"이라고 묘사했다.[21] 이러한 노예들은 자신의 성기 거세에 저항할 수 없었고 주인의 성행위를 거절할 힘이 없었음에도, 그들은 자신의 성차와 "수동적" 섹슈얼리티 때문에 비판을 받았다.[22] 선택권이 없었는데도 여전히 조롱과 도덕적 비난을 받은 것이다.

놀랍게도, 고대의 문헌을 보면 남자들은 근육이 부족하다거나 동성에 대한 에로티시즘이 아닌 것에 대해서도 '나긋하다'고(말라코이) 비난받았다. 게으르거나 전쟁에 용감하게 임하지 못하는 남자, 풍성한 음식이나 아름다운 여자의 유혹 앞에서 자신을 통제하지 못하는 남자도 '나긋하다'고 비판받았다. (남자에 대해서든 여자에 대해서든) 지나치게 성에 관심을 나타내는 남자도 '나긋하다'고 불릴 수 있었다.[23] '나긋함'의 악은 성적 과잉의 영역에 국한된 게 아니었다. 그것은 나약함과 연관되는 부도덕함을 일컫는 폭넓은 용어로서 "고대사회가 이해한 여성성"으로 요약될 수 있었다. "고대 사람들에게는, 혹은 적어도 지금 우리가 읽는 거의 모든 고대의 문헌들을 만든 남자들에게는, 이러한 연결이 상식적이고 자연스러웠다."[24] 그래서 데이비드 프레딕슨David Fredickson은 말라코이를 "자기통제가 부족한 사람"이라고 번역하는 게

21 Sprinkle, *People to Be Loved*, p. 107; Lucan, 10.133-4을 인용하면서.
22 DeFranza, *Sex Difference*, p. 77
23 Martin, *Sex and the Single Savior*, pp. 44-45.
24 같은 책, p. 44.

더 낫다고 주장한다.[25]

뉴 인터내셔널 버전(1984)과 뉴 리바이즈드 스탠더드 버전은 말라코이가 "남창"이었을 수도 있다고 보는 옛 관점을 따랐다. 그래서 그 두 단어를 연결하면 고린도전서 6장 9절은 남창과 그의 서비스를 돈을 주고 사는 사람 모두를 비난하는 것이 된다.[26] 그러나 우리가 본 것처럼, 말라코이는 이러한 협소한 번역에 국한되기에는 그 의미가 너무 광범위하다. 반면에, 두 단어를 분리해서 말라코이를 자기통제와 용기가 부족한 사람, 게으르고 타락한 사람을 일컫는 것으로 보고, 아르세노코이타이는 별도의 단어로 본다면, 바울이 1세기의 성적 착취를 막으려 했다는 증거로 해석할 여지가 있다.

데일 마틴Dale Martin은 아르세노코이타이를 레위기 18장과 20장에 대한 언급으로 읽는 것에 반대했는데, 복합어가 항상 부분들을 합한 것을 의미하지는 않기 때문이라고 했다. 영어 사용자들은 'understanding'(이해하는 것)이 'standing'(서는 것)이나 'beneath'(아래) 위치와는 아무런 상관이 없다는 것을 알 것이다.[27] 마틴은 헬라어

---

25   David E. Fredickson, "Natural and Unnatural Use in Romans 1:24-27: Paul and the Philosophic Critique of Eros", in *Homosexuality, Science, and the "Plain Sense" of Scripture*, ed. David L. Balch (Grand Rapids: Eerdmans, 2000), pp. 197, 218-221; Vines, *God and the Gay Christian*, p. 122에 인용됨.
26   이교적 성매매라는 주장도 있었지만, 고린도에 종교 의식과 관련된 성행위가 있었다는 역사적 근거는 희박하다. 그러나 성전 지역에서는 축제 때에 창기들의 종교 의식이 아닌 "축제의 일부로" 몸을 팔았다(Ciampa and Rosner, *First Letter to the Corinthians*, pp. 248-249). 치암파와 로즈너는 성매매와 성전 축제 사이의 관계는 고린도전서 6장에서 서로 상관이 없어 보이는 사건이 어떻게 연결되는지를 보여 준다고 지적하면서, 특히 제사 음식에 대한 사도의 염려와(13절) 마지막 권고의 말을 가리킨다. "너희 몸은…성령의 전…그런즉 너희 몸으로 하나님께 영광을 돌리라"(19-20절); 같은 책, p. 261.
27   Martin, *Sex and the Single Savior*, p. 39

문헌에서 아르세노코이타이는 위법적 성행위만을 일컬은 게 아니라, 경제적 착취의 죄와 더불어 고대의 악의 목록에 종종 포함되었다는 증거를 제시한다. 물론 성적 범죄와 경제적 착취가 결합된다면, 또 다시 노예와 창기의 성적 착취 문제로 돌아온다.[28]

디모데전서 1장 10절의 다른 항목들 또한 여기에서 사도가 염두에 둔 것이 성 노예 문제였다는 주장을 지지한다. 왜냐하면 "유괴범"(때로 "노예무역상"으로 번역)이 아르세노코이타이 바로 뒤에 오기 때문이다. 디모데전서에서는 세 용어가 나온다. 포르노이스 $pornois$("성적으로 부도덕한"으로 번역되었지만 원래는 '창기' $prostitute$를 뜻하는 포르네 $porné$에서 파생된 단어), 아르세노코이타이, 그리고 안드라포디스타이스 $andrapodistais$ ('유괴범', '노예무역상').[29] 순서대로 보면 이것은 성적으로 부도덕한 사람, 창기, 혹은 창기를 찾아가는 사람[예를 들어, KJV의 "whoremongers"(창기의 단골들)]을 한 그룹으로 묶고, 그다음에 특별히 남창을 찾는 사람 혹은 인간을 유괴하고 팔아서 돈을 버는 인신매매꾼들을 포함해 돈을 위해 다른 사람을 성적으로 착취하는 사람들을 또 한 그룹으로 묶은 것일 수 있다.[30] 크렝켈 $Krenkel$은 남창이 여자 창기보다 돈을 더 많이

28 같은 책, p. 41.
29 포르노이($pornoi$, 남성 복수형)는 포르네($porné$, 'prostitute'의 여성형)에서 파생되었고 따라서 남창이나 그들을 찾아가는 남자들을 가리켰을 수 있다. 시간이 지나면서 포르네이아($porneia$)는 성매매 이외의 성적 죄도 포함하는 의미로 확장되었고, 따라서 '성적으로 부도덕한 자' 혹은 '혼외 성교'로 번역되었다. Gehrard Kittel, *Theological Dictionary of the New Testament*, vol. 6, trans. G. W. Bromily (Grand Rapids: Eerdmans, 1969), pp. 580, 584, 587. 고린도전서 6장에서 바울은 불과 몇 구절 후에 "그리스도의 지체를 가지고 창녀의 지체를 만들겠느냐"고 반박한다(15절). 18절에서 그는 " 포르네이아를 피하라!"고 결론을 내린다. 대부분의 현대어 번역들은 포르네이아를 "성적 부도덕"(한글 개역 성경은 "음행"-역주)으로 번역하지만, 그 앞의 구절들은 성매매에 대해 말하고 있다.
30 James V. Brownson, *Bible, Gender, Sexuality: Reframing the Church's Debate on Same-Sex*

벌었고, 남창의 수가 부족할 때는 "미소년들을 잡아서, 수출하고…팔아서…창기로 이용했다."고 지적한다.[31]

1세기 사회에서 성매매와 성 노예를 구분하는 것은 어렵다. 대부분의 창기들이 노예이거나 노예 출신이었기 때문이다.[32] 불행히도, 창기와 노예 모두 1세기의 가부장 경제에서 중요한 역할을 했다. 경제적으로 독립할 때까지 결혼을 미루는 것을 장려했기 때문에 로마 사회에서나 유대인들 사이에서나 서른은 남자들에게 권장된 이상적 결혼 연령이었다. 노예들, 노예 출신자들, 첩들, 경제 능력이 없는 사람들은 결혼 준비를 하는 데에 있어서 경제적 타격을 받고 싶어 하지 않는 남자들에게 이용당했다.[33] 결혼 이후에도 남편들은 오직 출산을 목적으로 아내와 성관계를 맺도록 장려되었고, 에로틱한 열정들은 다른 출구를 찾도록 했다. 노예와 창기와의 성관계는 이러한 방침에 대한 "도덕적" 대안으로 여겨졌다.[34]

사도 바울이 염두에 두고 말한 것이 성적 착취, 노예, 성매매였다고 조금의 의심도 없이 증명하는 것은 불가능하지만, 이러한 배경들은 초대 교회의 목회자들이 염려하며 거론했을 법한 성적 죄의 종류를 이해하는 데에 중요한 맥락을 제공해 준다. 현대적 관점에서 볼 때, 노예 무역의 성적 죄는 이 본문들에 나오는 그런 강력한 비난을 사기에 충

Relationships (Grand Rapids: Baker, 2009), p. 281.
31 Walter A. Krenkel, "Prostitution", in M. Grant and R. Kitzinger, eds., *Civilization of the Ancient Mediterranean: Greece and Rome* (New York: Scribner, 1988), 2: 1296; Robert Jewett, *Romans: A Commentary*, ed. Eldon Jay Epp (Minneapolis: Fortress, 2006), p. 181에 인용됨.
32 Lynn H. Cohick, *Women in the World of the Earliest Christians: Illuminating Ancient Ways of Life* (Grand Rapids: Baker, 2009), p. 281.
33 첩도 비슷한 기능을 했다. Cohick, *Women in the World*, pp. 105-106.
34 Ciampa and Rosner, *First Letter to the Corinthians*, p. 250.

분한 일이었다.

이 본문들을 깊이 연구하면서 나는 놀랐다. 영어 번역으로 볼 때는 자명해 보였던 구절들이 원래의 언어와 맥락에서 연구해 보니 그렇게 분명하지 않았다. 말라코이와 아르세노코이타이를 '여성적인 자' 그리고 '동성애자'로 각각 번역하는 것은 그 당시 헬라 문헌에서 이 단어들이 사용되었던 방식을 정확하게 반영하지 못한다. 현대의 독자들도 방탕함, 자기통제의 부족, 게으름, 그리고 말라코이와 연관된 성적 과잉의 악을 비판하는 것은 중요하다고 여길 것이다. 그러나 현대의 그리스도인들은 이러한 악을 여성성 혹은 여성스러움으로 요약해 버리는 문화적 편견을 거부해야 한다. 한편으로 아르세노코이타이는 '남자와 동침하는 남자'로 번역될 수 있지만, 주인이 노예 소년과 고자와 성인 남성을 착취하던 일반적 관습과 구분해서 그 말을 이해할 수는 없다. 또 다른 한편으로 아르세노코이타이는 다른 사람의 가난과 취약함을 이용해서 자신의 즐거움과 이득을 취하는 착취 행위를 의미하는 것일 수 있는데, 그렇다면 노예와 창기의 이용도 그 범주에 들어갈 것이다.

그리스도인들이 창기의 '죄'를 다시 평가하기 시작한 것은 아주 최근의 일이다. 인신매매와 그것을 뒷받침하는 세계 경제의 불평등한 구조에 대한 인식이 커가면서, 자기 몸이나 자기 자녀의 몸을 팔 수밖에 없는 사람들의 잘못을 이해하는 방식이 달라지고 있다. 고대사회의 성매매는 대부분 바로 그러한 경제적 절박함 가운데서 일어났다.[35]

---

[35] William Loader, *The New Testament on Sexuality* (Grand Rapids: Eerdmans, 2012), pp. 15-18.

자기통제의 부족, 방탕함, 게으름, 착취, 성매매, 성 노예라는 것과 동성 간 결혼이라는 것 사이에는 상당한 윤리적 차이가 존재한다. 나는 모든 동성애 행위를 도덕적으로 다 같은 선상에 놓고 볼 수 없을지도 모른다는 생각이 들기 시작했다.

그래도 나는 여전히 망설였다. 비록 강간 그리고/또는 남자를 여자처럼 취급함으로써 그들에게 수치를 주는 가부장제의 렌즈를 통해서 레위기를 읽을 수 있다 하더라도, 그리고 고린도전서와 디모데전서가 방탕함, 착취, 성 노예, 인신매매를 포함하는 여러 가지의 악을 일컫는 것일 수 있다 하더라도, 아직 부족한 부분이 있었다. 게다가 살펴보아야 할 다른 본문들도 있었다. 내가 보기에 로마서 1장의 경고는 거역할 수 없는 것이었다. 적어도 여기에서는 문맥 속에서 좀더 직접적인 해석의 단서를 찾을 수 있지 않을까.

로마서: 수사적 표현 다시 읽기

동성애를 긍정하든 반대하든, 신약학자들은 로마서 1장이 성 윤리 문제를 다루기 위해서 쓴 게 아니라는 데에 동의한다. 바울은 죄의 보편성에 대해 길게 논증한다. 하나님을 저버리고 우상을 섬긴 이방인들의 죄(롬 1:18-24)는 더 큰 도덕적 타락을 낳았지만(1:24-32), 자신이 이방인보다 도덕적으로 우월하다고 생각한 유대인들에게도 죄가 있기는 마찬가지였다(2:1-29). 사도 바울은 그들이 위선자라고 말하면서 "모든 사람이 죄를 범하였으매 하나님의 영광에 이르지 못하더니, 그리스도 예수 안에 있는 속량으로 말미암아 하나님의 은혜로 값없이 의롭다 하심을 얻은 자 되었느니라"(3:23-24)고 주장한다.[36] 성 윤리에 대한 본문은 아니지만, 그래도 성 윤리에 대한 바울의 통찰을 얻을 수도 있으니 로마서 1장에 이방인이 참 하나님을 거절한 결과라고 제시된 죄의 목록을 살펴보지 않을 수 없다.

바울은 유대인과 이방인 모두에게 설득력 있는 논증을 하기 위해서 자연으로부터 이야기를 시작한다. 스토아 철학과 1세기 유대교 문화에서 보는 자연에 대한 가정에서 출발하는 것이다. "하나님의…영원한 능력과 신성을 분명히 보고, 그분이 만드신 것을 통해 이해했기 때문에 사람들은 변명할 수가 없습니다"(롬 1:20 NIV 1984-역자 사역). 그러나 사람들은 "불멸하는 하나님의 영광을 형상들로 바꾸었습니다"(23절). "그래서 하나님이 그들의 마음의 죄된 욕망에 그들을 넘기셔서 성적으로 불결한 일을 하게 하시고 그들이 서로 자신들의 몸을 더럽히게 하셨습니다"(24절). 그리고 나서 바울은 두 가지 교환을 더 지적한다. 사람들이 "하나님의 진리를 거짓말과 바꾸었습니다"(25절), "여자들이 자연스러운 성적 관계를 부자연스러운 것으로 바꾸었습니다. 마찬가지로 남자들도 여자들과 자연스러운 관계를 버리고 서로에 대한 욕망에 불탔습니다. 남자들이 다른 남자들과 점잖지 못한 행동을 하고, 자신의 왜곡에 따른 마땅한 대가를 스스로에게 받았습니다"(26-27절 NIV 1984-역자 사역).

여기에서 바울이 말하는 '자연스러운'과 '부자연스러운'의 의미가 무엇인지 설명하려고 참으로 많은 이들이 애를 썼다. 어떤 학자들은 자연이 남자와 여자의 상호보완적 재생산 기능을 말한다고 주장한다.

---

36 Richard Hays, *The Moral Vision of the New Testament: Community, Cross, New Creation* (San Francisco: Harper, 1996), p. 389; Brownson, *Bible, Gender, Sexuality*, pp. 150-151.

또 어떤 학자들은 '자연'에 근거하는 논증은 문화적 함의로 가득하다고 말한다. 바울의 또 다른 서신서에서 "만일 남자에게 긴 머리가 있으면 자기에게 부끄러움이 되는 것을 본성nature이 너희에게 가르치지 아니하느냐. 만일 여자가 긴 머리가 있으면 자기에게 영광이 되나니, 긴 머리는 가리는 것을 대신하여 주셨기 때문이니라"(고전 11:14-15)라고 말한 데서도 알 수 있다. 여기 후자에서 사용된 자연의 예는 보편적 기독교 윤리가 아니라 1세기의 그리스-로마 사회와 유대교 사회의 젠더 규범에 대한 통찰을 주는 표현이다. 주석가들은 머리의 길이와 머리를 가리는 문제 이면에 바울이 깔아 놓은 논리를 제대로 이해하려고 노력한다. 예를 들어, 초대교회가 불필요한 비판을 받지 않도록 겸손하고 단정한 차림을 해야 한다는 것을 말하기 위한 구절인가? 겸손 자체는 보편적 가치라 할 수 있지만, 그것을 나타내는 방식은 문화적 상황에 따라서 다양하다.

버나뎃 브루튼Bernadette Brooten은 자신의 연구서 『여자들 사이의 사랑: 여성 호모에로티시즘에 대한 초기 기독교의 답변』Love Between Women: Early Christian Responses to Female Homoeroticism에서 '자연스러운' 그리고 '부자연스러운' 성관계를 1세기의 유대인과 로마인 그리스도인들이 어떻게 이해했는지 설명한다.

바울 때의 문화를 형성한 사람들은 동의에 의한 것이든 강요에 의한 것이든 모든 종류의 질 삽입을 자연스러운 것으로 보았다. 예를 들어, 서로 결혼한 성인 남자와 성인 여자, 서로 결혼하지 않은 성인 남자와 자유인 여자, 성인 남자와 노예 여자 혹은 노예 소녀, 성인 남자와 그의 딸, 혹은 성인 여자와 그녀의 아들 간의 성관계는 모두 자연스러운 것이었다. 로마 사회에서 여자들이 했던, '자연에 반하는 것'_para physin_이라고 종종 불린 성관계는 여자들끼리의 성관계다.…그 여자들이 포기한 '자연스러운 관계'란 다양한 종류의 이성애 관계들로서, 결혼 관계, 간음, 강간, 근친상간, 성매매, 성인 남자와 미성년 여자의 성관계 등이었다.[37]

이 글은 자연에 대한 1세기 사회의 이해에서 비롯한 주장들이 기독교 성 윤리의 근거로 삼기에 얼마나 부적합한지 보여 준다.

브루튼은 바울이 이 본문에서 여성 호모에로티시즘을 말하는 것이라고 보지만, 제임스 브라운슨James Brownson은 이러한 해석에 동의하지 않는다. 많은 초기 주석가들이 로마서 1장 26절을 임신으로 이어지지 않는 "여자와 남자 사이의 구강 혹은 항문 성교를" 일컫는 것으로 해석했기 때문이다.[38] 브루튼은 "자연에 반하는"을 여성 동성애lesbianism를 의미하는 것으로 읽을 수 있는 근거를 또 다른 초기 기독교 문서인 『베드로의 묵시』에서 찾는다. 거기에도 로마서 1장에서와 마찬가지로, 우상숭배와 호모에로틱한 태도를 밀접하게 연관시킨다.[39] 특히 두드러지는 것은, 이 묵시는 능동적 여성 파트너와 수동적 여성 파트너가 모두 "남자가 여자와 하는 것처럼" 행동했기 때문에 지옥에서 고통받는 것으로 묘사한다. 한편 남자의 경우는 수동적 파트너만 벌을 받는

---

37 Bernadette J. Brooten, *Love Between Women: Early Christian Responses to Female Homoeroticism* (Chicago: University of Chicago Press, 1996), pp. 251-252.
38 Brownson, *Bible, Gender, Sexuality*, pp. 207-208. Augustine, *Of Marriage and Concupiscence*, 2.35.
39 Brooten, *Love Between Women*, pp. 305-308.

데, 그 남자만 자연에 반하여 "여자처럼" 행동했기 때문이다.[40] 놀랍게도 로마서 1장도 그와 비슷하게 불균등한 형벌의 관점을 지지하는 것으로 읽을 수 있는데, 27절에 보면 "남자들이…그들의 왜곡에 따른 마땅한 대가를 자기 몸에 받았습니다"(NIV 1984)라고 되어 있다. 학자들은 이 대가가 무엇인지 이해하려고 애썼는데, 어떤 사람들은 이 말을 그냥 문자적으로 받아들여서, 여성화되는 수치 그리고/혹은 항문의 물리적 통증을 가리키는 남성 파트너의 수동적 수용에 초점을 맞춘 것이라고 해석한다.[41] 이 해석이 맞다면, 수동적 파트너만이 벌을 받는 것인데, 이는 그 남자만이 '자연'을 왜곡했기 때문이다.

기독교 초기의 문서들 속 '자연스러운 관계'가 무엇을 뜻하는지 연구한 글들은 우리가 '자연스럽다'고 보는 것을 '자연법'이라는 것으로 성급하게 가져가지 말라고 경고한다. 1세기에서는 강간, 성매매, 노예에 대한 성 착취가 모두 자연스러운 것으로 여겨진 반면, 임신 가능성이 배제된 모든 성관계, 수동적 남성 섹슈얼리티, 능동적 여성 섹슈얼리티(남자에 대해서든 여자에 대해서든 여자가 성적으로 주도하는 것)는 모두 '자연스럽지 않은' 것이었다. 이처럼 우리가 '자연'이라고 생각하는 많은 것들이 우리가 속한 상황의 사회적 관습인 경우가 많다.[42]

이 여자들이 정확하게 어떤 행위를 한 것인지에 대한 논쟁은 계속되고 있지만, 남자들이 무엇을 했는지는 분명하다. "마찬가지로 남자들도 여자들과 자연스러운 관계를 버리고 서로에 대한 욕망에 불탔

---

40 같은 책, p. 307.
41 Loader, *New Testament on Sexuality*, pp. 318-319.
42 Knust, *Unprotected Texts*, pp. 110-112. Brownson, *Bible, Gender, Sexuality*, pp. 232-237.

습니다. 남자들이 다른 남자들과 점잖지 못한 행동을 범하고…"(27절 NIV 1984—역자 사역).

이 본문이 남성의 동성애 관계를 분명하게 정죄함에도 어떤 학자들은 여전히 모든 동성애 관계가 비난받는 것은 아니라고 생각한다. 브라운슨은 "욕망에 불탔다"라고 하는 표현이 호모에로틱한 욕망을 설명하는 고대의 표현이라는 것을 현대의 독자들에게 상기시킨다. 여성으로는 만족하지 못하는 남자들은 좀 덜 흔한 정복의 대상을 찾았다.[43] 1세기의 역사가 디온 크리소스토무스Dio Chrysostom는 그들의 논리를 이렇게 설명한다.

> 희귀하지도 않고 저항도 없는 그러한 곳에서 욕망이 충족되지 않는 남자는 손쉬운 정복을 경멸하고 여자의 사랑을 멸시할 것이다. 그런 것들은 너무 쉽게 손에 넣을 수 있고 사실은 너무 여성적이어서, 그 대신에 남성의 영역을 자신의 공격 대상으로 삼을 것이다. 쉽게 얻기 힘든 그런 쾌락을 그들에게서 얻을 것이라 믿으며, 이제 곧 법관이 되고 판사가 되고 장군이 될 젊은이들을 욕보이려고 안달을 낸다.[44]

그래서 많은 학자들은 1세기의 사람들에게 동성애 성적 지향이라는 개념은 낯선 것이었다고 주장하는 것이다. "그것은 '혼란스러운 욕망'의 문제가 아니라, 불법적 자유가 허용된 합법적 욕망이었다."[45] 크

---

43 Brownson, *Bible, Gender, Sexuality*, p. 166.
44 Martin, *Sex and the Single Savior*, p. 57; Dio Chrysostom 7.151-52를 인용하면서.
45 같은 책, p. 58.

리소스토무스는 그것을 욕심에 비유하면서, "적당한 선에서 멈추려 하지 않는" 먹을 것에 대한 자연스러운 욕망과 같은 것이라고 했다.[46] 자연스럽지 못한 것은 "여자에게나 적합한 경멸스럽고 낮은 지위를 열렬히 받아들임으로써 스스로의 품위를 낮추는" 남자의 욕망이었다.[47] 로버트 쥬이트는 독자들에게 "동성애와 노예의 상관관계"에 주목하라고 권고한다. "노예 소유주나 이전에는 노예 소유주였지만 지금은 후원자 역할을 하는 사람들로부터 여전히 성적 착취를 당하는 로마 회중의 일원들은" 바울의 비판을 환영했을 것이라고 그는 생각한다.[48]

과도한 행위와 착취의 관점에서 해석하면, 하나님을 거절하는 것에서 통제되지 않는 열정으로, 그리고 이어서 "추악, 탐욕, 악의,…시기, 살인…무정[함], 무자비[함]"(29-31절 NIV 1984)으로 전개되는 본문의 흐름과도 맞는다. 2세기 목사였던 알렉산드리아의 클레멘스도 이와 비슷하게 (여성적 열정이자 질병이라고 자신이 묘사하는) 사치와 성적 과잉을 연결시키는데, (흰머리를 감추기 위해 염색을 하고 수염을 미는 것과 같은) 치장에 탐닉하는 사람들은 모든 종류의 성적 탐욕에 확실히 취약하다고 생각했다.[49]

닐 엘리엇Neil Elliott은 이 본문이 평범한 로마 시민들의 실제 행동을 묘사하는 것일 수는 없고 귀족들의 과도한 행위를 말하는 것이라고 보았는데, "일반적 이방인의 도덕성을 묘사하는 것치고는 그 내용이

46　같은 책, p. 57. John Chrysostom, *Homily IV on Romans*를 인용하면서.
47　같은 책, p. 58.
48　Robert Jewett, *Romans: A Commentary*, ed. Eldon Jay Epp (Minneapolis: Fortress Press, 2006), p. 181.
49　Clement of Alexandria, *Paedogugus*, III.3.

무례할 정도로 과장되기" 때문이다.[50] 리처드 헤이스Richard Hays 같은 경우는 바울의 과장법을 그의 수사학적 계산이라고 보고 용인했을 것이다. "독자들이 분노에 차게 만드는" 효과를 그가 노렸다는 말이다.[51] 그러나 엘리엇은 "왕족 집안의 끔찍한 소행에 대한 묘사로서는" 바울의 말이 과장이 아니라고 반박한다. 그럴 경우 바울의 말은 지나친 게 아니라 오히려 "절제되어 있다"고까지 할 수 있다.[52]

엘리엇은 바울이 고자들, 남자들, 여자들을 성 노예로 데리고 있었던 로마 귀족의 죄를 암시하거나, 이 본문에서 정죄하는 우상숭배와 더불어 1장 후반에 나오는 과도한 탐욕, 부패, 폭력을 몸소 구현했던 로마의 특정 지도자들, 예를 들면 자신을 신이라고 주장하고 심지어 유대교 성전에 자신의 조각상을 세우라고까지 명령한 가이우스 칼리굴라 황제와 같은 사람을 암시하는 것일 수도 있다고 주장한다.[53] 칼리굴라는 "여자 형제들과 지속적으로 근친상간"을 했고, "저녁 식사에 온 손님의 아내들을 옆방에서 강간하고 다시 만찬 자리로 돌아와서 그들의 잠자리 기술에 대해서 평했다"는 비난을 받았다. "또한 가이우스가 다른 남자들과 가진 여러 동성 관계에 대한 이야기도 있다. 마침내, 그가 성적으로 모욕한 군대 장교가 그를 살인하려는 음모에 가담했고…", 가이우스의 성기를 반복해서 찔러 댄 데서 절정을 이룬 그 암살은 성공적으로 끝이 났다.[54] 엘리엇은 이 일화가 바로 "그들의 왜

---

50   Neil Elliott, *Liberating Paul* (Maryknoll, NY: Orbis, 1994), p. 195; Brownson, *Bible, Gender, Sexuality*, p. 159에 인용됨.
51   Hays, *Moral Vision*, p. 389.
52   Elliott, *Liberating Paul*, p. 195; Brownson, *Bible, Gender, Sexuality*, p. 159에 인용됨.
53   Elliott, *Liberating Paul*, p. 112.
54   Brownson, *Bible, Gender, Sexuality*, p. 157.

곡에 따른 마땅한 대가를 자기 몸에 받았다"는 복수형 주어로 어설프게 포장한 다소 모호한 표현이 가리키는 사건일 수도 있다고 주장한다.[55] 그러나 이것은 또한 그 당시 황제였던 네로를 겨냥한 것이었을 수도 있다. 그는 "로마의 부인들과 아들들을 강간하고, 사창가를 거느리고, 어머니와 근친상간하고, 여러 남자와 소년에게 성적으로 굴복했기에, 그의 스승이었던 철학자 세네카Seneca는 네로가 '또 다른 칼리굴라'라고 결론지었다."[56]

이 본문이 왕족 집안의 잘못된 행적들을 암시하는 것이든 1세기 로마 사회의 좀더 일반적인 성적 과잉과 착취와 노예제도와 성적 문란과 성폭력을 암시하는 것이든, 그 내용은 참 하나님을 거절하는 것에서 시작되는 죄의 추락 경로를 적나라하게 묘사하고 있다. 스토아 철학을 잘 알았을 유대인과 로마인들이 공유하는 가정으로 보면, 과도한 것은 이성애든 동성애든 다 하나님으로부터 돌아선 결과로 설명된다. 그러나 섹슈얼리티를 연구하는 오늘날의 학생들은 동성을 향한 욕망을 이렇게 설명하는 것이 적합하지 않다고 볼 것이다.

로마서의 문맥을 광범위하게 연구하고 난 후에도, 나는 내가 기대한 것과 달리 그 본문이 모든 동성애 관계를 보편적으로 확고하게 정죄한다고 볼 수가 없었다. 고대의 상황이 중요했는데, 이 상황은 '자연스럽다'는 것의 의미 구성에 영향을 미쳤고 그래서 동성애 욕망을 '과도한 탐욕'이라고 설명했다. 전반적으로 이 본문은 하나님을 거절한 사

---

55 밀실에서 인턴들을 이용하는 워싱턴의 정치인들—전 대통령 빌 클린턴에 대한 어설픈 포장—에 대한 한탄에서도 보듯, 이러한 부패는 정치적 장 전반에 나타난다고 할 수 있다.
56 Suetonius, *Nero*, pp. 26-29; Elliott, *Liberating Paul*, p. 195에 인용됨.

람들의 타락을 설명하고자 하는 본문이지, 기독교의 결혼 서약으로 자신들의 관계를 엄숙하게 선언하고자 하는 신실한 게이, 레즈비언, 양성애자 그리스도인들에 대한 본문이 아니다. 고대인들은 '자연'이라고 하는 것에 근거해서 남자와 여자의 결혼을 이해했을 수 있지만, 자연이 (성 노예를 포함한) 노예제도, 성매매, 강간을 옹호하는 데에도 사용되었다고 하는 사실은 자연에 대한 고대사회의 생각을 기독교의 도덕적 가르침 안으로 끌어들이는 것에 주의하게 한다. 다시 한 번, 나는 그리스도인들에게 동성 결혼이 가능할 수 있는지에 대해 그보다 직접적인 답을 찾아 나서야 했다.

마크 악트마이어Mark Achtemeier는 『성경은 동성 결혼에 찬성한다』The Bible's Yes to Same-Sex Marriage에서, 그리스도인들이 성경에서 몇 구절을 인용할 때, 심지어 그것이 분명하고 "자명하게" 읽히고 수세기에 걸친 교회의 가르침과 일치하는 것이라 하더라도, 그것의 윤리적 기반을 확신할 수 있는 것은 아니라고 경고한다. 왜냐하면 바로 그 구절들이 노예제도, 아리우스주의, 여성의 종속을 지지하는 데에도 쓰였기 때문이다.[57] 『우리의 생각 바꾸기』Chaning Our Mind에서 데이비드 거쉬David Gushee는 동성 관계에 대한 전통적 입장을 거의 2천 년의 역사를 가진 '유대인' 혐오 현상과 비교하면서 이와 비슷한 주장을 한다. 유대인 혐오는 기독교가 전통적으로 지지하는 몇몇 구절에 기초한 것이었고, 기독교의 반유대주의가 아우슈비츠와 직결되는 것을 이 세상이 목격하고 나서

---

[57] Mark Achtemeier, *The Bible's Yes to Same-Sex Marriage: An Evangelical's Change of Heart* (Louisville; Westminster John Knox, 2014) pp. 17-20.

야 뒤늦게 도전받았다.[58] 몇몇 구절을 짜 맞추는 대신에 성경이 전반적으로 강조하는 것이 무엇인지에 근거해서 우리의 윤리를 세워야 한다고 두 사람은 주장한다. (곧 살펴보겠지만) 이들의 주장은 중요하지만, 그리스도인들이 동성 결혼을 거부한 것은 이러한 증거 구절 몇 가지에만 근거하지 않았다고 쉽게 반박할 수 있다. 성경에서 제시하는 결혼의 모습은 전부 이성애다. 일부다처제와 전쟁에서 포로로 잡은 여성과 결혼하는 것이 구약성경의 율법에서는 허용되었지만, 그것도 전부 이성애다. 더 중요한 것은, 선지자들과 사도들이 하나님과 하나님의 백성 사이의 관계를 설명하기 위해 남편과 아내의 서약 모델을 택했다는 것이다. 그런즉 당연히 나는 성경의 전체적 증언을 대변하는 게 있다면 바로 이것이 아닌가 하고 자문했다.

창세기로부터 요한계시록까지: 신학적 진리로서 이성애 결혼
침례교 신학자 스탠리 그렌츠 Stanley Grenz는 이성애 결혼이 하나님과 인류의 근본적 진리와 연관되어 있다고 보는 기독교 신학의 주류 관점을 잘 요약해 준다. 하나님의 형상으로 지어진 남자와 여자(창 1:27), 그리고 그 "둘이 한 몸을 이룰지로다"(창 2:24)라는 선언은 하나님의 형상을 원초적으로 보여 주고, 이 형상은 나중에 "보이지 아니하는 하나님의 형상"(골 1:15)이신 그리스도 안에서 온전하게 나타난다. 그러나 창세기의 그 본문이 궁극적으로 가리키는 것은 그리스도와 교회의 결혼이다(엡 5:31-32).

---

[58] David P. Gushee, *Changing Our Mind*, 2nd ed. (Canton, MI: Read the Spirit, 2015) pp. 126-145.

그러므로 사람이 부모를 떠나 그의 아내와 합하여 그 둘이 한 육체가 될 지니. 이 비밀mystery이 크도다. 나는 그리스도와 교회에 대하여 말하노라.

그리스도와 교회의 결혼은 '신비'mystery, 라틴어로 sacramentum이며, 이로부터 결혼은 신성하다는 관점이 생겼다. 그렌츠에 의하면 서로 다른 성을 가진 두 사람의 결혼은 (여럿이되 합일되신) 하나님의 삼위일체 본성을 드러내고, 인류에 대해 신실하시겠다는 하나님의 약속을 보여 주고(사 54:5-7), 하나님과 창조계의 연합을 미리 보여 준다는 점(계 21:1, 9)에서 신성하다.[59] 그렌츠는 동성 커플은 서로 사랑하고 상호 복종함으로써 서로에게 헌신할 수는 있겠지만—그럼으로써 결혼에서 성관계가 지닌 의미 중 하나를 충족하겠지만—그들의 연합은 "다름 속의 연합"이라고 하는, 이성애 결혼이 상징하는 하나님과 교회의 연합을 대변하지는 못한다고 주장한다.[60]

그렌츠가 이성애 결혼이 동성애 결혼과는 달리 교회와 그리스도의 관계에 대한 신학적 은유를 제공한다는 주장은 맞다고 생각한다. 그러나 아이러니하고도 불행한 것은, 신학적 은유의 기반이 되는 성경적

---

[59] Stanley J. Grenz, "The Social God and the Relational Self: Toward a Trinitarian Theology of the *Imago Dei*", in *Trinitarian Soundings in Systematic Theology*, ed. Paul Louis Metzger (London and New York: T & T Clark, 2005), pp. 87-100.

[60] Stanley J. Grenz, *Sexual Ethics: An Evangelical Perspective* (Louisville: Westminster John Knox Press, 1990), p. 238. 『성 윤리학』(살림). 그렌츠는 이 지점에 대해서 삼위일체의 제1위와 제2위의 전통적 명칭이 삼위일체 연합에서 성차나 젠더차가 있다고 주장할 근거를 제공하지 못한다고 주장하는 사람들로부터 비판을 받았다. 어떤 사람들은 그것으로부터 동성 결혼이나 다부다처제 결혼이 삼위일체를 더 온전하게 반영한다고 주장했다. 삼위일체 관계에 성을 부여하는 것과 성/젠더가 '타자성'의 패러다임이 된다고 하는 가정 모두에 대한 나의 비평은 나의 책 *Sex Difference* 4장과 5장에 각각 다루었다.

결혼의 형태와 그가 현대 복음주의자들에게 따르라고 촉구하는 그리스도인의 결혼의 비전 사이의 차이를 그렌츠가 인정하지 않았다는 것이다.

성경 전체에 걸쳐서 나타나는 결혼의 은유는 고대의 가부장적 결혼에 근거한 것이지, 오늘날 그렌츠와 대부분의 개신교인들과 가톨릭 교회와 심지어는 상호보완주의자들 다수의 완화된 가부장제마저도 옹호하는 평등한 결혼에 근거한 것이 아니었다. 가부장적 결혼은 여성은 "자연적으로" 열등하고, 몸과 정신과 도덕성이 연약하며 따라서 남편의 강하고 지혜롭고 덕스러운 지배가 필요하다는 고대의 젠더 관점에 기초한 것이다.[61] 예를 들어, 평균적 신체 사이즈와 같은 전형적 성차는 교육 기회의 차이로 더 부각되었고 결혼 연령으로 보장되었다. 그래서 남성과 여성이 각각 1세기 사회가 권장하는 나이—여자는 15세에서 20세(12살에 결혼하는 경우도 있었다), 남자는 30세—에 결혼할 경우, 남자가 여자보다 두 배는 더 교육받았고 세상을 경험했고 직업 훈련을 받았다는 사실 때문에, '자연적' 성차는 더 견고해졌다.[62] 물론 여성의 '지혜 부족'은 '자연스러운 것'으로 여겨졌고, 따라서 결혼도 '자연스럽게' 아내가 남편의 지배에 복종하는 관계가 되었다. 그로부터 천오백 년이 지난 후에도 장 칼뱅은 여전히 여자가 "자연적으로… 복종하도록 만들어졌다"고 주장했다.[63]

열등한 사람이 우월한 사람과 결합하여 복종하는 가부장적 결혼

---

61 DeFranza, *Sex Difference*, pp. 108-132.
62 Loader, *New Testament on Sexuality*, p. 17.
63 John Calvin, *Commentaries on the Epistles to Timothy, Titus, and Philemon* in *Calvin's Commentaries, vol. 21*, trans. William Pringle (Grand Rapids: Baker, 2003), p. 68; 딤전 2:12.

은 현대의 이성애 결혼보다는 교회와 그리스도의 관계를 묘사하는 데에 훨씬 더 적합하다. 인간과 신의 힘의 불균형 때문에 고대의 저자들은 그 당시에 그들이 자연스럽다고 여기고 또한 법으로도 보장되었던 아내와 남편의 불균형한 힘의 관계에 주목했던 것이다. '성경적 결혼'은 이성애였지만 또한 가부장적이어서, 성인 남성을 대개 교육도 거의 못 받고 법적 권리도 별로 없었던 여자아이나 십대 여성과 결합시켰다. 하나님과 하나님의 백성의 관계를 묘사하는 신학적 은유의 기반은 그러한 가부장적 결혼이지 동등한 교육과 현대 법의 지지를 받는 오늘날 그리스도인의 결혼이 아니다.

하나님과 하나님의 백성 사이의 바른 관계를 가르치기 위해서 사용된 고대의 법 구조는 가부장적 결혼만이 아니다. 왕권 제도와 노예제도도 그와 비슷하게 사용되었다. 그리스도는 "만왕의 왕"(계 17:14)이시며 또한 "[우리를] 값으로 사신" 우리 주인이시다(고전 7:22-23). 왕권 제도와 노예제도는 어떻게 인간이 하나님을 영화롭게 하고 그분에게 순종해야 하는지를 보여 준다. 이러한 성경의 토대에도 불구하고 많은 그리스도인들이 왕정 체제와 노예제도는 역사적 과거라고 보는 데에 아무런 문제를 느끼지 않는다. 사실은 기독교의 가치가 바로 이러한 역사적 변화의 동기가 되었다. 이러한 고대의 통치 형태들은 오늘날 보편적 명령으로 받아들여지지 않고 과거의 문화를 묘사하는 것으로 이해된다.

마찬가지로 많은 그리스도인들은 동등하지 않은 파트너들 간의 결혼이 교회와 그리스도의 관계를 가르치는 데에는 유용한 은유가 되지만, 남자와 여자가 하나님의 형상으로 동등하게 만들어졌다는 성경적 가르침을 반영하는 것은 아니라고 생각한다. 초기 그리스도인들은 여성, 노예, 계급제도에 대한 신학적 함의를 이해하려고 노력했고, 그러한 노력이 바울의 서신서에 자명하게 나타난다.[64] 일부 교부들은, 남자는 지배하되 여자(와 노예)들은 복종하기 때문에 남자가 더 완전한 하나님의 형상이라고 주장했다.[65] 양성 간의 동등한 가치를 인정하는 현대의 결혼 신학은 동등한 교육의 기회와 법 앞의 평등을 지지할 뿐만 아니라, 동등한 가치를 지닌 사람들이 서로 복종하는 사랑의 비전을 지지한다.[66] 오늘날 우리의 정부와 결혼의 모델은 모든 인간의 가치에 대한 성경적 가르침을 더 잘 반영하는 모습으로 발전해 왔다.

현대 그리스도인의 결혼은 구약 혹은 신약성경의 '성경적 결혼'이 아니다. 모든 사람이 하나님의 형상을 지녔다는 성경적 가르침은 이제 고대의 결혼 형식을 넘어서기에 이르렀다. 오늘날 그리스도인들이 직면하는 문제는, 게이들과 레즈비언들과 양성애자들의 인간성을 더 잘

[64] 남편의 몸에 대한 권한이 아내에게 있다고 하는 급진적 평등의 주장(고전 7:4)과 아내더러 남편에게 복종하라고 하는 골로새서 3장 17절의 요청―여기에는 에베소서 5장에서와 같은 상호 복종에 대한 전체적 권고가 없다―을 비교해 보면, 바울의 문헌에서 긴장과 더딘 진전을 볼 수 있다. 마찬가지의 긴장이 노예더러 주인에게 복종하라고 하는 구절(골 3:22)과 한 특정한 주인에게 도망간 노예를 형제로 받아들이라고 권고한 구절(몬 1:16) 사이에도 존재한다. 비록 바울이 그 시대의 문헌에 나타나는 여성에 대한 근본적 비인간화에서 벗어나는 것처럼 보이기는 하지만, 결혼에 대해서 말할 때는 여전히 가부장적 범주를 사용한다.
[65] 남자가 더 온전한 하나님의 형상이라는 주장에 대해서는 Frederick G. McLeod, S.J., *The Image of God in the Antiochene Tradition* (Washington, DC: Catholic University America Press, 1999), pp. 191-192를 보라.
[66] 그리스도인들이 에베소서 5장 21절의(헬라어 원문에서는 문법적으로 5장 22절과 연결되어 있는) '상호 복종' 명령을 평등한 인간 간의 결혼을 지지하는 것이라고 해석하기 시작한 것은 아주 최근의 일이며, 그리스도와 교회의 비유로서 고대 사회가 제시했던 가부장적 결혼 모델은 그대로 남아 있다. 오늘날 교회들은 전통적 결혼 서약에서 순종하겠다는 아내의 서약을 없애고, 현대적 결혼 신학을 부각시키는 방향으로 결혼 서약을 바꾸고 있다. "Church Omits 'Obey' from Marriage Vows to Tackle Domestic Abuse" (Oct. 3, 2006), http://www.christiantoday.com/article/church.omits.obey.from.marriage.vows.in.efforts.to.tackle.domestic.abuse/7843.htm.

존중하기 위해서, 그리고 그들도 하나님의 형상으로 만들어졌으며, 그들도 하나님을 영화롭게 하고 공동선을 위하고 건강하고 거룩하게 자신들의 성장을 이루어 갈 수 있도록 인간관계와 성생활을 가다듬을 동등한 능력이 있다는 성경적 진리를 더 잘 존중하기 위해서, '성경적 결혼'이 **또다시** 개정될 수 있는가 하는 것이다.

지금까지의 성경 해석을 요약해 보겠다.

1. **창세기 1장과 2장**을 인간됨의 유일한 모델로 읽을 필요가 없다. 창조 서사는 넓은 범주로 이야기한다. 대부분의 동물들이 육지 생물, 바다 생물, 공중 생물로 분류되는 것처럼, 인간 대부분도 남자와 여자의 범주로 나뉜다. 그러나 땅과 물에 모두 속하는 동물들이 있고 사람도 남자와 여자의 특징을 모두 보이는 경우가 있다. 아담과 하와는 인간됨의 유일한 모델이라기보다는 다수의 이야기로 해석될 수 있다. 더 나아가, 이성애 결혼도 유일한 모델이 아니라 다수의 이야기로 해석될 수 있다.

2. **창세기 19장의 소돔과 고모라, 그리고 사사기 19장의 병행** 이야기는 불량배들이 남자와 천사들을 강간하려고 하지만, 사실 그들 손에 성폭력을 당하는 것은 여성이고 결국 그 폭력으로 여자가 죽는 이야기를 그린다. 롯이 베드로후서 2장 7절에서 "의로운" 자라는 선언을 들었을지언정, 오늘날 우리가 그의 가부장적 윤리를 따라서 자신의 딸을 화가 난 불량배들에게 내주어야 한다고 주장하는 그리스도인은 아무도 없을 것이다. 이 이야기는 죄에 대한 심판, 성폭력의 죄에 대한 심판을 경고하는 것이다.[67] 이 구절이 결혼에 대해서 가르치는 것은 아무것도 없다.

3. 고대사회에서 '이성애'와 '동성애'를 행하는 방법은 다양했고, 그 중 많은 것들은 오늘날 우리에게 친숙한 방식이 아니었다. 성경이 어떤 이성애 성관계는 죄라고 규정했다고 해서 모든 이성애 성관계가 죄인 것은 아니다. 마찬가지로, 성경이 **특정한 종류의** 동성애 성행위를 정죄한다고 해서 모든 동성애 성행위가 불법인 것은 아니다. **고린도전서 6장과 디모데전서 1장의 금지는** 퇴폐, 자기통제 부족, (노예와 창기들에 대한 성적 착취를 포함하는) 착취에 대한 금지로 해석할 수 있다.

4. 레위기 18장과 20장은 고린도전서와 디모데전서에 쓰인 용어 아르세노코이토스 arsenokoitos의 배경이 될 수 있다. 그러나 레위기의 모든 명령이 오늘날 그리스도인들에게 적용된다고 보지 않는다면 이 레위기의 금지도 보편적인 것으로 볼 수 없다. 동성애는 남자를 여자처럼 대하기 때문에 남자를 불명예스럽게 하는 것이라고 이해되었다는 사실과, 당시에는 오늘날 우리가 이해하는 것과 같은 성적 지향에 대한 이해가 부족했던 것으로 미루어, 이 금지의 근거를 알아내는 것은 쉽지 않다.

5. 로마서 1장의 정죄는 수사학적 '함정 수사'의 일종이다. '사악한' godless 이방인에 대해 비판적 분노를 일으킨 후 그 비판이 판단하는 사람들 자신에게로 돌아가도록 해서, 모든 사람이 그리스도 안에서 구속될 필요가 있음을 증명하려는 것이다.[68] 이 서신의 수신자와 이 글의 수사학적 강도로 볼 때 바울은 노예에 대한 성적 착취를 포함하는

---

67 에스겔은 소돔의 또 다른 죄로 교만, 식탐, 가난하고 어려운 사람들에 대한 관심 부족을 나열한다(16:49).
68 Hays, *Moral Vision*, p. 389

로마 귀족과 왕실의 과도한 행동을 염두에 두었을 수 있다. 그러니까 하나님을 거절하면 빠질 수 있는 죄의 극단적 형태의 한 예로 제시한 것이다. 바울은 스토아 철학에 근거해서 '자연'에 기초한 논증을 하려는 듯한데, 그것은 유대인과 이방인 그리스도인들에게 공통된 윤리적 기반을 제공해 줄 수 있었다. 스토아학파는 절제를 중요하게 여겼는데, 이 절제는 동성애 욕망을 이성애 욕망이 그 자연적 범주를 넘어선 것이라고 보았던 고대사회의 이해를 거스르는 것이었다. 여성 간의 동성애는, 수동적 남성 섹슈얼리티와 임신이 배제된 모든 종류의ㅡ남편과 아내의 성관계도 포함한ㅡ성관계와 마찬가지로, 초기 기독교와 로마의 문서에서 '자연에 어긋나는 것'으로 취급되었다.[69] 동시에 성매매, 강간, 성인 남자가 남자아이를 향해 품는 성적 욕망, 노예들에 대한 성적 착취는 '자연스러운 것'이었다. 로마서 1장은 기독교 성 윤리의 기초가 될 수 있는 보편적 자연법을 마련하기 위해서 쓰인 것이 아니다. 그리고 그것보다 더 중요한 사실은, 하나님을 거절하지 않았음에도 여전히 동성에게 끌리는 그리스도인들에 대해서는 아무런 지침도 주지 못한다는 것이다.

6. 현대의 기독교 결혼은 구약이나 신약성경의 '성경적 결혼'이 아니다. 신약과 구약 모두에서 **이성애 결혼은 하나님의 언약적 신실함, 주권, '자신의' 피조물인 '신부'를 위해 자신을 낮추시는 사랑을 설명하기 위해, 고대의 가부장 결혼에서 빌려 온 유비로서 기능한다.** 지난 2

---

[69] 누스트(Knust)는 약간 다른 의견을 제시하는데, 헬라인들은 능동적 파트너의 사회적 지위가 더 높은 경우 수동적 남자 파트너를 비난하지 않았다고 지적한다. *Unprotected Texts*, pp. 88-89.

천 년 동안 그리스도인들은 모든 사람이 하나님의 형상으로 만들어졌으며, 이웃을—우리의 이웃이 노예, 가난한 사람, 여성이라 하더라도—우리 자신처럼 사랑해야 한다는 성경의 가르침을 더 잘 반영하기 위해 법을 고쳐 왔다. 이러한 기독교적 가치는 고대의 사회구조—왕정 체제와 노예제도—를 벗어나게 해 주었고, (여자아이들의 법적 결혼 연령을 높이고, 교육을 개선하고, 동등하게 법의 보호를 받게 하는 등) 고대의 결혼 모델에서도 벗어나게 해 주었다. 그리스도인은 고대의 사회구조에 기초한 은유가 우리와 하나님의 관계에 대해서 가르치는 것이 무엇인지 배우는 동시에, 이웃을 사랑하라는 예수님의 윤리를 더 잘 반영하기 위해 그 구조를 수정해 가고자 노력할 수 있다.

섹슈얼리티와 결혼에 대한 성경의 기록을 이렇게 간략히 살펴봄으로써, 오늘날 기독교 성 윤리를 세워가는 것이 얼마나 복잡한 문제인지 깨닫게 된다. 자세히 연구해 보면 구약성경에서 신약성경으로 향하는 진전을 볼 수 있다. 남자들의 권리에 초점을 맞추는 경우가 많은 고대의 율법이 서서히, 그러나 꾸준히 이웃 사랑의 윤리로 개선된다.[70] 고대사회에서는 이성애나 동성애나 모두 착취와 지배 관계에서 일어나는 경우가 너무 많았는데(남자가 여자를, 주인이 노예를, 가진 자가 가난한 창기를, 상위 계층 남자가 하위 계층 남자를 지배했다), 이런 성행위는 기독교의 비난을 받아 마땅하다. 서로 사랑하는 대등한 지위의 파트너들 사이의 동성 결혼을 확고부동하게 정죄하는 성경 본문은 없다. 따라서 그리스도인들이 다시 한 번, 기독교의 결혼 전통을 수정해서 성스러운

---

70 예를 들어, 이혼에 대해 모세의 율법보다 더욱 엄격한 예수님의 관점은 여자들이 "어떤 이유"에서든 버림받을 수 있는 여지로부터 보호해 주었다(마 19:3-9).

결혼으로 자신들의 연합을 공식화하고자 하는 게이, 레즈비언, 양성애자 이웃들도 거기에 포함될 수는 없는지 충분히 고려해 볼 만하다. 어떻게 하면 기독교의 결혼 전통에 그들을 포함할 수 있겠는가? 이번에는 그 문제를 다루고자 한다.

성경에서 기독교 윤리로

라이트N. T. Wright는 하나님의 권위를 성경이 어떻게 전달하는지 설명하면서 창조로부터 타락, 이스라엘, 예수, 교회로 나아가는 정경의 흐름을 셰익스피어 희곡의 5막과 비교한다. 라이트에 의하면 제5막은 신약성경의 교회와 더불어 시작하지만 성경의 드라마에서 약속된 결론인 그리스도의 재림까지 연장된다. 따라서 우리가 살고 있는 이야기는 아직 끝나지 않은 이야기다. 그러나 우리가 이 서사를 마지막 결말로 진전시키기 위해, 모든 그리스도인이 로마제국에 사는 1세기의 유대인과 이방인인 것처럼 단지 앞쪽 대본에 나오는 대사만 반복해서는 안 된다. 그렇게 하기보다는, 앞의 막에 나오는 주요 주제를 따르되 우리 시대에 맞게 신실하게 변통해 가면서 이 플롯을 앞으로 끌고 나가야 한다.[71]

성경의 이러한 흐름을 알면, 할례를 고집하지 않고 이방인을 받아들인 놀라운 사건과 같은, 이 플롯의 복잡한 전개를 설명하는 데에 도움이 된다. 할례는 "영원한 언약"이었다(창 17:1-14). 따라서 성령의 인도에 따라 예루살렘 공의회가 이방인이 더 이상 할례를 받을 필요가

---

71 N. T. Wright, "How Can the Bible Be Authoritative", *Vox Evangelica* 21 (1991), pp. 7-32.

없다고 결정했을 때, 초대 교회의 많은 구성원들은 제법 충격을 받았다(행 15:1-31). 게이, 레즈비언, 양성애자를 기독교의 일부일처제 결혼 전통에 포함시키는 것이 "돌감람나무"인 이방인을 이스라엘이라는 "좋은 감람나무"에 접붙인 놀라운 사건―바울은 이 접붙임에 대해 "본성을 거슬러"contrary to nature(자연에 반하여―역주)라고 표현했다(롬 11:24)―과 비슷한 것이라고 일부 그리스도인들은 보기 시작했다.[72]

하지만 성령의 놀라운 음성을 들은 것인지, 아니면 다른 사람들의 견해에 지나치게 영향받은 것인지 어떻게 알 수 있는가? 지금은 이러한 문제를 조정해 주리라 인정받는 공의회가 없다. 대신에 우리는 성경을 연구하고 지혜를 얻을 수 있는 교회의 전통(들), 인간의 경험, 과학과 심리학과 사회학 등에서 얻는 인간의 몸과 섹슈얼리티에 대한 많은 지식들 같은 여러 자료를 뒤적이는 가운데 성령의 음성을 들어야 한다. 좋은 소식은 이 대화가, 이 책에서 그리고 교회 안의 또 다른 곳에서 이미 시작되었다는 것, 그리고 거기에서 몇 가지 공통된 주제가 등장하고 있다는 것이다.

성령이 이끄시는 기독교 성 윤리: 공통된 기반을 찾고 울타리 다듬기

공통 기반

성경과 교회의 역사를 보면, 결혼과 성 윤리에 대한 기독교 비전의 기

---

[72] Eugene F. Rogers Jr., "Sanctification, Homosexuality, and God's Triune Life", in *Theology and Sexuality: Classic and Contemporary Readings* (London: Blackwell, 2002), pp. 225-226; J. R. Daniel Kirk, "Homosexuality and the Church Debate: Dr. Robert Gagnon vs. Dr. Daniel Kirk" October 17, 2015, https://www.youtube.com/watch?v=m-Y1WpXmfso.

초가 되는 주제들이 있다. 이 주제들은 복음주의와 주류 개신교, 가톨릭, 성공회, 동방정교회 그리스도인들의 글에서 볼 수 있다. 이들은 그동안 신실한 사람들이 성경과 앞에 언급된 자료들을 고찰하면서 얻은 교회의 지혜를 대변한다.[73]

하나님 및 다른 사람들과 **교제하도록 인간은 창조되었다.** 우리는 가족 안에서 태어나고, 공동체 안에서 자라고, 하나님의 가족인 교회의 일원이 되도록 부름받았다. 인간의 섹슈얼리티는 결혼 안에 자리 잡게 된 특별한 종류의 몸의 교제다. 성경은, 특히 신약성경은 독신을 존중하지만 그것은 흔하지 않은 소명이며, 그리스도를 따르는 공동체의 일반적 규칙이 아니라 그 소명을 받은 개인이 인식하는 것이다. "인간이 혼자 지내는 것은 좋지 않다. 내가 [그 인간에게] 적합한 파트너를 만들겠다"(창 2:18).[74]

죄 때문에, 우리는 약속을 지키려면 도움을 받아야 한다. 인간의 섹슈얼리티는 결혼으로 직결되지 않고 성관계 전반을 의미하기에, 대부분 문화권에서는 질투와 부성과 부양 책임 논쟁 등에서 비롯되는 공동체의 갈등을 줄이기 위해 공적으로 인정된 (법적) 관계 안으로 성행위를 제한하는 편이 지혜롭다고 보았다. 성경은 때로 고대의 법적 범주인 '서약'을 통해 결혼을 보기도 한다. 결혼 서약은 외도를 하지 않겠다는 약속과 기타 특정 의무들을 포함한다. 루이스C. S. Lewis가 지혜

---

[73] 나는 Sex Difference 4-5장에서 요한 바오로 2세의 『몸의 신학』(Theology of the Body)을 그렌츠의 복음주의 결혼 신학과 비교했다. 다음의 성공회 신학자들은 성공회와 동방정교회의 결혼 신학의 유사점을 지적었다: Deirdre J. Goods, Willis J. Jenkins, Cynthia B. Kittredge, Eugene F. Rogers Jr., "A Theology of Marriage Including Same-Sex Couples: A View from the Liberals", *Anglican Theological Review*, 93:1 (Winter 2011): pp. 51-52.
[74] 나의 번역이다.

롭게 말했듯, "에로스는 스스로 이행할 수 없는 것을 약속하게 된다."[75] 결혼의 약속과 그것의 증인이 되는 공동체는 우리가 사랑의 수고를 이행하는 책임을 받아들이게 해 준다.

결혼은 교회의 역사 속에서 성례 혹은 성례적인 것으로 자리 잡았다. 전통적으로 성례는 은혜의 수단, 보이지 않는 실재의 보이는 상징으로 이해되었다. 그리고 결혼은 거룩하게 하는 은혜의 수단이자 하나님의 사랑을 보여 주는 것으로 받아들여졌다.

결혼은 특히 인간의 성적 욕망—많은 사람들에게 이 욕망은 결혼의 범주를 자연스럽게 넘어선다—을 성화하는 수단을 제공해 준다. "부유하거나 가난하거나, 건강하거나 병들거나, 죽음이 우리를 갈라놓을 때까지"라는 서약은 날마다 사랑을 훈련하게 하며, 그 사랑의 훈련은 연습을 통해 우리의 성적 자아보다 큰 것으로 변한다. 게이 신학자인 유진 로저스Eugene Rogers가 주장하듯, "결혼이 성례인 이유는 욕망에 시간과 공간을 주어 그것이…더 바람직한 것들로 뻗어 나가게 해 주기 때문이다. 결혼은 성이 더 많은 것을 의미하게 해 준다.…결혼은 우리의 변덕스러움이 치료되기 시작하고 헌신의 두려움이 극복되는 자리이며, 또한 그 이상의 것이다."[76]

결혼 관계는 부부가 성화함에 따라 신실하시고 자기를 주시는 하나님의 성품을 보여 주게 된다. 에베소서 5장을 고찰하면서 마크 악트마이어는 이렇게 썼다. "하나님의 마음에 가득한 사랑을 가장 잘 보여

---

75   C. S. Lewis, *The Four Loves* (Orlando: Harcourt Brace, 1960, 1988), p. 114. 『네 가지 사랑』(홍성사).
76   Rogers, "Sanctification, Homosexuality, and God's Triune Life", p. 223.

주는 것은 우리에게 오신 예수님의 사랑이다. 그렇기 때문에 이 본문은 결혼의 목표가 예수님과 교회를 연합시키는 그러한 사랑으로 자라 가는 것이라고 규명한다. 이렇게 자기를 내주는, 그리스도를 닮은 사랑이 자라 가는 것이 바로 하나님의 형상으로 지음 받았다는 인간이 자신의 잠재성을 실현하는 길이다."[77] 결혼을 성적 탐닉의 기회로 보는 대신에 로저스는 결혼을 (독신과 마찬가지로) 자제의 훈련으로 이해해야 한다고 주장한다.

금욕적 훈련,…하나님이 그들을 평생 서로 결속되게 함으로써 그분과 함께 하는 평생의 삶으로 이 부부를 준비시키시는 미덕의 학교다. 이러한 관점에서 결혼은 성화를 위한 것이며, 그들의 제약을 그들의 선으로 바꾸심으로써 하나님이 그 부부를 자신에게로 데려오시는 한 수단이다. 그리고 내가 아는 그 어떠한 보수주의자도 동성 커플이 이성 커플보다 성화가 덜 필요하다고 진지하게 주장하는 것을 나는 보지 못했다.[78]

두 배우자가 서로 사랑하고 용서하면서, 서로에게 신실함을 지키고 힘들 때 인내하면서, 그들은 그리스도의 형상으로 변해 가며 그들의 결혼은 하나님이 자기 백성에게 보여 주시는 신실한 언약적 사랑의 상징이 될 수 있다. "결혼은 두 가지 지상 명령을 모두 증언한다. 하나님

77 Achtemeier, *The Bible's Yes*, p. 51.
78 Eugene F. Rogers Jr., "Same-Sex Complementarity: A Theology of Marriage", Christian Century (May 11, 2011), http://www.chrisitiancentury.org/article/2011-04/same-sex-complementarity. 웨슬리 힐의 블로그 포스팅-"The Future of Asceticism", http://spiritual friendship.org/2015/11/27/the-future-of-asceticism/#more-6202.—에서 이 글을 접할 수 있었던 것에 대해서 그에게 감사한다.

의 사랑을 나타내고 이웃에 대한 사랑을 가르친다."[79]

결혼에 대한 기독교 신학은 인간이 교제를 위해 만들어졌다는 사실을 인정하고, 또한 우리의 섹슈얼리티는 우리가 특별한 관계를 맺을 수 있게 해 주지만 죄 때문에 그 관계에는 공적인 서약이 필요하다는 사실을 인정한다. 그 서약을 통해 부부는 책임을 지게 되고, 공동체는 그들의 결합을 지지하며 그 서약이 깨졌을 때 중재할 수 있게 된다. 기독교 전통에서 결혼이란 상대가 더 그리스도를 닮아 갈 수 있게 해 주고 또한 그 결혼 관계가 하나님의 신실함을 더 닮아 가게 노력함으로써 하나님의 거룩하게 하시는 사랑 안에서 자라 가는 특수한 방식으로 이해되었다. 이와 같이 공통된 결혼의 신학을 염두에 두고 악트마이어는 이렇게 결론지었다.

> 동성 간의 결혼도, 사랑과 은혜와 상호성 안에서 자라 갈 수 있는 기회와 자신을 온전히 다 상대에게 주는 것을 배울 기회를 제공하는 것으로 보인다. 이렇게 결혼을 향한 하나님의 목적이 이성만이 아닌 동성 간의 결혼에서도 충족될 수 있다면, 동성애자들에게 그들을 향한 하나님의 뜻은 이성과 짝을 이루거나 독신으로 살아야만 충족될 수 있다고 하는 것은 전혀 말이 되지 않는다.[80]

물론 많은 사람들이 독신이나 이성애 결혼만이 동성에게 이끌리는 사람들이 택할 수 있는 유일한 선택이라고 주장한다. 논란이 있는 본

79　Good, et al., "A Theology of Marriage", p. 70
80　Achtemeier, *The Bible's Yes*, p. 58.

문을 어떻게 해석하느냐를 둘러싼 차이는 앞에서 요약한 그리스도인의 결혼이라는 공통 기반 위에 세워진 울타리들과 같다.

남아 있는 울타리들

성경 해석의 문제 외에 동성애 결혼을 반대하는 주된 신학적 입장이 두 가지 있다. 하나는 출산의 관점이고 또 하나는 성/젠더 상호보완성의 관점이다.

이성애 성관계만이 자녀의 출산을 가능하게 하기 때문에 하나님이 결혼에서 남자와 여자의 결합만을 의도하셨다고 주장하는 사람들이 있다. 대부분 문화들에서 결혼의 법적 지위는 합법적 자녀를 규정하는 방편이었고, 그럼으로써 남편들이 아내들와 자녀들을 돌보도록 사회적 압력을 주었다는 것이다. 성경도 자녀를 축복이라고 말하기는 하지만(시 127:3-5), "임신하지 못하는 사람이나 가임기가 지난 사람들은 결혼을 해서는 안 된다는 명령은 성경 어디에도 없다."[81] 아우구스티누스는 유대인들이 "생육하고 번성하여 땅에 충만하라"는 명령(창 1:28)을 메시아가 태어났을 때 성취했다고 주장했다. 그러므로 그리스도인들이 출산이 아니라 사람들을 하나님의 가족으로 입양하는 전도에 자신의 에너지를 써야 한다고 했다.[82]

불임 커플이나 가임기를 넘긴 사람도 결혼할 수 있다고 주장하는 사람들은 동성 커플의 배제 이유를 일종의 신체적 혹은 심리적 상호

---

81 같은 책, p. 60.
82 Augustine, *De bono coniugali. De Sancta uirginitate*, ed. and trans., P. G. Walsh (Oxford: Clarendon Press: 2001), XVII, p. 37.

보완성이라는 것에 두는 경향이 있다. 신체적 이유는 남자와 여자의 성기 '결합'에 초점을 맞춘다.[83] 또 어떤 사람들은 남성적 심리와 여성적 심리—남자와 여자가 생각하고 욕망하고 사는 방식의 차이—를 결혼이 상징하는 "다름 속의 연합"의 근거로 제시한다.[84]

이러한 주장들은 성경이 아닌 자연에 근거한 것이다.[85] 따라서 자연을 근거로 하는 다른 논증들에도 맞설 수 있어야 한다. 심리적 상호보완성은 젠더에 대한 과학적 연구들을 볼 때 가장 설득력이 약하다. 그 연구들의 결론은 이렇다. "대부분의 사람들이 확고하게 여자 혹은 남자인 것으로 보이지만, 우리는 각자 남성적 특징과 여성적 특징이 복합적으로 얽힌 모자이크다."[86] 출산 면에서 상호보완성—그리고 그것을 가능하게 하는 '결합'—은 종의 생존을 위해 필요하고, 대부분의 인류가—그리고 대부분의 포유류 섹슈얼리티가—이성애라는 사실에 상응하는 것처럼 보인다. 그러나 여기에서 자명하지 않은 것은 이러한 통계학적 다수가 과연 유일한 도덕적 모델인가 하는 것이다. 동물의 왕국에서도 다양한 종류의 성관계가 있는 것으로 미루어, 그리스도인들은 '자연'에 근거해서 출산의 상호보완성이라는 가정을 세우고 이성애 윤리를 주장하는 일에 신중할 필요가 있다.

반면에 어떤 신학자들은 성적 상호보완성이라는 개념은 유지하되

---

83 개그년은 출산의 측면에서, 심리학적 · 해부학적 측면에서 상호보완성을 주장한다. Robert A. J. Gagnon, *The Bible and Homosexual Practice: Texts and Hermeneutics* (Nashville: Abingdon, 2001), p. 488.
84 Dennis P. Hollinger, *The Meaning of Sex: Christian Ethics and the Moral Life* (Grand Rapids: Baker Academic, 2009), p. 16.
85 젠더 상호보완성에 대한 좀더 깊은 논의를 위해서는 Brownson, *Bible, Gender, Sexuality*, pp. 26-38; 그리고 DeFranza, *Sex Difference*, 4장을 보라.
86 Melissa Hines, *Brain Gender* (Oxford: University Press, 2004), pp. 18-19.

그것의 범주를 출산이나 '결합'의 차원을 넘어서 성적 지향의 상호보완성으로 확장해야 한다고 주장한다. "동성 부부의 경우 출산의 상호보완성은 가능하지 않지만, 생물학적·신체적 차원만이 아닌, 성적 지향이라고 하는 인격적이고 통합적인 의미에서의 성기 간 상호보완성은 가능할 것이다."[87]

성경의 저자들은 출산과 신체적 혹은 심리적 상호보완성에 근거해서 결혼을 옹호하지 않는다. 죄가 되지 않는 성관계는 결혼 안에서 "자녀를 출산하기 위해" 행한 것뿐이라고 보았던 아우구스티누스와는 달리, 바울은 배우자들에게 이렇게 권고한다.[88] "서로 분방하지 말라. 다만 기도할 틈을 얻기 위하여 합의상 얼마 동안은 하되, 다시 합하라. 이는 너희가 절제 못함으로 말미암아 사탄이 너희를 시험하지 못하게 하려 함이라"(고전 7:5). 결혼을 옹호하는 이 긴 본문에서 성관계나 결혼을 옹호하는 도구로서 자녀 출산은 한 번도 등장하지 않는다. 자녀가 언급되는 곳은 믿는 사람과 믿지 않는 사람이 부부인 경우 그리스도인 배우자에게 그들의 자녀도 거룩하다고 확신을 주는 구절뿐이다(고전 7:14).

고린도전서 7장에서 결혼은 인간의 열정을 다스리기 위한 대안으로 제시되었고, 바울이 이상적이라고 생각하지만 모든 사람이 받는 것은 아니라고 인정하는 독신의 은사(6-7절)를 받지 못한 사람들을 위

---

[87] "신체적 성기를 그 사람의 성적 지향을 포함해서 전 인격의 신체 기관으로 보는 성기의 상호보완성에 대한 이러한 인격적 해석은 자연스럽고 합리적이며, 따라서 도덕적 성행위의 정의를 확장해서 출산으로 이어지지 않는 동성애와 이성애의 성행위도 포함하게 해 준다." Todd A. Salzman and Michael G. Lawler, *The Sexual Person: Toward a Renewed Catholic Anthropology* (Washington, DC: Georgetown University Press, 2008), p. 67.

[88] Augustine, *De bono Coniugali*, VI, p. 15.

해 허용되었다. 결혼을 한 경우에, 성관계는 각 배우자가 상대에게 지니는 의무라고 바울은 말했는데(3-4절), 이는 1세기의 가부장적 통념에 대한 놀랍도록 평등주의적인 도전이다. 그리고 하나님을 섬기는 일을 방해할지도 모른다고 바울이 염려한 것은, 많은 시간이 드는 부모로서의 의무가 아니라 배우자를 기쁘게 하고자 하는 마음의 의무였다(32-35절).

여기에서 바울이 말하는 그 어느 것도 남자와 여자의 상호보완성—출산이나 신체적·심리적 특징—에 근거하고 있지 않다. 그의 조언은 이성애자들뿐 아니라 동성애 커플과 독신의 은사를 받지 못한 싱글들에게도 적용된다. 성적 파트너에 대한 열정에 불타는 그들 역시, 자신의 에너지를 배우자의 유익을 위하는 것으로 돌려 자신의 욕망을 성화할 수 있으며 하나님의 언약적 사랑의 신실함을 모델로 삼고 기쁨을 경험할 수 있는 연합을 갈망한다.

공통 기반에 서서 울타리 다듬기

이 울타리들이 세워진 기반은 같다는 사실에 근거해서 그리스도인들이 동성 결혼에 대해서 서로 '견해가 다르다는 것에 동의'할 수 있을까? 성경이 동성 결혼을 인정하지 않는다고 해석함으로써 직접적으로 영향을 받는 동성애자 그리스도인들의 상처를 생각할 때, 자신과 견해가 같지 않은 사람과 계속 교제를 나누는 게 힘든 사람도 있을 것이다. 그러나 레즈비언, 게이, 양성애자 그리스도인들을 있는 그대로 받아들인 그리스도인 회중들이 있고, 신실한 그리스도인들—목사들,

신학자들, 교회 지도자들—중에 부끄러울 것 없는 그리스도인인 동시에 부끄러울 것 없는 동성애자인 사람들이 있다는 사실을 그들이 알 필요가 있다. 그들은 자신의 성적 정체성과 기독교 신앙 중 하나를 선택할 필요가 없다. 자신들이 바꿀 수 없는 성적 욕망 때문에 하나님의 사랑에 의문을 가질 필요가 없다. 이 대화에 그들은 그리스도인으로서 참여할 수 있다. 기독교 공동체의 일원으로서 이 문제에 동의하거나 동의하지 않을 수 있는 것이다.

복음주의 목회자 켄 윌슨Ken Wilson은 이와 비슷한 초대 교회들의 논쟁을 바울이 중재했던 방식에서 지혜를 얻을 수 있다고 본다.[89] 고린도전서 8장에서 바울은 ("우상은…아무 것도 아니"라는 것을 알기에, 4절) 우상에게 바친 음식을 자유롭게 먹는 신자들과 ("양심이 약하여", 7절) 그 고기를 먹지 않는 신자들을 화해시키고자 한다. 그는 고린도 교회의 경우, 그들의 선택이 다른 사람에게 죄를 짓게 하지 않고, 탐닉이 아닌 하나님께 영광을 가져오기를 바라는 마음에서 하는 것인 한은, 신자들 개인의 판단에 맡긴다(13절). 그리고 로마서에서는 "논쟁적 문제에 대해" 서로 판단하지 말라고 하며(롬 14:1, NIV—역주), "각각 자기 마음으로 확정할지니라. 날을 중히 여기는 자도 주를 위하여 중히 여기고, 먹는 자도 주를 위하여 먹으니 이는 하나님께 감사함이요. 먹지 않는 자도 주를 위하여 먹지 아니하며 하나님께 감사하느니라"라고 말한다(14:5-6). 그러나 갈라디아서에서는, 사람들이 옛 율법의 "날과 달과 절기"를 여전히 지키기 때문에 자신이 "수고한 것이 헛될까" 염려

---

[89] Ken Wilson, *A Letter to My Congregation* (Canton, MIL Read the Spirit, 2014), pp. 94-110.

한다(갈 4:10-11). 바울은 상황이 다름에 따라 다른 목회적 조언을 한 것 같다. 아직도 예수님을 '율법의 완성'으로 이해하는 과정에 있는 회중을 향한 인내심에서 그랬을 수도 있고, 다른 요인들을 인식해서 그랬을 수도 있다. 이러한 목회적 감수성이 동성애 논쟁을 포함한 많은 도덕적 논쟁에서 반드시 필요하다고 윌슨은 말하다.[90]

그리스도인들은 이미 다른 중요한 도덕적 문제들에 대해 서로 견해가 다른 것을 인정하기로 한 경험이 있다. 예를 들어, 정의로운 전쟁과 평화주의의 문제, 여성의 안수, 유아 세례 등의 경우가 그렇다. 이러한 모든 논쟁들은 지금도 중요하고 또한 지금도 여전히 고통을 야기한다. 그러나 박해를 가하거나 상대가 신앙을 저버렸다고 공격하거나 성경의 권위를 거부하거나 하지 않으면서, 서로 논쟁하고 다른 견해를 가질 수 있는 길을 우리는 찾아가고 있다.

이러한 논쟁에서 비롯되는 씁쓸함을 우리는 어떻게 극복하기 시작했는가? 우리가 서로의 말을 듣기 시작했을 때, 우리와 다른 견해를 가진 사람들도 여전히 성경에 근거해서, 전통의 지혜에 근거해서, 하나님과 이웃을 사랑하며 신실하게 예수님을 따르고자 겸손하게 기도하며 애쓰는 가운데서 그러한 주장을 펼치는 것이라는 사실을 인정했을 때부터라고 나는 생각한다.

우리의 공통 기반을 인정하기 시작하면서 상황이 달라졌다. 그러나 울타리는 남아 있다. 메노나이트들은 "정당한 전쟁"을 지지하는 교회에 가끔 출석할 수는 있겠지만, 제6계명을 어기는 것을 참아 주거

---

90 Wilson, *Letter*, pp. 30-35.

나 심지어 명예롭게 여기는 회중 안에 자기 가정을 꾸리지는 않을 것이다. 나는 여성에게 안수를 주지 않는 교회에 가끔 참석할 수는 있지만, 내 딸들을 몸의 성별에 따라 먼저 평가하고 그다음에야 성품과 은사를 보는, 2등 시민으로 취급하는 환경에서는 키우지 않을 것이다. 침례교인은 장로교인들을 방문할 수 있지만, 책임질 수 있는 나이에 도달하지 않은 아이에게 세례를 주는 교회에 정착하지는 않을 것이다. 공통 기반에도 불구하고 이러한 울타리들은 여전히 우리를 나눈다.

그러나 세월이 지나면서 허물어져 버린 울타리도 있다. 개신교인들은 더 이상 16세기에 그랬던 것처럼 세례 관습이 다르다고 서로를 죽이지 않는다. 그리스도인들은 더 이상 성경을 가지고 노예제도를 옹호하지 않는다. 울타리의 거친 기둥에 있던 가시들이 더러는 부드러워졌다. 어떤 기둥은 무너졌지만 다른 것으로 대체되지 않기도 했다. 어떤 곳에는 초석만 남아 있다. 과거의 죄에 대한 기억, 우리가 어떻게 서로를 다치게 할 수 있는지에 대한 경고, 그리고 복음만이 남아 있다. 예수님을, 성경을, 우리의 양심을 신실하게 따르는 방법은 여전히 서로 다른 채 말이다.

과거의 이러한 논쟁들로 미루어 나는 그리스도인들이 동성 결혼에 대해서 서로 완전한 합의에 도달할 것이라고는 보지 않는다. 그러나 나는 우리가 계속해서 서로의 말을 듣기를, 성경의 인도에 열려 있기를, 레즈비언, 게이, 양성애자 그리스도인들이 독신을 택하건 신성한 결혼을 통해서 서로, 하나님께, 공동체에 결속되기를 택하건 점점 더 많은 교회들이 그들을 환영하고 축복하고 지지하기를 기대한다.

메건 드프란자에 대한 답변 윌리엄 로더

메건이 동성애에 대해 고찰하며 지나온 개인적 여정을 나누어 주어서 감사하다. 또한 잘 인정받지 않거나 거론되지 않는 현실, 남자 혹은 여자로 분명하게 구분이 되지 않는 사람들, 특히 간성인 사람들이 존재한다는 것에 대한 그녀의 연구도 소중하다.[1] 그것이 동성애자로 태어나는 사람들이 있다는 사실을 인정하는 것과 동일한 문제는 아니지만, 적어도 모든 사람이 남자 혹은 여자라고 하는 주장은 너무 단순하고 사실은 정확하지도 않다는 것을 이해하고 나면 동성애를 인정하는 게 좀더 쉬워지는 것은 사실이다. 갈수록 많은 사람들이 어떤 사람들은 실제로 동성애자이며 같은 성의 사람에게 성적으로 끌린다는 사실을 인정하고 있고, 이러한 사실은 자신들이 성경에서 보는 것과 현실에서 보는 것을 연결시키고자 하는―그것에 어떻게 대처해야 하는지는 둘째 치고―신앙인들에게 도전이 되었다. 이제는 정말로 이 문제에 대해서 신중하고 조심스럽게 대화를 해야 할 때다.

날 때부터 고자인 사람들에 대해서 마태복음 19장 12절이 하는 말

---

1 Megan K. DeFranza, *Sex Difference in Christian Theology: Male, Female, and Intersex in the Image of God* (Grand Rapids: Eerdmans, 2015).

로 미루어, 당시 사람들이 창세기 1장 27절에서 하나님이 인간을 남자와 여자로 만드셨다는 것을 읽었을 때, 그것을 예외가 하나도 없는 고정불변의 규범으로 이해하지 않았을 가능성을 인정해야 한다. 그러나 그들이 고자도 여전히 남성이되, 다만 일반적으로 남성성에 해당하는 능력이 부족한 존재로 이해했다는 것은 거의 확실하다.

현대 서구 사회와 1세기 사회 사이에 상당한 문화적 간극이 있다는 사실을 메건이 민감하게 지적하고, 특히 1세기에 만연했던 노예제도와 그것이 성적 착취의 현장이 되었음을 지적한 데에 감사한다. 메건이 지적하는 것처럼, 그러한 상황을 반영해서 디모데전서 1장 9-10절에 나열된 악행자의 목록은 일부러 노예무역상을 남성과 동성 간 관계를 맺은 사람과 연관시켰을 가능성이 있다. 메건은 또한 말라코이라는 단어가 그 관계에서 수동적 파트너를 일컫는 전문용어는 아니지만, 여성스러운 남자에 대한 일반적 경멸을 보여 주는 단어라고 지적한다. 나긋하고 수동적인 것은 여자의 특징으로 여겨졌기에 남자는 그런 성질을 보여서는 안 되며, 강하고 남성적이어야 했기 때문이다. 남자를 여자처럼 대하는 것은 그를 모욕하는 것이었고, 더 심하게는 전쟁에서 상대의 명예와 존엄성을 파괴함으로써 자신의 우월성을 주장하려는 행위였다. 고린도전서 6장 9-10절과 디모데전서 1장 9-10절에서 이 용어가 어떻게 번역되느냐 하는 문제는 메건이 보여 주는 것처럼 논쟁의 여지가 많지만, 개연성으로 보아 나는 동성애 관계에서 능동적 파트너와 수동적 파트너를 암시하는 것이라는 쪽에 더 비중을 둔다.[2] 그러나

---

[2] William Loader, *The New Testament on Sexuality* (=*NTS*) (Grand Rapids: Eerdmans, 2012), pp. 326-334.

지혜롭게도 메건은 이 본문에 매이지 않고 바울이 이 관계에 대해 좀 더 많이 이야기한 로마서로 넘어간다.

로마서에 대한 논의 부분에서는 내가 메건과 동의하지 않는 부분들이 더러 있다. 그 이유 중 하나는 지금 남아 있는 유대교 문헌에 대한 연구 결과, 바울을 읽을 때는 자신의 유대교 윤리의 유산에 헌신된 사람으로 읽어야 한다고 생각하게 되었기 때문이다. 바울은 무엇이 자연스러운 것인가에 대한 스토아학파 사상의 영향만 받은 게 아니라, 수동성에 대한 그 당시의 문화적 관점이나 과도한 열정에 대한 철학적 비난의 영향도 받았다.[3] 이것은 당시의 헬레니즘 철학에 깊이 관여했던 필론의 경우도 마찬가지다. 당시의 다른 유대인들과 마찬가지로 필론은―그리고 바울은―하나님이 사람을 그렇게 만드셨기 때문에 사람은 남자 아니면 여자라고 보았고, 그에 따라 행동하지 않는 것은 스토아 철학이 의미하는 부자연스러움을 넘어서 하나님의 창조 질서에 어긋나는 것이라고 보았다.[4] 또한 바울과 필론 모두 레위기의 금지를 그대로 받아들였고, 그것을 넓게 적용해서 필론의 글에 많이 나타나는 성인 남자와 어린 남자 사이의 성관계와 서로 동의하는 성인 간의 동성애 관계―남성 간 동성애와 여성 간 동성애 모두―까지 다 포함시켰다. 로마서 1장 26절에서 레즈비언 관계를 포함시킨 것은 놀랍지 않으며, 여성이 남자와 질 삽입 이외의 성관계를 하는 경우―그럴 경우 책임은 여성이 아닌 남성에게 돌아가기 때문에―혹은 여성이

---

3   같은 책, pp. 22-33, 293-326.
4   William Loader, *Philo, Josephus, and the Testaments on Sexuality* (=*PJT*) (Grand Rapids: Eerdmans, 2012), pp, 204-217.

수간을 하는 경우로 해석하는 것보다 더 설득력이 있다고 생각한다.

머리에 수건을 쓰는 것에 대한 바울의 주장은 **우리가** 보기에 사회적 관습에 불과하다는 메건의 지적에 대해서는 나도 동의한다. 그러나 바울도 그렇게 보았으리라고는 생각하지 않는다. 바울은 필론과 (그리고 플라톤과) 달리 동성애 관계는 자녀를 출산하지 못하기 때문에 부자연스럽다는 주장을 하지 않는다. 그렇게 주장하고자 했다면 창세기 1장 28절에 근거해서 했을 수도 있다. 그러나 그것이 하나님이 정하신 창조 질서에 어긋나기 때문에 부자연스러운 것이라고 보는 점에서는 필론과 같다. 마찬가지로, 바울의 유대교 신학적 틀을 고려하지 않으면 그가 말하는 수치나 불명예는 단지 당시의 대중적 남성 가치를 지지하는 것으로 볼 수 있지만, 필론과 마찬가지로 바울은 그것보다 더 중요한 것, 곧 하나님의 창조를 염두에 두고 있다. 바울이 창세기 1장 27절을 인식했다는 사실은 그가 자신의 논의에서 '남자'와 '여자'에 대해서 말하기로 했다는 것에서 알 수 있다.

마찬가지로, 바울이 과도한 열정에 대해서 우려했고 그것의 잘못된 방향은 그렇게 열정이 주체할 수 없게 넘치는 데서 비롯하는 것이라고 보았을 가능성도 충분하다고 나는 생각한다. 필론은 그러한 과잉을 설명하기 위해서 만취한 파티를 예로 자주 든다. 그러나 그러한 광란의 파티가 난잡하다는 것은 둘째 치고 그러한 과잉의 잘못도 우선적으로 지적하지 않고서, 바울은 심리적 문제에 주목한다. 하나님에 대한 오도되고 왜곡된 반응은 왜곡되고 오도된 마음을 낳는다. 방향 자체는 윤리적으로 중립적이라고 주장하는 사람들은 이것을 받아들이기가 힘든데, 나도 충분히 공감한다. 그러나 바울의 논증은 다른 글에 나타나는 그의 동족들이 하는 논증의 전형이다. 마음이 잘못되었다. 그것은 죄에 빠진 상태에 있고 따라서 그 상태에서 오도된 열정이 나오는 것이다. 그것이 정죄받는 이유는 그 정도가 심해서도 아니고, 그것이 의도나 행위로 나타나서도 아니다. 그것의 방향 때문에 정죄받는 것이다. 또한 그것이 아담의 타락의 결과가 아니라, 하나님에 대한 이해를 왜곡한 결과라고 바울이 주장한다는 사실을 이해하는 것도 중요하다. 하나님을 오해했기 때문에 왜곡되고 혼란스러운 마음이 생기는 것이다. 무엇이 잘못되었는가에 대한 이러한 전통적 분석은 역사적으로 사람들이 안고 살아가게 되는 비난을 낳았고, 그러한 사람들을 하나님이 원래 만드신 상태로 되돌려야 한다는 의무감을 부여했다. 바울의 분석을 받아들인다면, 이 태도에는 내적 논리가 있다.

모든 동성애자가 이와 같은 죄 상태에 있는 것은 아니라고 확신하는 사람들이 바울의 분석을 진지하게 받아들이는 것은 매우 힘들다. 바울을 검토한 후 그가 그런 식으로 말하는 게 아니라고 해석할 수 있는 여지를 찾으려고 노력하는 것도 이해할 만하다. 나는 그들의 의도를 충분히 이해할 수 있다. 다만 그렇게 하는 것보다는, 사람들이 가장 자연스러운 해석으로 여기는 것은 그냥 그대로 두고 그것에 어떻게 대응할 것인가 하는 문제에 책임감을 갖는 게 더 낫다고 나는 생각한다. 이것은 최근에 이 본문을 해석할 수 있는 다른 여지들이 더 발견되지 않았다고 말하는 게 아니다. 동성애 관계를 받아들이지 않으면서도 학생들과는 그런 관계를 맺는 스토아학파의 위선을 바울이 염두에 두었을 수도 있고, 왕실에서 일어나는 일들, 어쩌면 칼리굴라가 성기에 칼을 맞은 일도 염두에 두었을 수 있다. 남성의 명예와 과도한 열정에 대한 인식이 깔려 있는 것은 분명하지만, 바울은 여기에서 특수한 경우에 대해서 말하는 게 아니라 전체에 대해서 말한다는 점을 이해해야 한다. 바울은 단지 노예에 대한 착취나 소년을 상대로 한 동성 간 성관계를 말하는 게 아니다. 그는 서로에게 열정을 느끼는, 서로 동의하는 성인에 대해서도 말한다(롬 1:24, 27). 그는 하나님의 참 존재를 인정하지 않고 우상을 숭배함으로써 하나님과 깨어진 관계에 놓인 것과, 자신의 참 존재를 특히 남자나 여자로서 인정하지 않고 자신과 깨어진 관계에 놓인 것을 서로 인과 관계로 엮고자 하는, 이미 존재하는 논거를 사용하는 것이다.

메건은 "스토아 철학을 잘 알았을 유대인과 로마인들이 공유하는 가정으로 보면, 과도한 것은 이성애든 동성애든 다 하나님으로부터 돌아선 결과로 설명된다"고 하는데, 이러한 주장은 근거가 부족하다고 나는 생각한다. '과잉'만을 문제로 지적하기 때문이다. 문제는 과잉이 아니라 방향이다. 그러고서 메건은 "섹슈얼리티를 연구하는 오늘날의 학생들은 동성을 향한 욕망을 이렇게 설명하는 것이 적합하지 않다고 볼 것"이라고 하는데, 나라면 그 설명을 더욱 넓게 적용할 것이다. 그러한 부적합함을 설명한 방식은 좋다고 생각한다. 이 책은 동성 결혼에 대한 것이 아니다. 비록 그것이 암시되는 경우가 많기는 하지만 말이다. 결혼만이 성관계의, 또는 적어도 성기 성욕 표출의 합법적 장이라고 본다면, 동성 결혼은 특히 더 상관있는 주제가 될 것이다. 나 자신의 연구에 의하면, 성경적 결혼은 현대 서구가 이해하는 결혼과 같지 않다는 메건의 지적은 옳다. 그래서 예기치 못한 방향에서 이 논의가 복잡해지기도 하는 것이다.

1세기의 결혼은 유대교와 그리스-로마 문화에서 모두 가문의 일이었고, 가문은 사회와 시민 복지의 주춧돌이었다. 자식들을 짝 지으면서 아버지들은 서로 협상을 했다. 당사자가 협상하는 결혼이나 낭만적 결혼은 구설수에 올랐다. 결혼에는 가문과 그 일원의 미래가 달려 있었다. 나이 차이가 많이 났기 때문에 부부 관계도 평등하지 않았고, 남편은 가문의 머리이고 아내는 그에 종속되어 있었으며, 묘한 논리로 남편보다 덜 성숙하고 덜 지적인 존재로—나이 때문이 아니라 여자이기 때문에—여겨졌다. 이러한 모델은 교회와 그 머리이신 그리스도의 불평등한 관계를 설명하는 데에 적합했다. 그리스도는 신부이고 교회는 그 남편인 반대 경우는 결코 있을 수 없었다!
   결혼에 대한 우리의 이해가 달라졌다고 메건은 옳게 지적한다. 남자와 여자 모두를 하나님의 형상으로 만드셨다는 창세기 1장 26-27절 해석에 근거해 동등한 파트너 관계를 인정하고자 하는 것은 물론, 그 외에도 많은 것들이 달라졌다. 스티븐에 대한 나의 답변이 이를 더 자세히 다룰 것인데, 이는 아우구스티누스의 결혼관에 대해서 의문을 가져야 하는지에 대해 그가 묻기 때문이다. 주된 변화 중 하나는 효과적 피임의 등장이다. 이것은 혼전과 혼외 성관계에 대한 전통적 **관습**을 수정해야 한다는 것을 의미한다. 임신에 대한 두려움이 그 논거의 요지 중 하나였기 때문이다. 더 중요하게는, 종의 번식을 위한 성관계와 동반자 관계에서 친밀함을 표현하는 성관계를 구분하기가 더 쉬워졌다. 고대사회에서는 이 두 가지를 거의 구분하지 않았다.
   결혼은 자녀 출산을 위한 것이라는 주장은 성관계가 오직 출산만을 위한 것이고 그 외에는 죄이거나 탐닉이라는 가정으로 이끌 수 있고, 종종 그래 왔다. 필론도 이러한 관점을 가졌지만, 성관계가 즐거워야 임신을 촉진시킨다고도 주장했다.[5] 그러나 플라톤과 마찬가지로 필론은 여자가 불임이거나 완경을 한 경우의 결혼에 대해서 설명을 해야 했다. 여기에서 필론은 평소답지 않게 너그러움을 보이면서, 그러한 경우 평생을 함께 하는 동반자가 서로 더 이상 성관계를 가져서는 안 된다거나 심지어 그 결혼을 취소해야 한다는 주장은 정당화할 수 없다고 했다.[6] 플라톤도 최고의 시민을 길러 내기 위해 고안한 자신의 엄격한 규칙을 버리고 그와 비슷한 결론에 도달했다.[7]

신약성경 시대에 받아들였던, 혹은 아우구스티누스가 발전시킨 가부장적 결혼을 지키거나 혹은 회복해야 한다고까지 누군가는 주장할 수도 있다. 그러나 변화하는 상황에 따라서 결혼도 변했다. 산업혁명 이전에 결혼은 가정을 터전으로 부부 모두가 내적 역할과 외적 역할을 모두 수행하면서 가내 수작업과 농작물 관리를 함께 하는 것이었지만, 산업혁명 이후의 결혼은 남자가 집 밖으로 나가서 일하면서 가정을 재정적으로 뒷받침하고 여자는 가정을 집 안에서 뒷받침하는 것이 되었다. 이것은 1950년대의 전형적 결혼 형태이기도 했는데, 제2차 대전 이후 서구에 다시 도입되었다. 전쟁 동안 많은 여성들이 전시 협력 체제에 동원되어 집 밖으로 나와 일을 했지만, 전쟁이 끝나고 다시 돌아온 남자들에게 대체되어 가정으로 돌아가야 했던 것이다. 여성의 참정권과 교육권의 확보는 효과적 피임법과 결합해서 우리의 사회와

---

5 *Opif.* 151-152, 156.
6 *Spec.* 3.35.
7 *Leg.* 784E3-785A3, 783E4-7, 784B1-3.

결혼을 바꾸었고, 따라서 적어도 1960년대부터는 많은 서구 사회가 여성들이 바깥일을 한다고 불평하는 대신 여성의 리더십을 인정해 가고 있으며, 비록 아주 더디기는 하지만, 심지어 교회에서도 여성의 지도자 역할을 긍정해 가고 있다.

그렇다면 질문해야 한다. 출산할 생각 없이 결혼하는 것도 건강하다고 본다면, 다시 말해서 평생 동반자로 살기 위해서 결혼하고 그 관계를 공식적으로 그리고 법적으로 인정받기를 원하는 게 타당한 일이라면, 왜 그것을 동성애자 커플에게도 허용하지 못하는가? 물론 바울의 성 인류학을 받아들인다면 그 대답은 분명 '안 된다'일 것이다. 그러나 그의 성 인류학을 받아들이지 않는다면 어떤가? 나는 아무런 문제가 없다고 생각한다. 의견은 여전히 다양하지만 이제 우리는 그 울타리를 사이에 두고 살면서, 그 너머로 서로 대화하는 법을 배워야 한다고 메건은 상기시킨다.

메건 드프란자에 대한 답변 웨슬리 힐

메건 드프란자의 글은 마땅한 지점에서 시작한다. 바로, 하나님 앞에서 자신의 고유한 모습을 이해하고 받아들이려 애쓰는 인간의 갈망과 아픔의 자리다. 성경은 '불변하는 진리'가 아니라, 개혁주의자들과 그들 이전에도 많은 사람들이 인식했듯 프로 노비스 *pro nobis*, "우리를 위한" 하나님의 말씀이다. 복음, 현실의 죄인들을 위한 '좋은 소식'인 것이다. 따라서 드프란자가 간성, 양성애자, 동성애자, 기타 '비이성애자'들의 경험에서 시작하고자 하는 것, 그러고 나서 제자로 살면서 어떻게 그 경험들을 하나님 앞에 내려놓을 수 있는가를 묻는 것은, 내가 보기에 참으로 옳은 접근이다.

하지만 드프란자가 그 목표를 성취하는 방식에 있어서는 동의하지 않게 된다. 레즈비언과 게이 및 다른 성소수자들은 어떻게 살아야 하는가 하는 문제에 대한 그녀의 첫 접근은, 창세기 1장과 2장에서 제시하는 성경적 결혼이 인간 대부분의 경험을 설명하는 것이지—그러니까 인간 대부분은 '남자'와 '여자'라는 범주에 들어가고, 사람들 대부분은 이성에게 끌리며, 따라서 (늘 이 순서는 아니라 하더라도) 자유롭게 결혼하고 아이를 낳는다는 것이지—그것을 **규범**으로 제시하는 것은 아니라고 주장하는 것이다. 성경이 언급하지 않는 것들, 예를 들어 창세기 1장 20-25절에서 분명하게 구분한 바다와 육지의 경계를 흐리는 양서류의 경우처럼, 그러한 공백들이 있기 때문에 남자와 여자의 결혼이 대다수 사람들의 관습이라 하더라도 그것을 모든 사람이 받아들여야 하는 유일한 관습으로 이해할 필요는 없다고 그녀는 주장한다.

이러한 주장에서 출발해서 드프란자는 성경적 결혼은 **다양하다**는 주장으로 나아간다. 그녀는 성경에서 결혼을 얼마나 다양한 방식으로 이해했는지, 그러한 다양한 관습들이 성경 저자들이 속했던 여러 가부장제 문화와 어떻게 얽혀 있었는지 강조한다. 드프란자는 이러한 고대 관습의 다양성으로 미루어 성경은 단 하나의 결혼 모델을 제시하려 들지 않는다고 해석하고, 따라서 그에 적합한 그리스도인의 대응은 "게이들과 레즈비언들과 양성애자들의 인간성을 더 잘 존중하기 위해서, 그리고 그들도 하나님의 형상으로 만들어졌으며, 그들도 하나님을 영화롭게 하고 공동선을 위하고 건강하고 거룩하게 자신들의 성장을 이루어 갈 수 있도록 인간관계와 성생활을 가다듬을 동등한 능력이 있다는 성경적 진리를 더 잘 존중"하는 현대적 결혼 관습을 형성하는 것이라고 말한다. 간략하게 말해서, 성경이 결혼의 결정적 모델을 제시하지 못하기 때문에 오늘날의 신자들은 성경 이야기 전반에 비추어 인간적인 기독교 결혼 관습을 **임시변통**으로 만들어 내야 한다는 것이다.[8]

---

8 이 지점에서 드프란자는 기독교의 윤리는 그때의 상황에 따라 임시로 고안되어야 한다는 라이트의 5막 희극 모델을 제시한다. 윤리적 삶을 이렇게 이해하는 방식에 대한 좀더 전체적인 논의는 Samuel Wells, *Improvisation: The Drama of Christian Ethics* (Grand Rapids: Brazos, 2004)를 보라.

내가 보기에는 이 두 가지 관점이 모두 잘못되었다. 하나씩 논의해 보겠다.

첫째, 성경은 일반적이고 전형적인 결혼 관습을 제시하지만, 그 관습이 교회의 윤리적 가르침에 대해 권위를 가지는 것은 아니라는 주장에 대해서 말하자면, 드프란자는 자신의 논증을 더 효과적으로 만들기 위해 창세기의 몇 가지 특징들을 대충 넘어간다. 그중 첫째는 창세기 1장 26-27절이 지닌 절정의 성격인데, 창세기의 이 구절은 하나님이 '남자와 여자'를 창조하신 것을 창조 순서에서 최고의 순간으로 제시할 뿐만 아니라,[9] 신약성경에서 성부와 성자의 나-너 관계가 온전히 드러날 때까지는 그림자에 가려져 있을 신적 관계성을 반영하는 것일 가능성이 크다.[10]

나아가서 드프란자는 창세기 2장의 이야기가 인간 창조의 선함을 확인하는 데서(2:25) 절정을 이루었다가 나중에는(3:7, 10-11) 그 이야기가 뒤집어진다는 사실을 논의하지 않는다. 다시 말해서, 거기에 묘사된 특징들이 그 후에 이어지는 인간의 삶에 대한 직설적 묘사로 이해되어서는 **안 된다**는 인식이 이미 이 서사 안에 있는 것이다. '남자와 여자'의 창조는 이제 "어렴풋이 기억하는 꿈이며 싹트는 갈망"으로 이해해야지, 창세기 3장의 '타락' 이후에도 여전히 직접 접할 수 있는

---

9 Gerhard von Rad, *Genesis: A Commentary*, trans. J. H. Marks, OTL (Philadelphia: Westminster, 1961), p. 57: "1절에서부터 이어진 하나님의 창조 활동이 지향했던 그 절정과 목표에 이제 도달했다." 그 근거는, 하나님이 1인칭을 쓰신 것(1:26), 하나님의 작품인 인류의 창조가 끝나자 "심히 좋다"고 선언하신 것(1:31; 그 앞에서 그저 "좋다"고 하신 것과 대조된다), 그리고 무엇보다도 이 이야기가 창세기 2장으로 확장되고 있다는 사실이다.

10 "신적 존재의 이러한 특징, 곧 거기에는 나와 너가 포함된다는 것, 그리고 인간의 존재가 남자와 여자라는 것 사이에는" 유비 관계가 있다[Karl Barth, *Church Dogmatics III*/1 (Edinburgh: T & T Clark, 1958), p. 196.『교회 교의학 3/1』(대한기독교서회).

어떤 것으로 보아서는 안 된다.[11] 이것을 뒤집으면, 하나님이 '남자와 여자'를 만드신 것은 사실 규범으로, 다만 지금 우리의 실제 삶에서는 도달하지 못할 규범으로 이해하는 것이 **맞다**. 이것을 조금 다르게 말하자면, 창세기 1장과 2장이 3장 앞에 온다는 것은 전자가 신학적 우위를 가짐을, 그리고 규범임을 이미 암시하는 것이라고 나는 본다. '남자와 여자'가 창조의 의도인 것은 현재 우리의 삶에서 그것을 분명히 볼 수 있어서가 아니라, 타락 이전, 죄와 죽음 이전의 이야기인 창세기 1장과 2장의 서사에 주어진 것이기 때문이다.

마지막으로 드프란자는 마태복음 19장 1-12절에서(참고. 막 10:1-12) 예수님이 몸소 우선순위로 삼으신 것에 대해서도 제대로 다루지 않는다. 예수님은 이혼에 대해 질문을 받으셨을 때, 주류 문화든 주변부 사람들의 문화든 당대의 인간 행동에 호소하지 않으셨다. 예수님은 당대의 관습을 분명하게 거절하셨는데, 그 관습은 인간의 타락을 고려한 모세의 율법에 근거한 것이었다(마 19:8). 종말에 하나님 나라가 임할 것을 내다보시면서 예수님은 당대의 경험이 아니라 창세기 1장과 2장에 ─ 1장 27절과 2장 24절을 한데 엮어서 ─ 호소하시고, "창조 질서를 도덕 질서의 지침으로" 간주하신다. 이것은 데이비스W. D. Davies 와 데일 앨리슨Dale Allison이 지적하듯이, "(죄로 인해 타락한) 있는 그대로의 자연 질서가 아니라 하나님이 의도하신 자연 질서"에 호소하는 것

---

11 이 표현은 스티븐 홈스가 비키 비칭(Vicky Beeching)과 나눈 인터뷰에서 빌려 온 것이다. 2016년 3월 8일에 확인, http://faithinfeminism.com/feminist-conservative-on-sexuality-2/. 드프란자의 책에 대한 블로그 포스트에서 홈스는 비슷한 평을 했다. "참 남성성과 참 여성성은 신학적으로 볼 때 기억이며 희망이지, 현재 우리가 가진 게 아니다. 타락하고, 깨어진 이 에덴의 동쪽에서는 우리 모두의 성이 불완전하다." 2016년 3월 8일에 확인, http://steveholmes.org.uk/blog/?p=7538.

이다.¹² 다시 말해서, 예수님은 창세기 1장과 2장을 제자들의 도덕적 삶을 인도하는 규범으로 간주하실 뿐만 아니라, 인간의 '마음의 완악함' 때문에 잃어버렸거나 흐릿해진 것으로 간주하신다. 드프란자의 해석은 이 두 가지 강조를 다 생략한다. 그녀는 예수님이 창세기에 호소하심으로써 '남자와 여자'에 신학적 우선성을 두신다는 것을, 또한 창세기의 현실이 대다수의 '이성애' 문화를 포함한 현재 인간의 삶과는 사실상 상응하지 않는다고 보신다는 것을 인정하지 않는 듯하다.

두 번째 요지, 성경이 제시하는 많은 결혼은 가부장적이고 따라서 "모든 사람이 하나님의 형상을 가졌다고 하는 성경의 가르침"에 의해 그것을 다듬거나 대체해야 한다는 것에 대해서는, 성경을 어떻게 읽어야 하는지는 성경으로부터 배워야 한다는 데에 나도 동의한다. 그러나 성경에는 평등의 요소가 있기 때문에 그것을 사용해서 성경이 제시하는 결혼의 그림을 비평할 수 있다고 말하기보다는, 정경 안에는 정경의 자기비판이라고 부를 수 있는 징후들이 있으며 바로 그러한 요소들이 정경에서 무엇을 우선시할 것인가에 대한 우리 자신의 해석에 지침이 된다고 말하는 편이 낫다고 생각한다.¹³ 예를 들어, 드프란자가 에베소서 5장에 대해서 평한 것을 보자. 그녀는 "그리스도인들이 에베소서 5장 21절의(헬라어 원문에서는 문법적으로 5장 22절과 연결되어 있는) '상호 복종' 명령을 평등한 인간 간의 결혼을 지지하는 것이라고 해석하기 시작한 것은 아주 최근의 일이며, 그리스도와 교회의 비유로

---

12 W. D. Davies and Dale C. Allison, *Matthew 19-28 Volume III*, ICC (London: Bloomsbury T&T Clark, 1997, 2004), p. 10, n. 30.
13 이에 대한 더 자세한 내용은 Ellen F. Davis, "Critical Traditioning: Seeking an Inner Biblical Hermeneutic", *Anglican Theological Review* 82 (2000): pp. 733-751를 보라.

서 고대 사회가 제시했던 가부장적 결혼 모델은 그대로 남아 있다"고 주장한다. 여기에서 그녀는, 구약과 신약성경은 결혼에 대한 가부장적 관점을 제시하는데, 이제는 우리가 기독교의 몇몇 가르침에 비추어서 마땅히 그것을 넘어서려 하고 있고, 그럼으로써 우리는 우리가 이해하는 복음의 본질적 가르침을 가지고, 아내들더러 복종하라고 하는 명령과 같은 성경의 지침을 비판하게 된다고 말하는 것 같다.

그러나 이러한 관점은, 아우구스티누스의 설명에 근거한 다수의 의견으로 내 글에서 설명한 바―"정경에서 묘사하는 결혼에는 한 가지 궤적"이 있는데, 그 궤적의 절정은 부부의 연합이란 자녀를 출산하며 항구적이며 그리스도 안에서 하나님에 대한 사랑을 제대로 드러내는 것이라는 이해―를 외면한다. 물론 성경에는 다른 모습의 결혼이 다수 있다. 솔로몬의 경우를 생각해 보라(왕상 11:1-3). 그러나 그리스도인들은 성경의 모든 본문을 그리스도인의 윤리적 삶을 위한 규범적 혹은 결정적 본문으로 동일하게 읽지 않는다. 구약성경은 신약성경에 비추어 읽어야 하며, 모세의 율법은 그것이 그리스도에게서 성취된 것에 비추어 읽어야 한다. 요점은 그저 성경의 기독론적 핵심을 찾아야 하며 그 핵심에 비추어서 다른 다양한 부분들 모두를 읽어야 한다는 것이다. 그렇게 할 때, 정경은 이미 그리스도가 제시하신 결혼의 관점을 우선시한다는 것을 알 수 있다.

에베소서 5장과 같은 결혼 본문이 구약성경에 (그리고 고대나 현대의 다른 곳에도) 나오는 가부장적 결혼을 어떻게 수정하고,[14] 심지어는 전복하는지 보라. 아내들더러 남편에게 복종하라고 하는 5장 22절에 이르기 전에 남편과 아내 모두 서로에게 복종하라는 말이 주어졌고

(5:21), 남편들더러 아내를 사랑하라는 말은(5:25), 이 본문의 서두에 아내들도 받았던 그 명령을 그들도 받는 것이다(5:2). 그리고 남편이 구현하는 그리스도의 역할은 이미 가장 겸손한 자리로 내려오신 그분의 역할이다(4:9). 물론 복종과 위계의 언어와 형식은 여전히 남아 있지만(5:22, 24), "그 이면에 있는 실체는 전복되고 변화되었다. 화해자이신 그리스도께서 메우신 위와 아래의 간극이[4:8-10] 가부장적 결혼의 폐지가 아니라면 최소한 **해체**다."[15] 바울은 "지배와 복종의 관계를 **상호** 복종의 관계로 바꾸고자 한다."[16] 따라서 정경 자체가 자기 해석의 규칙을 제시한다. 만약 그리스도가 자기를 내어 주신 것이 결혼이 따라야 할 모델이라면 결혼 자체가 격상되고, 거룩하게 되고, 온전하고 진실해지며, 그 관점에서 성경 속 (예를 들어 솔로몬의 결혼과 같은) 결혼에 대한 다른 관점들을 읽어야 한다.

이것이 교회 안에 LGBT 사람들을 포함해야 한다는 논의에 대해 의미하는 바는 무엇인가? 내가 보기에 드프란자의 목표는, 레즈비언과 게이 신자들이 다른 '이성애자' 자매 형제들과 동등하게 결혼할 수 있게 하기 위해, 성경이 유일한 규범적 결혼을 제시한다는 개념을 흔들려는 것 같다. 그러나 내가 해석하기로는, 그리스도의 몸에서 LGBT 사람들이 차지하는 자리에 대해 어떠한 방식으로 생각을 하건, 성경

---

14 Richard Bauckham, "Egalitarianism and Hierarchy in the Bible", in *God and the Crisis of Freedom* (Louisville: Westminster John Knox, 2002), pp. 116-127에서 어떤 성경 본문은 위계에 직접적으로 반대하지만, "위계를 상대화하고 변화시키는 전략"을 쓰는 경우를 더 많이 볼 수 있다고 주장한다(p. 118).
15 Francis Watson, *Agape, Eros, Gender: Towards a Pauline Sexual Ethics* (Cambridge: Cambridge University Press, 2000), p. 234.
16 Bauckham, "Egalitarianism and Hierarchy in the Bible", p. 126.

의 윤곽을 왜곡시키면서까지 기독교의 결혼에 대한 정의를 '확장'하는 것은 적절한 방법이 아니다.

메건 드프란자에 대한 답변 스티븐 홈스

드프란자 박사의 세심하며 평화를 지향하는 정직한 글에 고마움을 느낀다. 특히 공통 기반을 찾는 것에 대한 마지막 이야기에 공감하고, 이 책에서 우리가 나누는 대화가 그러한 수단이 되기를 바란다.

드프란자는 간성인 사람들에 대해 제대로 논의할 수 있는 신학적 전략을 찾다가 어떻게 자신이 교회 안의 레즈비언, 게이, 양성애자에 대해 부정적으로 가르치는 근거가 된 본문—자신이 교회 안에서 배운 본문들—까지 고찰하게 되었는지, 자신의 경험을 길게 살펴보는 데서 글을 시작한다. 그녀는 창세기 1장이 반드시 섹슈얼리티가 단순하게 두 개로 나누어진다고 가르치는 것으로 볼 이유가 없으며, 이 논의에서 핵심 본문은 로마서 1장 26-27절이라는 주장으로 결론을 맺는다. 그리고 그 사이에, 다른 본문들에 대해 더 간략하게 다룬다.

나는 드프란자가 서두에서 시작하는 석의의 작업에서 창세기 2장을 생략한 것이 다소 의아하다. 특히 이 석의를 요약하면서(pp. 113-114) 자신이 창세기 1장에 대해서 한 해석이 창세기 2장에도 적용된다고 하기 때문에 더욱 그렇다. 그녀는 창세기 1장에서 양서류가 "육지 동물"과 "바다 동물" 사이에 있는 동물이라는 사실을 이용해서, 이 본문의 남성-여성 이분법도 마찬가지로 간성인 사람들을 가리고 있을 수 있다고 제안한다. 그러나 창세기 2장에 나오는 에덴의 서사에는 그러한 일반화를 할 여지가 전혀 없다. 거기에서 아담은 하나의 그룹이 아니라 개인으로 등장한다. 아담에게 적합한 배우자를 동물 중에서는 찾으실 수가 없으므로 하나님은 또 다른 개인인 하와를 만드셨고, 그 둘은 서로 연합하여 기쁨을 누린다.

이 사실은 중요하다. 왜냐하면 이 지점에서 드프란자는 남성-여성 이분법 사이에 간성이 존재한다는 사실과 동성 커플의 결혼을 허용해야 한다는 논의를 서로 병행해서 끌고 가기 때문이다(p. 143에서 그녀는 분명하게, "**더 나아가**, 이성애 결혼도 유일한 모델이라기보다는 다수의 이야기로 해석될 수 있다"고 말한다. 강조는 내가 한 것). 그러나 이렇게 "더 나아가"라며 그 둘을 연결시키는 석의상의 이유는 제시되지 않았다. (모든 책임 있는 성서학자들이 그렇게 보듯) 일단 이 두 창조 기사가 서로 상대적으로 독립되어 있음을 보게 되면, 석의를 할 때 그런 식으로는 연결시키지 않는다.

로마서로 가서 드프란자는 몇 가지 면에서 깨달음을 주는 확장된 수사학적 해석을 제시하지만, 그녀의 석의에 나는 설득이 되지 않는다. 그녀는 바울이 "유대인과 이방인 모두에게 설득력 있는" 논증을 하고 있다고 주장하는데(p. 129), 로마서를 읽는 대부분의 독자들은 이에 동의할 것이고, 분명 이 서신서의 앞쪽 장들의 논리는 실제로 그렇다고 강조할 것이다. 그러나 그 후에 브루튼을 인용하면서 그녀는 이방인만이 가지고 있던 '자연' 개념을 해체하는데, 이러한 개념을 바울이 염두에 두었을 리가 없다. 유대인들은 그러한 생각을 하지 않았을 것이기 때문이다. 로마서 1장 26-27절에서 바울이 '자연스럽다'는 말을 어떠한 의미로 사용했건, 그런 의미는 아니었을 것이다. 왜냐하면 드프란자의 해석을 따르면 바울의 논증의 전체 논리가 흔들릴 것이기 때문이다.

드프란자는 자신의 석의에 근거해서 성경이 동성 간 성행위에 대해서 전면적 금지를 하지 않는다고 주장한다. 그러나 그녀는 이것이 동성 커플에게도 기독교의 결혼을 허용할 근거는 되지 못한다고 인정한다. ("제3의 소명"의 가능성, 곧 결혼이 아닌 동성 간 성적 파트너십을 허용하는 것은 고려하지 않는다.) "성경에서 제시하는 결혼의 모습은 전부 이성애"라고 인정하면서도(p. 138), 동성 커플의 "신성한 결혼"Holy Marriage(그녀는 여기에서 대문자를 썼다)에 대한 이해를 열어 줄 수 있다고 주장한다.

그리고 그 논증은, 결혼을 교회를 향한 그리스도의 사랑의 이미지로 본—그러나 그것이 동성 결혼의 경우는 가능하지 않다고 본—그렌츠에 대한 논의로부터 시작한다. 드프란자는 그 점을 인정하는 것처럼 보이지만, "성경 전체에 걸쳐서 나타나는 결혼의 은유는 [현대의 결혼이 아니라] 고대의 가부장적 결혼에 근거한"다고 주장한다(p. 140). 이것은 그녀의 논증에서 중요한 부분인데, 동성 커플에게도 결혼을 허용할 수 있도록 우리의 생각을 바꿀 수 있는 가능성을 그녀는, 우리가 이미 결혼에 대한 생각을 가부장적 결혼에서 (상대적으로) 평등한 결혼으로 바꾸었다는 주장에 두기 때문이다.

그러나 나는 결혼의 신학적 실재가 비교적 안정적이라고 본다. 내 글에서는 이것을 결혼에 대한 변함없는 전례적 정의를 가리키며 주장했다. (이 책에 있는 힐 박사의 글도 같은 점을 긴 석의를 통해, 그리고 매우 설득력 있게 주장한다.) 따라서 나는 결혼에 대한 우리의 생각이 바뀌었다는 것을 받아들이지 않는다. 다만 그것의 문화적 표현이 다양하게 계속해서 변했을 뿐이다. 나는 결혼에 대한 신학적 실재와 그것의 변화무쌍한 문화적 표현은 구분할 필요가 있다고 생각한다. 우리가 그렇게 해야 하는 이유는 그러지 않으면 성경 본문이 아무런 말도 되지 않기 때문이다. 한 가지만 예로 들자면, 창세기 2장에 (그리고 아가서에) 담긴 인간 결혼의 이상적 비전은 구약성경에 기록된 구체적 결혼 관계들의 실재와 ― 솔로몬의 결혼도 포함해서 ― 매우 다르다.

이것을 교회의 실재와 비교해 볼 수도 있을 것이다. 오늘날 미국의 부유한 메가 처치는 바울 시대의 가정 교회와 (그리고 현대 이란에 있는 지하 교회와, 중세 유럽의 시골 모임과…) 매우 다르지만, 안정적인 신학적 정의 ― '하나이며, 거룩하고, 보편적이고, 사도적인' 그리고/혹은 '말씀을 순전하게 가르침과 성례를 바르게 이행함' ― 가 있어, 이처럼 (놀랍도록) 다양한 문화적 산물을 변하지 않는 동일한 실재의 표현으로 보게 만든다. 마찬가지로 나는 내가 속한 교회의 회중이 하는 결혼이 바울이 에베소와 고린도 교회에서 보았던 결혼과 문화적으로는 매우 다르다 하더라도, 신학적으로는 같다고 본다.

그렇기 때문에 나는 드프란자가 결혼의 개념을 한 번 바꾸었으니 다시 한 번 바꿀 수 있다고 하는 주장의 논리를 받아들일 수 없다. "오늘날 그리스도인들이 직면하는 문제는,…'성경적 결혼'이 **또다시** 개정될 수 있는가 하는 것"(p. 143; 강조는 원문의 것)이라고 그녀는 말하는데, 이 말이 설득력 있으려면 결혼이 전에 '개정된' 적이 있다는 주장을 우리가 받아들일 수 있어야 한다. 그러나 내가 주장한 것처럼, 드프란자는 그 사실을 증명하지 못했다.

만약 드프란자의 주장처럼 "성경 전체에 걸쳐서 나타나는 결혼의 은유는 고대의 가부장적 결혼에 근거한"다면(p. 140), 위의 입장을 고수하는 데에 아무런 문제가 없다고 생각한다. 많은 성경의 비유들은 문화적 특수성을 지니고 있다. 시편 23편과 요한복음 10장의 목자 비유는 동물을 키우던 고대의 관습을 반영한 것이고 따라서 그 본문을 이해하려면 그 문화를 이해하고 번역해야 한다. 그러나 결혼의 비유가 드프란자가 주장한 것처럼 작동하는지에 대해서는 의문을 가질 여지가 충분하다. 드프란자 자신이 고린도전서 7장에서 바울이 말하는 결혼은 "놀랍도록 평등"하다고 말한다(p. 156). 그런데 바울은 에베소서 5장에서 성경 전체를 통틀어 가장 깊이 있는 '결혼의 비유'를 전개하며 그것을 고린도전서에서도 사용한다(11:3). 만약에 이 비유가 드프란자가 말하는 것처럼 확고한 가부장제를 전제한다면, 바울은 결혼에 대한 가르침에서 놀랍도록 일관성이 없다는 말이 된다. 고린도전서 7장에서는 결혼에 대한 전복적으로 평등한 가르침을 주고, 그가 11장 3절에서는 독자들이 문화적으로 규범적인 견고한 가부장제 모델을 상정하고 이해할 것으로 기대했다는 것은 상상하기가 힘들다.

고린도전서 11장은 해석하기가 힘들기로 악명이 높은데,[17] 결혼을 언급하고 넘어가는 그 어려운 부분이 오히려 우리에게 도움이 될 수 있다. 바울은 세 가지의 '머리 됨'의 예를 나열하는 듯하다. 하나님이 그리스도의 머리이시고, 그리스도는 남자의 머리이시며, 남편은 아내

---

17 여러 가지 문제점과 다양한 해석의 제안에 대한 개요로는 Lucy Peppiatt, *Women and Worship in Corinth* (Eugene, OR: Cascade, 2015)를 보라.

의 머리다. 이것을 견고한 가부장제 결혼이 그리스도와 인간의 관계를 정의해 주는 것으로 해석하면, "그리스도의 머리는 하나님"이라는 구절을 아리우스주의 바깥에서 해석할 길이 없다(요한네스 크리소스토무스John Chrysostom는 4세기에 이미 이 사실을 알았다. 고린도전서에 대한 그의 *Homily* 26을 보라). 성경을 가장 타당하게 이해하는 것도, 성경에서 결혼 비유를 사용하는 폭넓은 방식을 이해하는 것도, 기독론에 초점을 맞추어야 비로소 가능하다. 성육신하신 그분은 참 인간이시면서 참 하나님이셨고, 따라서 우리의 친구이시며 형제이시지만 또한 우리의 주님이시자 하나님이시다.

성경에 나오는 결혼의 비유는 내가 보기에 이러한 이중 관계를 정교하게 이용하고 있고, 그 비유가 나타나는 본문마다 서로 다른 모습을 나타낸다(고린도전서 12장의 경우에서보다 에베소서 4장의 '지체의 비유'에서 그리스도의 권위를 더 강조하는 것처럼 말이다). 나는 성경에 쓰인 결혼의 비유가 온전히 평등한 결혼을 수용할 만큼 그 폭이 넓다고 믿는데, 실제로 그리스도인들이 역사적으로 이 비유를 놀랍도록 평등하게 또한 대체로 반문화적으로 이해했다는 충분히 설득력 있는 주장도 있다.

기독교 역사를 통틀어 그리스도와 교회의 관계를 결혼의 비유를 통해 설명한 가장 오래된 방식은 아가서에 대한 알레고리적 해석인데,[18] 심지어 현대 페미니스트 해석가들도 아가서가 놀랍도록 비가부

---

18   Ellen F. Davis는 아가서가 창세기와 시편을 제외하고 성경의 다른 어떤 책보다 더 많이 주석되었다고 주장하는데, 주후1200년 이전에 이미 백개 이상의 주석서가 나왔다고 지적한다. Ellen F. Davis, *Proverbs, Ecclesiastes, and the Song of Songs*, Westminster Bible Companion (Louisville: Westminster John Knox, 2000), p. 231.

장적인 사상 체계를 가지고 있다고 지적한다.[19] 더러는 아가서가 두 남성의 음성으로 되어 있고 여자는 자기 의지에 반해서 사랑하는 목동을 버리고 솔로몬과 결혼을 해야 하는 상황에 처한 것으로 해석하기도 하지만, 일반적으로는 두 사람 사이의 완벽한 관계를 기념하는 것으로 해석되었다. 그 관계에서 여성의 역할은 전혀 종속되어 보이지 않으며, 계속해서 사건을 주도하고 자신의 행위주체성을 온전히 소유하고 있다. 기독교의 역사에서 '결혼 비유'의 핵심 기준은 바로 이것이지, "성인 남성을 대개 교육도 거의 못 받고 법적 권리도 별로 없었던 여자아이나 십대 여성과" 연합시킨 것이 아니다(드프란자, p. 141).

드프란자는 "결혼과 성 윤리에 대한 기독교 비전의 기초가 되는 주제들"(pp. 148-149)에 대해 설명하면서, 그것들이 일반적으로 용인되는 것이라고 주장한다. 그 첫 번째에서 그녀는 이상하게도 독신을 "흔하지 않은 소명"이라고 설명한다. 그러나 그러한 관점은 기독교 역사에서 보편적이지 않았고(기껏해야 서구 대부분의 그리스도인들이 최근에야 그렇게 생각하기 시작했다고 말할 수 있을 것이다), 내 글에서도 주장하지만 신약성경에 대한 적합한 해석도 아니다. 결혼의 금욕적 소명(그녀는 이것을 "성례"라고 부른다)에 대한 그녀의 설명은 바람직하지만, 나는 성경과 전통이 결혼과 출산을 분리시키지 않는다는 것 또한 공통 주제라고 주장하고 싶다. (고린도전서 7장에서는 아이에 대한 언급이 없다고 하는 드프란자의 지적은 맞지만, 그렇게 설득력 있지는 않다. 그것보다 훨씬 더 긴

---

[19] 페미니스트 해석에 대한 최근의 조사에서 Robin C. McCall은 페미니스트 해석가들이 아가서에 끌리는 이유 중 하나는 "아가서에서 연인들의 관계가 놀랍도록 평등하다"는 사실 때문이라고 말한다. Robin C. McCall, "'Most Beautiful among Women': Feminist/Womanist Contributions to Reading the Song of Songs", *Review & Expositor* 105 (2008): pp. 417-433, 인용문은 p. 421에서.

본문인 아가서에도 아이에 대한 언급은 없지만, 고대 유대교의 결혼이 출산과 상관없었다고 주장하는 사람은 없다. 때로 저자들은 독자들이 당연하게 여길 것이라고 생각하는 사항들에 대해서는 언급하지 않기도 한다.)

드프란자는 일종의 평화주의를 요청하며 글을 마친다. "그리스도인들이 동성 결혼에 대해서 서로 '견해가 다르다는 것에 동의'할 수 있을까?" 나는 그저 그러기를 바란다고 말하고 싶다. 이 논의의 양쪽 모두 자극적 수사를 사용해 배교라거나 편협함이라고 상대를 비난하고 19세기의 자유주의나 19세기의 노예제도에 비유하는 매우 유감스러운 경향을 보이고 있다. 물론 양쪽 모두 형편없는 논증을 펼치는 경우들이 있고, 그래서 더러는 그러한 비난을 살 만하기도 하지만, 진지하고 민감하게 이 문제를 파고드는 사람들이 양쪽 진영 모두에 있으며, 그런 경우는 제대로 존중해 주어야 한다. 내가 제시한 이유들 때문에 나는 드프란자 박사의 주장에 설득되지 않지만, 그녀의 글은 신실한 그리스도인의 글이고, 그 문제와 진지하게 신학적 씨름을 하고 있으며, 성경의 권위와 거룩한 사랑으로 부르신 그리스도의 부름에 명백하게 기초하고 있음을 나는 쉽게 알아볼 수 있다. 그러므로 시작한 말로 글을 맺겠다. 그녀의 그러함에 고마움을 느낀다.

응답 메건 드프란자

필자들의 깊이 있고도 친절한 답변에 감사한다. 그들은 우리가 서로의 공통 기반을 밝히면서도 각자의 결론에 영향을 미칠 수밖에 없는 성경 해석과 신학 윤리에 대해 서로 다른 접근법을 강조하면서 이 대화에 너그러운 마음으로 참여할 능력이 있음을 보여 준다.

가장 두드러지게 나타난 차이점은 아우구스티누스의 가르침에 대한 것이었다. 홈스와 힐은 아우구스티누스의 결혼 신학이 거의 보편적으로 미치는 영향 때문에 그 권위를 받아들이지만, 아우구스티누스의 영향이 서구 교회에 국한되어 있음을 언급하지 않는다. 복음주의 신학자이지만 존 웨슬리를 따라 동방정교회의 전통이 주는 신학적 통찰을 긍정적으로 받아들인 나는 아우구스티누스의 유산에 그만큼 매여 있지 않다. 동방정교회는 아우구스티누스의 신학적 기여에 대해서 오래전부터 비판적이었고 따라서 그와는 상당히 다른 결혼 신학을 발전시켰다. 힐과 홈스는 『결혼의 유익에 대하여』뿐만이 아니라 이 4세기 주교의 창세기 해석과 삼위일체 교리도 따른다. 지면이 제한적이기 때문에 첫 번째 문제에 대해서만 답하겠다.[1]

아우구스티누스는, 죄가 들어와 인류에게서 하나님의 형상을 사실상 파괴시키기 전까지는 아담과 하와가 이상적이고 성숙한 인간이었다고 해석한다. 홈스와 힐은 타락의 결과를 섹스와 젠더에까지 확장한다. 믿음의 공동체 안에서 간성인 사람들이 어떤 자리를 차지해야 하는지 알지 못한 채 그들은 아우구스티누스의 관점을 취해서, 타락 때문에 성 발달에 차이가 생겼을 뿐만 아니라(이는 때로 '간성'이라고 불린다), 우리 모두가 어떤 [가정된] 남성성과 여성성의 이상으로부터 멀어졌다고 특히 홈스는 주장한다. 그들이 보기에 그 누구도 '원래'의 모습을 갖춘 남자와 여자는 없다. 그래서 간성의 몸을 가진 사람은 아담과 하와에게 각인되었을 것이라고 가정된 모델로부터 조금 더 멀리 타락했을 뿐이다.[2] 나는 이러한 신학적 관점을 성경 전체가 증명한다고 생각하지 않는다. 선지자 이사야는 남성성의 이상에 미치지 못하는 고자도 종말론적 공동체에 포함될 것이라고 예언했다. 그들은 **고자인 그대로** 환영받을 것이며 "아들이나 딸보다 나은 기념물과 이름을" 약속받았는데, 이것은 유대인 남자들이 기대하는 보상과는 다른 보상이다. 고자를 고자로 환영하는 대신 힐과 홈스는 성경이 결코 주장하지 않는 것을 가르치는데, 그것은 바로 오래 전에 상실했다고 여겨지는 남성성의 회복이다. 이러한 주장은 아우구스티누스가 "어느 쪽 성의 이름을 붙여야 하는지 확실히 알기 힘들 정도로 두 성의 특징을

---

1   힐은 유대인 철학자 마르틴 부버(Martin Buber)의 나와 너라고 하는 범주와, 성령은 다소 도외시하고 성부와 성자의 관계를 우선시하는 아우구스티누스의 삼위일체 모델을 통해서 아담과 하와를 해석하는데, 내가 *Sex Difference in Christian Theology*, pp. 230-238에서 설명하듯 이것은 결혼에 대해 건강하지 못한 비전을 제시한다.
2   Hill, *Spiritual Friendship*, p. 2; Holmes, "Shadows and Broken Images: thinking theologically about maleness and femaleness" August 19, 2015, http://stevenholmes.org.uk/blog/?p=7538을 인용하면서.

가진" 사람들을 가부장제의 남성적 이상과 화해시키고자 했던 것을 반영하는 제안일 수 있다. 아우구스티누스는 이렇게 말한다. "우리가 말하는 관습에 따라 그들에게 더 나은 성의 젠더를 주어서 그들을 남성이라고 불렀다."[3] 다시 한 번, 아우구스티누스는 잘못된 방향을 가리킨다.

힐과 홈스는 이상적 젠더와 이상적 결혼을 창세기의 첫 두 장에서 찾는다. 그들은 태초에 잃은 완벽함이 정경 이야기에서 회복되는 것으로 보는데, 그것이 바로 그리스도와 교회가 남편과 아내로 묘사된 에베소서 5장이다. 그러나 여기에서 그들은 두 가지를 모두 취하려 한다. 인간의 결혼은 평등—남편과 아내의 상호 복종—하다고 확인하는 동시에, 이 관계를 교회가 그리스도와 결혼했다고 하는 에베소서의 비전에 기초하려는 것이다. 우리에게 필요한 것은 "그리스도가 제시하신 결혼의 관점"이고 기독론이 중심이 되는 정경 해석이라는 데에 나도 동의하지만, 그 두 가지가 에베소서 5장의 그리스도와 교회의 모델에서 나타난다고 보지는 않는다.[4]

그리스도를 경외함으로 피차 복종하라. 아내들이여, 자기 남편에게 복종하기를 주께 하듯 하라. 이는 남편의 머리 됨이 그리스도께서 교회의 머리 됨과 같음이니, 그가 바로 몸의 구주시니라. 그러므로 교회가 그리스도에게 하듯 아내들도 범사에 자기 남편에게 복종할지니라. 남편들아, 아내 사

---

3 Augustine, *The City of God against the Pagans*, trans. Eva Matthews Sandford and William McAllen Green, Loeb Classical Library, vol. 5 (Cambridge: Harvard University Press, 1965), 16.8, 47.
4 힐, "메건 드프란자에 대한 답변", p. 176.

랑하기를 그리스도께서 교회를 사랑하시고 그 교회를 위하여 자신을 주심같이 하라. (21-25절)

로더 박사와 나는 그리스도와 교회의 비유가 고대의 가부장적 형태의 결혼에 근거한다는 데에 동의한다. 성과 젠더의 차이에 대한 고대사회의 가정에 근거한 아내와 남편의 불평등한 관계는 자연스럽게 교회와 그리스도의 불평등한 관계를 가리키는 것으로 이해되었다. 예수님이 얼마나 자신을 낮추셨든지, 메시아의 겸손은 한시적이었다. 그리스도는 자기 아내와 상호 복종하시지 않는다.

사람의 모양으로 나타나서 자기를 낮추시고 죽기까지 복종하셨으니, 곧 십자가에 죽으심이라. 이러므로 하나님이 그를 지극히 높여 모든 이름 위에 뛰어난 이름을 주사, 하늘에 있는 자들과 땅에 있는 자들과 땅 아래에 있는 자들로 모든 무릎을 예수의 이름에 꿇게 하시고, 모든 입으로 예수 그리스도를 주라 시인하여 하나님 아버지께 영광을 돌리게 하셨느니라. (빌 2:8-11)

에베소서 5장 21-23절과 빌립보서 2장 모두 그리스도인들에게 "오직 겸손한 마음으로 각각 자기보다 남을 낫게 여기"라고(빌 2:3) 가르치기 위해서 그리스도의 겸손을 언급하지만, 두 본문에서 모두 그리스도는 여전히 "머리"이시고 "주"이시다. 에베소서는 평등한 결혼의 이상적 모델을 제시하지 않는다.

나의 신학적 인류학은 아우구스티누스보다는 이레나이우스와 동방교회의 영향을 더 많이 받았는데, 그들은 첫 커플을 완벽한 인간 혹은 완벽한 남자와 여자로 해석하지 않는다. 그들은 아담과 하와가 성장할 여지를 가지고 창조되었다고 믿는다.[5] 그들은 죄를 짓고 타락했지만, 아우구스티누스가 생각했던 것과 같은 그러한 이상적 높이로부터 그가 설명한 것과 같은 그러한 깊이로 떨어진 것은 아니다.[6] 동방정교회의 전통은 아담과 하와를 우리가 돌아가야 할 영원한 이상으로 보지 않고, 이야기의 시작을 살았던 존재로 본다. 이러한 신학적 관점은 라이트와 윌리엄 웹William Webb과 같은 현대 성서학자들의 통찰과 부합한다고 나는 생각한다. 그들은 정경이 역사적 조건의 영향을 받는 끝나지 않은 드라마로서, 우리가 기대하는 것처럼 정확하게 하나님의 '궁극적 윤리'가 명시된 게 아니라고 보았다.[7] 성경의 서사는 에

---

[5] 홈스가 아우구스티누스에 기대는 것은 죄 이후의 인간에 대해서 로마교회의 아우구스티누스주의보다 더 부정적인 관점을 취하는 개혁주의 전통을 따르는 데서 오는 듯하다. "에덴의 동쪽"에서는 모든 싱/젠더가 왜곡되어서 하나님의 의도를 이해하는 데에 별 도움이 되지 않는다고 하는 그의 주장에서 홈스가 아우구스티누스의 영향을 받았음을 볼 수 있다(Holmes, "Shadows and Broken Images"). 로더 박사에 대한 답변에서도 그는 비슷한 주장을 하는데, 모든 성적 욕망이 왜곡되었다고 그는 강조한다(홈스, "윌리엄 로더에 대한 답변", p. 99). 여기에서 그는 동성애 욕망이 이성애보다 더 왜곡되었다거나 간성인 사람의 몸이 간성이 아닌 사람보다 더 타락했다고 본다는 비난을 피하고자 하는 것처럼 보인다. 나는 이러한 시도가 별로 설득력이 없다고 생각한다. 젠더와 성적 욕망에 대한 홈스의 불신과, 타락에도 불구하고 이성애 결혼의 사랑에서 삼위일체의 사랑의 아이콘을 발견하는 서구 신학자 요한 바오로 2세의 관점을 비교해 보라. John Paul II, *Man and Woman He Created Them: A Theology of the Body*, trans. Michael Waldstein (Boston: Pauline, 2006), p. 33.

[6] Irenaeus, *Against Heresies*, 4.38. Kallistos Ware, *The Orthodox Way*, rev. ed. (Crestwood, NY: St. Vladimir's Seminary Pres, 1979, 1999), pp. 50-63

[7] N. T. Wright, "How Can the Bible Be Authoritative", *Vox Evangelica* 21 (1991): pp. 7-32. William J. Webb, *Slaves, Women & Homosexuals: Exploring the Hermeneutics of Cultural Analysis* (Downers Grove, IL: InterVarsity, 2001). 웹은 2장에서 "궁극적 윤리"를 자세히 설명한다. "동성애"에 대한 웹의 평가에는 동의하지 않지만, 구속적 역동의 해석학과 고린도전서 7장에 대한 그의 주석에는 동의한다. "목회적 절제가 바울의 지침에 영향을 미친다.…바울은 그들이 성에 대해서 가장 해로운 금욕적 태도는 취하지 않게 해 준다. 그러나 성에 대한 궁극적 윤리를 제시하는 데까지는 가지 않는다.…하나님의 영과 인간 저자들은 자기 양떼를 위한 목회적 지침을 주고 그 지침은 그들을 좋은 방향으로 부드럽게 인도한다." Webb, *Slaves, Women & Homosexuals*, p. 59.

덴으로의 회귀가 아니라, 그리스도가 시작하셨지만 아직 완성은 되지 않은 미래를 지향한다.[8] 이러한 이유 때문에, 나는 창세기나 심지어 에베소서에서도 이상적 결혼 모델을 찾을 거라고는 생각하지 않는다.

성경을 기독론을 중심으로 보는 관점과 구속의 역사에 근거해서, 나는 예수님의 모범과 가르침이 남자 그리고 여자에게 **만큼이나** 간성인 사람과 게이와 레즈비언과 다른 사람들에게도 적용된다고 생각한다. 예수님을 닮으라고 하는 부름은 남자/남편의 특권이나 부담이 아니라, 모든 하나님의 자녀에게 해당된다는 생각은 기독교의 결혼을 근본적으로 바꾸었고, 에베소서 5장에 나오는 '성경적 결혼'의 완화된 가부장제를 넘어 "네 이웃을 네 자신같이 사랑하라"는 그리스도의 두 번째 지상 명령(마 22:39)을 더 잘 반영하는 상호 복종으로 나아가게 해 주었다. 1세기 남자들이 여자들을 "자신같이" 사랑하려면 여자에게도 남자에게와 같이 인간으로서 명예를 부여하고, 같은 하나님의 형상을 지닌 동등한 인간으로서 그들도 그리스도를 따라 자기 자신의 목숨을 내려놓을 힘을 가진 존재임을 인정해야 했다. 동등한 명예와 동등한 힘이 기독교의 결혼에 들어오기까지는 오랜 세월이 걸렸지만, 진정한 **상호** 복종이 있으려면 그러한 동등함이 반드시 필요하다. 성경은 완벽을 지향하게 하지만, 그 완벽은 아담과 하와에게서나 1세기의 결혼 모델에서가 아니라, 그리스도에게서 찾을 수 있는 것이다.

오늘날 기독교의 결혼은 성경적 결혼은 아니지만, 더 기독교다워지고 있다. 성, 젠더, 섹슈얼리티에 대한 이해가 더 넓어지면서, 우리는

---

8   DeFranza, *Sex Difference*, pp. 181-185와 6장.

어떻게 하면 기독교의 결혼이 다시 한 번 조정되어 모든 하나님의 자녀에게 열릴 수 있는지 물을 기회와 의무를 갖게 되었다.

제3장

그리스도, 성경, 영적 우정

웨슬리 힐

열세 살 무렵 나는 내 친구들이 여자들을 향해 느끼는 것—어쩔 줄 몰라 하고, 감정적·신체적 갈망을 느끼는 등, 흔히 '로맨틱한 끌림' 혹은 '반하는 것' 혹은 좀더 진지하게 '사랑에 빠지는 것'으로 묘사되는 것—을 내 남자 친구들, 곧 **남성**을 향해 느끼고 있다는 것을 깨달았다. 전에는 한 번도 느껴 보지 못한 방식으로 그들이 내 눈에 들어왔다. 단단해지기 시작하는 근육, 피부 색깔, 목소리의 깊이 등을 자각했다. 어느 여름의 캠핑 여행에서 갑자기, 그리고 혼란스럽게 **아름다워** 보이기 시작한 나의 가장 친한 친구를 몰래 훔쳐보지 않으려고 애쓰던 기억이 난다. 그는 반바지를 입고 있었는데, 그 친구가 여자들의 다리를 그렇게 쳐다보았노라고 이야기할 만한 그런 시선으로 나는 몰래 그의 다리를 자꾸만 쳐다보고 있었다. 그 다리의 굴곡에 눈이 갔고 그 쾌감에 내 가슴은 두근댔다.

그러나 나를 혼란스럽게 한 것은 단지 성적으로 끌린다는 느낌만이 아니었다. 그것보다 더 깊고 더 많은 무엇이 있었다. 나는 내 친구를 **알고** 싶었다. 내가 얼마나 그를 챙기는지 그가 알아주었으면 했고, 그에게 내 마음을 주고 그 보답으로 그의 마음을 받고 싶었다. 당시에는 이것을 설명할 언어가 없었지만, 흔히 '우정'이라고 말하는 그런 것 이상을 내가 원한다는 것을 알았다. 내 갈망은 단지 친구와 잠자리를 같이 하고 싶은 게 아니라, 그와 친밀한 감정을 나누는 것, 그를 사랑하고 그로부터 사랑받고 싶은 그런 마음이었다.

동시에 나는 내가 그리스도인이라는 것도 알고 있었다. 내가 할 수 있는 한 하나님이 주신 예수 그리스도라는 선물에 감사하며 순종하는 인생을 살고 싶었다. 그분의 삶과 죽음과 부활이 내 죄를 용서해 주었고 영원한 생명을 약속해 주었다. 그리고 나이가 들면서 이 두 가지 실재 모두가 나를 설명해 주는 핵심 요소가 되었다. 나는 계속해서 그리스도인으로 살고 싶었다. 그리스도와 교회에 대해 더 신실해지고 싶었다. 그러나 내 섹슈얼리티가 변하지 않을 것이라는 느낌도 더 강해졌다. 고등학교를 졸업할 무렵 나는 남자와 친밀한 관계를 가지고 싶어 하는 나의 신체적·감정적 굶주림이 쉽사리 혹은 전혀 바뀌지 않을, 내 인성에 정착된 부분이라는 생각이 강하게 들었다.

그 자신도 게이인 가톨릭 작가 앤드루 설리번Andrew Sullivan은 다른 남자를 사랑하고 싶은 갈망을 가졌지만 어떻게 그것을 표현할 수 있는지에 대한 목회적 지도를 받을 가능성은 없이 교회 안에서 자란 경험을 감동적으로 표현했다.

청소년기와 청년기에, 교회는 그 문제에 대해 침묵하도록 가르쳤다. 그들이 어떻게 살아야 하는지에 대한 신뢰할 만한 윤리적 지침은커녕, 동성애자가 존재한다는 사실 자체를 부인했다. 매주 교회에 다닌 지 30년이 지난 지금도 동성애자 남성은 어떻게 살아야 하는지, 그의 섹슈얼리티는 어떻게 표현되어야 하는지 설명하는 설교를 한 번도 들어 본 적이 없다. 내가 들은 것은 끝이 없고 당혹스러운 침묵, 그러한 사람들이 존재하지 않았으면 하는 어색하고도 표출되지 않는 바람, 이 도덕적·물리적 우주에 그들이 부재했으면 하는, "객관적 정상성에 벗어남"objective disorder과 같은 말로 그들의 존재가 대변하는 문제와 그들이 상징하는 인간의 다양성을 그냥 없애 버렸으면 하는 바람만을 느꼈을 뿐이다.¹

내가 교회에서 했던 경험도 설리번의 경험과 매우 비슷하다. 그러나 더 나아가서 나는 동성애 문제에 대해서 (단순한 금지와 반대되는) 기독교의 긍정적 성찰이 없는 것에 대한 그의 지적에 관심이 간다. 동성애자 남성이나 여성은 어떻게 살아야 하는가? 나처럼 동성에게 끌리는 사람은 그냥 그것을 억제하거나 부인하려 하는 것 말고, 어떻게 자신의 섹슈얼리티를 표현할 수 있는가? 분명히 다른 그리스도인들과 마찬가지로 나도 자기를 부인하는 길과 소명을 긍정하는 길 둘 모두를, '아니오'와 '예' 모두를 수용하는 삶을 살아야 한다. 신학자 올리버 오도노번Oliver O'Donovan이 말했듯, 동성애자 남성으로서의 내 경험이 어떻게 "하나님을 섬기고 그리스도를 따르는 데에 적합한 삶의 패턴으로 나타날" 수 있는지 이해하려 해야 마땅하다.²

이어지는 글에서 나는 이 문제를 기독교의 성경, 곧 구약과 신약의 정경을 살펴보면서 폭넓게 접근하고자 한다. 첫째, 내가 성경에 어떻게 접근하는지에 대해서 말할 것이다. 동성애에 대한 소위 '문제 본문'이라는 것을 해석하는 임무에 있어서, 내가 어떠한 가정과 패러다임

---

1 Andrew Sullivan, *Love Undetectable: Notes on Friendship, Sex, and Survival* (New York: Vintage, 1998), p. 42
2 Oliver O'Donovan, *Church in Crisis: The Gay Controversy and the Anglican Communion* (Eugene, OR: Cascade, 2008), p. 117.

을 가지고 접근하는지 말하겠다. 그리고 나서 둘째로, 이 본문들을 논의하면서 그것들은 모든 종류의 동성 간 성기 접촉을 금지한다고 주장할 것이다. 세 번째로, 이러한 '전통적' 관점에 대한 진지하고도 가치 있는 반대의 견해를 논의할 것이다. 그리고 마지막으로, 내가 글의 서두에서 던진 질문으로 돌아와서, 나와 같은 게이 그리스도인들이 사랑과 정절을 지키며 살아간다는 것의 의미에 대해 물을 것이다.

그리스도에 비추어 성경 읽기

미국 대법원에서 동성애 커플도 결혼할 권리가 있다는 오버거펠 대 호지스Obergefell v. Hodges 판결을 내리기 얼마 전부터, 포스터와 티셔츠에 등장하기 시작한 이미지가 있다. "성경적 결혼"이라는 머리말 아래에 "남자 + 여자", "남자 + 아내들 + 첩들", "남자 + 형제의 미망인", "남자 + 여자 + 여자…", "남자 군인 + 전쟁 포로", "남자 노예 + 여자 노예" 등등의 공식이 나열되어 있다. 이것이 말하고자 하는 요지는 분명했다. 결혼에 대한 단 하나의 "성경적" 관점은 없으며, 대법원—급격하게 변하는 문화에 제대로 대응하고자 하는 현대적 제도—이 어떠한 판결을 내려야 하는가에 대해서 그리스도인들은 성경—외국 그리고 다양한 문화로부터 온 고대 문서들의 집합—에서 답을 찾으려 해서는 안 된다는 것이다. 미국의 한 주요 교단이 신학 문서를 통해 말했듯, "이 [결혼이란] 주제에 대한 성경의 관점이 얼마나 복잡하며 시대에 따라 다르고 모순적인지"는 충격적인데, "따라서 '결혼에 대한 성경적 관점' 에 대해서 말하는 것은 난해한 문제다."[3] 이러한 대중들의 인식과 그보다 좀더 학문적인 견해들은, 성경이 오늘날의 동성애 관계와 어떤 관계를 가지는가 하는 문제에 현대의 많은 그리스도인들이 접근하는 방식을 정확하게 보여 주는 것 같다.

그러나 "정통" 기독교 신학으로 자리 잡은 것의 중요한 신념 중 하나는, 성경에 **중심**이 있다는 것이다. 2세기의 교부였던 리옹의 이레나이우스Irenaeus of Lyons는 성경의 다양한 부분들에 서로 매우 다른 해석이 가능하다는 것을 알았지만, 이러한 부분들은 작가의 안내서를 참조해 제대로 정리할 수 있는 모자이크의 조각들로 보는 게 가장 좋다고 주장했다. 이레나이우스에 따르면, 사도들은 후대의 독자들에게 성경을 통일된 전체로 해석할 수 있는 안내서, 혹은 "규칙"—성경의 전반적 일관성에 대한 설명, 예수 그리스도를 중심으로 하는 일종의 기독교 신앙 요약 같은 것—을 주었다.⁴ 그리고 기독교의 주류 신학이 그 뒤를 따랐다. 이레나이우스 이후로 그리스도인 독자들은, 성경을 읽는 제대로 된 기독교적 방법이 서로 경쟁하는 두 파트의 정경으로 각 부분을 보는 게 아니라, 예수 그리스도를 중심으로 종합적으로 읽는 것임을 인정했다.⁵ 바로 그러한 이유 때문에 후대의 기독교 신앙고백과 신학은 성경의 특정 본문을 "다른 본문들과 모순되게" 읽지 않도록 노력하는 게 성경 해석의 임무라고 받아들이게 되었다.⁶

3   The Episcopal Church Task Force on the Study of Marriage, "Report to the 78th General Convention", https://extranet.generalconvention.org/staff/files/download/12485.pdf.
4   Irenaeus of Lyons, *Against the Heresies*, Eng. trans. ANF 1 (1885; repr. Grand Rapids: Eerdmans, 1987), 1.8.1; 1.9.4. 참고. St. Augustine, *On Christian Teaching*, trans. R. P. H. Green (Oxford: Oxford University Press, 1997), 3.1-2; 3.27.38-3.29.40.
5   Robert W. Jenson, *Canon and Creed* (Louisville: Westminster John Knox, 2010)
6   *The Book of Common Prayer* (New York: Church Pension Fund, 1979), p. 184. 나는 내가 속한 성공회 기반에서 논의를 전개하지만(39개 조항 중 20조를 보라), 다른 전통에서도 이와 비슷한

이러한 해석학적 발전에 비추어서 몇몇 교부들은—그중에서도 히포의 성 아우구스티누스(주후 354-430)가 단연 뛰어나다—성경의 여러 본문을 종합하는 동시에 근본적 기독론의 신념을 중심으로 결혼에 대한 성경의 관점을 설명하게 되었다. 동성 간 성관계를 다루는 본문에 대한 나 자신의 석의를 살펴보기 전에, 이 아우구스티누스의 결혼관을 대략 설명하는 게 유용한 출발점이 될 것 같다.

성경에 기반한 아우구스티누스의 결혼 신학

결혼에 대한 성경의 가르침을 가장 인상적으로 종합하고 전유한 작업은 아우구스티누스의 것이다.[7] 결혼의 "유익"—*proles*(자손), *fides*(신실함 혹은 정절), *sacramentum*(그리스도를 통해 보여 주신 하나님의 사랑에 대한 가시적이고 항구적인 징표)—을 암기하기 쉽게 요약했다는 사실만으로는 그가 이룬 성취의 정교함을 제대로 보여 주지 못한다. 아우구스티누스가 서구 교회에 남겨 준 것은 정경이 묘사하는 결혼의 궤적을 제시했다는 것이다.[8] 이어지는 글에서 나는 이러한 아우구스티누스의 유산을 내 언어로 요약해 볼 터인데, 아우구스티누스 시대에는 없

진술을 볼 수 있다. 예를 들어 웨스트민스터 신앙고백은 이렇게 말한다. "성경 해석에 대한 무오한 규칙은 성경 자체다. 따라서 어떤 성경 본문에 대해서든 그것의 진실하고 온전한 의미—그것은 여러 개가 아니라 하나다—에 대한 의문이 있다면, 좀더 명쾌하게 말하는 다른 본문들을 통해서 그 의미를 찾고 알아야 한다."

[7] 핵심 본문들에 대한 이해하기 쉬운 번역으로는 Augustine, *Marriage and Virginity* (Hyde Park, NY: New City, 1999); Augustine, *On Genesis* (Hyde Park, NY: New City, 2004)를 보라. 이에 대한 유용한 2차 논의로는 Christopher C. Roberts, *Creation and Covenant: The Significance of Sexual Difference in the Moral Theology of Marriage* (London: T & T Clark, 2007), 2장을 보라.

[8] 이러한 관점은 동성 결혼을 '긍정하는' 저자인 로버트 송과 내가 공유하는 관점이다. 그의 책 *Covenant and Calling: Towards a Theology of Same-Sex Relationships* (London: SCM, 2014), pp. 5-7를 보라.

었던 비판적 독해 전략을 사용할 것이고, 그의 관점들 중 내가 잘못되었다고 보는 부분은 생략할 것이다.[9] 이 전통을 아는 사람들은 나의 요약이 아우구스티누스에 빚진 것이라는 사실을 분명하게 알아보겠지만, 그 자체가 아우구스티누스의 관점은 아니다.

첫째, 정경에서 창세기의 서사가 차지하는 위치와 복음서도 그것을 중요하게 다루는 것으로 미루어(마 19:1-6; 막 10:1-9), 창세기 서사는 결혼에 대한 성경적 신학을 정립하는 데에 있어 가장 중요한 자리를 차지한다. 첫 창조의 서사에서 '남자와 여자'가 하나님의 형상으로 창조되었다는 것이 무엇을 의미하건, 자손을 낳는 것에 대한 하나님의 축복과 직접적 연관이 있다는 것은 분명하다(창 1:26-28). 로버트 송은 "자녀는 완전한 결혼에 추가된 선택 사항이 아니라…[출산은] 결혼의 유익과 분리될 수 없는 본질이며, 하나님의 축복이자, 번성하라는 명령의 결과"라고 말한다.[10] 사람_{adam}은 '남자와 여자'로 구분되며, 이 세상을 채우고 다스리라는 명령을 받았다(1:28).

남자와 여자, 그리고 그들의 결합이 낳은 자녀들이라는 이 연결 때문에 성경은 성차를 강조하는 것 같다. "남자와 여자의 관계로 창조되었기 때문에 인류는 자손을 낳을 수 있고, 자손을 낳을 수 있음으로써 이 땅에 충만하고 그것을 다스릴 수 있으며, 이 땅을 다스릴 수 있

---

9 짧게 말해서, 나는 아우구스티누스를 근본 자료로 사용하지만, 무비판적으로 사용하지는 않는다는 것이다. 아우구스티누스는 오늘날 그리스도인들이 거부해 마땅한 그 당시 문화의 가부장적 가정들을 상당 부분 공유했다. 반면, 아우구스티누스는 해석하기 어려운 고린도전서 11장 7절에 근거해서 여자도 남자와 마찬가지로 하나님의 형상으로 창조되었다고 주장한 첫 교부다. Kari Elisabeth Børressen, "In Defence of Augustine: how femina is homo", in Bernard Bruning, et al. eds., *Collectanea Augustiniana, Mélanges T.J. van Bavel* (Louvain: Institut Historique Augustinien, 199), pp. 263-280를 보라.
10 Song, *Covenant and Calling*, pp. 4-5.

음으로써 하나님의 형상을 지녔다는 역할을 제대로 수행할 수 있게 된다."¹¹

두 번째 창조 기사(2:4-25)는 이야기를 다르게 전하지만, 여자에 대한 남자의 위치와 남자에 대한 여자의 위치에 있어서는 비슷한 결론에 도달한다. 사람*adam*의 파트너로 동물의 세계에서는 적합한(히브리어로 *kenegdo*) 상대를 찾지 못하셨고, 따라서 하나님은 (원래는 성이 없었던?) 흙으로 만든 피조물을 '남자'*ish*와 '여자'*ishshah*로 구분하신다(2:18-23).¹² 그리고 여기에 기초해서 남자와 여자는 서로 결합하여, "한 몸"이라고 묘사된 결속을 구성하고 창세기의 나머지 내용을 구성하는 족보를 열어 간다.¹³ 따라서 (1) 자녀 출산에서, 그리고 (2) 정절에서 나타나는 결혼의 선한 창조를 강조하는 아우구스티누스 전통은 우선 창세기의 신학적 석의에 기초한 것이다.

그러나 두 번째로 이 전통은 복음서에 나타난 예수님의 창세기 해석에 근거하기도 한다(마 19:1-6; 막 10:1-9). 마태복음에서 바리새인들은 이혼에 대한 견해로 예수님께 도전한다. "사람이 어떤 이유가 있으

---

11 같은 책, p. 17.
12 제임스 브라운슨에 의하면 창세기는 무엇보다도 아담과 하와의 존재론적 동질성에 관심이 있지, 그들의 상호보완적 차이에 관심을 두지 않는다[*Bible, Gender, Sexuality: Reframing the Church's Debate on Same-Sex Relationships* (Grand Rapids: Eerdmans, 2013), pp. 86-90]. 그러나 이언 폴(Ian Paul)은 이것이 틀렸다고 주장한다. "이 서사의 분명한 의미는 동물은 사람(*adam*)과 대등하지 않기 때문에 '적합하지' 않다는 것이다. 그러나 그와 마찬가지로 강력한 이 서사의 함의는 흙으로 또 다른 사람(*adam*)을 만드는 것만으로는 충분하지 않다는 것이다. 이 '돕는 배필'은 동등하지만 반대여야 한다.…이 유사성과 차이의 두 주제는 이중나선 구조처럼 이야기를 꿰고 있다"[*Same-Sex Union: The Key Biblical Texts* (Cambridge: Grove, 2014), p. 8].
13 Ephraim Radner, "The Nuptial Mystery: The Historical Flesh of Procreation", in Roy R. Jeal, ed., *Human Sexuality and the Nupital Mystery* (Eugene, OR: Cascade, 2010), pp. 85-115

면 그 아내를 버리는 것이 옳으니이까"(마 19:3).[14] 이 질문에 대한 답에서 예수님은 우리가 창세기의 첫 번째 기사와 두 번째 기사라고 부르는 것을 혼합하신다. "사람을 지으신 이가 본래 그들을 남자와 여자로 지으시고[창 1:27] 말씀하시기를, 그러므로 사람이 그 부모를 떠나서 아내에게 합하여 그 둘이 한 몸이 될지니라[창 2:24] 하신 것을 읽지 못하였느냐? 그런즉 이제 둘이 아니요 한 몸이니, 그러므로 하나님이 짝지어 주신 것을 사람이 나누지 못할지니라"(마 19:4-6). 다시 말해 예수님은, 창세기 1장 26-27절에 나오는 인간의 성차를 (출산에 대한 강조도 함께)[15] 2장 24절의 신실한 연합의 결속에 대한 긍정과 나란히 해석하신다. 그럼으로써 성차와 결혼의 의미는 서로 엮이게 된다.

그러나 그것이 전부가 아니다. 세 번째로, 아우구스티누스의 전통은 자손과 정절로만 결혼을 정의하는 데에 만족하지 않는다. 예수 그리스도에 비추어 성경을 읽는 이 전통은 창세기 2장 24절이 신약성경에서 설명된 또 다른 본문, 곧 에베소서 5장을 가리킨다. 여자와 남자가 원래 가족을 떠나 서로 신실하게 연합할 것이라는 결론을 인용한 후, 이 본문의 저자는 "이 비밀이 크도다. 나는 그리스도와 교회에 대하여 말하노라"라고 했다(엡 5:32). 이미 구약성경에서 이스라엘에 대한 하나님의 사랑은 결혼 관계에 비유되었지만(사 62:5; 렘 2-3장; 겔 16장;

---

14 별도로 명시하지 않는 한, 모든 성경 인용은 뉴 리바이즈드 스탠더드 버전(NRSV)을 사용한다.
15 마태복음에서 예수님이 결혼에 출산이 포함되어 있다고 분명하게 말씀하신 것은 아니지만, 누가복음 20장 34-36절에서 그것이 암시되어 있다고 볼 수 있다. 왜냐하면 거기에서 예수님은 부활로 인해 죽음이 더 이상 인간의 삶에 작동하지 않으면, 인간의 사회생활에 더 이상 결혼이 있지 않을 것이라고 하시기 때문이다. 왜 죽음이 없으면 결혼이 더 이상 필요하지 않는가? 가장 타당한 대답은 결혼이 출산을 가능하게 하고, 출산은 인간이 죽는 한 반드시 필요하다는 것이다. 그래서 일단 인간의 필멸성이 종말에 해결되고 나면, 출산과 따라서 결혼은 더 이상 필요하지 않게 된다.

호 1-3장), 여기에서는 그 이미지가 기독론에 집중되어 있다. 이 땅의 커플들이 형상화하고 참여하는 것은 교회를 향한 그리스도의 사랑, 종말의 결혼 잔치에서 절정을 이룰 그 사랑이다(계 19:7, 9; 참고. 21:2). 자녀를 환영하는 신실한 연합을 이루는 결혼의 선한 창조가 그리스도인의 삶에서, 그리스도 안에서 하나님이 보여 주신 사랑의 외적이며 가시적인 징표가 된 것이다. 다시 말해서, 구약성경에서 이미 하나님의 신실한 사랑의 상징이 된 결혼이, 예수 그리스도를 통해 궁극적으로 자신을 드러내신 하나님이라는 관점에서 더욱 분명하고 결정적으로 성례의 표시가 된 것이다.

이러한 관점에 대해서는 의문들이 많지만, 그 기본적 개요는 최근의 성경 연구에 비추어서도 변호할 만한 것으로 보인다. 역사적 관점을 가진 많은 독자들은 이제 결혼에 대해서 구약과 신약성경이 이야기하는 다양한 관점들의 차이를 강조하고 싶을 것이다. 구약성경에서 결혼과 출산은 이스라엘이 하나의 종족으로 생존해야 할 필요가 있었다는 점에서 쉽게 이해될 수 있지만, 신약성경에서는 죽은 자의 부활에 대한 기대 때문에 결혼과 출산은 그 중요성이 줄어들고 선택 사항이 되며, 온건하게 말해서 핵심적이지 않은 것으로 여겨진다.[16] 하나님이 죽은 자를 일으키실 것이라는 희망 때문에 족보를 이어 가야 한다는 절박한 필요는 더 이상 당연하지 않은 것이 되었다. 예수님이 가족을 제자도의 관점에서 재정의하신 것과(막 3:31-35; 10:29-31) 바울이 대놓고 독신을 선호한 것에서 그러한 태도를 볼 수 있다(고전 7:7-8, 26, 38).

---

[16] 이 궤적에 대해서는, Barry Danylak, *Redeeming Singleness: How the Storyline of Scripture Affirms the Single Life* (Wheaton, IL: Crossway, 2010)를 보라.

그러나 후기 바울, 혹은 바울 이후의 서신서나, 모든 교인을 대상으로 한다는 의미에서 소위 '공동'Catholic 서신 혹은 목회서신이라 불리는 것으로 넘어가면 결혼은 이미 확고하게 기독론에 기초하며(엡 5:21-32; 골 3:18-19; 벧전 3:1-7; 참고. 딤전 4:3), 제자의 삶에 분명하게 통합되어, 그리스도인의 공동체에 아이들도 있을 것이라는 전제가 성립된다(엡 6:1-4; 골 3:20-21; 참고. 딤전 2:15). 결혼은, 예수님처럼 생물학적 자손 없이 독신으로 살겠다는 결정만큼이나 앞으로 올 하나님의 나라를 증언할 수 있는 삶의 방식이 되었다. 신약성경의 이 최종적 관점이 아우구스티누스의 비전을 낳았고, 이 전통―곧 결혼이 출산을 명령받은 남자와 여자의 결속이며,[17] 신실한 연합으로 봉인되었고, 교회를 향한 그리스도의 사랑을 상징한다는 것―에 의해서 성경 또한 조명을 받는다.

동성애에 대한 구약성경 본문

기독교의 성경에서 결혼이 차지하는 위치에 대한 이러한 전반적 관점에서 보아야 동성 간 성관계를 금지하는 본문이 신학적 일관성을 얻는다. 제일 중요한 본문들을 간단히 논의하겠다.[18]

[17] 이것을, 예를 들어 불임인 부부의 결혼을 금지하는 것으로 받아들여서는 안 된다. 왜냐하면 "정자 수의 부족과 같은, 행위 이외의 요인들이 임신을 방해한다 할지라도 출산에 이르는 행위의 부분(성관계)은 여전히 출산의 명령 안에 있기 때문이다"[Sherif Girgis, Ryan T. Anderson, and Robert P. George, *What Is Marriage? Man and Woman: A Defense* (New York: Encounter, 2012), p. 75 그리고 5장 전체].
[18] 여기에서 창세기 19장에 대한 논의는 생략하기로 했다. 그 해석이 어떠하건, 오늘날 교회에서 논쟁하는 윤리적 문제인 모든 종류의 동성 간 성적 친밀함을 정죄하는 본문이 아니기 때문이다. 이에 대한 신중한 논의에 대해서는 Richard B. Hays, *The Moral Vision of the New Testament* (San Francisco: HarperSanFrancisco, 1996), p. 381를 보라.

레위기 18장 22절과 20장 13절. 이 두 본문은 성경에서 동성 간 성관계를 가장 직설적으로 금지하는 본문이다.[19] 이 구절들은 '정결법'이라고 종종 지칭되는 레위기 본문에 포함된 것인데(17-26장), 첫 번째는 부정적 명령의 형태를 취하고 있고("너는 여자와 동침함같이 남자와 동침하지 말라. 이는 가증한 일이니라"), 두 번째 구절은 그 행위의 심각성과 그에 따르는 벌을 강조한다("누구든지 여인과 동침하듯 남자와 동침하면, 둘 다 가증한 일을 행함인즉 반드시 죽일지니. 자기의 피가 자기에게로 돌아가리라"). 넓게 말해서 이 본문은 제사장 나라로서의 이스라엘과 그들의 언약 관계를 배경으로 두고 있다. 즉, 하나님이 그들과 맺으신 관계의 맥락에서 이스라엘의 태도는 어떠해야 하는지 설명하는 것이다. 레위기는 질서와 정결에 대한 전반적 관심을 드러내면서 창세기 1장에 나오는 첫 창조 이야기를 상기시킨다.[20] 하나님 자신이 거룩하심을 강조함으로써 레위기는 이러한 제사장직 관심을 신적 은총을 받은 자라는 이스라엘의 정체성과 연결한다.[21]

그러나 여기에서 '정결'의 정의는 조심해서 다루어야 한다. 이 본문을 읽는 한 가지 방식은 '특정적'—혹은 절대적인 것에 반대되는 '사례법'의—성격을 강조하는 것이다. 그래서 이 율법은 주변 민족들과 이

---

19 Contra Saul Olyan, "And with a Male You Shall Not Lie the Lying Down of a Woman': On the Meaning and Significance of Leviticus 18.22 and 20.13", *Journal of the History of Sexuality* 5/2 (1994): pp. 179-206. 이 명령의 범주는 다른 종류의 성적 친밀감은 물론 실제 삽입의 행위도 포함하는 것으로 보인다.
20 이 부분에 대해서는 메리 더글러스(Mary Douglas)가 매우 인상적으로 논증했다. 예를 들어, *Purity and Danger: An Analysis of Concepts of Pollution and Taboo* (New York: Routledge, 1966, 2002)를 보라.
21 레위기 18장 2절은 그 뒤에 오는 구절의 방향을 제시하면서, 이 명령을 받는 사람들을 이미 하나님의 구원을 받은 사람들로 암묵적으로 묘사하고 있다(참고. 출 20:2).

스라엘을 엄격하게 **도덕적** 차원에서 구분하기보다는, 종교 의례의 차원에서 구분한다고 주장하는 것이다.[22] 때로 이러한 전략은, 레위기 18장 22절과 20장 13절이 염두에 둔 것이 이교나 종교 행사에서의 성매매 행위라는 주장과 쌍을 이룬다.[23] 이러한 해석에 따르면 동성애 관계에 대한 금지는 제한적이다. 그래서 성매매가 아닌 형태로 나타나는 동성애(예를 들어, 현재의 동성애 결혼)나, (예를 들어) 이스라엘이 다른 나라들과 구분될 역사적 필요에 이방인 그리스도인들이 더 이상 매이지 않아도 되고 나면, 동성 간 성행위를 금지하는 이 레위기의 구절은 더 이상 구속력이 없는 것으로 보아도 된다고 말한다.[24]

그러나 이러한 해석은 이 본문에서 중요한 적어도 두 가지 요소를 간과한다. 첫째, 레위기 18장 22절의 언어는 '남자'$_{zakar}$와 좀더 보편적으로 '여성'을 일컫는 단어$_{ishshah}$를 쓴다. 좀 어색하긴 하지만 그대로 해석하면, "여자와 함께 눕는[혹은 '동침하는'] 것을 남자와는 하지 말라. 그것은 가증하다"이다. 이 단어는 창세기 1-2장의 창조 기사를 연상시킨다. 거기에서 하나님의 창조물인 1장 26-27절의 "남자$_{zakar}$와 여자$_{neqevah}$"—이 둘이 함께 사람$_{adam}$ 혹은 '인류'를 이룬다—는 2장 24절에서 "남자가 부모를 떠나 그의 아내와 합하"는 데서 절정을 이룬다. 창세기 서사가 가지는 정경의 우선성과, 레위기 18장 22절의 금지가

---

[22] L. William Countryman, *Dirt, Greed, and Sex: Sexual Ethics in the New Testament and Their Implications for Today*, 2nd ed. (Minneapolis: Fortress, 2007), pp. 9-64.
[23] 이러한 주장[예를 들어, Robert A. J. Gagnon, *The Bible and Homosexual Practice: Texts and Hermeneutics* (Nashville: Abingdon, 2001), p. 130에 나오는 것과 같은]에 맞서는 역사적 증거는 매우 빈약한데, 예를 들어 Stephanie Lynn Budin, *The Myth of Sacred Prostitution in Antiquity* (Cambridge: Cambridge University Press, 2009)를 보라.
[24] Brownson, *Bible, Gender, Sexuality*, 9장.

무엇을 가리키는지 구체적으로 알기 어렵다는 사실―예를 들어, 여기에서는 불륜 관계는 염두에 두지 않는 것 같은데, 이미 18장 20절에서 그것이 금지되긴 했다―을 생각할 때, 레위기의 이 금지 구절은 창세기 창조 서사의 반향으로 듣는 게 가장 좋다는 결론에 이르게 된다. 다르게 말하면, 레위기 18장 22절은 시간과 장소에 따라 다를 수 있는 '사례법'이 아니라는 것이다. 그리고, 긍정적 측면에서 보자면, 이 본문은 창세기의 근간이 되는 서사를 암시 또는 반영하는 것으로 보인다. 이것은 레위기 18장 22절이 금지하는 것이 폭넓게 적용될 수 있으며, 하나님의 창조 행위에 그 뿌리를 두고 있음을 보여 준다. 이 본문은 "남자와 여자"라는 창조 질서를 위반하는 것을 염두에 둔 듯 보인다. 창세기 서두의 보편적 비전에 따라 모든 동성애 관계를 금지하는 것이지, 한 가지 문화적 형태의 동성애 행위를 금지하는 게 아니다.

이와 같은 해석을 지지하는 것을 그 본문의 직접적 문맥에서 찾을 수 있다. 일련의 행동들(예를 들어, 간음, 자녀를 제물로 바치는 것 등)을 금지하고 난 후, 레위기 18장은 이러한 명령이 이스라엘에게만 국한된 것이 아님을 강조하면서 끝을 맺는다. 18장 26절에서는 이스라엘 가운데 있는 나그네ger도 동일한 성행위 규칙을 따를 것을 요구받는다.[25] 이스라엘이 (19장 33-34절에서처럼) 나그네에게 환대를 베풀어야 할 뿐만 아니라, 나그네 자신도 18장 22절의 규범을 따라야 한다. 월터 휴스턴Walter Houston은 이렇게 말했다.

---

[25] Christopher R. Seitz, "The Ten Commandments: Positive and Natural Law and the Covenants Old and New―Christian Use of the Decalogue and Moral Law", in Christopher R. Seitz and Carl E. Braaten, eds., *I Am the Lord Your God: Christian Reflection on the Ten Commandments* (Grand Rapids: Eerdmans, 2005), pp. 18-39, at 31.

성에 대한 유대교의 윤리적 인식은 모든 인류에게 공통된 것으로…여겨졌던 문화적 특징에 뿌리를 두고 있었으며, 따라서 이방인*gerim*이든 아니든 모든 인간에게 적용되는 것으로서 이방인 유대교인들도 지켰던 것이다. 이러한 인식이 유대인과 헬라인을 실제로 나누었다 하더라도 유대인들은 그러한 구분을, 유대인을 구별하기 위해 그 규칙이 주어졌기 때문이 아니라 이방인이 타락했기 때문이라고 보았다.[26]

동성 간 성관계에 대한 레위기 18장 22절의 이러한 금지는 창세기에 뿌리를 두고 있고, 여러 상황에 적용될 수 있는 것(즉, 사례법이 아니라 절대적 금지)이며, 비유대인에게도 적용될 수 있는 (따라서 인종적·신학적 경계를 유지하기 위한 사회적 규칙으로 축소될 수 없는) 것이다. 이 구절이 모든 형태의 동성 간 성행위를 금지하는 게 아니라고 볼 분명한 이유는 없다.

신약성경의 동성애 본문
로마서 1장 26-27절

사도 바울에 의하면, 인류 전체는 공통된 곤경에 처해 있다. 아담의 불순종을 따라 죄와 죽음이 모든 것에 퍼졌다(롬 5:12-14). 따라서 아직은 자신이 만나지 못한 청중을 향한 그의 메시지 상당 부분을 요약하는 로마 사람들에게 쓴 편지의 서두에서(1:8-15), 바울은 인간의 곤경에 대한 하나님의 해결책을 선언한 후에(1:16-17) 그 곤경에 대해 길

---

[26] Walter Houston, *Purity and Monotheism: Clean and Unclean Animals in Biblical Law*, JSOT Sup 140 (Sheffield: JSOT, 1993), p. 270, Seitz, "The Ten Commandments", p. 32 주19에서 인용함.

게 설명한다(1:18-32, 2장까지 이어짐).

바울의 설명은 대략 두 부분으로 되어 있는데, 앞에서 인류를 유대인과 헬라인으로 나눈 것에(1:16) 상응하는 구조다. 한편으로 그는 이방인의 특징으로 나타나는 우상숭배와 죄 많음을 지적하고(1:18-32), 나중에는 다른 사람들을 판단하려는 유혹을 느낄 수도 있는 유대인들에게로 그것을—리처드 헤이스가 "함정 수사 설교"라고 부른 것으로[27]—돌려서 그들도 함께 지적한다(2:1-29). 여기에서 바울의 특징은 그가 인간 곤경의 근원을 창조 때로까지 거슬러 간다거나 유난히 심하게 논쟁을 벌인다는 게 아니라, 하나님의 백성인 이스라엘이 무죄하다고 보지 않는다는 것이다. "유대인이나 헬라인이나 다 죄 아래 있다"(3:9). 바울은 "의인은 없나니 하나도 없"다고 보았고(3:10), 인간 영역 너머의 무엇이 개입해야만 희망이 있다고 보았다.

그러나 바울의 이런 지적의 정확한 윤곽을 이해하기 위해서는 그 배경을 아는 것도 중요하다. 바울은 이스라엘의 성경에 근거하는, 특히 창세기의 창조 서사에 근거하는 이야기를 들려주는 듯하다. 그는 로마서 1장 20절에서 창조를 언급하고, 1장 25절에서는 하나님을 창조주라고 부른다. 나아가 1장 23절에 나오는 "새와 짐승과 기어 다니는 동물"의 이미지는 창세기 1장 30절의 70인역을 반영하는 듯 보인다. 또한 로마서 1장 23절은 창세기 1장 26절과 동사가 여러 개 겹친다. 두 본문에서 같은 단어가 등장하는데, 영어로는 "모양"images, "닮은"resembling, "썩어질 사람"mortal human, "새"birds, "짐승"four-footed animals, "기어 다니

---

[27] Hays, *The Moral Vision of the New Testament*, p. 389.

는 동물"reptiles로 번역되었다. 이러한 언급 외에도 바울이 "거짓"(롬 1:25; 참고. 창 3:5), "부끄러운"(롬 1:27; 참고. 창 3:1, 8), "죽음"의 명령(롬 1:32; 참고. 창 2:17; 3:4-5, 20, 22-23)에 대해서 말할 때 창세기 3장의 더 넓은 맥락이 상기된다. 간략히 말해 하나님이 이 세상을 만드신 이야기, 아담에게 명령하신 것, 그리고 이어진 아담의 '타락'이 로마서 1장에서 바울이 진단하는 인간 조건의 배경이다.[28]

이 모든 것은, '자연스러운'natural 성관계를 버리고 '자연스럽지 않은' unnatural 관계를 추구했다고 비난할 때 바울이 말하는 '자연'physis의 의미가 무엇인지 이해하는 데에 중요하다. "그들의 여자들도 순리natural대로 쓸 것을 바꾸어 역리unnatural로 쓰며, 그와 같이 남자들도 순리대로 여자 쓰기를 버리고 서로 향하여 음욕이 불 일듯 하매"(롬 1:26-27). 바울이 여기에서 구성하는 창조와 아담의 서사로 보아서 '자연'은 (어떤 사람들이 주장하는 대로) 개인의 인생사 관점에서가 아니라 창세기에 비추어서 해석하는 게 좋을 것이다. 다시 말해서 바울의 도화지는 개인적이기보다는 우주적이고 역사적이다. 바울은, 반대 성에 대한 욕망을 경험하고 표현하되 그것을 일부러 버리고 자신의 본성적 성향을 거슬러서 동성과 짝을 짓는 특정한 개인을 묘사하는 게 아니다.[29] 바울은

---

[28] Dale Martin, *Sex and the Single Savior: Gender and Sexuality in Biblical Interpretation* (Louisville: Westminster John Knox, 2006), pp. 52-53와는 달리 로마서 1장에서 보이는 아담에 대한 암시는 널리 인정된 것이다. 참고. Morna D. Hooker, "Adam in Romans 1", *NTS* 6 (1959-60): pp. 297-306; James D. G. Dunn, *The Theology of Paul the Apostle* (Grand Rapids: Eerdmans, 1997), pp. 91-93. 또한 참고. Gagnon, *The Bible and Homosexual Practice*, pp. 289-293.

[29] Brownson, *Bible, Gender, Sexuality*, pp. 228-229, 231는 이 점에 대한 존 보스웰(John Boswell)의 입장[*Christianity, Social Tolerance, and Homosexuality: Gay People in Western Europe from the Beginning of the Christian Era to the Fourteenth Century* (Chicago: University of Chicago Press, 1980), pp. 110-112]를 수정해서 변호한다.

여기에서 타락 이후 인간의 운명을 단일한 전체로서 압축해 말하는 것이다. 아담의 불순종을 반복하는, 한 집단으로서의 인류는 자신이 원래 살고 예배하도록 창조된 모습을 버리고, 대신에 다른 자세와 관습을 택한 것이다. 인류가 "남자와 여자"로 창조되었다면, 그것이 처음에 인류의 '자연스러운' 상태였다면, 동성 간 성행위는 그것이 바울의 시대에 아무리 흔하고 용납할 만한 것이었다 하더라도 신학적으로는 '자연스럽지 않은 것'으로 판단될 수밖에 없다.[30]

이렇게 보면 '바꾸다'라는 패턴 안에 동성 간 성행위를 배치한 것이 신학적으로 납득된다. 인류에 대한 바울의 진단은 세 가지 상호 연관된 움직임으로 되어 있다. 첫째, 로마서 1장 21-23절에서 그는 인류가 하나님의 영광을 모양으로 바꾸었다고 말한다. 우상숭배는 이방인의 관습으로 여겨졌기 때문에 여기에서 바울은 이교도들을 겨냥한 것이라고 확신할 수 있다. 그러나 그의 언어는 시편 106편 20절의 헬라어 번역을 반영하기도 하는데, 거기에서는 이스라엘의 금송아지 사건(출 32장)이 '바꾼 것'으로 설명되어 있다(*allasso*와 *homoioma*를 모두 사용했는데, 둘 다 로마서 1장 23절에 등장한다). 따라서 이스라엘도 바울이 이야기하는 대상에 포함되며, 그 함의는 "거룩한 민족도 우상숭배와 부도덕에 깊이 연루되어 있다"는 것이다.[31]

---

30 많은 사람들이 지적했듯, 바울이 *physis*를 사용한 방식은 유대교와 그리스-로마 문헌에도 나온다(예를 들어, Philo, *Spec. Leg.* 3.37-42; *Abr.* 133-141; Seneca, *Moral Epistles* 122.7; Plutarch, *Dialogue on Love*, 5). 어떤 의미에서 바울은 심지어 이교도도 동성 간 성행위를 정죄하는 자신의 "도덕적 논리"에 공감할 것이라고 보지만(참고. 롬 1:19), 로마서 1장의 분명한 의미는 창세기와 창조 기사에 의존하고 있음을 보여 주기 때문에 *physis*는 우선적으로 그 관점에서 해석하는 게 가장 좋다고 볼 수 있다.

31 Francis Watson, *Paul and the Hermeneutics of Faith*, 2nd ed. (London: Bloomsbury/T&T Clark, 2015), p. 349.

둘째, 로마서 1장 24-25절에서 다가오는 종말의 하나님의 분노(참고. 살전 1:10)는 하나님이 인류를 그들의 행실에 내버려 두시는 한(참고. 롬 1:18) **현재에도** 나타나는 것으로 묘사되어 있다. 하나님의 심판은 내버려 둠의 형태를 취한다. 인간이 창조주에 대한 예배를 피조물에 대한 예배로 '바꾸었기' 때문에, 하나님은 인간을 그들 스스로 부과한 육체적 수치에 내버려 두신다.

마지막으로 1장 26-27절에서 하나님은 인간을 동성 간 성행위에 내버려 두신다. 이것 역시 앞의 두 가지를 설명하거나 상징하는 '바꾸어 버린' 행위다. 바울은 동성 간 성행위를 신학적으로 설명한다. 이러한 성적 결합은 단순히 하나님의 자의적 규범을 어기는 게 아니라, 창조의 구조를 버리는 것이고, 이스라엘이 스스로 만든 금 우상을 숭배한 것과 같은 행위다. 사이먼 개더콜Simon Gathercole이 말하듯, "**인류는 하나님**을 향해야 하지만 자기 자신을 향했다(롬 1:25). **여자**는 **남자**를 향해야 하지만 자신을 향했다(롬 1:26). **남자**는 **여자**를 향해야 하지만 자기 자신을 향했다(롬 1:27)."[32] 이 본문의 자명한 의미에서 두드러지는 것은, 위계적 젠더 규범을 지키고자 하는 가부장제도 아니고,[33] '과도한' 이성애적 탐욕에 대한 우려도 아니며,[34] 프랜시스 왓슨Francis Watson

---

[32] Simon J. Gathercole, "Sin in God's Economy: Agencies in Romans 1 and 7", in John M. G. Barclay and Simon J. Gathercole, eds., *Divine and Human Agency in Paul and His Cultural Environment* (London: T&T Clark, 2007), pp. 158-172, at 163, 164. 로마서 1장 26-27절은 남성 동성애만이 아니라 여성 동성애에 대해서도 말하는 것이라는 역사적 주장에 대해서는 Bernadette Brooten, *Love Between Women: Early Christian Response to Female Homoeroticism* (Chicago: University of Chicago Press, 1996), pp. 59-60를 보라. 바울이 실제로 창세기를 반영하는 것이라면, 고대 사회에서 여성 동성애가 상대적으로 드물었다고 하는 것은 그의 논증에 별 문제가 되지 않는다. 그의 논의는 성경에 근거한 것이지, 실증적 관찰에 근거한 것이 아니기 때문이다.

[33] Brooten, *Love Between Women*; Martin, *Sex and the Single Savior*의 주장이다.

이 창조된 남자와 여자의 "상호의존성"이라 부른 것으로부터 멀어진 것이다.[35]

세 형태로 나타난 이 바꿈의 결과는, 바울이 동성 간 성행위를 더 넓은 신학적 현상, 즉 인간이 원래의 의도로부터 '타락한' 것의 한 종류로서 정죄한다는 것이다. 우리가 레위기에서 보는 것과 다르지 않게, 바울이 보는 동성애 또한 창세기에 나오는 인간에 대한 하나님의 의도라는 해석에서 기인하는 것으로 보인다.

고린도전서 6장 9절과 디모데전서 1장 10절

동성 간 성관계에 대한 바울의 다른 언급은 더 간략하게 다룰 수 있다. 로마서 1장만큼 분명하지도 않고, 교회가 오랫동안 동성 간 성관계를 금지해 온 입장의 핵심도 아니기 때문이다.

고린도전서 6장 9-11절은 대개 세례 본문이라고노 하는데, 고린도 교인들이 그리스도인이 되기 이전의 과거와는 다르게 새로 입은 정체성에 대해서 설명하고 있다. 그들은 그리스도의 주권 아래 들어와서 성령으로 '씻긴' 사람들이다(6:11). 문맥으로 보아 이것은 고린도 사람들이 서로를 세속 법정으로 데려가는 주변의 이교 사회의 행동에 물들어서는 안 된다는 논거다(6:1-6). 하나님이 고린도 교인들을 과거의 이교 사회로부터 끄집어내셨다면, 내부의 논쟁은 그들 스스로 해결할

---

34 David E. Frederickson, "Natural and Unnatural Use in Romans 1:24-27", in David Balch, ed., *Homosexuality, Science, and the "Plain Sense" of Scripture* (Grand Rapids: Eerdmans, 2000), pp. 197-222의 주장이다.
35 Francis Watson, "The Authority of the Voice: A Theological Reading of 1 Cor 11,2-16", *NTS* 46 (2000): pp. 520-536, at 524, 주8: "[동성애] 관계에 있어서 바울은 여자는 '남자와 떨어지려 하고' 남자는 '여자와 떨어지려 한다'고 보았을 수 있다."

수 있어야 한다(6:2-3). 그리고 새로운 백성으로서 이 정체성을 강화하기 위해서 바울은 고린도 사람들이 전에 가졌던 이교도의 정체성을 예로 든다. "음행하는 자나, 우상숭배하는 자나, 간음하는 자나, 탐색하는 자나, 남색하는 자나, 도적이나, 탐욕을 부리는 자나, 술 취하는 자나, 모욕하는 자나, 속여 빼앗은 자들은 하나님의 나라를 유업으로 받지 못하리라"(6:9-10). 이 경고는 새롭게 세례 받은 자신들의 지위에 대한 고린도 사람들의 자신감을 부추겨 주는 역할을 한다. 물론 이전의 삶의 방식으로 돌아가서 종말의 구원에 위협이 될 만한 일은 하지 말라는 충고의 기능도 하지만 말이다.[36]

이 본문이 동성애 논의에서 거론되는 이유는 NRSV에서 '남창'male prositiues 그리고 '소도미를 행하는 자'sodomites라고 번역한 두 용어 때문이다. 곧 보겠지만 이 번역은 이상적이지 않다. 한편으로, '남창'으로 번역된 헬라어는 말라코이인데 이것은 '나약한'(혹은 부드러운 — 여주)이리는 뜻의 라틴어에서 빌려 온 것이다. 신약성경에서 이 용어가 사용된 다른 곳(마 11:8; 눅 7:25)에서는 옷을 가리키지만, 고린도전서 6장 9절에서는 다른 많은 헬라어 문헌에서처럼 형용사의 명사화로 사용되었다. 바울 시대에 이러한 용법은 흔한 것이었다. 많은 헬라인 저자들이 보여 주듯, 말라코스malakos는 전통적 남성 젠더 규범을 거절하고 수동성 혹은 다양한 '여성성'을 나타내는 행동을 하는 남자를 일컫는 전형적 방법이었다.[37] 따라서 이 용어는 다른 남자와의 성관계에서 삽입을

---

[36] Alistair May, *The Body for the Lord: Sex and Identity in 1 Corinthians 5-7*, LNTS (London: T&T Clark, 2004), 5장.
[37] 이 용어는 여자 옷을 입은 남자, 거세당한 남자, 혹은 단순히 성욕이 넘쳐서 자기 통제가 부족해 보이는 남자를 모두 일컬을 수 있었다(예를 들어, Aristotle, *Nicomachean Ehtics* 7.4.2; Plutarch,

당하는 남자에 쉽게 적용될 수 있었다.³⁸ 또 한편으로, 말라코스와 쌍을 이루는 '소도미를 행하는 자'—다른 번역본에서는 "성 도착자", "동성애자", "동성애를 행하는 모든 사람" 등으로 번역)—는 헬라어로 아르세노코이테스_arsenokoites_다. 이 단어는 복합어로서—문자적으로 '남자'와 '침대' 두 단어로 구성되었다—바울 이전에 다른 헬라어 문헌에서는 등장하지 않는다. 그러나 레위기 18장 22절과 20장 13절의 70인역과 깊은 관련이 있는데, 거기에서는 이 복합어의 두 단어가 모두 사용되었다. 따라서 많은 학자들은 바울이 아마도 레위기의 헬라어 번역에 의존해서 스스로 만들어 낸 말일 것이라고 주장했다.³⁹ 만약에 그렇다면, 로마서 1장처럼 이 본문도 바울이 이스라엘의 성경에, 따라서 창조에 근거해서 동성 간 성행위를 금지한 것임을 보여 준다.

아르세노코이테스는 신약성경에서 디모데전서에 한 번 더 나온다. 구조적으로 보면 이 본문은 고린도전서 6장 9-11절과 비슷한데, 그 단어가 악행의 목록에 등장한다. 그러나 여기에 나오는 열네 가지 악행은 십계명의 두 묶음과 상응하는 것으로 보인다(출 20:1-21). "불법한 자와 복종하지 아니하는 자와 경건하지 아니한 자와 죄인과 거룩하지 아니한 자와 망령된 자"(딤전 1:9)는 십계명 첫 묶음의 명령을 어기는 것이고, "아버지를 죽이는 자와 어머니를 죽이는 자"(5계명), "살인하는 자"(6

On Moral Virtue 447B를 보라).
38 Ovid, *Ars Amatoria* 1.505-524.
39 Robin Scroggs, *The New Testament and Homosexuality: Contextual Background for Contemporary Debate* (Philadelphia: Fortress, 1983), pp. 83, 108. 그렇다면 바울이 성인 남자와 남자아이와의 성행위 같은 좀더 흔하게 쓰이는 동성 간 성행위를 일컫는 용어를 사용하지 않기로 택했다는 뜻이 된다. 그 고대의 제도에 초점을 맞추고자 했던 것이라면, 새로운 단어를 만들 필요가 없었을 것이다.

계명), "음행하는 자와 남색하는 자(아르세노코이타이스)"(7계명), "인신매매를 하는 자"(8계명), "거짓말하는 자와 거짓맹세하는 자"(9계명)는 모두 십계명의 두 번째 묶음을 위반하는 것이다. 여기에서 저자의 목적은 도덕적 지침을 주려는 것이기보다는, 심지어 이교도들도 건강하게 여기지 않을 수 있는 사회적 붕괴의 대표적 사례를 제시하려는 [참고. "기타 바른 교훈을 거스르는 자"(딤전 1:10)] 것 같다. 저자가 십계명의 간음 규정에 아르세노코이테스를 포함시킨다는 사실은 이 규정의 적용 범위를 가리키는 것일 수 있다. 즉 여기에서는 부덕하거나 착취하는 형태의 특정한 동성애 행위만 정죄받은 것이 아니라, 모든 동성애 행위들이 정죄받는다. 출애굽기 20장 14절이 **모든** 성적 부도덕을 금지하는 것이라면 그렇게 적용할 수 있다는 말이다(레 18:20; 참고. 신 22:22).

동성애에 대한 기독교 신학

현대적 질문들에 대한 정통 기독교 신학을 세우고자 한다면 기독교의 두 정경이 가하는 '압력'에 제대로 응답할 수 있어야 한다.[40] 오늘날 교회가 직면한 문제는 이제 막 살펴본 성경 내용의 압력을 **어떻게** 받아들이는가 하는 것이다. 한편으로 이 입장은 『가톨릭교회 교리』에 표명되어 있다. "동성 간 성행위를 심각한 타락으로 제시하는 거룩한 성경에 기초해서, 교회 전통은 언제나 '동성 간 성행위는 본질적으로 혼란에 빠진 행동임'을 선언했다."[41] 이러한 전통적 이해는 모든 동성 간 성

---

40 C. Kavin Rowe, "Biblical Pressure and Trinitarian Hermeneutics", *Pro Ecclesia* 11 (2002): pp. 295-312를 보라.

적 친밀감의 행위를 의도나 맥락과 상관없이 배제한다(이것은 결혼을 제외한 모든 성적 친밀감의 행위가 이성 간의 경우라 하더라도 **일반적으로** 배제된 것과 마찬가지다). 또 한편으로는, 최근 그리스도인들의 많은 동성애 논의는 (착취적이거나 폭력적인) **어떤** 종류의 동성애 성행위는 마땅히 금지되어야 하지만, 서로 동의하는 신실한 관계에서의 동성애 섹슈얼리티—오늘날 서구 사회의 동성애 결혼 관계에서 보는 형태—는 몇몇 성경적 가르침에(도 불구하고가 아니라, 거기에) 근거해서 교회 안에서 축복받아야 한다고 강조한다.

후자의 이러한 논의를 가장 잘 전개한 사람이 내가 이미 앞에서 인용한 성공회 윤리신학자인 로버트 송이다. 송은 아우구스티누스의 결혼과 섹슈얼리티에 대한 전통적 관점을 수정해야 하는 신학적으로 건강한 근거를 제시한다. 그의 주장을 요약하면 아래와 같다.

그리스도를 통한 세상의 구원이라는 기독교의 서사에 따르면 교회는 궁극적으로 그리스도 밖의 종의 번식이나 사회의 무한한 존속에 매이지 않는다.···주전의 성$_{sex\ BC}$은 주후의 성$_{sex\ AD}$과 다르다.···부활 공동체 안의 삶이란 자녀에 대한 소망이 더 이상 공동체의 본질적 정체성이 아닌 삶이다.[42]

다시 말해, 그리스도가 오심으로써 역사의 축이 바뀌었다는 것이

---

41 *Catechism of the Catholic Church* 2357, http://www.vatican.va/archive/ccc_css/archive/catechism/p3s2c2a6.htm.
42 Song, *Covenant and Calling*, pp. x, 18.

다(막 1:14-15; 고전 10:11). 그리스도가 죽음을 정복하셨으므로, 죽음 때문에 믿음의 공동체가 자녀를 계속 낳을 필요는 없어졌다. 부활이 일어나고 죽음이 사라지면 "장가도 아니 가고 시집도 아니 가"게 된다고 예수님은 말씀하셨다(마 22:30). 따라서 죽음에 대한 결정적 정복이 성금요일과 부활주일에 이미 일어났다고 믿는 그리스도인들은 자녀 출산을 지향하지 않는 성적 동반자 관계를 허용할 수 있고, 심지어 축하할 수 있다는 것이다.

송의 논증은 창세기의 창조 기사, 결혼에 대한 예수님의 가르침(막 10장; 마 19, 22장), 그리고 독신에 대한 사도의 선호(고전 7장)에 대한 풍부하고 깊이 있는 석의에 기초하고 있다. 그는, 결혼이 자녀 출산과 본질적 관계를 맺고 있던 창조의 규범과, 독신(그리고 결혼?)이 전과는 달리 자녀 출산을 필요로 하지 않는 죽음이 없는 하나님 나라를 지향하는 새로운 종말론적 창조 사이의 근본적이고 묵시적인 분리를 가리키면서, 이 모든 자료를 신학적으로 일관되게 종합하려 한다.

이렇게 정리된 신학적 입장을, 오늘날 스스로 게이와 레즈비언으로 정체화하는 많은 사람들이 자신들의 성적 지향을 (반대 성이 아닌 다른) 적절한 성의 사람과 삶을 나누는 결속을 가능하게 해 주는 것으로 경험한다는 사실과 나란히 놓고 보면,[43] 이러한 수정주의 관점의 강력한 매력을 느낄 수 있다. 전통적 결혼 관계처럼 반대 성의 사람과는

---

[43] 유진 로저스가 이것을 다음과 같이 표현한 것에 대해서 나는 종종 놀라곤 한다. "게이와 레즈비언들에게 올바른 타자성은 반대 성의 사람에게서 찾아보기가 힘들다. 왜냐하면 반대의 성이 아닌 적절한 성의 사람하고만 자신의 연약함을 드러내고 치유가 가능할 수 있는 신뢰를 불러일으킬 만큼 깊이 그 관계 안으로 들어갈 수 있기 때문이다"["Sanctified Unions: An Argument for Gay Marriage", The Christian Century (June 15, 2004): pp. 26-29, at 28].

사랑할 수 없는 사람들이 있다면,[44] 그런데 그 사람들이 같은 성의 사람과는 항구적이고 신실하고 안정적으로 사랑할 수 있다면,[45] 그리고 자녀 출산을 포함하지 않는 소명도 생각해 볼 수 있게 복음이 그 가능성을 열어 주었다면, 아우구스티누스의 견해에 대한 합의에 의문을 제기하고 동성애 동반자 관계를 기념하고 공식화할 수 있는 자리를 교회 안에 만들어 줄 이유가 충분하다고 할 수 있다.

그러나 내가 보기에는, 오늘날 기독교의 성경이 가하는 압력을 받아들이는 송의 방식에 의문을 가질 이유도 충분하다. 우선, 그의 논증은 결혼과 섹슈얼리티에 대한 정경의 입장을 분해하는 데에 의존하고 있는 것으로 보인다. 송은 신약성경의 한 가지 갈래를 우선시함으로써 아우구스티누스가 말하는 결혼의 세 가지 유익들 사이의 연결성을 놓치고 있다. 그의 주장은 바울이 고린도전서 7장에서 말하는 독신 생활의 선함에 대해서, 더 나아가 선호에 대해서는 매우 설득력이 있다. 그러나 예수 그리스도가 오신 이후에도 왜 여전히 결혼이 그리스도인의 마땅한 소명이 되는지에 대해서는 적절한 신학적 설명을 하지 못하고 있다. 출산을 하는 "결혼이 여전히 그리스도와 교회의 관계 모델에 기초할 수 있다"고 송은 주장하지만, 궁극적으로는 그것이 "잉여적"이라고 결론 내린다.[46] 이것은 우리가 고린도전서 7장에서 보는 비

---

44 더 깊은 심리학적 연구에 비추어 볼 때, 이렇게 표현하는 게 적절한지 판단하기가 다소 이를 수 있다. 성적 욕망과 '지향'의 유연성에 대한 우리의 지식은 아직 상대적으로 연구의 초기 단계에 있다. 예를 들어 Lisa M. Diamond, *Sexual Fluidity: Understanding Women's Love and Desire* (Cambridge, MA: Harvard University Press, 2009)를 보라.
45 Jeffery John, *Permanent, Faithful, Stable: Christian Same-Sex Marriage*, 2nd ed. (London: Dartman, Longman, and Todd, 2013).
46 Song, *Covenant and Calling*, pp. 20, 15, 27.

전을 우선시하는 증상인데, 거기에서 독신은 높이 평가받고, 결혼은 "허용" 수준으로 치부된다. 이것은 (예를 들어 에베소서 5-6장처럼) 결혼을 독신에 대한 더 자명한 **보완책**으로 보는 나머지 신약성경을 배제하는 것이다. 다르게 말하면, 송의 주장은 이미 종말이 온전하게 임한 것처럼, 그래서 죽음이 마침내 완전히 정복당한 것처럼 전개된다. 그러나 신약성경 전체의 관점이 분명히 말하듯, 그리스도의 부활이 새 창조의 새벽을 알리는 것이기는 하지만(계 1:5), 죽음은 아직 완전히 뿌리 뽑히지 않았다(고전 15:20-28). 그렇기 때문에 에베소서와 같은 다른 저서들은 결혼과 자녀 출산이, 단지 곧 도달할 종착지로 가는 길의 정류역이 아니라, 그것 자체로 제자도가 될 수 있는 길을 탐구할 수 있다. 간략히 말해서, 송은 왜 바울이 고린도전서 7장에서 독신을 권하는지 쉽게 설명할 수 있다. 그러나 왜 에베소서가 그리스도인의 생활의 중요한 부분으로 결혼과 자녀 출산에 관심을 두는지는 그렇게 쉽게 설명하지 못할 것이라 본다.

이것 외에 우리는 또한 인간의 정체성을 구성하는 게 무엇인지에 대한 현대의 기본적 가정에 성경이 설명하는 결혼과 섹슈얼리티가 의문을 제기하도록 하는 것은 아닌지 생각해 볼 수 있다. 송의 주장은, 성적 욕망이 어느 정도 항구적으로 동성을 향하고, 따라서 그러한 성적 욕망을 전통적 결혼 관계와 같은 것 안에서 서로 신실하게 표현해야 한다고 생각하는 사람들 —'게이들과 레즈비언들'— 의 그룹이 있다는 생각을 전제로 한다. 이것은 현대의 게이와 레즈비언 인권 운동의 성과라고 할 수 있을 것이다. 이 운동의 문화적 승리 이전에 기독교 전통이 윤리적으로 주목했던 것은 동성 간 성행위였다. 근대 이전의 문화가 동성 간 성행위로 이끌리는 타고난 성향을 이해했는지와 무관하게,[47] 오늘날처럼 로맨틱하고 성적인 욕망과 행위가 공적으로 인식되는 정체성과 엮이고, 확고한 하위문화로 표현되는 그러한 방식으로 동성애자를 이해하지 않았던 것은 분명하다. 따라서, 게이와 레즈비언에 대해서 오늘날 우리가 생각하는 것과 같은 그러한 정죄나 지지가 없었다. 예를 들어, 토마스 아퀴나스는 동성 간 성행위의 문제를 다룰 때 탐욕이라는 틀 안에서 논의했다.[48] 소위 성 혁명이라는 것이 있고, '동성애자들'이라는 부류의 존재를 인정해 달라는 치열한 투쟁이 있고 난 후에야 서구 문화는 (그리고 다른 문화도) 동성인 짝을 향한 고정된 성향이 있고 그것이 단지 도착이나 질병의 증상이 아닐 수 있겠다고 생각하기 시작했다.[49]

이것을 문화적이고 사회적인 진보라고 보기 쉽다. 동성 간 성행위를 하는 사람들을 성적 욕망이 과도하다거나 그냥 병든 것이라고 보기보다는 사랑 때문이라고 하는 게 훨씬 낫다면 말이다. 그러나 그러는 과정에서 기독교 신학의 어떤 핵심 같은 것을 우리가 상실하지는 않았는지도 물어야 한다. 송의 주장과 같은 견해들은 이러한 질문을

---

[47] David Halperin, *One Hundred Years of Homosexuality* (New York: Routledge, 1990), pp. 3-40; Holt N. Parker, "The Myth of the Heterosexual: Anthropology and Sexuality for Classicists", *Arethusa* 34 (2001): pp. 313-362를 보라. 바울은, 적어도 로마서 1장 27절에서는 어느 정도 상호성을 생각하는 것 같지만 ("서로 향하여 음욕이 불 일듯 하매"), 그가 오늘날과 같은 동성 간 '결합'이나 '결혼'을 생각했으리라고 보기는 힘들다[Thomas K. Hubbard, "Peer Homosexuality", in Thomas K. Hubbard, ed. *A Companion to Greek and Roman Sexualities* (Chichester: Blackwell, 2014), pp. 128-149를 보라. (아킬레우스와 파트로클로스의 경우처럼) 그가 제시하는 많은 예가 그가 개진하고 싶어하는 주장과 썩 맞지는 않을 것이다].
[48] *Summa Theologiae* IIae Q.154, arts. 11-12.
[49] David F. Greenberg, *The Construction of Homosexuality* (Chicago: University of Chicago Press, 1990)를 보라.

던지지 않는다. 내가 설명한 것과 같은 '게이 정체성'이 일단 확립되고 나면, 우리의 모든 정체성이 세례를 통해 우리 각자에게 주어진 '새 이름' 앞에서 상대화될 것을 요구하는(참고. 계 2:17) 복음의 요청 같은 것은 이해하기가 힘들어진다. "너희는 유대인이나 헬라인이나 종이나 자유인이나 남자나 여자나 다 그리스도 예수 안에서 하나이니라"(갈 3:28). 여기에는 그리스도인들이 세례 받기 이전에 살았던 인종, 사회 계급, 구성된 정체성에 계속 속하기는 하겠지만[예를 들어, 로마 교회 안에서 바울은 여전히 유대인과 이방인을 구분할 수 있었다(롬 15:7-13)], 그리스도인들이 더 이상 이전의 정체성에 매이지 않는다는 더 강력한 의미가 있다. "이제는 내가 사는 것이 아니요 오직 내 안에 그리스도께서 사시는 것이라"[갈 2:20; 참고. 고전 12:2 "너희가 이방인으로 있었을 때에…" (개역개정에서는 "있을 때에"—역주)]. 송이 제시하는 것과 같은 논증이, 어떻게 자신이 경험했으며 사회적으로 구성된 정체성을 탐문하고, 그 정체성을 단지 '긍정'과 '표현'이 아니라 정화와 변화가 필요한 것으로 대할 수 있도록 게이 그리스도인들을 독려하는가? 내 생각에는 그렇게 한다고 보기가 어렵다.[50]

---

50 로버츠(Roberts)가 *Creation and Covenant*, p. 197에서 그레이엄 워드(Graham Ward)의 주장에 대해서 말하는 것을 나도 송의 주장에 대해서 말하고 싶다. "그는 [성적인] 욕망이 [동성애자와 이성애자 사이에] 신학적으로 당연하게 유의미한 차이가 있을 것이라고 보고, 동성애 욕망 자체에 대해서는 아무런 의문을 제기하지 않는다. 그것이 혹시 타락 이후에 생긴 것이고 따라서 성차와 같은 존재론적 차이가 아닌, 죄를 보여 주는 것은 아닌가 하는 의문은 전혀 제기하지 않는 것이다. 그것은 마치 아우구스티누스가 펠라기우스에 대항하여, 인간의 욕망은 반드시 신학적 판단을 받아야지 그냥 다 선하다고 볼 수는 없는 것이라고 말한 것을 무시하는 듯한 형국이다." 여기에 간단히 덧붙이자면 게이와 레즈비언 그리스도인들에게 그들의 정체성에 대해서 이렇게 질문을 던진다면 [참고. Michael W. Hannon, "Against Heterosexuality", *First Things* (March 2014): pp. 27-34] 스스로를 '이성애', '양성애', 혹은 그 무엇으로든 정의하는 모든 그리스도인들에게도 같은 질문을 던져야 한다. '그리스도' 외에 다른 모든 정체성을 상대화하는 복음 때문에 모든 그리스도인은 자신이

마지막으로 송의 주장은 성적이지 않으면서도 항구적이고 신실할 수 있는 결속의 가능성을 완전히 무시하는 것 같다. 이 글의 마지막 부분에서는 그 가능성에 대해서 논의하고 싶다.

영적 우정으로의 부름

처음으로 돌아가서, 게이 그리스도인은 이러한 상황에서 긍정적으로, 무엇을 **해야** 하는가? 이 질문에 어떻게 대답하건, 게이 그리스도인은 다른 모든 신자들과 마찬가지로, 사랑하고 사랑받도록 부름받았다고 주장해야 한다. 로버트 송과 같은 그리스도인들이 보기에, 결론은 게이 그리스도인이 온전하고 완전하게 사랑하기 위해서는 그 사랑을 동성 간의 성관계를 통해서 나타낼 수 있어야 한다는 것일 테다. 송의 주장을 따르면, 게이 그리스도인들에게 마음과 지성을 다해 사랑하되 서로에게 몸은 허용하지 말라고 하는 것은 일종의 잔인한 영지주의일 것이다.

그러나 크리스토퍼 로버츠Christopher Roberts의 말대로 "좀더 순결하게 서로에게 속하는 우리의 능력이 너무 제한되어 있기 때문에, 에로틱한 파트너십이라는 도피처 없이 우리 문화에 존재한다는 것을 상상할 수 없는 것"은 아닌가 하는 의문을 가져볼 수 있다.[51] 우리의 게이와 레즈비언 친구들을 결혼이라는 것으로 축복하기를 바라는 마음은, 항구

느끼는 정체성과 경험에 대해 의문을 가져야 하고, 그렇기 때문에 게이 그리스도인들도 그렇게 해야 하는 것이다.

51 Roberts, *Creation and Covenant*, p. 227.

적이고 신실한 친밀함을 결혼 안에 국한시킨 나머지, 다른 방식으로 그것이 존재할 수 있다는 것을 더 이상 상상할 수 없게 되었다는 뜻은 아닌가?

성경의 내용은 (대체로) 금지나 명령의 형태로 주어지지는 않았지만, 그리스도인들의 삶에서 동성 간 성관계를 배제하는 것으로 보인다. 그러나 이것은 성경이 동성 간의 신의와 사랑의 결속을 금지한다는 것과는 다르다. 잉글랜드와 웨일즈의 가톨릭 주교 회의가 최근 출간한 문서에서 말하듯, "동성애 지향은 새로운 인간 생명이 태어날 수 있는 길을 막고 남자와 여자 사이의 본질적인 성적 상호보완성을 배제하는 성관계로 이어질 수 있기 때문에, **바로 이러한 의미에 국한해서만**, 객관적 정상성에서 벗어난 것objectively disordered이다.[52] 정상성에서 벗어나지 **않은** 것은 남자가 다른 남자를—혹은 여자가 다른 여자를—깊이, 신실하게, 현대 문화가 보여 주는 빈약한 '우정'보다 더 헌신적으로 사랑하고픈 욕망이다.

신학자이면서 성공회 신부인 캐스린 그린-맥크레이트Kathryn Greene-McCreight는 이렇게 썼다.

교회는 동성애 관계에서 비롯할 수 있는 '선함'을 인정하는 데까지 갈 수 있다. 헌신적 관계에 있는 두 개인이 자기 자신을 내어 주는 것은 결국 그리스도의 희생적 사랑을 반영하는 것이기 때문이다. 동성애 관계로부터 비롯할 수 있는 더 넓은 공동체에 대한 기여도 '선한' 것으로 인정할 수 있

---

52 Catholic Bishops' Conference of England and Wales, *Cherishing Life* (London: Catholic Truth Society, 2004), p. 111, 강조는 내가 한 것이다.

다. 교회 봉사를 위해 그들이 시간을 내어 재능을 기부하고, 게이나 레즈비언 커플이 아이를 입양해서 사랑하고 돌보고 하는 등의 경우처럼 말이다. 교회는 그리스도에 대한 증거를 확장하는 게이들과 레즈비언들의 목회와 설교와 가르치는 사역을 '선하다'고 인정할 수 있다. 그러나 이러한 선함을 인정한다는 것은 그러한 관계가 수반할 수 (혹은 수반하지 않을 수) 있는 성행위를 허용한다는 것이 아니다.[53]

동성끼리 나누는 사랑과 그들이 할 수도 있는 성관계를 구분하는 것, 그것이 중요하다. 후자는 성경이 정죄하지만 전자는 선한 것이다.

그렇다면 어떤 형태의 동성 간 사랑이 선할 수 있는가? 이 질문에는 여러 가지 답변이 가능하다. 나의 경우, 게이 그리스도인으로서 내 소명이 '영적 우정'을 나누는 것이라고 생각하게 되었다. 개인적 자율성과 내키는 대로 옮겨 다닐 수 있는 것을 최상으로 여기는, 편의에 의한 관계나 최소한의 헌신만 하는 관계와 달리, 성적 금욕에 대한 내 헌신을 지키면서(혹은 내가 선호하는 표현인, '독신'으로 살면서) 동성(그리고 이성) 친구들과 더 깊고 항구적인 결속을 추구하는 것을 나는 배우고 있다.[54] 이것은 존경할 만한 기독교의 전통을 따르는 것이라고 나는 생각한다.

서방이나 동방이나 기독교의 역사에서 우정은 공식화할 수 있고,

---

[53] Kathryn Greene-McCreight, "The Logic of the Interpretation of Scripture and the Church's Debate over Sexual Ethics", in David L. Balch, ed., *Homosexuality, Science, and the 'Plain Sense' of Scripture* (Grand Rapids: Eerdmans, 1999), pp. 242-260, at 259.
[54] 이것에 대해서는 *Spiritual Friendship: Finding Love in the Church as a Celibate Gay Christian* (Grand Rapids: Brazos, 2015)에 자세히 썼다.

공적 인정을 받을 수 있고, 상호 간의 약속으로 견고해질 수 있는 관계였다. 예를 들어, 12세기의 수사였던 앨레드Aelred는 1147년부터 1167년까지 잉글랜드 북부에 있는 리보Rievaulx 수도원의 원장으로 있었는데, 그는 친구 간의 사랑을 아주 높이 평가해서 그것을 나름의 지속성과 의무를 가진 일종의 친족 관계로 보았다. 앨레드 자신이 수도 생활을 하기 전에 남성 파트너와 성관계를 가졌을 가능성이 있다.[55] 그는 젊은 날의 로맨스에 대해, 그리고 순결을 잃은 것에 대해 간접적으로 글을 썼다. 그러나 그가 유명한 『영적 우정』Spiritual Frienship이라는 대화집을 쓸 무렵, 그는 교회의 가르침을 따르기로 하고 성관계를 가지지 않기로 했다. 친구를 "영혼과 영혼이 엮이도록 자기 자신을 연합시키는 상대"라고, 그리고 "성령의 넘치는 달콤함으로 연합의 입맞춤을" 할 수 있는 사람이라고 정의할 수 있었던 이 남자는 동성과의 성관계를 포기했다.[56] 앨레드가 "영적 우정"이라고 부른 것은 섹기나 에로틱한 연정은 허용하지 않지만─후대의 심리학적 용어를 빌리자면─승화시키고 변모시킬 수 있는 동성 간의 친밀함이었다.

루이스는 자신의 한 편지에서, 동성에게 끌리는 현상의 심리적 뿌리에 집착하면서 그 근원을 찾으려 하는 대신에 동성에게 매력을 느

---

[55] "게이" 앨레드에 대해서는 Boswell, *Christianity, Social Tolerance, and Homosexuality*, pp. 222-223를 보라. 그러나 또한 Brian Patrick McGuire, *Friendship and Community: The Monastic Experience, 350-1250* (Ithaca and London: Cornell University Press, 1988, 2010), pp. 302-304의 논의도 비교해서 보라. 후자의 논의는 보스웰이 앨레드의 글이 실제로 보증하는 것 이상으로 지나치게 자신의 해석을 확신한다고 비판한다. 그러나 결론적으로 맥과이어는 앨레드가 동성애 성적 지향을 경험했다는 데에 동의한다. "앨레드가 다른 남자들에 대한 성적 욕망을 감당해야 했다고 암시한 이상, 보스웰의 해석은 12세기 초의 특징의 일면을 포착하고 있다고 할 수 있다." p. 303.
[56] Aelred of Rievaulx, *De speculo caritatis*, Boswell, *Christianity, Social Tolerance, and Homosexuality*, p. 225에 인용됨.

끼는 사람들이 자신이 속한 교회에 무엇을 기여할 수 있는가에 더 초점을 맞추는 게 현대의 그리스도인들에게 유익할 것이라고 주장했다.

비정상의 원인에 대한 우리의 추측들은 중요한 게 아니며, 모르면 모르는 대로 만족할 수 있어야 한다. 제자들은 왜 그 남자가 장님으로 태어났는지 (그 실제적 원인에 대해서는) 듣지 못했다(요 9:1-3). 그들이 들은 것은 궁극적 원인뿐인데, 그것은 하나님의 일이 그 사람을 통해서 나타나[야 한다]는 것이다. 이것은 다른 모든 역경에서와 마찬가지로 동성애에서도 그 일이 나타날 수 있다는 것을 말한다. 즉, 모든 장애는 소명을 숨기고 있으며, 그것을 찾기만 하면 "숙명은 영광스런 유익으로 바뀔" 것이다.

루이스는 뒤에 가서 "자신의 숙명이 영적인 유익으로 바뀔 수 있다고 생각한 어떤 경건한 [동성애자 남성]"에 대해서 쓴다. "특정한 연민과 이해, [오직 그만이 할 수 있는] 특정한 사회적 역할이 있다"고 그는 생각한 것이다.[57] 독신인 게이나 레즈비언 신자가 교회 안에서 할 수 있는 특별한 역할은 무엇인가라고 묻는 것은, 동성애 성향이 유혹이건 연약함이건 타락이건, 그것을 어떻게 사랑의 소명을 발견하는 기회 혹은 상황으로 이해할 수 있는가를 묻는 것이다. 나는 오늘날 루이스의 모범을 따르는 것이 좋지 않은가 제안한다.

---

57 Sheldon Vanauken, *A Severe Mercy* (New York: Harper & Row, 1987), p. 147.

웨슬리 힐에 대한 답변 윌리엄 로더

게이로 살아 온 자신의 경험을 웨슬리가 이렇게 나누어 준 것이 참 마음에 와 닿는다. 그리고 그러한 경험에 비추어서 그가 내린 결정을 나는 모두 존중한다. 사람들의 이야기는 모두 다르지만, 더 많은 사람이 이런 식으로 자신의 경험을 나눌 때, 이러한 삶을 사는 사람들이 있다는 것을 부인하는 것이 더 어려워진다. 이러한 이야기들은 동성애 담론에 주요한 변화를 가져왔고, 동성애 성적 지향을 도착이나 병리로 치부하기 더 어렵게 만들었다.

또한 웨슬리가 성경의 중심, 곧 그리스도로부터 성경을 해석해야 한다는 사실에 주목하게 해 준 데에 감사한다. 스티븐과 마찬가지로 웨슬리는 결혼에 대한 아우구스티누스의 관점을 받아들이는데, 그 관점은 바로 이러한 그리스도 중심 시각에서 성경을 접근한 결과라고 본다. 그러나 동시에 그는 아우구스티누스를 넘어서 자신이 그리는 결혼에 대한 성경 신학의 강점을 볼 것을 요청한다. 그는, 번성하라는 명령이 창세기 1장 26-27절에서 최우선 순위를 차지하지만, 정절 또한 마찬가지이며 이것은 창세기의 두 번째 창조 기사인 창세기 2장 4-25절에서 나온다고 본다. 반면, 나는 이것이 정절 이상을 요구한다고 본다.

또한 웨슬리는 예수님이 이혼의 합법성에 대한 질문에 답하시면서 어떻게 이 두 구절을 연결하시는지 보여 준다(마 19:1-6; 막 10:1-9). 그러고서 그는 아우구스티누스를 따라 창세기 2장 24절이 에베소서 5장에서 어떻게 사용되었는지 살피고, 결혼을 그리스도를 통해서 나타난 하나님의 신실한 사랑의 외적이고 가시적인 징표로 보며, 지금의 로마가톨릭 전통처럼 결혼을 성례로 본다.

나는 레위기 18장 22절과 20장 13절에 대한 웨슬리의 해석에 대체로 동의한다. 그는 정경의 틀 안에서 그 구절을 읽으면서 그것이 창세기의 창조 이야기에서 영향을 받은 것이라고 주장한다. 나는 그것을 더 오래된 별도의 법적 문서에 속하는 것으로 보지만, 그것은 더 넓은 문학적 맥락에서 읽혔을 게 분명하다. 그리고 웨슬리와 마찬가지로 나는 그 본문이 제한적으로 적용되었다는 주장은 별로 설득력이 없다고 본다. 내가 4세기에서부터 주후 1세기까지의 섹슈얼리티에 대한 태도를 연구한 바에 의하면, 이 금지는 절대적인 것으로 이해되었고, 여성 간의 동성애 관계에도 적용되었다.[1] 레위기 18장에서부터 이미 유대인들이 주변 문화와 자신들을 구분하기 위해서 썼던 표이고, 로마서 1장에서 바울이 세상의 죄에 대해 설명하는 그 시대에 이르기까지 유대교 문헌이 따랐던 전통이다.

로마서 1장에 대해서도 웨슬리에게 상당 부분 동의한다. 우상숭배와 동물의 모양에 대한 묘사에서나 동성애 관계에 대해 이야기할 때 바울은 창조 기사를 염두에 두고 있다. 여기에서 나는 특히 창세기 1

---

[1] William Loader, *The New Testament on Sexuality* (Grand Rapids: Eerdmans, 2012) (=*NTS*), pp. 22-33.

장 27절을 가리키는 게 분명한 "남자"와 "여자"(롬 1:26-27)에 대한 그의 언어에 주목한다. 그러나 웨슬리가 "간략히 말해 하나님이 이 세상을 만드신 이야기, 아담에게 명령하신 것, 그리고 이어진 아담의 '타락'이 로마서 1장에서 바울이 진단하는 인간 조건의 배경이다"라고 말한 것에 대해서는 수정 혹은 적어도 부가 설명을 하고 싶다. 물론 바울에게 있어 모든 죄는 타락으로 거슬러 가고, 로마서 1장에 나오는 죄도 예외가 아니다. 그러나 로마서 1장에서 바울이 하는 논증은 왜곡된 성적 반응이라는 특정 죄가 타락에서가 아니라, 하나님에 대한 왜곡된 반응에서 비롯되었다는 것이다. 한 가지 왜곡이 또 다른 왜곡을 낳는다고 그는 보았던 것이다.

로마서 1장 26-27절에서 '자연에 어긋나는'이라고 한 것이 하나님이 원래 창조하신 사람의 모습을 암시하는 것이라고 웨슬리가 이해한 것에 대해서는 나도 상당히 동의한다. 바울이 단지 대부분의 사람들이 자연스럽게 여기지 않는, 혹은 다소 이상하게 여기는 것에 대해서만 말하는 것이라고 보는 것은 바울의 논증의 요점을 놓치는 것이다. 바울의 경우, 필론이나 당시의 다른 유대인들과 마찬가지로, 자연에 어긋난다는 것은 곧 하나님의 창조 질서에 어긋난다는 것이다. 앞에서도 언급한 대로 사용된 용어들이 창세기 1장 27절을 암시한다고 나는 생각한다. 그러나 이 본문은 웨슬리의 간략한 설명이 제시하는 것보다 더 많은 것을 담고 있다. 바울은 단순히 행동이나 행동하고자 하는 의지만 말하는 게 아니라, 그가 보기에 하나님에 대한 왜곡된 반응이 겉으로 나타난 것인 왜곡된 성적 지향에 대해서 말하는 것이다. 마음에 무엇인가가 잘못되었다. 그것은 어두움이고(롬 1:21), 합당하지 못한 것이다(1:28). 그 행동만이 아니라, 성적 지향도 하나님의 창조에 어긋나는 것이다. 왜냐하면 당시의 다른 유대인들과 마찬가지로 바울은 창세기 1장 27절에 대한 해석에 기초해서 인간은 남자와 여자로, 요즘 말로는 이성애자로만 존재한다고 보기 때문이다. 그것이 아닌 것들은 모두 왜곡이다. 이것이 바로 바울의 관점을 받아들여서 동성애자들이 하나님이 원래 창조하신 모습으로 회복되도록 치료를 받아야 한다고 주장하는 사람들의 논리다.

고린도전서 6장 9-11절과 디모데전서 1장 9-10절의 목록에 나타난 두 용어에 대한 내 해석은 웨슬리의 것과 비슷하고, 개연성에 근거해서 이 단어는 남성 간 동성애 관계에서 능동적 파트너와 수동적 파트너 모두를 지칭하는 것이라고 나는 결론 내린다.[2]

결혼 신학에 대한 웨슬리의 논의에 대해서는, 죽음을 넘어서는 생명의 약속 때문에 출산은 필요 없다는 이유에서 결혼에서 출산을 배제하거나 사소하게 여길 수는 없다는 그의 주장에 나는 수긍하게 되었다. 고린도 교회에는 앞으로 올 세상에서는 성관계나 결혼이 사라질 것이기 때문에 그때의 모습대로, 곧 독신으로 지금 살아야 한다고 믿었던 신자들이 있었던 것 같다.[3] 바울은 고린도전서 7장에서 그들의 생각이 틀렸음을 지적한다. 웨슬리는, 우리가 아직 그 상태에 도달하지 않았고, 남자와 여자를 그리고 결혼 안에서의 성관계를 하나님의 창조 질서로 받아들이는 세상에 살고 있다고 한 신약성경 저자들의 관점을 제대로 지적하고 있다. 그런 의미에서 바울은 하나님의 창

---

2 *NTS*, pp. 326-334.
3 *NTS*, pp. 453-467.

조 질서의 일환으로 결혼을 옹호한 것이다.

웨슬리의 글의 핵심 논증은, 현대 이전에는 금지의 초점이 동성애 행위에 맞추어져 있었다는 것이다. 어떤 사람들은 자연스럽게 동성에게 끌린다는 개념이 그 당시에는 없었다는 말이다. 하지만 나는 이것이 틀렸다고 본다. 왜 어떤 여자들은 여자들에게 끌리고, 남자들은 남자들에게, 그리고 나머지는 반대 성에게 끌리는지에 대한 아리스토파네스의 이론과 같은 것들을 플라톤은 분명히 알고 있었다(플라톤, 『향연』, 189-193). 이것은 당시에도 알려진 사실이었다. 필론도 인용했고 (Contempl. 57-63), 그도 플라톤처럼 동의하지 않았다. 다만 그가 거부한 이유에는 좀더 실질적인 근거가 있었는데, 그것이 창세기에 어긋나기 때문이라는 것이다. 하나님은 남자와 여자만 창조하셨다. 그와 비슷하게 바울도 모든 사람은 남자 아니면 여자이고 그들의 자연스러운 지향은 반대의 성을 향한 것이라고 생각했다. 이것이 왜곡된 것은 아담의 타락 때문이 아니라 하나님에 대한 왜곡된 이해 때문에 생긴 결과이고, 그것이 동성에게 끌리는 왜곡된 성적 지향을 낳는 것이라고 바울은 주장한다.

영적 우정에 대한 웨슬리 글의 마지막 부분은 이 논의에 중요한 기여이고, 그의 책에서 이미 설파되었다.[4] 남자와 남자 그리고 여자와 여자의 우정에 대한 논의가 성애화된 것에 대한 설명도 매우 도움이 되었다. 가깝고 헌신된 평생의 우정 관계에는 그가 말하는 대로 손길이나 포옹 등에서 성적 요소가 불가피하게 개입한다. 이것은 건강하고

---

4   Wesley Hill, *Spiritual Friendship* (Grand Rapids: Brazos, 2015).

온전한 것이다. 이러한 선택을 받아들이려면 어떤 사람들은 선을 그어야 한다. 성적 감정의 표현이 어느 선에서는 멈추어야 하고, 적어도 성관계 직전에는 멈추는 게 예사이지만, 입맞춤이나 몸을 어루만지는 것과 같은 다른 열정의 표현들이 그 선인 경우도 많다. 그러나 이것은, 단지 행위만이 아니라 태도 또한 문제가 된다고 하신 예수님의 가르침을 따를 때 다소 복잡해진다. 간음이나(마 5:28) 다른 내적 태도에 대해서(막 7:21-23) 예수님이 하신 말씀 등이 그 예다. 기독교 윤리는 언제나 외면뿐 아닌 내면도 돌아보게 한다. 영적 우정에서 성은 핵심이 아니며, 성적인 함의나 현실은 대개 통제가 가능하다.

그러나 웨슬리의 논의는 이 선의 문제를 제시한다. 오늘날 대부분의 신자들은 결혼을 사랑과 정절에 대한 평생의 헌신으로 받아들이고, 자녀를 낳고 키우기에 좋은 환경이라고 본다. 로마가톨릭은 아우구스티누스를 따라 결혼을 성례로 보았지만, 그렇게 보지 않는다 하더라도 결혼의 관계는 그리스도 안에서 우리를 사랑하시는 하나님의 사랑을 나누고, 보여 주고, 확인해 주는 관계라 할 수 있다. 결혼이 중요한 또 다른 이유는, 결혼을 통해서 사람들은 사회를 향해 자신들이 함께하고 있다고, 그것을 존중하고 지지해 달라고 선언하며, 이러한 선언은 공식적이거나 비공식적인 법적 효력을 가지기 때문이다. 이것은, 결혼은 하지만 여러 가지 이유에서 자녀를 낳아 키울 수 없는 사람들, 혹은 상당 시간 동안 자녀를 가지지 않는 사람들의 경우도 마찬가지다. 그들이 자녀가 없다는 이유 때문에 그들의 결혼은 의미가 덜하다고 보아서는 안 된다고 나는 생각한다. 마찬가지로, 아우구스티누스의 모델과 로마가톨릭 공식 규정의 논리에 따라서 그들이 피임을 해서는 안 된다고, 그러니까 사실상 결혼 안에서 독신으로 살라고 요구해서는 안 된다. 성관계를 임신이 가능한 날로만 제한하고 나머지 생리 주기나 임신 기간 동안에는 금지하는 그러한 극단적 조처는 아무래도 어리석어 보인다.

결혼에 대한 우리의 이해는 물론 바뀌었고, 이러한 변화는 성경적 원칙에 어긋나지 않는다고 나는 본다. 물론 아버지가 결혼을 주선하고, 결혼 전에 데이트를 하는 경우가 거의 없고, 효과적 피임도 없고, 간음하면 이혼을 해야 하고, 남자는 자기 나이의 절반 밖에 되지 않는 여자와 결혼을 하고 가장이자 우월한 존재로 대우받았던 (그래서 에베소서에 나오는 것처럼 교회에 대한 그리스도의 머리됨의 비유로 적절했던) 성경 시대의 결혼과는 여러 가지 면에서 다르다. 이러한 중요한 차이들에도 불구하고 우리를 구속하고 보존하시는 하나님의 사랑은 여전히 결혼 관계의 특징이자 그 관계에 영감을 주는 사랑의 모델이다. 또한 그러한 사랑으로부터 출산의 모습으로든 다른 창조적 방식으로든 생명과 사랑이 또한 태어난다.

웨슬리의 글과 성찰이 던지는 날카로운 질문은 이것이다. 바울과 그 당시의 유대인이 이해한 인간론과 달리 동성애 성적 지향이 어떤 사람들에게는 자연스러운 것이고 그것이 왜곡된 마음의 표출이 아니라면, 그러한 사람들이 결혼을 통해서 앞에 설명한 종류의 헌신된 평생의 관계를 맺는 것을 금지할 근거가 있는가? 문제가 되는 것은 결혼 자체보다는 앞의 질문과 더 상관이 있다. 자연스럽게 그러한 성적 지향을 가진 사람들이 자신의 사랑을 친밀하게 온전히 성적으로 표현하는 것은 죄인가? 불임이거나 아이를 낳지 않기로 한 이성애 커플이 그렇게 하는 게 죄가 아니라고 한다면, 동성애 성적 지향을 가진 사람들에게 그것이 죄일 이유가 무엇인가?

궁극적으로 그 관계를 금지하는 근거는 레위기의 금지 규정이다. 사람들은 예수님의 이혼과 재혼 금지 규정과 같은 것들을 포함해서 다른 금지들을 마땅히 수정했고, 성경의 중심 사상과 현대의 성찰로부터 비롯되는 통찰과 이해에 근거해서 다른 길들을 택했다. 초대교회도 일찌감치 할례, 음식, 정결법에 대해 그렇게 했다. 오늘날 레위기의 규정을 계속 지지할 실질적 근거를 나는 찾을 수 없다. 하지만 그 구절이 존재하는 이유나 그 구절이 반영하는 모든 인간은 이성애자라는 가정은 존중한다. 그러한 가정, 곧 모든 인간은 이성애자라는 가정을 바꾸는 것은 우리가 레위기와 바울을 어떻게 읽느냐에 대해 시사하는 바가 없을 수 없다. 예수님처럼 성경의 더 비중 있는 규정을 따라 다른 규정들은 넘어가야 할 때에도 성경 앞에서 우리는 겸손해야 하고 그것을 존중해야 한다. 그렇다면 그때의 뜨거운 논쟁과 현재의 토론은 다르지 않다.

이렇게 이 책에 함께 기여한 저자들과 한 팀을 이루어 서로의 차이에도 불구하고 진정한 교제를 느끼고 서로의 입장에 대한 상호 존중을 경험한 것은 참으로 특권이었다.

웨슬리 힐에 대한 답변 메건 드프란자

이 책의 작업을 통해서, 웨슬리 힐 박사를 포함하여 이토록 경건하고 사려 깊은 남성들에게 답변할 수 있어서 영광이다. 힐 박사는 이 책에서, 자신의 책에서, 그리고 블로그를 통해서 자신의 여정을 기꺼이 나눔으로써 보수적 기독교 공동체에 큰 기여를 했다. 이처럼 제자로서 비싼 대가를 치르면서도 동성애에서 이성애로 성향이 바뀌는 것을 경험하지 못한 힐 박사와 같은 남자들과 여자들이 바로 이 대화의 성질을 바꾸고 있다.

힐 박사는 '동성에게 끌리는 것'same-sex attraction, SSA이 곧 성관계를 말하는 것이라는 가정을 마땅히 교정해 준다. 동성애자로 산다는 것은 성경적 의미에서 상대를 알고 자신을 알리기를 욕망하는 것이지만, 그것은 또한 더 넓게 로맨틱한 관계의 사랑을 통해서도 그렇게 하고 싶은 욕망이다. 물론 동성애자든 이성애자든 비인격적인 자기중심적 성관계로 사랑을 축소시킬 수 있다. 그러나 동성애자의 사랑을 탐욕으로 묘사하는 것은 그들과 그들 가족의 인간성을 모욕하는 것이다.

하나님의 자녀들 모두가 우리에게 필요한 것처럼, 웨슬리 힐도 우리에게 필요하다. 그들 각자는 그리스도의 몸을 세우는 데에 기여할 은

사가 있다. 힐은 교회 안에서 동성애자로 자라면서 경험한 아픔을 솔직하게 이야기했다. 동성애를 금지한 것 때문에 경험한 아픔은, 그들을 환영하고 목양해 주고 그들이 섬길 기회를 주기보다는 그들의 존재를 부인하기를 택하는 교회의 침묵으로 인해 더 커진다.

이 간극 가운데 서서 힐은 변화를 가져오려 하고 있다. 그런 면에서 그는 깊은 존중과 존경을 받지만, 우리가 현재의 이러한 위기에 대응하는 방법이 모두 같다는 것은 아니다. 힐은 종교적 독신의 전통을 회복하는 방안을 제안하면서 남성과 여성 동성애자들이 동성애 성적 지향의 유익을 알아보고, 성과 젠더에 상관없이 다른 누군가를 사랑하고자 하는 욕망에 있는 선함을 보도록 격려한다. 예수님과 바울의 모범을 따라서 힐은 자신이 독신으로 부름받았다고 생각한다. 그러나 예수님은 "사람마다 이 말을 받지 못하고 오직 타고난 자라야 할지니라"라고 하셨고(마 19:11), 바울도 모든 사람이 같은 은사를 가진 것은 아니라고 했음에도(고전 7:7), 힐은 이성애 결혼을 할 수 없는 사람은 사실상 독신의 삶으로 '부름받은' 것이라고 가르친다.

내가 쓴 글에서 이미 정경과 그 안의 특정 본문들을 내가 어떻게 다르게 읽는지를 자세히 논의했기 때문에, 여기에서는 중요한 근간이 되는 몇 가지 생각들―아담과 하와의 중심성, 아우구스티누스의 권위, 결혼을 대신하는 영적 우정―에 국한해서 말하고자 한다.

아담, 하와, 아우구스티누스

아담과 하와에 대한 힐의 해석은 이후의 모든 내용에 영향을 미친다.

첫째, 정경에서 창세기의 서사가 차지하는 위치와 복음서도 그것을 중요하게 다루는 것으로 미루어(마 19:1-6; 막 10:1-9), 창세기 서사는 결혼에 대한 성경적 신학을 정립하는 데에 있어 가장 중요한 자리를 차지한다. 첫 창조의 서사에서 '남자와 여자'가 하나님의 형상으로 창조되었다는 것이 무엇을 의미하건, 그것이 자손을 낳는 것에 대한 하나님의 축복과 직접적 연관이 있다는 것은 분명하다. (p. 203)

내가 앞에서 이미 논의했고, 또 다른 곳에서도 길게 논의했지만, 아담과 하와(남자와 여자)는 모든 사람을 위한 도덕적 모델이라기보다는 인간 다수를 의미하는 것으로 무리 없이 해석될 수 있다. 창세기 1장은 창조를 개괄적으로 묘사하고 있고, 그래서 하나님의 선한 창조를 더러 빠뜨리기도 한다. 특히 범주를 혼합하는 경우들이 더욱 그런데, 육지와 바다를 잇는 양서류, 아침과 낮/저녁과 밤을 혼합하는 새벽/황혼, 남성과 여성이 결합된 간성 사람들이 그 예다. 우리는 전자를 타락의 결과라고 생각하지 않는다. 그렇다면 후자가 하나님의 계획이 아니라고 해석하는 것은 어떤 논리에서인가? 힐 박사가 인용한 위의 복음서 본문에서도 예수님은 하나님이 '남자와 여자'를 만드셨다는 것을 인정한 후 그 범주에 속하지 않는, 몸이 완전히 남자도 여자도 아닌 사람들-날 때부터 고자인 사람들-에 대해서 이야기하셨다(마 19:12). 이들의 존재를 죄의 결과로 해석하는 대신에 예수님은 이들을 급진적 제자도의 상징으로 높이 평가하신다.[5] 대다수 인간은 확고하게

---

[5] 이에 대한 더욱 긴 논의는 나의 책 Sex Difference in Christian Theology: Male, Female, and Intersex in the Image of God (Grand Rapids: Eerdmans, 2015), 특히 1, 2, 4장을 보라.

남자 아니면 여자이고, 따라서 대다수 인간은 이성애자이고 아이를 가질 수 있다. 만약 태초의 인간이 이성애자이고 출산이 가능하지 않았다면 "땅에 충만하라, 땅을 정복하라"는 명령(창 1:28)을 충족시키지 못했을 것이다. 출산은 하나님의 이야기 앞부분에서는 핵심적 역할을 했다. 그러나 아우구스티누스 자신도 주장한 것처럼, 그리스도가 오심으로써 땅에 충만하라는 명령은 충족되었고, 출산은 선택의 문제가 되거나, 아우구스티누스의 표현으로는 차선이 되었다.[6]

성경을 세심하게 읽는 데에 있어서 전통을 해석의 틀로 사용하는 것의 중요성을 힐 박사가 상기시켜 준 데에 감사한다. 나도 에큐메니컬 신조가 기독교 이야기의 큰 그림을 제공해 준다고 학생들에게 가르친다. 그러나 아우구스티누스의 『결혼의 유익에 대하여』는 그러한 수준의 논의가 아니다. 이 책에서 홈스 박사에 대한 나의 답변에서도 설명하듯, 아우구스티누스가 결혼의 최우선 목적은 자녀 출산이라고 할 때 그것은 성경에 근거하지 않은 것이다. 그 어떠한 성경 저자도 결혼의 목적은 자녀 출산이라고 가르치지 않았다. 그러나 힐은 아담과 하와를 원형으로 보기 때문에 모든 결혼한 인간은 그들처럼 자녀를 출산해야 한다고 본다.

힐이 아담과 하와를 읽는 방식이 다른 본문에 대한 그의 해석에도 영향을 미친다. 레위기가 '남자'와 '여자'라는 단어를 사용하기 때문에 힐은 창세기의 첫 두 장이 그 배경이라고 보고 따라서 특정한 사안에 대한 금지가 아닌 보편적 원칙으로 그것을 해석한다(pp. 209-210). (금

---

[6] Augustine, *De bono coniugali, De sancta uirginitate*, ed. P. G. Walsh (Oxford: Clarendon, 2011), XVII, p. 37; VI, p. 15.

지의 의미를 전달하기 위해서 또 어떤 용어들이 가능할지 물을 수도 있을 것이다.) 마찬가지로 로마서 1장에 아담이 언급되지도 않았고 또한 바울이 5장에서 가르치는 것처럼 죄가 한 가지 근원에서 비롯된 것이라고 하지 않음에도 힐은 로마서 1장을 창조 이야기를 가리키는 것으로 읽는다. "다른 많은 학자들이 지적했듯, 바울이 로마서 1장에서 그리는 시나리오는 우상숭배가 생긴 배경과 그 결과에 대한 것이지 아담의 타락에 대한 것이 아니다.…바울이 아담을 우상숭배자라고 보았다는 증거는 없다."[7] 데일 마틴은, 1장의 이방인의 죄를 2장의 유대인의 죄와 대조하는 동료 리처드 헤이스의 분석 역시 1장을 우상숭배의 기원과 그 결과로 읽은 것이라고 본다.[8] 더 나아가서,

> 바울의 논리 자체가 그리스도인들을 포함해서 대부분의 현대인들이 알 수 없는 신화적 구조를 가정하고 있다. 사람들 대부분은 인류가 한때는 모두 유일신론자였다가 나중에 특정한 역사적 시기에 다신론자가 되었다거나 우상숭배를 시작했다고 보지 않는다. 또한 동성애가 다신론의 탄생과 함께 갑자기 존재하기 시작했다고도 보지 않는다.…바울의 논리를 따른다면, 일단 우상숭배와 다신론을 포기하면 동성애도 사라질 것이라고 보아야 한다. 아마도 바울은 그렇게 믿었을 것이다. 유대인이나 그리스도인이 동성애를 한다는 언급은 전혀 하지 않기 때문이다.[9]

7　Dale B. Martin, *Sex and the Single Savior: Gender and Sexuality in Biblical Interpretation* (Lexington, KY: Westminster John Knox, 2006), p. 52. 랍비들의 전승은 우상숭배가 에노스의 후손인 게난에게서 비롯됐다거나 네피림의 영향으로 본다. Martin, *Sex and the Single Savior*, p. 53.
8　같은 책, p. 54.
9　같은 책, p. 55.

바울은 유대교와 로마의 특정한 맥락에서 글을 썼고, 유대교의 신화와 1세기 로마 사회가 이해한 '자연' 개념에 근거해 논증했다.[10] 우리는 그의 논증과 우리의 현재 관심사 사이의 간극을 존중해야 한다.

아우구스티누스는 어디에서나 지나칠 정도로 삼위일체의 흔적을 보았다. 마찬가지로 우리는 남자/여자 혹은 여성/남성이 성경에 나타날 때마다 아담과 하와를 거기에 대입하지 않도록 주의해야 한다.

동성애 결혼을 대신하는 영적 우정?

그의 글 후반부에서 힐은 결혼 관계에서의 친밀성 대신에 동성에게 끌리는 그리스도인들은 그 사랑을 성적이지 않은 우정—"깊이, 신실하게, 현대 문화가 보여 주는 빈약한 '우정'보다 더 헌신"하는 관계—으로 돌려야 한다고 제안한다(p. 22). 남성들 사이의 친밀함이 호모에로틱한 사랑으로 발전할까 두려워 다른 남성과 풍성한 관계를 맺지 못하는 많은 남성들의 경험은 분명 안타까운 일이다. 성적 욕망에 얽히지 않는 친밀한 우정을 참으로 많은 사람들이 절박하게 필요로 한다. 그럼에도 에로틱한 사랑을 우정으로 돌리는 것이 과연 현재의 혼란을 해결할지 아니면 가중시킬지는 물어볼 법하다.

나아가서 나는 힐이 오늘날 서구의 남성들에게서는 보기 힘든 우정의 모습 위에 신학적 논의를 발전시키는 게 우려된다. 성적인 관계로 발전하지 않는 신체적 접촉—손을 잡는다거나, 안는다거나, 소파에

---

10 이 책에 내가 쓴 글, pp. 128-138에 나오는 로마서 1장에 대한 설명을 보라.

앉아 서로를 보듬어 준다거나, 심지어 같은 침대에서 잠을 자는 등— 에 대한 거부감 없이 친밀한 우정을 누리는 경향이 남성들보다는 더 많은 여성들이, 가까운 동료애와 영적 우정과 결혼으로 발전하는 사 랑을 구분하기에 더 좋은 위치에 있을 것이다. 많은 이성애자 여성들 이 친밀한 동료 관계를 경험하면서도 (아이를 갖고자 하는 욕망과 별개 로) 여전히 결혼하기를 원하는 것처럼, 게이들과 레즈비언들도 영적 우 정만으로는 관계에 대한 필요를 만족시키지 못하지 않을까 우려된다. 왜냐하면 우정은 건강한 결혼 생활에 반드시 필요한 요소이기는 하지 만, 사랑하는 사람들 간의 욕망은 아니기 때문이다. 서구 남성들이 남 성 간의 우정을 모든 사랑의 정점으로 변호했던 시대에도, 그들은 여 전히 그 사랑을 에로스와 구분했다.[11]

내가 다른 곳에서도 썼지만, 배우자 간의 사랑은 서로 즐거움을 주 는 욕망의 에로스보다 훨씬 더 큰 것이며, 배우자 간의 사랑을 성적인 것으로 축소하는 것은 결혼을 왜곡하고 위협한다.[12] 그럼에도 에로스 는 친구 관계를 우정 너머로 발전시키는 요인 중 하나이며, 그 욕망이 상호적이지 않을 경우 우정도 좌절시킬 수 있다. 루이스가 경고했듯,

한쪽에서는 우정이라고 생각한 것을 다른 쪽에서는 에로스라고 착각할 수 있고, 그로 인해 아파하고 부끄러워할 수 있다. 혹은 우정으로 시작한 것이 두 사람 모두에게 에로스가 될 수도 있다. 그러나 어떤 것이 다른 것

---

[11] C. S. Lewis, *The Four Loves* (New York: Harcourt Brace, 1960, 1988), pp. 57-58. 또한 DeFranza, *Sex Difference*, 5장을 보라.
[12] DeFranza, *Sex Difference*, 5장.

으로 바뀌거나 오해받을 수 있다는 것이 그 둘 사이에 차이가 없다는 말은 아니다. 오히려 그 차이를 암시한다.[13]

루이스는 우정이 '바뀌어' 에로스가 되는 것에 대해서 말했지만, 이 논리를 그 반대 방향으로 적용할 수도 있다. 그러니까 성적 욕망을 우정으로 바꾸면 우정이 깊어질 수는 있겠지만, 에로스를 만족시킬 가능성은 별로 없다.

물론, 결혼은 에로스를 '만족시키기' 위해 존재하는 게 아니다. 많은 부부들이 서로 성적 욕망이 다르거나, 잘 안 맞거나, 질병에 걸리거나, 성적으로 흥분하기 어렵게 혹은 불가능하게 만드는 상황들을 경험하면서, 성적 만족이란 자신의 통제 아래 있는 게 아니라는 것을 금방 알게 된다. 그럴 때 결혼 생활은 어려움을 겪지만 특별히 아름다운 거룩한 사랑의 상징이 될 수도 있다. 배우자들이 그러한 상황에서도 계속해서 함께 있기를 택하고, '당신은 나의 기쁨입니다. 당신과 함께 있는 것만이 아니라 당신의 몸을 포함해서 당신을 계속 욕망합니다'라고 주장하면서, 그들은 성기의 결합 없이도 성적으로 친밀한 관계를 발전시키면서 상대에 대한 욕망, 선택, 더 깊은 만족을 전달한다. 루이스는 에로스가 필요에 의해 탄생한 사랑이라고 설명하면서 그것의 불안정성을 인정하고, 에로스는 자기를 내어 주는 거룩한 아가페 사랑을 필요로 한다고 주장했다. 그러나 그는 아가페가 에로스를 없앤다고 말하지는 않았다. 아가페는 에로스가 원래 모습, 곧 하나님의 사랑

---

13 Lewis, *Four Loves*, p. 73.

을 계시할 수 있는 인간의 사랑이 될 수 있게 해 준다.[14] 로완 윌리엄스Rowan Williams가 탁월하게 묘사했듯, 이것은 우정을 통해서 전달되는 은혜와는 다른 몸의 은혜다.[15]

수도원 서약을 본뜬 좀더 공식적인 우정의 '서약'은 결혼과 전형적으로 연결되는 많은 선물—공적 책임, 배타성, 항구성—을 줄 수 있고, 어떤 사람들은 이러한 대안으로 부름받았다고 느낄 수 있다. 그러나, 교회와 수도 공동체에서 일어난 성적 스캔들의 역사는 독신의 은사를 받지 않은 사람들에게 그 멍에를 강요할 때의 위험을 헤아려 보게 한다.

우리는 수도원 생활을 영적 우정으로 확장해 종교적 독신을 재고하는 한편, 기독교적 결혼을 통해서 자기를 내주시는 하나님의 사랑을 드러내는 축복과 책무를 누리기를 갈망하고 또한 평생 서로에 대해 정절을 지키며 동료애를 누리기를 갈망하는, 그리스도 안에서 형제인 레즈비언·게이·양성애자 신자들도 포함될 수 있도록 결혼을 재고하여 확장하는 일도 할 수 있을 것이다.

---

14 같은 책, pp. 133-134.
15 Rowan Williams, "The Body's Grace", in *Theology and Sexuality: Classic and Contemporary Readings*, ed. Eugene F. Rodgers Jr. (London: Blackwell, 2002), pp. 309-321.

웨슬리 힐에 대한 답변 스티븐 홈스

힐 박사의 글은 지금까지 그가 해 온 작업처럼 세심한 논증과 탁월한 글 솜씨를 보여 준다. 감사한 일이다. 그는 섹슈얼리티에 대한 자신의 경험을 분명하고 힘 있게 기술하는 글로 시작을 했는데, 이 책에서 우리가 하는 논의에 꼭 필요한 부분이다. 그의 성경 분석은 모두 설득력이 있고, 맺는말은 목회적 차원에서 중요하다.

글의 도입부 이후 힐은 세심하게 성경을 이 논의에 끌어들인다. 성경에 기록된 많은 불완전한 결혼의 예와 결혼에 대한 성경의 비교적 일관된 비전을 구분해야 한다는 그의 지적은 매우 큰 도움이 된다. 그는 우리가 서로 공유하는 기독교 전통에 대한 아우구스티누스의 관점을 성경 신학 안에 위치시키는데, 그 방식이 매우 탁월하다. 그는 동성 간 성관계에 대한 유명한 구절들을 세심하고 진지하게 분석하면서, 그중 일부는 창세기 이야기와 깊은 연관이 있음을 추정할 수 있고 따라서 결혼은 기본적으로 남자와 여자가 하는 것이라는 가정을 확고하게 하는 쪽으로 해석해야 한다고 말한다. 그는 로버트 송의 글을 진지하게 분석하면서 레즈비언과 게이 그리스도인들에게 기독교 윤리의 긍정적 면모는 어떻게 나타날 수 있는지 결론짓는 비전을 제시한다.

그의 글에서 내가 본질적으로 동의하지 않는 것은 하나도 없다.

　내가 이 뒤에 하는 논평은, 힐의 논증에 동의하는 추가적 이유들을 제시하면서 지지하거나, 그의 글과 나의 글이 서로 연결되는 부분들을 지적하면서 우리의 논증이 어떻게 서로를 보완하는지를 보여 주거나, 그의 글이 암시하기는 하지만 직접 다루지는 않은 주제들을 생각해 보면서 발전시키거나 하는 등, 세 가지 종류다.

　성경에 대한 온전한 신학적 이해는 '성경적 결혼'의 다양성에 대한 여러 가지 잘 알려진 그러나 무지한 논의들을 차단한다는 그의 성찰은 설득력 있고 중요하다. 아우구스티누스의 해석의 기반이 되는 석의에 대한 그의 개괄적 소개는 매우 탁월하며, 나는 그의 이러한 작업에 감사한다. 내 글에서는 지면이 부족해 미처 다루지 못한 주제였기에 내용상 필요한 것일 뿐더러, 내가 그 주제를 다루었다 하더라도 그만큼 잘 다루지 못했을 것이다. 이 논의를 사용해서 레위기와 바울 서신에 나오는 통상적 '동성애'를 해석하는 방식은 설득력이 있다. 특히 레위기 18장의 본문이 단지 이스라엘 사람만이 아니라 온 인류를 향한 것이라는 지적에 나는 놀랐다.

　로마서 1장 26-27절에 나오는 '자연' 개념은 확실히 이 책의 쟁점이 되는 석의의 핵심이다. 힐의 논의에서나 나의 논의에서는 그 개념을 더 넓은 결혼 신학 안에 둔다는 점에서 다소 그 중요성이 상대화되기는 하지만 말이다. 힐은 이 본문이 창세기 1장을 직접적 배경으로 한다고 보는 문서상의 근거를 충분히 제공해 준다. 로더는 이러한 관점이 있음을 지적은 했지만 자신은 받아들이지 않았다. 나는 그 분야의 전문가가 아니기 때문에 힐의 주장이 타당한지 그가 제시하는 근거에 대한 로더의 답변을 기대한다. 그러나 힐의 주장이 맞다면, 그래서 로마서 1장이 정말로 타락의 서사에 의식적으로 호소하는 것이라면, 이 본문의 다른 모호한 부분들, 특히 '자연'에 대한 호소의 의미가 좀더 분명해지는 것은 사실이다. 이 본문이 특정한 현실이 아닌 타락한 인간의 삶의 더 넓은 범주에 속하는 어떤 종류의 일로 동성 간 성 관계를 여기에서 별도로 지목하고 정죄한다는 힐의 분석은 내가 보기에 설득력도 있고 이해에도 도움이 된다.

힐은 케빈 로우Kevin Rowe의 성경적 '압박' 개념을 빌려서 신학은 성경 본문에 의지해야 한다고 설명하는데, 내가 보기에 이것은 좋은 은유다. 이 은유를 사용해서 힐은, 송의 제안에 대해서 내 글에서 개진한 견해와 비슷하게, 그가 아우구스티누스가 말하는 서로 다른 결혼의 유익을 분리시킨다고 비판한다. 힐은 문화적 압력으로 인해 송이 성적 지향에 대한 근대 서구의 발견 안에서 논증하고 있다고 말하며, "송이 제시하는 것과 같은 논증이, 어떻게 자신이 경험했으며 사회적으로 구성된 정체성을 **탐문하**…도록 게이 그리스도인들을 독려"할 수 있는지 묻는다(p. 225).

여기에서 나는 힐의 논증을 확장해서 두 가지 논평을 하겠다. 하나는 내 글에서 제시한, 인간의 풍요로운 삶을 위해서는 성생활이 반드시 필요하다고 보는 우리의 인식에 대한 문화적 분석과 관련한 것이다. 힐은 송이 성행위를 포함하지 않는 신실한 관계의 가능성에 대해서는 언급을 하지 않는다는 말로 그에 대한 비판을 마무리하는데, 이것은 성생활이 (사실상?) 모든 인간에게 정상적인 혹은 반드시 필요한 것이라는 암묵적 가정에 송의 논증이 근거하고 있음을 보여 준다.

이러한 가정은, 내가 보기에, 근대 후기의 서구에서는 문화적으로 정상적인 것이고, 따라서 송이 그것을 명시하거나 변호하지 않고 논의를 전개하는 것은 놀랄 일이 아니다. 그러나 그러한 가정을 밝히는 것은 힐이 말하는 "사회적으로 구성된 정체성"을 "탐문"할 필요성을 강조하는 데에 도움이 된다.

둘째로, 나는 힐이 말하는 탐문의 범위를 확장하고 싶다. 게이 그리스도인으로서 힐은 게이 그리스도인의 "사회적으로 구성된 정체성"의 "탐문", "정화", "변화"에 정당하게 초점을 맞출 수 있지만, 나의 경우 단지 여기에 동의하는 것만으로는 부족하다. 내 글에서도 지적했지만, '이성애' 개념은 '동성애' 개념과 동시에 만들어진 말이고, 이성애 정체성 또한 게이 정체성만큼이나 문화적인 구성물이다. 이 말은 우리 이성애 그리스도인들도 우리의 LGBT+ 형제자매들만큼이나 자신의 사회적으로 구성된 정체성을 탐문, 정화, 변화의 자리에 두어야 한다는 뜻이다. 내 글에서는 이 점에 대해서 제법 길게 이야기했고, 힐도 각 주에서 지적했지만, 힐의 논증에 대한 보완으로 여기에서도 지적하는 게 좋을 것 같다.

힐은 게이 그리스도인들을 위한 긍정적 소명과 서약의 우정이라는 역사적 관습을 고찰하는 것으로 자신의 글을 맺는다. 우정의 서약 개념은 비판을 받기도 했지만, (이성애자든 동성애자든) 독신 그리스도인들에게 우리 모두가 필요로 하는 깊은 관계 친밀감을 교회 안에서 찾을 수 있는 길을 제공해 준다. 따라서 이러한 관습을 재발견했다는 것 자체가, 인간의 삶에는 성관계가 반드시 필요하고 모든 어른들은 결혼을 할 것이라는 가정으로 우리가 만들어 낸 교회 생활이 얼마나 협소한지를 비판하는 것이다. 내 글에서도 지적하고 있지만, 독신의 소명을 회복하는 것은 이성애자들에게도 섹슈얼리티의 문제를 제대로 다루는 데에 반드시 필요한 부분이라고 나는 여기서도 주장한다. 그러나 대부분의 사람들은 이동이 잦은 근대 후기의 삶을 살고 있고, 이사를 갈 때마다 가족은 같이 가도 교회는 같이 가지 못한다. 이 말은 가장 완벽한 지역 교회라 하더라도 친밀감을 찾는 독신 그리스도인들의 필요에 적절하게 대응하지 못할 수 있음을 뜻한다. 따라서 독신의 소명을 회복하려면 힐이 설명하는 것과 같은 의도적 관계의 회복 또한 필요할 것이다. 곧, 지역을 옮겨도 지속되는 지역성을 초월한 관계가 어떠한 형식으로든 필요하다.

기독교의 역사에서 우정의 서약은 주로 수도 단체에서 많이 볼 수 있다. 물론 그 단체들의 역사에는 (겸손하고 영웅적인 많은 거룩함의 모범과 함께) 잘못도 있었고, 그래서 갱신 운동이 지속적으로 일어나고 있다. 그러나 이러한 단체들은 (이성애자든 동성애자든) 독신들이 제자도를 배우고 서로 관계를 맺으며 인간으로서 번성하며 살아갈 수 있는 자리를 마련하고자 꾸준히 진지하게 노력해 왔다. 이러한 종류의 노력은 현대 개신교 교회에서 찾아보기 힘든 것이다.

영적 우정의 서약은 이러한 풍성한 전통 중에서 우리가 회복할 수 있는 것 중 하나이고, 그 외에 다른 관습들도 있다. 이브 투쉬넷은 『가톨릭 동성애자』Gay and Catholic라는 자신의 책 마지막 장에서 몇 가지 관습들을 살펴보는데,[16] 그중에는 (힐의 표현을 빌리자면) 성적 욕망을

---

[16] Eve Tushnet, *Gay and Catholic: Accepting My Sexuality, Finding Commiunity, Living My Faith* (Notre Dame, IN: Ave Maria Press, 2014).

다른 형태의 사랑으로 승화시키고 변모시키는 섬김의 실천들도 있다. 그러한 관습들을 회복하면 독신자들에게 제시할 수 있는 긍정적인 소명의 길도 더 풍성해질 것이라 생각한다.

그러나 이것 자체가 LGBT+를 위한 긍정적 소명은 아니다. 이 부분에서도 나는 힐의 견해에 동의한다. 그러니까 그가 루이스를 통해서 얻은, 동성애자라고 하는 것은 개인의 정체성의 한 양상이고 따라서 다른 모든 개인의 정체성과 마찬가지로 이 생에서 변화되고 다음 생에서 영화롭게 될 수 있다는 생각 말이다. 다시 한 번 말하지만 나는 이성애자와 동성애자를 근본적으로 구분하고 싶지 않고, 그렇게 따지자면 영국인이니 아니니 하는 것도 근본적으로 구분하고 싶지 않다. 이것은 사람이 가지는 정체성의 여러 양상들이고 본인이 선택한 게 아니다. 그것을 받아들일 수도 있고 갈등할 수도 있지만, 피할 수는 없다. 각각의 요소들이 우리의 욕망, 반응, 개성에 어쩌면 우리 자신도 알아챌 수 없는 깊은 영향을 미친다. 그것 때문에 특정한 약점이 생기고, 특정한 유혹에 약하고, 또 그것 때문에 특정한 거룩함이 나타난다. 그리고 하나님의 은혜로 그 각각의 요소들은 아름다운 무언가로 변화할 수 있다.

응답 웨슬리 힐

동성애에 대한 '전통적' 관점, 그러니까 기독교의 결혼이란 '남자와 여자'가 하는 것이고, 동성애자들을 포함하여 결혼하지 않은 모든 신자들은 금욕해야 한다는 관점은 오늘날에도 유효한가? 메건 드프란자와 윌리엄 로더는 그렇지 않다고 대답할 만한 비중 있는 근거들을 제시했다. 내 글의 이 마지막 부분에서, 나는 그러한 반대 입장 가운데서 가장 크게 대립하는 반론 세 가지에 답변하고자 한다.

첫째, 드프란자는 자신의 글과 뒤에 덧붙인 응답 모두에서 성경이 결혼에서 '남자와 여자'를 우선시하는 것은(창 1:26-27; 2:24; 마 19:4-6) **대표성**의 문제이지 **규범성**의 문제가 아니라고 주장한다.[1] 다시 말해서, 대다수 사람이 그 범주에 들어가기는 하지만, 그러한 이분법에 깔끔하게 맞아 떨어지지 않는, 예를 들어 "고자"와 같은 사람들(마 19:12)이 있다는 것이다. 또한 드프란자는, "그러한 사람들의 존재를 죄의 결과로 설명하는 대신에…예수님은 급진적 제자도의 상징으로 그들을 치켜세우신다"고 말한다. '남자와 여자'가 단순한 대표성의 문제가 아

---

1   그녀가 쓴 *Sex Difference in Christian Theology: Male, Female, and Intersex in the Image of God* (Grand Rapids: Erdmans, 2015), p. 177에 나오는 보다 상세한 논의와 비교하라.

니라 규범이고 패러다임이라고 내가 보는 이유는 이미 설명을 했지만, 예수님이 고자들을 가치 있게 보시고 그들의 존재가 죄의 결과라고 설명하지 않으신다는 드프란자의 주장은 어떠한가? 원래의 목적에 맞게 사용될 수 없는 성기를 가지고 태어나는 것과 같은 구조적 타락의 개인적 현상을, 그 개인의 (혹은 다른 사람의) 죄의 직접적 결과라고 보는 관점은 확실히 거부하고 싶다(참고. 요 9:3). 그 "고자"(혹은 간성인 사람) 개인이 죄를 지은 것이 아니며 그 때문에 고자가 된 것도 아니다. 그러나 나는 드프란자의 주장이 함의하는 것으로 보이는 관점도 마찬가지로 거부한다. 곧, 고자로 태어난 것과 (혹은 여기서는 '정상적인' 남자나 여자로 태어난 것도 포함해서) 죄는 아무런 상관이 없다는 관점 말이다. 성경을 하나의 통일된 서사로 읽으면 오히려 현재의 모든 인간 조건이, '남자'이고 '여자'인 것을 포함하여, 어떤 근본적이고 심오한 차원에서 "원래 우리가 가져야 하는 모습이 아니라고"[2] 생각하게 한다고 나는 본다. 상한 상태로 사는 사람들—그러니까 모든 신자들—은 드프란자가 바르게 지적하듯 급진적 제자도로 부름받았지만, 그 제자도를 인간의 현재 조건 자체에 대한 신적 승인과 혼동해서는 안 된다.

둘째, 드프란자와 로더는 모두 기독교의 결혼과 성 논의에서 출산을 부차적 문제로 돌린다. 드프란자는 종말론적 관점에서 논증한다. 그리스도가 오신 이후로 "땅에 충만하라는 명령은 충족되었고, 출산은 선택의 문제가 되거나, 아우구스티누스의 표현을 빌리자면 차선"의 문제가 되었다는 것이다. 반면에 로더는 불임의 문제와 이성애자들의

---

[2] Cornelius Plantinga Jr., *Not the Way It's Supposed to Be: A Breviary of Sin* (Grand Rapids: Eerdmans, 1996).

자발적 피임을 출산을 목적으로 하지 않는 그리스도인의 성적 표현의 예로 강조한다. 그렇다면 출산하지 못하는 "동성애 성적 지향을 가진 사람들에게 그것이 죄일 이유가 무엇인가"라고 그는 묻는다. 이 후자의 질문에 대해서는 스티븐 홈스가 자신의 글에서 잘 답변했기 때문에(즉, 불임인 이성애 커플은 구조적으로는 출산의 가능성을 열어 놓고 있다고 할 수 있다는 것, 그리고 모 아니면 도라는 식의 피임은 성경적으로나 신학적으로 문제가 된다는 것), 나는 드프란자의 관점에 대해서만 (간략하게) 답변하겠다. 어떤 의미에서 출산이 부차적인 것이 되었다는 데에 나도 동의한다. 그러나 실제로 부차적이게 된 것은 **결혼**이다. 독신을 좋지 않게 여기던 구약성경과는 달리 신약성경—혹은 더 정확하게는 그리스도의 오심—은 구속사에서 처음으로 결혼을 전적으로 **자유롭게 선택**할 수 있는 소명으로 보게 해 주었다. 이전과 달리 결혼은 반드시 요구되는 게 아니었고, 독신도 이제 그와 동등하게(혹은 그 이상으로!) 고귀한 소명이 되었다. 그렇다고 해도 이것이 결혼의 정의를 바꾸는 것은 아니다. 결혼은 처음과 변함이 없다. 에베소서 5장은 그리스도의 오심의 관점에서 이 문제를 고찰할 때, 창세기로 거슬러 가서 '남자와 여자'로 이루어진 결혼의 구조를 설명하고, 그 뒤에 이어지는 구절은 결혼에서 출산이 사라지지 않았음을 암시한다(엡 6:1-4). 이제 그리스도 안에서 가능하게 된 것은 결혼하지 **않는** 선택이다. 이것은 다른 방식의 결혼, 곧 출산을 배제한 결혼을 선택할 수 있게 되었다는 드프란자의 주장과 다른 것이다.

셋째로, 그리고 아마도 가장 중요하게도, "성적 욕망을 우정으로 바꾸면 우정이 깊어질 수는 있겠지만, 에로스를 만족시킬 가능성은 별로 없다"는 드프란자의 주장이다. 내 글에서도 암시했지만, 이러한 종류의 주장을 나는 특별히 예민하게 느낀다. 동성에게 끌리는 독신 남성으로서 남성 친구들과 깊은 친밀감을 누리고 싶어 하는 나는 만족되지 못하는 에로스의 느낌이 어떤 것인지 잘 안다. 그러나 이러한 주장에 대해서는 두 가지 답변이 특별히 중요하리라 생각한다. 첫째, 결혼한 이성애자 그리스도인들도 '충족되지 못한 에로스'를 받아들여야 한다는 사실을 기억하는 게 좋을 것이다. 모든 부부는 이러저러한 형태의 성적 '불만족'을 안고 살아야 한다. 일반적으로 결혼에는 성적 금욕의 기간들이 있으며,³ 때로는 부부의 힘으로 어쩔 수 없는 상황 때문에 평생 금욕하거나 지속적 성적 불만족을 안고 살아야 하는 수도 있다. 예를 들어, 프린스턴의 신학자 워필드_{B. B. Warfield}가 생각나는데, 그의 아내는 신혼여행에서 번개를 맞아서 사지가 마비되었다.⁴ 그들은 아마 평생 섹스 없이 살았을 것이다. 그러니 러시아정교회 신학자들이 결혼 서약을 수도원 서약과 비교한 것도 당연한 일이다!⁵ 그러나 둘째로, 전통적 기독교가 실제로 게이들과 레즈비언들에게 힘든 선택을 요구한다는 사실을 나도 인정한다. 바울이 "탄식하여…우리 몸의 속량을 기다"린다고(롬 8:23) 설명한 신자들처럼, 우리 게이 그리스도인들은 힘겨우며 종종 고통스럽고 좌절스러운 순종으로 부름받았고, 따라서

3 이 점에 대해서는 최근에 Sarah Coakley, *The New Asceticism: Sexuality, Gender, and the Quest for God* (London: Bloomsbury/Continuum, 2015)이 아주 잘 지적했다.
4 John Piper, "Warfield's Supernatural Patience", *Desiring God*, June 11, 2008, 2016년 4월 12일에 확인, http://www.desiringgod.org/articles/warfields-supernatural-patience.
5 Eugene F. Rogers Jr., "Same-Sex Complementarity", *The Christian Century*, May 11, 2011, 2016년 4월 12일에 확인, http://www.christiancentury.org/article/2011-04/same-sex-complementarity.

하나님의 은혜가 우리를 지켜 주시고 우리가 실수할 때 잡아 주실 것을 나는 믿는다.

제4장

과거에 귀 기울이며 현재를 성찰하기

스티븐 홈스

신학과 신학 논쟁에 대하여: 서론

신학의 우선적 임무는 성경의 증언을 인내하며 듣고 그 증언을 이어 가는 한편, 성경의 가르침에 조건을 달거나 회피하지 않으면서 이 세상을 이해하게 해 줄 수 있는 방법들을 제안하는 개념적 작업을 하는 것이다. 이러한 작업에 있어서 전통은, 같은 성경의 증언을 듣고 그 증언을 이어 가고자 했던 여러 사람들의 누적된 작업을 접하게 해 주기에 중요한 자원이 된다. 이러한 전통의 작업은 종종 우리와는 매우 다른 문화적·지적 기후에서 이루어졌고 또한 광범위하게 실험되고 시험되었기 때문에, 우리가 하는 작업에 대한 궁극적 권위까지는 없다 하더라도 비중 있는 지도를 해 줄 수 있다.

그러나 이와 더불어서 신학이 지닌 두 번째 임무는 우리 자신의 문화적·지적 맥락을 충분히 잘 이해해서 우리가 속한 특정 교회 공동체가 재검토해야 하는 성경의 증언은 무엇인지 규명해 내는 것이다. 때로 그러한 재검토 작업은 성경이 말하는 것에 대한 우리의 이해를 다시 제시하게 하거나 (혹은 개신교인으로서 말하자면) 개정하게 한다. 또 어떤 때는 성경의 증언을, 충분한 문화적 분석과 더불어 좀더 분명하게 그리고 좀더 자세하게 설명할 것을 요구하기도 한다. 우리가 속한 특정 교회 공동체가 '시대를 이해하고' 그럼으로써 특정한 개정을 요구하는 지역적 압박이 사실은 틀렸다는 것을 깨닫도록 돕기 위해서 말이다.

이러한 '재검토'는 하나의 '일'로서 해답을 제안하고 제안된 해답을 시험해 보는 과정을 함의한다. 그리고 그러한 과정에는 언제나 제안된 개정이나 재주장이 얼마나 바른 방향인지에 대한 논쟁이 있었고, 또한 있을 수밖에 없다. 그 논쟁은 진지해야 한다. 중요한 문제들이 걸려 있기 때문이다. 그리고 또한 날카로워야 한다. 적어도 지적으로 정확해야 한다는 면에서 말이다. 또한 그러한 논쟁은 슬프게도 어느 한 쪽이 더 이상 상대와 성만찬의 교제를 할 수 없다고 결심할 때 교회의 분열을 초래하기도 한다. 그럼에도 그러한 논쟁은 필요하며, 노력한다면 불완전하기는 하겠지만 기독교적 사랑의 정신으로 논의를 이어갈 수 있다.

서구의 그리스도인들은 현재, 헌신적이고 배타적인 평생의 관계를 서약한 동성 간 성적 관계의 윤리적 지위에 대한 바른 해답을 찾기 위해 그러한 재검토의 과정을 거치면서 논쟁을 벌이고 있다.[1] 이 작업이 특별히 어렵고 고통스러운 이유는, 우리의 게이와 레즈비언 그리스도인 형제자매들의 삶과 정체성에 초점을 맞추기 때문이다. 이 문제를 대하는 그리스도인의 자세는 언제나 사랑의 법칙을 따라야 한다. 그

---

[1] '동성 간 성적 관계'라는 말이 다소 매끄럽지 않은 표현이라고 나도 생각한다. 그러나 '호모섹슈얼'(homosexual)이라는 말은 쓰고 싶지 않다. 적어도 내가 살고 일하는 영국에서는 그 말을 불쾌하게 여기는 사람들이 있기 때문이다. 일단 현대 서구의 관계 유형을 가리키기 위해서 게이와 레즈비언이라는 단어를 쓸 것이다. 그러나 두 남자 혹은 두 여자 간의 모든 성행위가 이러한 현대적 유형에 맞는 것은 아니기 때문에, 더 넓은 개념의 용어가 필요하다.

러나 사랑의 법칙이 이 작업에 참여할 의무를 없애지는 않으며, 이 문제에 대해서 변화가 있으리라는 생각에 경악해 마지않는 우리의 비서구 자매형제들에 대한 사랑의 의무도 있다(그들이 아무리 틀렸다 하더라도 이 사랑의 의무는 여전히 남아 있다).

이 책에서 나의 임무는 현재의 문화적 압력에도 불구하고 이 분야에 대해서 기독교가 역사적으로 지켜 온 윤리적 입장을 바꿀 필요가 없다는 주장을 제기하는 것이다. 물론 좀더 자세하게 다시 진술될 필요는 있지만 말이다. 이 책의 편집자는 '성서학적' 접근과 '신학적' 접근을 구분하기로 했고, 따라서 나의 글에서는 협소한 석의는 다루지 못한다. 대신에 나의 임무는 성경에 나오는 기독교의 결혼 개념을 폭넓게 살펴보는 것이다. 이어질 주장을 요약하자면, 나는 서구 교회가 LGBT 사람들에게 이성애자들보다 훨씬 더 높은 기준의 성 윤리를 요구함으로써 그들을 차별했다는 데에 이론의 여지없이 동의한다. 그러나 섹슈얼리티에게 역사적으로 기독교가 견지해 온 신학에 비추어 볼 때, 이 문제에 대한 바른 반응은 (무엇보다도) LGBT 사람들에 대해서 더 느슨한 목회의 기준을 제시하는 게 아니라, 이성애자들에 대해서 더 엄격한 기준을 제시해야 하는 것이라고 나는 주장한다. 다시 말해서 우리는 인간의 섹슈얼리티는 무엇보다도 쾌락이 아닌 출산을 위한 것이어야 한다는 기독교의 이해를 회복하고, 이것을 진지하게 받아들이는 윤리를 다시 진술해야 한다는 것이다.

이것을 주장하기 위해서 먼저 역사적 입장을 설명하겠다. 이 역사적 입장은 놀랍도록 일관되다. 그러고서 결혼에 대한 역사적 이해에서 동성 커플에게 적용 가능한 세 가지 길을 제시할 것이다. 그다음에는 신학적 개정을 요구하는 문화적 맥락을 검토하고, 문화적 분석도 마찬가지로 세 가지 개정 가능한 방향을 제시한다는 것을 보여 줄 것이다. 그리고 그 제안들을 각각 살펴보고 그중에서 두 가지는 거부하고 한 가지는 제한적 적용이 가능한 것으로 보고자 한다. 이 모든 내용은 지면의 한계로 대략적으로 다룰 수밖에 없지만, 그래도 나름의 가치가 있기를 바라고 관심을 불러일으키길 바란다.

기독교 성 윤리 개요

섹슈얼리티와 결혼

기독교 성 윤리는 어느 정도 결혼을 중심으로 할 수밖에 없다. 앞으로도 보겠지만, 교회 안에서의 레즈비언과 게이 관계의 도덕적 지위는 동성 간 결혼의 합법성에만 국한될 수 없지만, 그 문제는 상당히 중요하다. 그렇다면 먼저 그들의 결혼의 적합성에 대한 성경적 고찰부터 시작해 보겠다.

결혼을 누가 해야 하냐고 묻는다면, 신약성경이 말하는 적어도 한 가지 답변은 아무도 해서는 안된다는 것이다. 바울은 고린도전서 7장에서(8, 26-27, 38, 40절을 보라) 이것을 분명하게 반복해서 말한다. 예수님이 결혼 생활의 도덕적 조건을 제시하셨을 때 제자들이 그분의 조건이 너무 엄격해서 차라리 결혼을 하지 않는 게 낫겠다고 대답하자, 예수님은 결혼을 할 수 없게 태어난 사람, 결혼을 할 수 없게 된 사람, 하나님 나라 때문에 결혼을 하지 않기로 선택한 사람에 대해 차분하게 말씀하셨다(마 19:10-12). 예수님의 말씀은 그들이 결혼을 해서는 안 된다는 게 아니라, 그들이 그러한 결론을 내린다 하더라도 크게 상관없다는 것이었고, 그 말씀을 하시고 나서는 아이들을 데리고 노셨다(마 19:13-15). (앞으로 보겠지만, 아이들의 가치를 이렇게 재확인한 것은 결혼의 적합성 문제에 매우 중요하다.) 또 다른 곳에서 예수님은 결혼이 지나가는 것이며, 이 시대의 현실로서 다음 세대에까지 존속되지는 않을 것이라고 하심으로써(마 22:30), 다시 한 번 결혼을 평가절하 하는 듯한 말씀을 하셨다.

이 책의 필진 중에는 성경 전문가가 두 명 있으니 나는 신약성경을 이렇게 읽는 것이 최선인지 여부에 대해서는 말하지 않겠다. 그러나 그렇게 읽는 것이 기독교의 역사에서는 흔하고도 중요한 방법이었다는 지적은 하겠다. 맞든 틀리든, 우리는 성경을 그렇게 종종 해석했다. 교회 역사의 첫 네 세기 동안, 대부분 저자들은 이 입장을 취했고, 성경을 근거로 그것을 정당화했다. 독신은 가치 있는 일이었고, 결혼은 허용되었으나 확실히 차선이었다.

현대 독자들은 이러한 규제가 성행위에 대한 증오 혹은 경멸, 그리고/또는 몸이 속한 물리적 세계에 대한 '플라톤적' 불신에서 비롯되는 것으로 보는 경향이 있다. 그러나 적어도 후자는 확실히 틀린 것이다. 초대 그리스도인들은 물리적 세계에 대한 불신이 무엇인지 잘 알았다. 오늘날 우리가 '영지주의'라고 부르는 그러한 운동들이 계속 있었기 때문이다. 그리고 그들은 그러한 운동을 맹렬히 거부했다. 기독교 역사 초기의 위대한 저자 중 한 사람인 리옹의 이레나이우스는 기독교의 핵심을 주의 깊게 강조했다. 곧, 하나님이 나사렛 예수 그리스도로 성육신하셨고, 우리 예배의 핵심은 빵을 먹고 포도주를 마시는 것이며, 육체는 하나님도 가지실 만큼 선한 것이고, 제대로 사용한다면 먹는 것과 같은 신체적 기능은 거룩한 것이고, 특히 성찬과 같은 경우 우리가 할 수 있는 다른 어떤 일보다 거룩한 것이다. 육체를 멸시하는 것은 기독교가 아니다. 교부들은 이것을 잘 알았다.

마찬가지 이유에서 초기 기독교 저자들은 모든 형태의 성적 친밀감을 악하다고 보고 거절한 극단적 영지주의를 일반적으로 거부했다. 독신이 더 낫다고 생각했지만, 결혼도 여전히 선한 것이었다. 그렇다면 왜 결혼을 불신하는가? 그 시기에 기록된 성 윤리에 대한 글을 보면 반복해서 등장하는 간결한 문장이 있는데, 거기에 그들이 믿은 핵심이 드러나 있다. "죽음이 있는 곳에 결혼이 있다."[2] 그들은 결혼이 죽음이라는 사실과 밀접하게 관련되어 있다고 보았다. 모든 인간은 죽는다. 따라서 아이를 낳지 않으면 인류는 한 세대 만에 끝이 날 것이다. 결혼은 아이를 갖고 낳고 키우는 장이고, 따라서 우리는 죽음을 피하기 위해서 결혼한다.

그러나 그리스도인들은 부활을 믿는다. 죽음은 이미 정복되었고, 따라서 우리는 죽음의 세력을 피하려는 이유로 결혼할 필요가 없는

---

2   로버트 송이 최근에 *Covenant and Calling*에서 요한네스 크리소스토무스를 인용하면서 이 문제를 주목시켰다. 그러나 이 개념은 당시에 매우 일반적인 것으로서 적어도 테르툴리아누스 때까지 거슬러 가며, (적어도) 카이사레아의 바실리우스(Basil of Caesarea), 나지안조스의 그레고리우스 (Gregory of Nazianzus), 니사의 그레고리우스(Gregory of Nyssa), 아타나시우스(Athanasius), 히에로니무스(Jerome), 암브로시우스(Ambrose) 등이 견지했던 입장이다[Josiah Trenham, *Marriage and Virginity according to St. John Chrysostom* (Durham these), Durham University, p. 89, 주 102를 보라(Durham E-Theses Online, http://ethese.dur.ac.uk/1259/에서 구할 수 있다)]. 후기 마르크스주의 사회학자 지그문트 바우만(Zygmunt Bauman)이 필멸성에 대한 묵상집 *Mortality, Immorality, and Other Life Strategies* (Cambridge: Polity, 1992)에서 죽음과 결혼의 이와 같은 관계를 재발견한 것은 놀라운 일이다. 특히 p. 29를 보라.

것이다. 초기 그리스도인들이 결혼의 유익을 이해하고자 애썼던 것은 물질세계에 대한 불신이나 성행위에 대한 경멸 때문이 아니라, 부활에 대한 믿음 때문이었다. 따라서 그들과 마찬가지로 부활을 믿는 신자로서 우리는 그들의 노력을 진지하게 받아들여야 한다. 그들이 속한 사회는 죽음에 대한 응답으로서 성을 출산에 초점을 맞추어 이해했다. 그러나 더 이상 죽음을 두려워하지도 않고 출산을 할 필요도 없었던 그들은 출산의 필요에만 초점을 맞추지 않는 성에 대해서 이야기할 수 있는 방안을 찾아야 했다.

물론 그들은 성경에서 도움을 구했다. 여기에서 바울의 반응은 흥미롭다. 고린도전서 7장에서는 독신이 결혼보다 낫다고 직접적으로 말하는 것 같다. 비록 결혼하는 것은 "죄가 아니다"라고 하고(7:36 NRSV) 금욕이 힘든 사람은 결혼해야 한다고 말하지만 말이다(7:9). 그러나 에베소서 5장에 가면 결혼은 어느 정도 일반적이고 당연한 것이 되고(5:33), 창세기의 명령이 재확인되며(5:31), 교회를 향한 그리스도의 사랑의 이미지가 된다(5:32).

물론 우리는 이것을 예수님의 승천 이후 몇 십 년이 흐르면서 종말에 대한 기대가 줄어들기 시작한 현상으로 읽을 수 있다. 그러나 바울의 신학에 어느 정도 일관성이 있다고 본다면, 그것과는 다른 설명이 필요하다. 바울의 글에서 이미 교부들이 직면했던 문제가 나타난다. 어떻게 결혼이 피해야 하는 것인 동시에 교회를 향한 그리스도의 사랑을 보여 줄 수 있단 말인가?

아우구스티누스와 결혼의 유익

이 이중적 현실을 이해할 수 있는 방안을, 아직 어린 교회에 아우구스티누스가 누구보다도 뛰어나게 제시했다. 그의 사상 일부는 결혼에 대한 기독교의 숙고에 있어서 너무도 보편적인 것이 되어서 그의 말을 듣지 않고는 우리가 물려받은 신학과 전례를 이해할 수 없다. 인간의 죄 때문에 결혼은 결코 정상적이라 할 수는 없다 하더라도 적어도 일반적인 현상은 된다. 고린도전서는 금욕과 씨름하는 사람에게 결혼을 할 수 있게 허용해 준다. 아우구스티누스는 우리 모두가 성적 욕망을 포함해서 삶의 모든 영역에서 금욕과 씨름하기 때문에 결혼이 그리스도인에게 일반적인 것일 수밖에 없다고 했다. 이 책의 주제의 관점에 비추어, 기독교의 성 윤리 그리고 결혼에 대한 기독교 신학의 핵심에는 모든 타락한 인간의 에로틱한 욕망이 오도되고, 왜곡되고, 상했다는 고백이 있음을 강조하는 게 중요하다. 이것은 이성애 욕망이든, 게이 욕망이든, 레즈비언 욕망이든, 양성애 욕망이든, 심지어 무성욕이든 무엇이나 마찬가지이다.

그러나 이것 역시 목회적 적용이지 결혼의 유익에 대한 설명은 아니다. 아우구스티누스는 그 작업도 했다. 결혼은 하나님이 의도하신 선한 것이고, 부활을 믿는 그리스도인에게도 선한 것이며, 독신의 삶보다 열등한 게 아니다. 결혼에는 세 가지의 유익이 있다는 게 그의 유명한 주장이다. 바로 자녀, 정절, 성례다.

아우구스티누스는 출산이 결혼의 근본적 유익이라는 신념에 도달하는데, 결혼과 죽음의 연관성을 부인함으로써가 아니라, "땅에 충만하라"(창 1:28)는 창조의 명령을 되돌아봄으로써 그렇게 한다. 하나님은 이 땅에 인간이 있게 하셨다. 인간은 사회적이며, 따라서 공동체로 살아야 한다. 그렇기 때문에 그리스도가 돌아오실 때까지 인류가 계속되는 것 자체가 선한 것이며, 그 선함은 결혼이 지속되어야 실현 가능하다. 이것은 죽음이 세상에 들어오기 전에도 사실이었고, 그리스도의 부활로 죽음이 죽음에 이른 지금도 사실이다.

이처럼 출산을 결혼의 최우선 유익으로 본 것은 결혼이 남자와 여자 사이의 일임을 의미한다. 남녀의 상호보완성은 출산을 위해 마련된 창조의 현실이다. 이성애 성관계만이 인간에게 유일하게 올바른 성적 표현인 이유는 그것이 자녀 출산을 지향하기 때문이다.

'정절'은 결혼의 배타성을 의미한다. 아내와 남편은 아무런 보류와 돌아섬 없이 서로에게 자신을 헌신하고, 다른 사람과는 이와 비슷한 관계를 절대로 맺지 않기로 한다. 아우구스티누스에게 있어서 '성례'란 무엇보다도 결혼의 항구성을 의미하고, 그는 그것이 결혼에 주어진 특별한 하나님의 은혜의 결과라고 믿었다. 마태복음 19장 10절에서 결혼의 해소 불가능성을 요구하는 높은 윤리적 기준에 경악한 제자들의 일화를 진지하게 받아들인 그는 그 요구에 대한 완화나 제자들의 반응에 대한 비판 대신에, 인간적으로는 참을 수 없고 불가능한 그것을 성취할 수 있는 하나님의 은혜를 주장했다. 아우구스티누스의 관점에서 보자면 기독교의 결혼이 말 그대로 기적이라고 우리는 말할 수 있을 것이다. 하나님으로부터 힘을 부여받아 불가능한 수준의 자기 망각, 자기희생, 그리고 자기 포기를 성취하는 것이기 때문이다. (내 주장을 미리 제시하자면, 자신의 목회적 지침으로 결혼을 가능하게 혹은 쉽게 만든 교회는 아우구스티누스의 신학과는 다른 신학을 가르치는 것이다.)

기독교의 결혼이 지닌 이와 같은 '기적'의 성질은 아우구스티누스가 제시한 마지막 요소로 이어진다. 바로 결혼은 우리의 욕망이 재배치되는 학교라는 것이다. 아우구스티누스는 타락의 현재 상태를 무엇보다도 오도된 욕망으로 이해했다. 우리는 자신을 죽이는 것을 탐하고, 사실은 생명을 가져오는 유일한 것에 대해서는 무덤덤하거나 싫어한다. 아우구스티누스가 성적 욕망을 특별히 악하게 보았다고들 흔히 오해하는데, 그것은 사실이 아니다. (그의 신학에서는 교만이 죄의 근본이다.) 그러나 악한 욕망에서 성적 욕망을 제외시키지 않은 것은 분명하다. 다른 모든 영역에서와 마찬가지로 우리는 이 영역에서도 상한 존재들이다. (다시 한 번 강조하지만, 이성애자들도 LGBT들과 마찬가지로 상했다.)

결혼에 대한 그의 분석 대부분은 이러한 입장을 반영한다. 고린도전서 7장 1-9절을 따라서 그는 결혼은 탐욕을 제한한다고 가르친다. 성관계를 가지는 유일하게 타당한 이유는 아이를 가지기 위해서이지만, 성적 욕망을 충족시키기 위해서 성관계를 하는 것도 결혼 관계 안에서는 (임신의 가능성을 방지하는 행위를 하지 않는 한) 용인된다. (따라서 피임 기구의 사용과 원칙적으로 임신을 불가능하게 하는 성행위는 배제된다.) 나아가서 아우구스티누스는 결혼 관계 안에서의 상호 복종과 자기 포기, 그리고 자녀를 맞이할 자세와 자녀가 생김으로써 요구되는 자기 희생적 사랑에는 제자로 커 가는 과정이 있다고 주장한다. 결혼 생활을 하면서 (독신 생활을 할 때도 마찬가지다) 우리의 욕망이 재배치되어 하나님 나라에 적합한 모습으로 빚어진다. 결혼 생활과 독신 생활은 모두 진지하게 임하기만 한다면 이러한 욕망의 재배치가 일어나는 삶의 방식, 혹은 실천들의 두툼한 집약체가 된다. 그러한 의미에서 결혼이 "금욕"의 실천이라는 말은 적합한 명명이다.

이러한 해석을 통해서 아우구스티누스는 에베소서 5장 31-32절의 가르침을 진지하게 받아들일 수 있었다. 곧, 결혼의 배타성과 항구성은 그리스도와 교회 사이의 결속을 제대로 보여 주는 이미지가 되는 것이다. 타락한 현 세상에서는 낯선 사랑이, 끊임없는 상호 복종과 자기 포기를 통해서 실천된다.[3]

아우구스티누스 수용하기: 결혼에 대한 현대 신학

결혼에 대한 아우구스티누스의 설명에 많은 지면을 할애한 이유는 그것이 교회의 규범이 되었고 따라서 우리의 생각과 관습에 박혀 있기 때문이다. 한 가지 예를 제시하자면, (일반적으로 기독교의 전통을 잘 따르지 않는) 우리 침례교인들도 결혼 전례에서는 사실상 언제나 아우구스티누스가 제시한 이 세 가지 결혼의 유익을 전제하고 또한 주장한다. 서구의 그리스도인들이 오늘날 결혼에 대해서 생각하고 기도할 때, 우리는 여전히 본능적으로 아우구스티누스의 방식으로 생각하고 기도한다. 이것이 달라져야 할 필요가 있을 수 있고, 그에 대해서는 글 마지막 부분에서 살펴보겠지만, 현재로서는 이것이 사실이다. 그렇기 때문에 아우구스티누스의 설명을 들어 봐야 하고 가볍게 넘어가서는 안 되는 것이다.

그렇다고 해서 우리가 아우구스티누스가 결혼에 대해서 한 말을

---

[3] 이러한 설명은, 에베소서 5장과 그 외의 본문들이 "복종"과 "머리"라는 용어를 통해 이러한 상호적 자기 내어 줌의 관계를 어느 정도까지 젠더에 특정하기를 요구하는지에 대한 현재의 치열한 논쟁에서 어떤 입장을 취하느냐와 상관없이 유지될 수 있다. 나는 고린도전서 7장의 대칭적 상호성을 규범으로 보고 에베소서 5장도 그러한 관점에서 읽는 데에 별 문제가 없다고 본다.

모두 받아들인다는 것은 아니다. 그러나 내가 앞에서 개괄한 핵심 논리가 우리에게는 정상적인 것이 되었다. 이것은 하나님의 은혜와 인간의 자유의지가 구원에 있어서 어떻게 연결되는지의 문제와도 비교할 수 있을 것이다. 그 문제에 대해서도 아우구스티누스의 논리가 그냥 정상적인 것이 되었고, 가톨릭이든 아르메니아 교도든 칼뱅주의자든 모두가 받아들인다. 이 문제와 관련된 그의 다른 생각들은 아예 틀린 것으로 간주하지만—죄의 문제와 관련해 어떻게 원죄가 부모에서 자녀로 전달되는지에 대한 설명, 결혼과 관련해 젠더 관계에 대한 가부장적 이해—두 경우 모두 아우구스티누스의 기본 논리는 여전히 유효하며 우리의 모든 질문과 논의에서 당연하게 전제된다.

아우구스티누스의 유산에 있어서 주목할 만한 변화가 두 가지 있다. 많은 개신교 교단들이 결혼 안에서의 피임이 합법하다고 간주하게 되었고, 이혼 후에도 재혼할 수 있도록 목회적 방침을 마련했다. 나는 이것이 아우구스티누스의 기본 해석을 거부하는 게 아니라 그것의 작은 변형이라고 본다.

피임에 대한 논쟁은 20세기 초반에 발생했다. 내가 찾아본 것 중에 단 한 가지 사례(1930년 세계 성공회 램버스 회의)를 제외하고는 출산이 결혼의 최고 목적이고 유익이라는 가정이 폐기되지 않았고, 사실상 거의 문제시되지도 않았다. 인구 과잉에 대한 맬서스 학파Malthusian의 걱정과 유아 사망률의 급격한 감소라는 상황에서 가해진 수정은, 모든 개별 성행위의 최우선 유익이 출산이 아니라, 성관계를 맺는 모든 특정 커플의 최우선 유익이 출산이라는 것이었다. 이것은 분명 아우구스티누스의 견해를 수정한 것이고, 합법적이지 않은 수정이라고 할 수는 있겠지만 그것을 근본적으로 뒤집은 것이라 보기는 힘들다.

마찬가지로, 개신교 전통이 이혼 후 재혼에 대해서 점점 더 개방적으로 변하는 것은 결혼의 항구성을 부인하는 게 아니라—결혼의 전례를 얼핏 보기만 해도 그게 아님을 알 수 있다—실패라는 현실에 대한 목회적 대응이다. 좀더 오래된 정교회의 재혼 전통—이혼 후든 사별 후든—과 비교해 보면 정교회는 회개의 요소를 강조하면서, 이혼의 아픔과 죽음이 근본적으로 결혼의 결속을 해소하는 것은 아니라는 정교회의 믿음을 증언한다. 이처럼 다양한 목회적 대응은 틀린 것일 수 있지만—재혼을 기꺼이 고려하는 것에 대해서는 확실히 검열이 필요한데, 안 그러면 예외가 쉽게 규범이 되기 때문이다—아우구스티누스의 기본 이해를 저버리는 것은 결코 아니다. 이것은 목회적 적용이라고 보아야 하며, 인간 현실의 복잡함을 교회 안에 수용할 수 있는 자리를 만드는 방법들이다.

따라서 요약하자면, 결혼은 아이를 낳고 키우는 올바른 자리다. 남편과 아내 사이의 배타적이고 해소할 수 없는 사랑의 결속, 서로 다르지만 서로 연합된 이 관계는 또한 이스라엘을 향한 하나님의 사랑 그리고 교회를 향한 그리스도의 사랑을 보여 주는 강력한 이미지다. 결혼은 욕망이 통제되고 재배치되는 곳이며, 우리가 자제를 배우고 거룩해지는 곳이다. 이렇게 정의된 결혼이라는 맥락에서만 성행위는 윤리적이며, 적극적으로 선한 것이다. 두 배우자의 다름과 그로 인한 출산의 가능성은 결혼에 있어서 본질적인 것이다. 결혼 밖에서의 성관계는 합법적이지 않으며, 따라서 독신만이 유일한 윤리적 선택이다.

내가 이미 지적한 것처럼, 일단 결혼의 유익에 대한 핵심 질문들이 해결되고 난 후로는 기독교의 윤리적 성찰의 역사에서 이와 같은 입장을 실제로 벗어난 적은 한 번도 없다. 물론 결혼에 대해서는 매우 다양한 법적 장치들과 사회적 기대들이 있었고, 때로는 (선교지에서 처를 여러 명 둔 사람이 회심하는 경우처럼) 목회적 적용이 많은 변용을 거쳐야 하는 경우도 있었지만, 이 핵심적인 윤리적 입장은 변하지 않았다. 성행위는 결혼 안에서만 하는 것이며, 성적인 관계는 일차적으로 출산을 위한 것이다. 결혼은 하나님의 은혜로 우리의 욕망이 재배치되어 우리가 더 그리스도를 닮아 갈 수 있게 하는 학교다.

이어지는 주장을 돕기 위해서, 한 가지 부정적 측면을 강조할 필요가 있겠다. 전통적 기독교의 입장은, 미국 복음주의가 오늘날 흔히 표명하는 것과는 달리, 결혼 안에서는 어떠한 형태의 성행위도 허용되는 것이라고 더욱이 칭찬할 만한 것이라고 보지 않는다. 아우구스티누스는 임신의 가능성이 없는 모든 성행위는 결혼 안에서 행해진 것이라 하더라도 용서는 받을 수 있으나 그래도 역시 죄라고 보았다.[4] 결혼은 제멋대로인 우리의 성욕이—다시 한 번 말하지만, 우리의 모든 성욕은 제멋대로다—재배치되는 곳이지, 그렇게 제멋대로인 욕망을 탐닉하는 곳이 아니다.

마지막으로 이 책의 주제로 가서, 이러한 관점에서 본다면 성생활을 하는 레즈비언들과 게이들이 교회 안에 용납될 수 있는 길은 다음 세 가지 중 하나다.

---

4 로마가톨릭은 전통적으로 죄를 '용서받을 만한 것'과 '치명적인 것'으로 나누었고, 전자를 후자보다 덜 심각한 것으로 여겼다.

이러한 결혼에 대한 기독교의 이해를 동성 커플도 포함하는 것으로 발전시킬 수 있다.

결혼 그리고 독신과 나란히 둘 수 있는 완전히 새로운 삶의 방식, 동성 커플도 윤리적 성생활을 할 수 있는 삶의 방식을 만들 수 있다.

동성 간 성행위는 잘못이라는 것을 받아들이되 목회적으로 그러한 사람들을 수용할 수 있는 길을 만들 수 있다(많은 개신교 교회들이 이혼에 대해서 취한 방법처럼).

지금까지 나의 주장을 전개하면서 동성애 관계에 대해 직접적으로 말하는 유명한 성경 구절들을 하나도 언급하지 않았음을 주지시켜야겠다. 교회가 거의 보편적으로 지난 1,500년간 지켜 온 방식으로 성 윤리를 이해한다면, 그 본문들은 이 윤리적 논쟁에서 그다지 중요하지 않다. 그 본문이 마땅히 있어야 하는 자리는 각주다. 훨씬 더 무게가 있는 다른 석의적이고 신학적인 이유를 통해 도출한 그 결론이 실제로 옳다는, 반가운 그러나 크게 비중은 없는 확인을 해 주기 때문이다. 그 본문들이 성경에 없었다 하더라도 교회는 동성 간 결혼에 대해 마찬가지 문제에 직면했을 것이다. 왜냐하면 결혼에 대한 우리의 이해가 출산과 다름(타자성)에 근거하기 때문이다. 이 주제에 대한 아주 최근의 논의에 대해서만 아는 독자들에게는 다소 놀랍게 들리겠지만, 사실이다. 예를 들어, 결혼에 대해서 긴 글을 썼고 성경에 깊이 잠긴 신학으로 유명한 칼 바르트를 보자. 결혼에 대한 기독교의 교리에는 동성 간 결혼이 설 자리가 없다는 지적을 하면서(그는 이것을 "말할 필요도 없이 당연한 것"[5]이라고 표현한다) 그는 레위기 18장에 대해서는 하나도 언급하지 않고, 로마서 1장 26-27절에 대해서도 한 번 언급만 하고 만다. 이 본문들은 이 논쟁에서 중요하지 않은 것이다. 그것보다는 출산과 상호보완성이 논의의 기반이 된다.

앞에서 내가 제시한 세 가지 길에 대해서 그것이 얼마나 적합한지 각각 살펴볼 것이다. 그러나 그 전에 너무도 당연한 그러나 종종 무시되는 질문을 먼저 던지도록 하겠다. 왜 지금 그리고 왜 여기에서 이 논의가 일어나고 있는가? 왜 이 문제가 21세기 초 서구의 그리스도인들에게 긴박한 문제가 되었는가? 그 이전에는 사실상 제기하지 않았던 문제이고, 또한 이러한 질문을 던지는 게 세계 다른 곳의 우리 형제자매들에게는 거의 불쾌하기까지 한 경우도 있는데 말이다. 이 문제에 답하기 위해서는 문화적 분석을 해 보아야 한다.

시대의 징조: 현재의 문화적 압력 이해하기

기독교 역사에서 본 결혼

토마스 아퀴나스Thomas Aquinas의 위대한 『신학 대전』Summa Theologia은 2부 전체가 윤리를 다룬다. 거의 3백여 가지 질문을 다루고 있는 그 글에서 우리가 성 윤리라고 부를 만한 질문은 네 개이며, 절제의 미덕 밑에 부차적 주제로 다루고 있다. (그 바로 앞에 나오는 먹는 것과 마시는 것에 대한 윤리적 문제는 다섯 가지 질문으로 다루고 있다.) 그 질문 중 하나인 탐욕은 열두 개 조항으로 나뉘어져 있는데, 그중에서 하나가 동성

---

5   Karl Barth, *Church Dogmatics* III.4 (Edinburgh: T&T Clark, 1961), p. 166. 『교회 교의학 3/4』(대한기독교서회).

간 성행위(혹은 그가 쓰는 표현에 따르면 '자연에 어긋나는')에 대한 것이다. 그의 논의 대부분은 동성애 욕망이 정말로 탐욕인지 아닌지에 대한 것이다. 그것이 잘못이라는 것을 따로 논할 필요가 없는 이유는 남자와 여자가 함께하는 것이 자연스럽게 어울리며 성행위의 올바른 목적은 출산이라는 기본 전제 때문이다.

아퀴나스는 이 문제에 있어서 옳을 수도 틀릴 수도 있지만, 흥미로운 것은 그가 이 문제를 아주 간략하게 다룬다는 것이다. 이 문제는 그에게 어렵지도 않고 논란의 여지도 없었다. 1900년대 이전의 그리스도인 윤리학자에 대해서도 같은 말을 할 수 있을 것이다. 물론 이러한 일반적 선언을 함에 있어서 세 가지 서로 다른 문화적 맥락―로마제국의 소수 기독교 시대, 기독교 왕국 시대, 다수 국가들의 선교적 기독교―은 지적해야 하지만 말이다.

토마스 아퀴나스는 기독교 왕국 시대의 예다. 5세기 정도부터 유럽의 지배적 문화는 무비판적으로 기독교였다. [어떠한 과정에 의해서든 지배적으로 유럽 백인의 문화가 되어 버린 유럽의 (이전) 식민지들―멕시코를 제외한 북미, 호주, 뉴질랜드 등―의 문화도 마찬가지다.] 동성 간 성행위가 있다는 사실을 몰랐던 것은 아니다. 남성들만 있는 공동체에서 살았던 아퀴나스는 그것에 대해서 잘 알았을 것이라고 우리는 추측할 수 있다. 적어도 일어날 수도 있는, 그러나 피해야 하는 일이라고는 알았을 것이다. 하지만 그 행위는 문화적으로 주변화되었고 전반적으로 거부된 다른 부도덕한 태도들과 같은 범주로 분류되었다. 예를 들어, 영국법에서는 '소도미'라는 (사형에 해당하는) 범죄는 오래전부터 항문 성교나 남성 간 성행위에만 국한되지 않고, 결혼 관계에서 피임을 하는 것

을 포함해서 출산을 목적으로 하지 않는 모든 남성의 사정에 적용되었다.[6]

고대 로마, 그리고 그 전에 고대 그리스에 동성 간 성행위 문화가 있었다는 것은 잘 알려진 사실이다. 그 자세한 내용에 대해서는 이견이 있다. 아티카 그리스에서는 (지배 계급의) 남자가 자기 아내와 한 명 혹은 그 이상의 청소년기 남자 견습생들과 함께 성관계를 갖는 것이 확실히 규범이었다. 로마에서는 성기 삽입이 진정한 남성성의 표시였고, 따라서 삽입당하는 대상에 대한 권력을 확보하거나 강조하는 방법이었다는 것에 대해서도 별 이견이 없다. 노예의 주인은 남자 노예와 정기적으로 항문 성교를 함으로써 자신의 소유권을 과시했을 수 있다.[7] 최근의 연구는 로마제국에 그것보다는 좀더 평등한 동성 관계가 있었다는 증거를 제시하기도 했는데, 아무래도 전자보다는 드문 경우였다.[8] 이러한 상황에서 갓 태어난 교회는 자신들이 아는 형태의 모든 동성 간 성관계에 대해서 완고하게 반대했다.

알렉산드리아의 클레멘스가 쓴 『교사』 Paedogogos (약 주후 200년)에서 이러한 예시를 볼 수 있다. 그는 2:10과 3:3에서 두 번 동성 섹슈얼리티를 반대하는데, 2:10에서는 '자녀의 출산'을 다루면서 직접적으로(19세기 번역가들이 이 헬라어 원문을 영어가 아닌 라틴어로 번역해야 했을 정도로 그 내용은 민망하리만치 직접적이었다!) 섹슈얼리티를 논한다. 클레멘스는 성관계의 목적이 출산이라고 이해했고, 같은 성의 사람과 성

---

6   Nikki Sullivan, *A Critical Introduction to Queer Theory* (New York: New York University Press, 2004), pp. 2-4.
7   더 많은 증거를 보려면 Craig A. Williams, *Roman Homosexuality* (Oxford: OUP, 2010)를 보라.
8   Williams, *Roman Homosexuality*, pp. 279-286가 더러 이에 대한 증거를 살펴본다.

적 쾌락을 추구하는 사람들을 확고하게 비판했다. 3:3의 주제는 사치인데, 클레멘스는 그것이 모든 종류의 부도덕을 낳는 유혹이라고 보았다. 그는 동성 간 성행위를 자연에 어긋나는 탐닉의 절정으로 묘사하는데, 어쩌면 로마서 1장의 바울의 본을 따르는 것인지도 모른다.

동성 간 성관계가 유익할 수도 있는가 하는 문제는 아퀴나스와 마찬가지로 클레멘스도 생각조차 하지 않는다. 그에게 동성 간 성행위의 도덕적 위치는 자명한 것이었고, 그것을 위해서 논증하는 게 아니라 그것에 반해서 (예를 들어 사치를 사랑하는 것의 위험을 보여 주기 위해서처럼) 논증해야 하는 것이었다. 소수이지만 존재했던 동등한 동성애 관계에 대해서 그가 몰랐고, 따라서 자신이 정죄하는 것은 성과 노예 제도와 권력의 총체라고 생각했다고 우리는 주장할 수도 있다. 그러나 이것은 증명할 수 없는 것이고, 그의 수사학은 오히려 그것과는 다른 지점을 제시한다. 클레멘스는 성적 상호보완성이 남자와 여자의 결혼을 자연스럽게 만든다고 보았다. 나아가서, 결혼의 목적은 출산이기 때문에 올바른 성 윤리는 성행위를 남자와 여자의 결혼 관계에 국한할 수밖에 없다.

선교사에 의해 세워진 세계 대다수의 교회들은 현지의 문화에서는 용인되었던 성적 행위들과 타협해야 했다. 거기에는 동성 간 성관계도 늘 포함되었다. 그러나 최근의 일부 저자들이 한 것처럼,[9] 우리는 현대 서구의 관점을 식민지 이전의 문화에 대입해서는 안 된다. 현재 우리가 가진 증거에 의하면 동등하고, 배타적이며, 평생을 약속한 동성 간

---

[9] 예를 들어, Alan Wilson, *More Perfect Union: Understanding Same-Sex Marriage* (London: DLT, 2014), 8장을 보라.

성관계는 인간 역사를 통틀어 매우 드물다.

섹슈얼리티에 대한 인류학적 연구에서 제넬 윌리엄스 패리스Jenell Williams Paris는 다양한 인간 문화에 나타나는 동성 간 성관계는 넓게 네 가지 전통적 양식을 보인다고 주장했다. 고대 그리스에 많았던 '연령 구조' 관계는 파트너가 서로 나이 차이가 나는 관계인데, 주로 성인이 청소년을 성인의 길로 이끄는 관계다. '젠더 구조' 관계는 복합적이고 이분법이지 않은 문화적 젠더 패턴에 기초한다. '직업 기반' 관계는 일반적으로 비준거적 형태의 성행위가 성매매나 특정한 종교적 역할을 하는 사람들을 위해서 허용되는 관계다. 마지막으로 '평등한' 관계는 동등한 사람들 사이의 관계다.[10]

중요한 것은 현대 서구 사회 외에서 일어나는 거의 모든 '동등한' 관계는 일시적이고, 이성애 결혼 이전에 혹은 그것과 나란히 존재한다는 것이다.[11] 인류의 역사나 인류학에서, 평생 가는 배타적이고 동등한 동성 관계는 현대 서구를 제외하고는 사실상 알려진 바가 없다. 동성 간 성행위는 흔한 것이지만, 그러한 형태를 한 경우는 거의 없다. 섹슈얼리티에 대한 현대 교회의 논쟁을 이해하는 데에 있어서 이 사실을 깨닫는 것이 매우 중요하다.

예를 들어, 사하라 남쪽의 아프리카 교회들이 결코 교회 안에 게이와 레즈비언 관계를 인정하지 않으려는 핵심적 이유 중 하나는 남성

---

[10] Jenell Wiliams Paris, *The End of Sexual Identity: Why Sex Is Too Important to Define Who We Are* (Downers Grove, IL: IVP, 2011), pp. 62-69. Stephen O. Murray의 고전 *Homosexualities* (Chicago: University of Chicago Press, 2000)는 그의 광범위한 데이터를 정리하면서 이 네 가지 중에서 세 가지 범주를 사용한다(머레이는 '직업 기반' 관계가 '젠더 구조' 관계에 속하는 것으로 본다.)

[11] 여러 사례를 위해, Murray, "Premodern Egalitarian Homosexualities", in *Homosexualities*, pp. 359-381를 보라.

간 동성 성행위가 (고대 로마의 경우와 마찬가지로) 지배와 소유를 확인하는 의식의 한 형태였고, 따라서 초대 그리스도인 개종자들이 그 관습을 따르지 않겠다고 했을 때 순교를 당한 이야기가 전해져 오기 때문이다.[12] 여기에서의 윤리적 논증은 분명 결함이 있다. 성폭력이 잘못인 이유는 그것이 폭력이기 때문이다. 동성 간 성행위에 성폭력이 나타났다는 사실과 서로 동의하고 사랑하는 동성 간 성행위의 도덕적 지위는 별개의 문제다. 그러나 여기에서 요점은 그 문화가 아는 혹은 상상할 수 있는 동성 간 성행위가 폭력적인 것뿐이라면, 모든 형태의 동성 간 성행위에 대해 일반적으로 가정하는 바가 있을 것이라는 점이다.

그렇다 하더라도 다수를 차지하는 비서구 사회의 교회 지도자들과 신학자들은, 자신들이 게이와 레즈비언 관계를 반대하는 이유가 단순히 문화적이라는 말을 들으면 매우 기분 나빠 할 것이다. 그들은 성경의 명백한 가르침에 신실할 뿐이라고 주장할 것이다. 그리고 서구 교회가 게이와 레즈비언 관계의 도덕적 합법성을 고려하고자 하는 것은 역사적·문화적으로 유례가 없는 일이며, 따라서 문화적 편견을 가진 것은 서구 교회이지 자신들이 아니라고 도전할 것이다.[13]

---

12 최근에 은퇴한 우간다의 성공회 대주교 헨리 오롬비(Henry Orombi)는 게이와 레즈비언 관계를 허용하는 것을 결코 상상할 수 없는 이유 중 하나로서 이와 비슷한 이야기를 소개했다. 남성 간 성행위는 역사적으로 사회적 약자를 강요하고 통제하는 방식이었다고 그는 주장한다. 1886년 6월에 우간다의 왕의 시종들 몇 명이 기독교 신앙을 갖게 되어서 왕의 성적 접근에 응하지 않자 그들은 사형을 당했다. (예를 들어, 오롬비의 영향력 있는 에세이 "What Is Anglicanism?" *First Things*, Aug/Sept 2007, http://www.firstthings.com/article/2007/07/001-what-is-anglicanism-50을 보라.)
13 예를 들어, 유명한 싱가포르의 책 두 권을 보자. 리 안 티오(Li-Ann Thio)는 싱가포르 국회에서 일했던 변호사이고 옥스포드, 케임브리지, 하버드에서 학위를 받았다. 그럼에도 그녀의 책

현대 서구의 독특성: 우리 문화의 결혼

이 이야기는 내가 이 부분의 전체 질문으로 던졌던 왜 여기, 왜 지금인가 하는 물음으로 다시 우리를 돌아가게 한다. 동성 관계의 도덕적 지위가 세계의 다른 교회와는 그리고 역사적으로 지금까지와는 달리 우리 서구 교회에 그토록 긴박한 문화적 이유는 무엇인가? 이 질문에 대한 대답은 간단하지만, 그 내용은 좀 살펴볼 필요가 있다. 일단 대답은 이렇다. 어떤 사람들은 게이/레즈비언, 곧 동성에게만 성애적으로 이끌린다는 것을 우리는 알게 되었고, 따라서 게이와 레즈비언 관계가 교회 안에서 허용되고 환영받아야 하는 것은 정의의 문제다. 그에 부차적으로 따라오는 논거는 게이와 레즈비언 관계를 통해서 나타나고 발전되는 덕을 가리킨다. 반드시 환영할 만한 일이어야 정의가 요구되는 것은 아니라 하더라도, 사실은 환영할 요소들이 많다는 것이다.

여기에 깔린 몇 가지 전제를 규명하고 하나씩 살펴보겠다.

1. '지향' 전제: 사람들은 실제로 이성애자이거나 게이이거나 레즈비언이다.

2. '결혼할 권리' 전제: 사람이(결격 사유가 없고 서로 동의하는 성인들이) 결혼하길 원한다면 결혼할 수 있어야 한다는 것은 정의의 문제다.

3. '명백한 덕' 전제: 게이와 레즈비언 관계에는 실제로 자명한 덕들

Prophecy, Pansexuality, and Pandemonium: The Political Arms of the Spirit of Lawlessness in the Acharit-Hayamim (Singapore: Genesis, 2013)은 서구 독자가 보기에 그 제목만큼이나 극단적이다(책 제목을 대략 번역하면, "예언, 범섹슈얼리티, 대혼란: 말일에 나타나는 불법의 영의 정치적 무기"이다.—역주). National Council of Churches, *A Christian Reponse to Homosexuality* (Singapore: Genesis, 2004)는 그것보다는 덜 강경하지만, 여전히 "동성애자에게 세례를 주어야 하는가?"(p. 93)와 같은 질문을 유효한 질문으로 간주한다.

이 많이 나타난다.

4. '합법화' 전제: 특정한 인간 관습의 많은/대부분의/모든 예들에서 덕이 확실하게 나타난다면 그 관습은 도덕적으로 수용할 수 있는 것이다.

우선 '명백한 덕'부터 바로 다루겠다. 이 전제에 대해 진지하게 의문을 제기하는 사람이 서구에 있을 것 같지 않다. 아주 극소수의 사람만이, 혹은 편견 때문에 자명한 것을 보지 못하는 사람만이 이에 대해 의혹을 가질 것이다. 그 외 나머지 요소들은 좀더 살펴볼 필요가 있다.

사람은 게이이거나 레즈비언이거나 이성애자라는 '성적 지향'의 전제는 조심스럽게 다루어야 한다. 서구의 주류 정치 담론에서 이것은 의문의 여지가 없는 관점이지만, 섹슈얼리티와 인간 문화에 대해서 연구하는 학자들은 대체로 이 관점을 받아들이지 않는다. 성적 지향이라는 설명을 거부하는 이유는 쉽게 찾을 수 있다. 인간의 다양한 성 규범을 역사적·문화적으로 연구하면 할수록, 현대 서구를 제외하고는 어디에서나 남자와 여자 모두에게 끌리는 것, 그리고 어쩌면 남자와 여자 모두와 성관계를 하는 것은 정상이라는 것을 알게 된다. 남자에게만 혹은 여자에게만 끌리는 게 정상이라고 하는 현대 서구의 가정은, 문화적으로 말해 이례적이다. 물론, 우리가 옳고 다른 모든 문화는 틀렸을 수 있지만, 이러한 가정이 그저 인종차별적이고 제국주의적으로 보이지 않으려면 예외적으로 강력한 증거가 필요하다는 것을 우리는 인식해야 한다.

그러나 대부분의 사람들이 남자와 여자 모두에게 끌리고 또한 성관계도 그렇게 가진다고 한다면, 이 사실은 이성애자도 게이나 레즈비언만큼이나 자연에 어긋나는 사람이게 만든다. '게이' 그리고 '레즈비언'이라는 이 범주는 1869년 무렵 독일에서 생겨났다는 역사를 공유한다. (그때는 '이성애'와 '동성애'로 분류했다.)[14] 곧 이것은 현대 서구의 구성물이다.

그러나 우리 서구인들에게 이것은 아주 강력한 구성물이다. 최근에 학계에서 발전한 퀴어 이론[15]은 (푸코Foucault와 버틀러Butler를 따라서)[16] 모든 사회는 인식 가능한 특정 성 범주를 제안/부과하고 사회 구성원은 사회화를 통해서 그 범주를 따르게 된다고 주장한다.[17] 퀴어 이론은 그러한 사회화를 비난하지만, 당연히 피할 수가 없다. 내가 가진 다양한 정체성으로부터 나는 비사회화하겠다고 택할 수 없고, 많은 경우 그것을 원하지도 않는다. 이 정체성들이 완전하지 않다는 것을 인정하지만, 그럼에도 그것은 내게 혼란스런 내 경험을 이해할 수 있는 맥락과 서사와 역사와 공동체를 제공해 준다. 게이와 레즈비언들의 말을 들어 보면, 이러한 방식으로 이 정체성들을 소유하는 것은, 비록 그것이 문화적 구성물이라 하더라도, 피할 수도 없는 일이고 또한 진정으로 생명을 주는 일이기도 하다.

---

14 Hanne Blank, *Straight: The Surprisingly Short History of Heterosexuality* (Boston: Beacon, 2012), pp. 15-21.
15 "퀴어 이론"(queer theory)은 어떠한 범주의 존재도 부인하는 최근 학계의 섹슈얼리티 연구 동향이다. Sullivan, *Critical Introduction*을 보라.
16 Michel Foucault, *The History of Sexuality: The Care of the Self*, vol. 3 (trans. ed., New York: Random House, 1986). 『성의 역사-제3권 자기에의 배려』(나남출판). 그리고 Judith Butler, *Gender Trouble: Feminism and the Subversion of Identity* (New York: Routledge, 1990). 『젠더 트러블』(문학동네).
17 Sullivan, *Critical Introduction*의 내용을 보라.

따라서 나는 우리가 '성적 지향'이라는 전제를 적어도 지금 이곳에서는 사실인 것으로 받아들여야 한다고 본다. 현대 서구인들은 일반적으로 이성애자이거나 게이이거나 레즈비언이다. (내가 "적어도"라고 하는 이유는 보편적이고 본질적인 성적 지향 이론을 비판하는 퀴어 비평을 내가 받아들이기는 하지만, 내 주장은 그 이론을 거부하는 것과 무관하기 때문이다.)

'결혼할 권리' 전제는 좀더 어렵다. 쓸데없는 소리로 흐르지 않으려면 말을 잘해야 한다. 확실히 어떤 개인에게도 '결혼할 권리'라는 것은 없다(결혼을 간절히 하고 싶어 하지만 결혼 상대를 찾지 못한 사람들을 목사라면 누구든지 사랑하고 지지할 것이다). 그래도 이 말을 제대로 표현하는 게 그렇게 어려운 것은 아니다. 결혼할 수 있는 사람 둘이 결혼하고자 한다면 결혼을 막아서는 안 된다. 여기에서 "결혼할 수 있는 사람"이라는 문구가 이미 몇 가지 윤리적 판단을 안고 있다는 것에 주목하길 바란다. 기독교 전통에서 살아 있는 예를 들어 보자면, 어느 촌수부터 결혼할 수 있는가? (이전 배우자가 아직 살아 있다면) 이혼 경험은 결혼을 막는 요인이 되는가? 다른 인종 사이의 결혼, 혹은 특정 계급이나 카스트 바깥 사람과의 결혼, 혹은 특정 나이 이하의 결혼은 용납되지 않는 문화를 역사적으로 그리고 현재에도 쉽게 찾아볼 수 있다.

여기에서 내가 말하고자 하는 것은 이러한 판단들을 지지하거나 비판하는 게 아니다. 이 책의 모든 독자들은 다른 인종 간의 결혼을 금지하는 것은 유아의 결혼을 허용하는 것만큼이나 끔찍한 일이라고 생각할 것이라 나는 예상하며, 나도 물론 거기에 동의한다. 따라서 "결혼할 권리"를 말할 때는 이미 무엇이 유효한 결혼을 구성하는가에 대해 몇 가지 가정을 한 것이다. 동성 간 결혼을 "결혼할 권리"의 관점에서 지지하는 것은, 이미 동성 간 결혼은 허용되어야 한다고 가정했을 때에만 가능하다. 따라서 이것은 주장이 아니라, 이미 내린 단정을 숨기고 있는 진술이다.

이것은 문제가 된다. '결혼할 권리'라고 하는 주장은 현대 서구에서 엄청난 문화적 파급력을 가지고 있는데, 그것이 실제로는 별 의미 없는 말이라면 설명이 필요하다. 현대 서구 문화가 가정하는 것 중에서 또 한 가지 강력한 힘을 가진 것은, 충족감을 누리기 위해서 심지어 온전한 성인 인간이 되기 위해서 반드시 성생활을 해야 한다는 것이다. 물론 프로이트에게서 이러한 가정의 뿌리를 찾을 수 있지만, 일단 그것이 명명되고, 우리가 듣는 대중음악에서, "40세의 처녀 총각"은 그냥 그것 자체로 우스운 것이라고 치부하는 할리우드에서, 성적 만족을 인간의 요구 중 최우선으로 여기는 신문의 상담 칼럼에서, 그리고 그 외에 수많은 방법을 통해서 반복되면 그것은 당연한 것이 되어 버린다.[18] (개신교) 교회들은 이러한 문화적 가정에 굴복했고, 20세기 내내 결혼을 그리스도인의 성숙에 반드시 필요한 것으로 만들었다. 결혼하지 않은 목회자 후보는 뜨악하게 바라보았고, 싱글은 결혼을 준비하는 청년이나 과부밖에 없다는 기본 전제에서 교회 프로그램을 만들었다.

성적 지향은 고정된 것이라고 보는 우리 문화의 현실과 인간이 충만하게 살기 위해서는 반드시 성생활을 해야 한다는 가정이 서로 충

---

18 지면의 제약 때문에 여기에서 나는 증거가 될 만한 것들을 일단 나열만 했다. 이것만으로도 내가 말하는 바가 제법 자명해질 것이라 생각한다. 더 온전한 설명을 위해서는 Foucault, *History*, vol. 1, pp. 155-157를 보라. 『성의 역사—제1권 지식의 의지』(나남출판).

돌하면서 게이와 레즈비언들도 결혼을 할 수 있게 해야 한다는 압력은 엄청나게 커져 버렸고, 그것은 어쩌면 피할 수 없는 것인지도 모른다(이에 대해서는 나중에 다시 이야기하겠다). 게이와 레즈비언들이 자신들의 섹슈얼리티를 적극적으로 표현할 수 있는 길을 어떻게든 마련해 주지 않으려는 것은, 상당수의 사람들에게 인간으로서 번영할 수 있는 어떠한 종류의 충만한 삶도 심지어 성인으로서의 온전한 느낌도 거부하는, 말도 못하게 잔인한 일이 되어 버렸다.

이에 대해서는 진부한 신학적 답변이 있다. 성생활이 온전한 인간의 삶에 반드시 필요한 것이 아니라는 것을 증명하기 위해서는 "예수님"이라는 말 한 마디만 하면 된다는 것이다. 하지만 인간의 삶에 가하는 문화적 압력의 현실 때문에 우리는 거기에서 멈출 수가 없다. 그리고 그 압력은 문화마다 다르다. 예수님은 물론 결혼이 정상인 사회에서 사셨지만, 그 당시의 결혼은 기본적 인간의 욕구라기보다는 윤리적 의무이자 노후 대책으로서 필요한 것이었다. 예수님이 결혼을 거부하신 것은 분명 특이한 일이었고, 또한 아마도 그로 인해 좋은 평판을 얻지 못하셨겠지만, 그 문화에서는 그것이 인간으로서 번영할 수 있는 가능성을 배제하는 것은 아니었다. 그렇다면 예수님이 독신이셨다는 사실은 우리가 받는 문화적 압력에 대한 쉬운 답변이 되지 못한다. 성생활을 하는 것이 인간의 기본 욕구가 아니라고 신학적으로 주장하고 싶다 하더라도―실제로 그렇게 주장해야 하지만―우리 자신 혹은 우리가 목양하는 사람들이 자신의 문화적 조건에서 쉽게 벗어날 수 있는 것인 양 여길 수가 없다. 현재 서구 교회에서는 동성 간 결혼을 가능하게 해야 할 커다란, 그리고 신학적으로 적절한 압력이 있다.

그와 동시에 이러한 문화적 현실을 고찰하면서 우리는 서구 교회가 얼마나 많이 이성 간 결혼의 문제에서 우리의 문화에 굴복해 버렸는지도 생각해 볼 수 있다. 결혼 안에서는 모든 형태의 성행위가 허용될 뿐 아니라 심지어 칭송할 만하다고 주장하는 '기독교'의 가르침을 우리는 쉽게 찾을 수 있다. 이것은 현대의 우상에 확실하게 굴복한 것이며, 이왕 굴복할 것이라면 이성애자들에 대해 한 것과 똑같이 레즈비언과 게이들에 대해서도 하는 게 마땅하다. 물론 더 나은 길은 모든 결혼에서 우상을 거절하는 것이지만 말이다. 우리의 성적 욕망은 충족되어야 할 긴박한 필요가 아니라, 다스리고 재배치해서 그리스도를 닮아 가게 해야 할 긴박한 필요다. 결혼은 후자를 위한 훈련이지 전자를 위한 허용이 아니다. 우리가 이성애 커플에게 이것을 신실하게 가르쳤다면 게이/레즈비언 사람들에게도 성적 충족을 허용해야 한다는 문화적 압력을 훨씬 덜 받았을 수 있다.

내가 제시한 마지막 전제는 우리가 윤리적 입장을 어떻게 논증하느냐에 대한 것이다. 동성애 관계에 있는 사람들이 덕을 보인다. 그렇다면 그 관계는 선한 것 아닌가? 이와 비슷하지만 비교적 쉽게 받아들일 수 없다고 판단할 만한 주장이 있다. 예를 들어, 자신은 비록 불량배이지만 자기 어머니에게는 극진한 경우가 전형적 사례일 텐데, 특정한 행동을 하는 어떤 사람이 삶의 다른 영역에서 덕을 보인다고 해서 그 사람이 하는 특정한 행동도 윤리적이라고 말할 수는 없다. 이것보다 더 흥미로운 논거는 학습된 미덕을 주장하는 최근의 많은 기독교 윤리에 대한 글을 따르는 것들이다.[19] 그러한 글들의 제안에 근거해서 많은 저자들은 성적 관계 안에 있을 때 특정한 미덕들이 자라는 것을 보았고 따라서 그 관계는 윤리적일 수밖에 없다고 주장했다. 어떤 레즈비언 커플이 서로에게 헌신된 관계에 있었기 때문에 눈에 띄게 성숙해지고, 이타적으로 변하고, 사랑이 많아졌다면, 그러한 헌신은 선한 것 아닌가?

특정한 예로부터 추론한 이러한 주장은 덕스럽게 하는 모든 인간의 행동은 선할 수밖에 없다는 것이다. 그러나 이러한 주장이 틀렸음을 나는 보여 줄 수 있다. 앞으로 이어지는 논증이 전적으로 부정적이라는 점에 주목하길 바란다. 그러니까 게이/레즈비언 관계의 유익을 증명하기 위해서 종종 제시되는 특정 형태의 논증은 사실 전혀 말이 되지 않는다는 것을 나는 보여 주고자 한다. 이 말은 그러한 관계가 선하지 않다는 게 아니라, 이러한 논증으로는 그 여부를 결정할 수 없다는 뜻이다.

덕스럽게 하기는 하지만 비윤리적인 것으로 보아야 하는 인간 행동의 예를 제시할 수 있다면, 위의 주장이 틀렸음을 보여 줄 수 있을 것이다. 두 가지 예를 들어 보겠다. 하나는 섹슈얼리티에 대한 것이고 또 하나는 종교 간 대화에 대한 것이다.

첫 번째 예의 경우로, 오늘날 유행하는 다자 간 연애 관계[20]에 대해서 생각해 보자. 특히 그중에서도 가장 흔한 '다자-Z' Poly-Z 관계, 즉 A

19 현재 이러한 관점의 주장 중 가장 쉽게 읽을 수 있는 것은 J. K. A. Smith, *Desiring the Kingdom: Worship, Worldview, and Cultural Formation* (Grand Rapids: Baker, 2009)이지만, 하우어워스(Hauerwas)의 거의 모든 글도 이렇게나 저렇게나 같은 요점을 말한다. 『하나님 나라를 욕망하라』(IVP).
20 흔한 비판을 방지하기 위해서 미리 말하자면, 여기에서 나는 동성애 관계를 다자 간 연애 관계와 비교하는 게 아니다. 여기에서 내가 하는 것은 동성애 관계를 정당화하기 위해서 쓰는 논증을 시험하기 위해서 전혀 다른 현실—다자 간 연애—을 그 논증에 집어넣어서 그 결과를 보고자 하는 것이다. 총기 소유, 기도, 혹은 야구 카드 수집과 같은 다른 예들에 대해서도 마찬가지 방법을 사용할 수 있지만, 이러한 예들은 (내가 보기에는) 유용한 데이터를 주지 못한다.

와 B라는 두 사람이 성관계를 갖는데, A는 또한 C와도 성관계를 갖고, B도 D와 성관계를 갖는다(이것을 도형으로 그리면 대문자 Z 같은 모양이 나오기 때문에 그런 이름이 붙었다). 이러한 관계는 예외적 수준의 정직함, 겸손, 사랑, 자기 굴복이 있어야만 가능하다. 이 관계가 가능하려면 사람들이 각자 다른 사람들의 필요/욕망을 자신의 소유욕이나 질투보다 더 우선시해야 한다. 이러한 관계에 있는 사람은 놀라울 정도의 이타심과 자기 인식을 보일 수밖에 없는데, 이러한 미덕은 이 복잡한 관계를 가능하게 하기 위한 힘겨운 연습으로부터 비롯한다.

두 번째 경우로, 힌두교 신전의 여러 신들에게 기도와 희생과 헌신을 실천하는 경우를 생각해 보라. 그렇게 여러 해를 보내다 보면 신자의 마음은 세속적 욕망에서 멀어지고 인생의 고난 앞에 평온해진다.

이 두 가지 경우 모두, 어떠한 형태의 전통적 기독교 윤리와도 화합하기 어려운 다자 간 연애와 우상숭배와 같은 실천도 그것을 행하는 사람들의 삶에 진정한 덕이 나타나는 것을 볼 수 있다고 증명할 수 있다. 물론, 날마다 성찬을 받는 것과 같은 칭찬할 만한 실천도 같은 결과를 가져올 수 있다. 따라서 내가 여기에서 주장하는 것은 게이/레즈비언 관계가 다자 간 연애와 우상숭배와 같다거나, 성찬을 받는 것과 같다는 게 아니라, 위에서 말한 '명백한 덕'에 의문의 여지가 없다는 관점은 그것 자체로는 기독교에서 동성 간 결혼이 도덕적이라고 말하지 못한다는 것이다. 결혼한 동성 파트너들이 그 관계 안에서 거룩하게 자라갈 수는 있지만, 그 사실이 그 결혼을 거룩하게 하는 것은 아니다. 그것과는 다른 논증이 필요하다.

또한 우리 문화는 동성 간 결혼에 대해 아주 최근까지, 심지어

LGBT 인권 활동가들도, 어쩌면 특히, 의혹을 품어 왔다는 사실을 지적할 필요가 있다. 영국에서는 가장 비중 있는 압력 단체인 스톤월 Stonewall도 평등한 결혼에 대한 운동을 2010년 후반, 주류 정치가들이 지지를 선언하고 얼마 지나서야 시작했다. 이 이슈에 대한 스톤월의 캠페인은, 게이와 레즈비언들을 위해 사실혼 관계의 '특별하고 고유한 지위'를 재확인하는 데에 신중을 기했다. 이러한 입장은 LGBT 인권이 1960년대의 페미니즘 및 성 혁명과 얽혀 있는 데서 비롯하는데, 이들은 결혼이 해결책이 아니라 결혼 자체가 문제라고 보았다. 많은 이론가들은 결혼이 본질적으로 가부장적이고 동성애 혐오적 제도이므로 극복해야 하는 것이지 자기 것으로 만들어야 하는 것이 아니라고 주장했다. 따라서 퀴어들의 고유한 법적 관계는 (영국에서는 "공적 파트너십"이라고 부른다. 법적으로 인정받는 사실혼 관계라고 볼 수 있다—역주) 정치적으로 중요한 것이었다.

동성 간 결혼을 주장하는 근거들

이제 다시, 내가 앞 부분의 마지막에 지적한, 성생활을 하는 게이들과 레즈비언들을 교회 안에 받아들일 수 있는 세 가지 방법에 대해서 이야기해 보자. 하나는 기독교적 결혼을 허용하는 것, 또 하나는 새로운 형태의 성적 관계를 만드는 것(여기에서는 "공적 파트너십"), 그리고 마지막으로 문화적 압력이 너무 크기 때문에 목회 차원에서 수용할 수 있는 길을 찾는 것이다. 이제 하나씩 살펴보도록 하겠다.

결혼의 개념을 확장할 수 있는가?

내 생각에, 유진 로저스Eugene Rogers의 『섹슈얼리티와 기독교의 몸』Sexuality and the Christian Body은 이 논쟁에서 수정주의/긍정주의 관점을 주장하는 책들 중 가장 잘 쓰인 것이다.[21] 그 이유는, 내가 보기에는 로저스가 거의 유일하게,[22] 내가 이 논의를 시작한 결혼에 대한 신학에서 출발해서 제대로 신학적인 관점에서 동성 간 결혼을 설명해 보려 하기 때문이다. 결혼은 수도원처럼 금욕의 훈련을 하는 곳이라고 그는 주장한다. 두 가지 공동체 모두 자아가 그리스도를 닮아 가는 느린 변화의 과정을 지향하기 때문이다. 따라서 그의 윤리적 도전은 강력하다. 그렇다면 왜 동성애 그리스도인들에게 이 거룩의 길을 허용하지 않는다는 말인가?[23] 로저스는 토마스 아퀴나스의 자연법과 칼 바르트의 신적 명령을 길게 논의하면서, 제대로 해석한다면 이 두 가지 윤리적 전통 모두 동성 간 결혼을 배제하지 않는다고 주장한다.

동성애자들에게도 기독교의 결혼을 허용해야 한다고 주장하려 한다면, 로저스가 하는 방법이 제대로 된 방법이다. 그러나 내가 앞에서 개괄적으로 설명한, 놀랍도록 일관된 전통적 결혼 신학과 결혼의 최우선 목적은 출산이라고 하는 그 신학의 핵심 주장을 다시 지적하고 싶다. 거기에서 한 내 주장이 옳다면, 동성 커플에게 결혼을 허용하는

---

21 Eugene F. Rogers, *Sexuality and the Christian Body: Their Way into the Triune God* (Oxford: Blackwell, 1999).
22 다음 단락에서 다룰 로버트 송이 로저스 외에 유일한 예로 떠오른다. 적어도 이 주제로 책을 쓴 사람 중에서는 그렇다.
23 "대부분의 보수적 입장들의 문제는 동성 커플에게 결혼 예식을 허용하지 않음으로써 그들에게 진정한 자기만족을 허용하지 않게 된다는 게 아니라…진정한 자기 부인을 허용하지 않게 된다는 것이다." Rogers, *Sexuality*, p. 70.

문제는 어려울 것으로 보인다.

물론 이러한 주장은 사실 새로운 게 아니지만, 결혼 신학의 관점이 일단 제대로 서고 나면 다른 시도들은 금방 그 허점을 드러낸다. 노령의 커플에게 결혼을 허용한다는 것은(그러니까 완경한 여성이 결혼하는 경우) 교회가 출산을 결혼의 본질로 보지 않는다는 것을 보여 주는 것이라는 주장을 하는 경우도 있다. 그러나 결혼 신학에서 출산이 얼마나 핵심적인지 진지하게 받아들인다면, 이러한 논증은 실패할 수밖에 없다. 완경 후의 결혼과 동성 간의 결혼 사이의 유비가 제대로 성립하려면, 동성 간 결혼도 가능하다고 결론을 내리는 게 아니라, 교회가 완경 후의 결혼을 축복하는 것은 잘못이라는 결론을 내려야 한다. 곧 이러한 주장에서 도출할 수 있는 제안은 노령의 여성들에게는 결혼을 허용하는 것을 멈추어야 한다는 것에 불과하다. 이 영역에서는 동성 간 결혼을 옹호할 수 있는 논거가 없다. (나는 노령/불임 커플의 결혼을 허용하는 관습에 대한 변호가 이와 같은 결론에 도달하지 않을 정도로 강력하다고 생각하지만, 여기에서 다룰 문제는 아니다.)

결혼과 출산의 주장에 대한 두 번째 답변은, 이 세상에는 인구가 과다하며 따라서 출산을 강요해서는 안 된다는 것이다. 그러나 이러한 주장을 받아들인다 하더라도 그것으로는 동성 간 결혼을 지지할 수 없다. 인구 과잉에 대한 기독교의 답변은 결혼의 소명에서 핵심을 빼 버리는 게 아니라 독신의 소명을 회복하는 것이다. 그러나 죽음은 여전히 피할 수 없는 것이기 때문에, 모두가 당장 출산을 그만둔다면 한 세기 정도 후면 이 세상은 인구 과잉이 아니라 인구 부족이 될 것이다. 기독교 윤리는 어떤 사람들은 독신으로 살고 어떤 사람들은 결혼해서 아이를 낳아야 한다고 주장한다. 인구수에 대한 관심은 이 두 가지 삶의 방식에 대한 적절한 균형에 대한 논의로 이끌 수는 있어도, 이 두 패턴 중 하나를 바꾸는 것의 이유가 될 수는 없다.

이 문제에 대한 가장 흥미로운 답변은 대리 출산의 형태를 포함함으로써 그것을 유익하게 만들 수 있다는 주장이다. 이러한 주장은 적어도 기독교의 결혼 신학을 진지하게 여기는 것이긴 하다. 그러나 신중하고 구체적으로 명시할 필요가 있다. (내가 앞에서 주장한 것처럼) 사랑의 결속을 아이를 돌보는 장으로 만드는 것은 자기희생적 결혼의 본질적 부분이지만, 결혼에 있어서 본질적인 것은 단순히 아이를 돌보는 게 아니라, 자녀의 代를 잇는 것이다. 입양과 고아를 돌보는 것은 기독교적인 행위이지만, 결혼의 핵심으로서의 출산이라는 신학에 대한 답은 아니다. (토라는 고아를 돌보는 것을 과부와 난민을 돌보는 것과 더불어 사회에 부여된 의무라고 말하며, 서신서는 교회 공동체의 의무라고 말한다. 결혼과는 아무런 상관이 없다.) 따라서 동성 간 결혼이 의미를 가지려면 다양한 형태의 대리 출산 그리고/혹은 임신 보조가 가능해야 한다.

그러나 내가 앞에서 한 것처럼 제대로 구분을 짓는다면, 현재 시행하고 있는 대리 출산 그리고 (적어도 대부분의 형태의) 임신 보조는 출산의 형태라기보다는 입양의 형태에 더 가깝다. 아이는 다른 곳에서 잉태되고 출산되고 나서 자기 가정으로 보내진다. 이 아이를 특정 커플이 입양하기 위해서 임신과 출산을 계획한다고 하는 사실은 흥미로운 윤리적 문제들을 야기하지만, 이것이 입양의 한 형태라는 사실에는 변함이 없다.

다만, 한 가지 한계 사례를 제시하겠다. 바로 레즈비언 커플에서 한

쪽 여성의 난자에서 얻은 유전 물질을 사용해서 다른 한쪽 여성의 난자에 체외수정을 하는 경우다. 이것이 과학적으로 가능한지는 나도 모른다. 그러나 가능하지 않다 하더라도 흥미로운 사고실험인 것은 분명하다. 이것은 확실히 입양보다는 특이한 형태의 임신에 더 가까워 보인다. 결혼한 커플이 이것을 하고자 한다면, 이 결혼은 충분히 출산을 목적으로 하는 것으로 보고 따라서 기독교적이라고 할 수 있는가? 이러한 문제는 제대로 논쟁할 만한 문제다. 이런 경우, 체외수정의 윤리적 적합성에 대한 논의에서 살펴본 것과 마찬가지로 임신과 성행위를 분리하는 것에 대한 비판을 고찰해 보아야 한다. 또한 내가 지면의 한계로 이 글에서는 길게 살펴보지 못했지만, 결혼에서 남성과 여성의 상호보완성 문제도 다시 살펴보아야 한다. 이것 역시 기독교의 전통이기 때문이다.[24]

기독교의 신앙과 실천에서 출산은 결혼의 올바른 목적이다. 출산을 지향하지 않는 관계도 선하고 옳고 거룩할 수 있지만, 결혼은 아니다. 노령자의 결혼이나 인구 과잉도 이것을 바꾸지 못한다. 더 많은 고찰을 해볼 수 있는 상상의 사례들을 더 만들어 낼 수는 있지만, 기본 현실은 출산이 결혼의 핵심이라는 사실은 동성 간 결혼을 기독교의 관점에서 설명하기 매우 힘들게 만든다는 것이다.

---

24 이 분야에 대해서 가장 잘 다룬 책은 여전히 Christopher Roberts, *Creation and Covenant: The Significance of Sexual Difference in the Moral Theology of Marriage* (New York: Continuum, 1997)이다. 또한, Beth Felker Jones, *Marks of His Wounds: Gender, Politics, and Bodily Resurrection* (Oxford: OUP, 2007)을 보라.

결혼과 독신 외에 세 번째 부르심을 생각할 여지가 있는가?

그렇다면 우리는 새로운 훈련의 장이 가능한지 물을 수 있다. 결혼 관계가 되려 하기보다는 기독교적 거룩함의 기준에 부합하려 하는 다른 동성 간 관계 말이다. 로버트 송은 최근 저작 『언약과 소명』Covenant and Calling[25]에서 이 가능성을 살폈는데, 신학적이고 진지하게 제대로 논증하고 있다. 그는 내가 앞에서 지적한 것과 같은 결혼, 출산, 죽음의 관계를 살펴보고 기독교 안의 독신을 돌아본다. 송은 기독교가 독신을 수용하는 것이 출산에만 초점을 맞추지 않도록 교회 안의 결혼을 재정비해 주며, 종말론적 자리를 상상할 수 있는 가능성, 결혼과 독신 외에 기독교의 고유한 방식이 될 수 있는 세 번째 소명—송은 그것을 "언약적 동반자 관계"라고 부른다—을 열어 준다고 주장한다. 이러한 언약적 동반자 관계는 신실하고 항구적이고 출산은 없으나 열매를 맺는 헌신된 관계가 될 수 있다. 이러한 "언약적 동반자 관계"가 결혼이 아닌 이유는 출산의 명령을 받지 않았기 때문이다. 송은 이러한 새로운 삶의 방식이 온전히 기독교적인 삶이 될 수 있다고 주장한다. 그리고 그 안에서는 성관계도 가능하다고 그는 생각한다. 왜냐하면 성경에서도 (고린도전서 7장에서처럼) 자녀 출산에 대한 언급 없이 성관계를 신실하고 항구적인 행위로 묘사하기 때문이다.

나는 송의 논증이 성경이 침묵하는 부분을 근거로 한다는 점이 껄끄럽다. 송의 더 광범위한 논증은 1930년 램버스 회의의 결정에 상당 부분 비중을 두고 있다. 이 회의에서는 일부러 자녀를 낳지 않는 결혼

---

25 Robert Song, *Covenant and Calling: Towards a Theology of Same-Sex Relationships* (London: SCM, 2014).

도 인정하기로 했지만, 현명하게도 수용되지 않았다.[26] 이러한 결정은 기독교 전통에서 매우 기이한 결정이다. 송은 성행위를 결혼 및 출산과 연결하는 전통적 관계에서 성행위를 분리하려 한다. 나는 이러한 과제에 그의 논증은 별 설득력이 없다고 본다.

그러나, 교회 안에서 생산적이고 언약적인 동성 간 관계가 필요하다는 그의 주장은 중요하다고 본다. 앞에서도 내가 언급했듯, 서구 개신교는 인간의 성숙에 반드시 성행위가 필요하다는, 그러므로 결혼이 필요하다는 사상에 굴복했고, 따라서 교회 안에서 결혼하지 않은 사람들이 인간으로서 번영할 수 있는 자리나 그들을 섬길 수 있는 자리를 만들지 않았다. 전통적으로 독신자들의 이러한 필요는 성행위를 위한 장소가 아닌 동성끼리 헌신의 서약을 나누고 함께 지내는, 그래서 그 안에서 성숙해지고 사랑이 깊어져 세상을 섬기게 되는 종교 공동체들이 해결해 주었다. 송은 안타깝게도 이러한 기독교의 중요한 전통에 대해서는 아무 말도 하지 않으며, 따라서 자신의 제안이 이것과 어떻게 연결되는지도 설명하지 않는다.

그러나 송은 다행히도 이 영역에서 "세 번째 소명"을 윤리적으로 구성하려면 성행위를 결혼과 출산으로부터 분리할 수 있는 방법을 찾아야 한다고 강조한다. 내가 앞에서 개괄한 신학에서는 이 세 가지가 서로 강력하게 연결되어 있기 때문에, 어떻게 그것이 가능할지는 상상

---

26 이 두 가지 입장 모두에 대해서는 Anna Poulson, *An Examination of the Ethics of Contraception with Reference to Recent Protestant and Roman Catholic Thought*, PhD thesis, King's College London, 2006, https://kclpure.kcl.ac.uk/portal/en/theses/an-examination-of-the-ethics-of-contraception-with-reference-to-recent-protestant-and-roman-catholic-thought%28f20ad0c1-2706-416f-b95f901e888c%29.html을 보라.

하기가 힘들다.

이 영역에서 어떤 목회적 수용을 할 수 있는가?

결혼에 대한 기독교 신학에는 동성 커플을 포함시킬 수 없고, 성관계를 포함하는 "언약적 동반자 관계"라는 새로운 제자도의 자리를 만들 수 없다면, 무엇이 남는가? 내가 보기에 그 답은 목회적 적용이다. 동성애 관계가 틀렸다고 생각하는 교회도 동반자 관계로 사는 동성애자들을 위해서 목회적 차원에서 교회 안에 자리를 마련해 줄 수 있다.

내가 앞에서 지적한 것처럼, 개신교회와 정교회 모두 이혼한 사람들을 위해서 그러한 자리를 마련해 주었다. 두 교회 모두 이혼을 신학적으로 정당화하기 위해서 결혼의 신학이나 전례를 바꾸지 않았지만, 목회의 차원에서 (일부) 이혼한 사람들이 재혼을 하고도 교회에 문제 없이 다닐 수 있게 하려는 시도들이 있었다. 이와 비슷한 사례를 특히 선교 당시의 아프리카의 교회들의 일부다처제 상황에서도 볼 수 있다. 아주 초기에는 여러 명의 부인을 둔 남자가 회심을 하면 제일 먼저 결혼한 부인을 뺀 나머지와는 다 관계를 해소하도록 했는데, 특히 서구 선교사들이 그것을 고집했다. 물론 그렇게 되면 여자와 아이들은 빈곤해질 수밖에 없었고, 이내 이것이 매우 잔인한 조처라는 게 자명해졌다. 그 결과 많은 교회들이 회심 이전에 이미 여러 명의 처를 둔 경우 그 상태를 그대로 지속할 수 있도록 다양한 형태로 방안을 마련했다. 이것은 일부다처제를 용인하는 게 아니라, 특정한 상황에서 현실의 문화를 고려하고 선교를 위해 목회의 차원에서 수용한 것이다.

이와 같은 목회 차원의 수용과 그것을 제대로 인정하는 신학은 분명하게 구분되어야 한다. 그것은 서로 다른 것이고, 아주 심각하게 다르다. 지금까지 이 글에서 나는 동성 결혼을 긍정하는 최근의 신학들이 제시하는 다양한 논증들이 별 실효성이 없음을 주장했다. 나는 또한 교회 안에서 동성 결혼을 가능하게 해야 한다는 현대 서구 사회의 압력이 매우 크고, 또한 신학적으로도 적절하다고 주장했다. 이러한 이유들은 일정한 형태의 목회적 적용을 생각해볼 만큼 강력한 것이고, 특히 모든 기독교의 신학과 실천은 기본적으로 사랑을 지향해야 한다는 당위 때문에도 더욱 그렇다.

적합한 방식으로 사랑을 한다는 것은 하나님의 지침 전체를 가르쳐야 함을 분명히 의미한다. 목회적 적용은 윤리적 기준이 존재하지 않는 것처럼 하라는 뜻이 아니다. 그러나 서구 사회에서 이혼의 경우, 그리고 남반구 일부 지역의 일부다처제 경우처럼, 목회적 적용이란 완벽의 기준은 유지하면서 불완전한 삶의 양상들이 설 자리를 마련해 주는 것을 의미할 수 있다. 이러한 관점에서 볼 때, 서구 교회 안에서 동성 결혼에도 목회적 적용을 실행할 여지가 있을까?

현 세상의 문화적 기준에 따라 이성애 결혼에 대한 가르침을 수정하려는 유혹에 힘 있게 저항한 회중이나 교단에 대해 생각해 볼 수 있다. 그러한 교회나 교단은 성경과 역사를 내세우며 싱글 이성애자들에게는 독신의 삶을 기독교의 기준으로 제시하고, 결혼한 부부들에게는 그들의 성생활이 쾌락보다는 출산을 훨씬 더 많이 지향해야 하고, 일정 기간의 금욕이 적절하다고(고전 7:5) 가르칠 것이다. 이러한 기독교 공동체는 레즈비언과 게이에 대한 그 어떠한 목회적 허용도 깨끗한 양심으로 거부할 수 있다. 그러나 내가 아는 교회와 교단 중에서 그들의 성 윤리가 전반적으로 이렇게 분명하다고 선언할 수 있는 곳은 하나도 없으며, 따라서 성생활을 하는 레즈비언과 게이를 위한 자리를 어떻게든 마련해 주지 않으려는 시도를 정당화하는 데에 어려움을 겪을 것이다. 최소한 우리는, 이성애자들이 자기 문화의 성적 규범을—그 규범이 전통적 기독교 윤리와는 다르다는 것을 알면서도—따르게 허용한다면, 동성애자들에게도 그와 같은 허용을 어떻게 하지 않을 수 있는지 물어야 한다.

이에 대한 바른 반응은 적어도 교회 안의 이성애자들을 위한 윤리를 재고해 보는 것이어야 한다. 그러나 그와 동시에 우리는 레즈비언과 게이를 위한 적절한 목회적 반응이 무엇인지 생각해야 한다. 나는 여기에서 특정한 목회적 행동을 제안하고 싶지 않고, 매우 광범위한 이야기를 하고자 한다. 책임 있는 목회의 본질은 각 개인의 삶이 특수함을 진지하게 받아들이는 것이기 때문에 일반적 규칙이나 지침은 거의 늘 불만스러울 수밖에 없다. 그러나, 어느 정도 상관성이 있을 수 있는 특수한 상황을 몇 가지 제시해 보겠다.

우리가 생각해 볼 수 있는 첫 번째 맥락은 복음주의적이고 교리주의적이다. 예를 들어, 자녀를 둔 게이 커플이 교회의 전도 활동 결과 신앙을 가지게 되었다고 하자. 그들이 자신의 가정을 깨는 것이 진지한 신앙고백, 세례, 교인 등록의 전제 조건인가? (이에 대해서는 여러 명의 아내를 둔 사람이 회심하는 경우를 다루어야 했던 아프리카 교회들의 경험과 매우 상관이 있다고 나는 생각한다.) 그다음은 목회와 제자도의 작업이다. 우리 교회에는 독신인 게이, 레즈비언, 혹은 이성애자 성인들이 공동체를 경험하고 친밀한 관계를 맺을 수 있는 공간이 있는가? 결혼은 안 했지만 성생활을 하는 (동성애 혹은 이성애) 관계에 있는 사람들이 회심을 하고 교회에 나왔다면 그들이 참석할 수 있는 섬김의 영역에 제한을 둘 것인가? 나중에 커밍아웃을 하는 게이나 레즈비언 교인에 대해서는 어떻게 할 것인가? 그들이 자신의 섹슈얼리티에 대해서 정직할 수 있는 교제의 장은 어떻게 마련할 것이며, 그들이 (결혼했다면 그들의 배우자도 함께) 제자로서 잘 자라 가도록 어떠한 지원을 할 것인가? 교인들 중에 커밍아웃을 하는 혹은 하지 않는 청년들은 어떻게 지원할 것이며 그들에게는 어떠한 제약을 둘 것인가? 이 질문에 대한 모든 대답이 우리의 윤리적 신념을 바꾸도록 요구하지는 않지만, 각각의 질문은 특정한 사례의 경우 그렇게 해야 하는 것은 아닌지 생각하게 한다.

이러한 질문에 일반적 답변을 제안하는 것은 그저 의례적으로 하는 말―"사랑과 자비를 베풀라", "복음은 언제나 회개를 요구한다"―이상의 도움을 주지 못한다고 나는 생각한다. 목회적 질문은 일반적 주제의 차원이 아니라 개인적 삶의 차원에서 답을 내려야 한다. 교회에서 인간의 섹슈얼리티 문제에 대해서 이야기할 때, 나는 언제나 강단에 빈 의자를 몇 개 둔다. 각각의 의자는 내가 아는, 서로 다른 이야기를 가진, 그리고 자신의 이야기를 들려줘도 된다고 허락해 준 LGBT 사람들을 대표한다. 어떤 사람들은 전통적 기독교 윤리를 받아들이고 잘 살고 있다. 어떤 사람들은 자신들을 받아 주는 교회에 자리를 잘 잡았다. 어떤 사람들은 자신들의 섹슈얼리티 때문에 사랑받지 못한다고 느끼고 교회를 떠났다. 이러한 친구들이 이 자리에서 여러분이 하는 이야기를 엿듣고 있다고 상상하라고 나는 사람들에게 (늘 성공적이지는 아니지만) 도전하고, 이 문제를 생각할 때 실제 사람들과 그들의 경험을 염두에 두라고 촉구한다.

내가 틀렸을 수 있다고 인정하며: 결론

내가 제시한 논증은 굵직하게 두 가지 축에 의지한다. (1) 나를 비긍정의 입장으로 이끄는 기독교의 결혼 신학, 그리고 (2) 서구 교회 안의 이성애자들에게 적용되는 성 윤리를 비판하게 이끌고 또한 현재 이 영역에서 목회적 적용이 어느 정도 필요할 수 있다고 제안하게 만드는 지금의 문화적 현실.

나의 문화적 비평에 결함이 있을 수 있다는 것을 나는 비교적 쉽게 인정한다. 나는 퀴어 이론이 전반적으로 설득력 있다고 생각하지만, 현재로서는 그것이 소수의 입장임을 알고 또한 내 전문 분야가 아님을 인정한다. 내가 이 부분에서 틀렸다면, 동성 결혼을 반대하는 나의 관점은 여전히 유효하지만, 대신에 목회적 유연성을 발휘한 근거는 줄어든다. 이와 반대로 결혼 신학에 대한 나의 설명은 정확하고 그것에 기초해서 내가 하는 주장은 견실하다고 나는 제법 확신한다. 그러나, 여기에서도 내 논증에는 취약점이 있다. 결혼에 대한 아우구스티누스의 신학 자체가 틀렸다면 어떻게 되는가? 그렇다면 내가 여기에서 하는 모든 주장이 다 무관해진다. 나는 이 책에서 성서학적 입장에서 쓴 글과 나란히 갈 수 있는 신학적 입장의 글을 써달라는 요청을 받았기 때문에 광범위한 석의로 나의 관점을 정당화하려는 시도는 하지 않았다. 그것은 다른 사람의 영역이다.

그러나 아우구스티누스의 설명이 기독교의 전통에서 놀랍도록 안정적이고 규범적이라고 생각하는 이유는 제시했다. 그러한 안정성과 규범성은 아우구스티누스의 설명이 옳다고 확인해 주는 중요한 지점들이다.[27] 물론 이것은 반박 불가능하지 않다. 그러나 결혼에 대한 아우구스티누스의 신학을 뒤집으려면 그것처럼 신중하게 개진되고 그것처럼 성경적으로 설득력 있는 새로운 신학이 대신 제공되어야 한다. 이 세상의 모든 글을 내가 다 읽었다고 주장할 수는 없지만, 내가 읽은 것 중에서는 이러한 임무를 시도하는 것은 차치하고, 인식을 하기 시작한 글도 나는 본 적이 없다.

---

[27] 나의 책 *Listening to the Past: The Place of Tradition in Theology* (Carlisle: Paternoster, 2003)에서 나는 결혼에 초점을 맞추지는 않고 일반적 관점에서 이러한 주장을 했다. 특히 1, 2, 10장을 보라.

스티븐 홈스에 대한 답변 윌리엄 로더

스티븐의 솔직한 겸손과 명확한 글은 독자를 즐겁게 하고 기꺼이 논의에 참여하게 한다. 그는 결론 부분에서 이 질문을 던진다. "결혼에 대한 아우구스티누스의 신학 자체가 틀렸다면 어떻게 되는가? 그렇다면 내가 여기에서 하는 모든 주장이 다 무관해진다." 무관하다고까지는 하지 않겠지만, 아우구스티누스의 결혼 신학에 수정이 필요하다는 것은 사실이라고 본다. 그러나 먼저 아우구스티누스의 결혼의 관점을 이 논의의 토대로 삼는 것의 함의를 먼저 강조하고 싶다. 스티븐의 글은 이 점을 아주 분명하게 제시한다.

신학의 임무는 "성경의 증언"을 "안내하며 듣"되, "조건을 달거나 회피하지 않으면서" 해야 한다. 그와 동시에 우리의 "두 번째 임무는 우리 자신의 문화적·지적 맥락을 충분히 잘 이해해서 우리가 속한 특정 교회 공동체가 재검토해야 하는 성경의 증언은 무엇인지 규명해 내는 것이다." 이것은 잘못된 결론으로 이끌 수도 있는 "특정한 개정을 요구하는 지역적 압박"을 다루는 것도 포함한다. 이러한 원칙들이 "헌신적이고 배타적인 평생의 관계를 서약한 동성 간 성적 관계의 윤리적 지위"라는 문제에도 적용된다. 스티븐의 주장은 "우리는…인간의 섹슈얼리티는 무엇보다도 쾌락이 아닌 출산을 위한 것이어야 한다는 기독교의 이해를 회복하고, 이것을 진지하게 받아들이는 윤리를 다시 진술해야 한다는 것이다."

스티븐은 출산에 초점을 맞춘다고 해서, 그리고 고린도전서 7장과 마태복음 19장 12절에서 결혼을 부차적인 것으로 다룬다고 해서 그것이 2세기의 영지주의처럼 육체에 대한 경멸을 반영하는 것은 아니며, 이는 결혼보다는 독신에 대한 선호를 나타내는 것이라고 말한다. 둘 다 선하지만, 후자가 전자보다 낫다는 것이다. 결혼은 죽음을 고려한 것이지만, 독신은 죽음 이후의 삶에 대한 확신을 반영한다는 설명도 그는 인용한다. 나 자신의 연구에 따르면, 초기 유대교에서 독신이 언급되는 것은 주로 거룩한 공간 및 시간과 연관이 있고, 거룩한 자리에는 벌거벗은 몸과 성행위가 있을 수 없다는 인식에서 비롯된다. 이러한 인식은 기도를 위해 부부가 잠시 성관계를 중지할 수 있다고 권고한 바울의 말에서도 볼 수 있지만, 앞으로 올 세대는 거룩한 공간이 될 것이라고 하는 초기 기독교의 기대에도 그러한 인식이 중요한 영향을 미쳤다. 바울을 비롯한 사람들이 곧 들어가리라 믿었던 그 거룩한 공간에서는 결혼을 하지 않는다. 거룩한 공간에 사는 천사들과 같은 삶에는 성생활이 끼어들 여지가 없다. 그래서 바울은 바로 지금 그때의 모습처럼 모두가 살아야 한다고 주장하는 사람들에 대해 결혼을 변호해야 했다. 결혼은 악한 것이 아니라 이 시대를 위해 하나님이 창조하신 질서이기 때문이다.[1]

---

[1] 독신에 대해서는 William Loader, *The New Testament on Sexuality* (Grand Rapids: Eerdmans, 2012) (=*NTS*), pp. 430-490를 보라.

나는 아우구스티누스 전문가가 아니지만, 스티븐이 궁극적으로 제시하는 주장, 곧 아우구스티누스가 현재 기독교가 가지고 있는 결혼에 대한 이해의 토대를 마련했다고 하는 주장이 정확하고 비중 있다는 것을 알아볼 만큼은 안다. 물론 아우구스티누스가 모두 옳은 것은 아니지만, 결혼에 대해서는 그의 견해가 여전히 유효하다. 그의 초점은 '결혼의 최고 유익으로서의 출산'이다. 이러한 견해에 의하면 동성 간 결혼은 그 말 자체가 모순이다. 출산을 위해서 필요한 남자와 여자의 상호보완적 성기가 부재하기 때문에 목적을 달성하지 못하기 때문이다. 따라서 욕망을 충족시키기 위한 성관계를 허용한다 하더라도 거기에는 언제나 다음과 같은 조건이 있다. "임신의 가능성을 방지하는 행위를 하지 않는"다. 따라서 "피임 기구의 사용과 원칙적으로 임신을 불가능하게 하는 성행위는 배제된다." 스티븐은 개신교 안에서 일어난 결혼에 대한 두 가지 변화를 지적한다. 바로 피임의 허용, 그리고 때로 목회적으로 적합하다고 판단할 수 있는 이혼 및 재혼의 가능성이다. 이 두 가지 변화를 스티븐은 모두 "아우구스티누스의 기본 해석을 거부하는 게 아니라 그것의 작은 변형"이라고 본다. 또한 그는 아우구스티누스의 견해는 그 논리상 결혼 안에서도 출산을 위한 것이 아닌 성관계는 모두 죄로 보고 배제한다고 지적한다.

동성 간 결혼을 논할 때 먼저 제기되는 질문은 동성 관계 자체의 합법성이다. 스티븐은 그러한 관계가 종종 남자아이에 대한 것이고, 권력 남용이고, 폭력적이고, 성매매와 관련이 있고, 착취적이었다고 하는 견해들을 나열한다. 평등한 관계를 생각해 볼 수 있지만, 역사 속에서 항구적이고 평등한 동성애 관계에 대한 증거는 찾아보기 힘들다고 그는 주장한다. 이러한 사실에 근거해서 스티븐은 마땅한 질문을 던진다. 그렇다면 왜 현대 서구 사회에서 이것이 이슈가 되는가? 여기에서 그는 게이들이 보여 주는 덕이 그들의 생활양식을 정당화하거나 혹은 그들에게 결혼할 권리를 준다고 하는 주장에 반박한다. 그는 또한 특정한 성적 지향을 타고 났다고 보는 일반적 가정에 대해서도 의문을 제기한다. 그렇지만 그는 "'성적 지향'의 전제"를 수용할 수 있다는 입장이다. 그러나 그는 "동성 간 결혼을 '결혼할 권리'의 관점에서 지지하는 것은, 이미 동성 간 결혼은 허용되어야 한다고 가정했을 때에만 가능하다"고 옳게 지적한다. 동성 결혼에 반대하는 이유는, 많은 경우, 결혼에 대한 이해에서 비롯되는 게 아니라 이미 동성 간 성행위가 죄라는 가정을 하는 데서 비롯된다고 나는 생각한다.

결국 그의 시발점과 그의 시발점에 반대하는 견해들에 대한 분석—예를 들어, 공적 연합이나 인구 과잉과 대리 출산에 대한 논증들—은 다시 스티븐으로 하여금 아우구스티누스의 결혼 신학을 확언하게 만든다. "기독교의 신앙과 실천에서 출산은 결혼의 올바른 목적이다. 출산을 지향하지 않는 관계도 선하고 옳고 거룩할 수 있지만, 결혼은 아니다."

스티븐의 시발점에 동의한다면 그의 논증은 매우 설득력이 있다고 나는 생각한다. 그는 그 논증의 함의가 미치는 파급 범위가 넓고, 결혼은 출산보다 더 큰 의미를 지니는 것이라고 생각하는 사람들에게는 불편할 수 있다는 것을 제대로 인정한다. 그래서 그는 출산이 가능하지 않은 결혼에 대해서도 논의한다. 그 논의의 함 중 하나는 불임 커플이나 완경을 한 여성은 결혼하지 않거나 성관계를 가지지 않아야 한다는 것이다. 내가 보기에 스티븐은 이러한 규정의 의미를 과소평가하는 것 같다. 메건에 대한 나의 답변에서 지적했듯, 플라톤은 가임 여성을 통해 최상의 시민을 출산하는 엄격한 체제를 제안하고 성관계는 반드시 출산을 위한 것이어야 한다고 주장하지만, 불임의 노령 커플에게 성관계를 가지지 말라고 하는 것은 불의한 일이라고 말한다. 필론도, 플라톤의 주장과 교부들에게 큰 영향을 미친 그 당시의 많은 철학자들의 주장과 마찬가지로 성관계는 출산을 위한 것이어야 하며 그것만이 결혼의 유일한 근거라고 믿었음에도, 비슷한 주장을 했다. 이러한 제약을 극한으로 몰고 가면, (레위기 18장이 정결의 이유로 금지한) 생리 중의 성관계와 임신 중의 성관계도 금지되어야 한다. 생리 주기에 대한 지식이 이제는 더 정확한 만큼 성관계는 임신이 가능한 날에만 해야 한다는 함의까지 생기게 된다.

그때나 지금이나 현실은, 성관계가 출산을 목적으로 하는 것에만 국한될 수 없으며, 한쪽 파트너에게 오르가즘 혹은 사정을 유도하는 행위보다 훨씬 더 많은 (혹은 그것에만 한정되지 않는) 것을 의미한다는 것이다. 사랑과 친밀감은 다양한 신체적·감정적 경로로 표현되고 관계를 더 풍성하게 하고 더 견고하게 한다. 성경 시대에도 사람들은 그것을 알았고, 아우구스티누스의 시대에도 알았다. 비록 그 당시의 결혼이 주로 남자가 여자보다 두 배는 나이가 많았고, 염려하는 혹은/그리고 지혜로운 아버지가 가문과 친족을 위해서 주선하는 것이었지만 말이다. 메건의 글은 에베소서에서 그리스도가 교회의 머리라고 하는 은유에 적합했던 가부장적 결혼에서 우리가 어떻게 벗어났는지 잘 보여 준다. 또한 성적 결합의 유일한 목적은 출산이 아니라고 말할 수 있는 여지를, 두 가지 창조 이야기가 기술하는 결혼에서 찾을 수 있다. 첫 번째 창조 이야기는 창세기 1장에서 남자와 여자가 생육하라는 명령을 받은 것에 초점을 맞춘다. 그러나 창세기 2장은 사람이 혼자 있는 것은 좋지 않다고 하나님이 선언하시고 나서 그와 같은 동료를 하나 만드시는 이야기다. 그렇게 만들어진 두 사람이 다시 하나가 되면서 이 이야기는 성적 끌림이 생겨난 배경을 보여 준다. 자기 부모의 집을 떠나 새로운 가정을 시작한다는 것은 분명 자손을 낳는 것을 의미하지만, 이 본문이 우선적으로 초점을 맞추는 부분은 아니다.

창세기 1장 27절에 나오는 남자와 여자, 그리고 둘이 하나가 되는 창세기 2장 24절을 혼합하신 예수님의 이야기에 대해서도 같은 말을 할 수 있을 것이다. 여기에서 초점은 이 연합에 의해 생겨난 한 몸이라고 하는 새로운 관계다. 출산이 가정되기는 하지만 초점은 아니다. 바울도 결혼 안에서 성관계를 논할 때 출산에 초점을 맞추지 않는다는 점이 흥미롭다. 그러나 친밀함의 표현으로서 하는 성관계와 임신을 위해서 하는 성관계를 분리하는 것은 사실상 불가능했다. 곧 종말론적 완성이 (그리고 성생활과 결혼이 없는 시대가) 임할 것이라고 생각했기 때문에 바울은 출산의 필요에 대해서 비중 있게 생각하지 않았다. 또한 바울이 결혼에 대해서 한 말을 단지 성적 충동을 통제하기 위한 보루로서만 해석해서도 안 된다. 왜냐하면 고린도전서에서 그는 사랑과 애정에 대해서도 이야기하기 때문이다(7:3-5, 32-34).[2] 출산을 위한 것 아

---

2 NTS, pp. 182-222.

니면 쾌락을 추구하는 것으로 선택지를 축소하는 일, 곧 스티븐의 말로 하면, "인간의 섹슈얼리티는 무엇보다도 쾌락이 아닌 출산을 위한 것이어야 한다는 기독교의 이해"는 인간의 친밀감과 사랑을 부정한다.

그들이 이미 긍정한 것, 그리고 서로 분리할 수 없게 얽힌 그것을 지금 우리는 결혼의 핵심이라고 인정한다. 바울이 이미 제시한 사랑과 상호성, 그리고 여성에 대한 과거의 태도는 적절하지 않다는 문화적·신학적 비판이 합하여 친밀한 파트너 관계라고 하는, 성경적 가치가 훨씬 더 큰 역할을 하는 결혼에 대한 이해가 나왔다. 게다가 아주 최근에 등장한 피임은 임신을 위한 성과 친밀감의 표현으로서의 성을 구분하게 했다. 효과적 피임의 등장을 진정한 결혼을 타협하는 것으로 여겨서는 안 되며, 결혼 관계에 새로운 기회들을 주어 풍성하게 해 주는 것으로 이해해야 한다. 이 풍성함은 사랑과 연민으로 측정할 수 있는 것이고, 이러한 사랑과 연민은 적어도 일부 교회들로 하여금 복음의 가치는 때로 이혼과 재혼이 더 나은 구속적 선택이라고 말해 줄 수도 있음을 깨닫게 해 주었다.

가부장적 결혼, 중매 결혼, 이혼과 재혼의 절대 금지, 임신을 위한 성관계와 친밀한 하나됨을 표현하는 성관계의 분리 불가능성, 피임의 금지를 폐기하는 것에 비추어 아우구스티누스의 모델은 갱신될 필요가 있다. 누군가는 이러한 것 하나하나를 버릴 때마다 우리가 핵심 가치 대신에 해이함과 자기 방종을 택하는 것이라고 주장하고 싶을 수 있지만, 정말 되지도 않는 소리다.

아우구스티누스의 모델이 더 이상 적합하지 않다고 일단 인정하고 나면, 출산할 수 없는 두 사람 사이의 결혼은 결혼이 아니라고 보지 않을 가능성이 열리게 된다. 이것은 불임 부부에게도 적용되며, 사실상 오늘날 결혼 관계 대부분 역시 상당 기간을 그렇게 지낸다. 이처럼 결혼에 출산이 필수가 아니라면 그것을 동성 간에도 적용하지 못할 이유가 무엇이겠는가? 그들이 출산하지 못하기 때문이라는 식의 반대는 근거가 빈약하다. 오늘날 결혼의 많은 모습들이 그 증거다. 게다가 일부 지역에서는 동성애 커플도 입양을 할 수 있고, 동성애 커플의 양육도 이성애 커플의 양육만큼이나 효과적일 수 있다. 두 경우 모두 아이들이 다양한 모습의 어른들과 접하도록 하기만 한다면 말이다.

독신을 택하는 사람들 중에는 동성애자들도 많다. 슬프게도 그들 중 일부는 관용하지 못하는 사회 안에서 직면할 수 있는 편견과 고통이 두려워 독신을 택한다. 그러나 독신은 선택의 문제이고, 어떤 사람들은 신앙으로 인해 그것을 소명으로 받아들이기도 한다. 예수님과 바울처럼 말이다. 그러나 두 인물 모두 이것을 모두에게 일반화하는 데에 반대했다(마 19:12; 고전 7:7). 모든 동성애자들에게 이것을 일반화하는 것 역시 마찬가지 근거에서 부적절해 보인다. 독신을 택할 수 없는 사람은 결혼을 해도 되고 그것은 죄가 아니라는 허용(고전 7:8-9, 28)에 나타나는 바울의 연민은, 바울이 왜곡의 결과라고 볼 수밖에 없었던 동성애자들에게도 적용될 수 있을 것이다. 어떤 사람들에게는 그것이 왜곡의 결과가 아니라는 것을 일단 인정하고 나면, 우리는 이 사람들이 자신의 관계를 표현할 수 있는 가장 건강하고 배려 깊은 방법은 무엇인가라고 묻게 된다. 이성애 결혼에서와 마찬가지로 대개 성관계는 그 핵심이 아닐 것이다. 그러나 평생 헌신된 관계로 사는 것을 사회가 인정하고 축복하고 존중해 주기를 그들은 바랄 것이다.

스티븐 홈스에 대한 답변 메건 드프란자

성경 해석과 연관되는 신학 작업의 모델을 제시해 준 스티븐 홈스 박사에게 감사를 표한다. 홈스의 말대로 그것은 우리의 문화적 편견을 가지고 성경을 읽는 손쉬운 실수를 피하게 도와주는, 지금과는 매우 다른 그 시대에 살았던 사람들의 도움을 받으며 성경의 말을 "인내하며 듣"는 작업이다. 그는 또한 그리스도 안의 동성애자 형제자매들과 세계 교회의 소리 모두에 귀를 기울여야 함을 일깨워 준다. 이러한 모든 작업이 우리를 예수님의 길로 인도해 주시는 성령의 음성을 듣는 데에 도움을 준다.

홈스 박사는 전통주의적 접근의 본질을 상세하게 잘 제시해 주었다. 그와 나는 그 본질을 지금 이 책에서는 출산과 상호보완성이라는 말로 지칭하고 있다. 사실 우리는 많은 부분에 서로 동의한다. 역사적 시기들과 이러한 대화의 신학적 적합성, LGBT 그리스도인들에게 이성애자들보다 더 높은 기준을 부과하는 교회 안의 차별을 멈추는 일이 시급하다는 점, 그리고 세속 문화가 섹슈얼리티에 대한 기독교의 가르침에 침투한 방식들에 대한 염려(pp. 284, 265, 290) 등이 그렇다. "우리의 성적 욕망은 충족되어야 할 긴박한 필요가 아니라, 다스리고 재배치해서 그리스도를 닮아 가게 해야 할 긴박한 필요다"(p. 290). 우리는 결혼과 독신을 역사적 교회가 성화의 과정을 지도하고 돕기 위해서 발전시킨 금욕 훈련이라고 본다. 그러나 목회적 부분에서는 서로 차이를 보인다. 홈스는 (서구의 이혼과 아프리카의 다처 관계처럼) 이상적이라 할 수 없는 상황에 대한 목회적 대응이라는 선에서 동성애 커플을 위한 자리를 교회 안에 마련하는 일에 대해서 고찰해 보고자 한다. 나는 기독교적 결혼 전통 안에 자녀 출산만을 목적으로 하지 않는 출산 가능한 부부들뿐 아니라 출산이 불가능한 사람들—동성애자 커플, 불임 이성애자 커플—도 포함시킬 수 있다고 본다.

물론 결혼은 자녀 출산을 위한 것이라는 생각은 교회의 오랜 전통에 뿌리를 두고 있다. 초기 그리스도인들은 (자녀 출산과 관련된) 결혼을 죽음에 대한 대응책으로 보았다. 부모의 죽음 이후에도 자녀가 가족의 이름을 이어 가기 때문이다. 그러나 그리스도가 죽음을 이기셨고, 그로써 독신의 이상이 등장했다. 결혼은 최우선 목적은 상실되었지만 그리스도인들이 성적 열정을 관리할 수 있는 방법으로서 여전히 그 가치는 남아 있었다(고전 7장). 한편 결혼은 신학적 은유로 변형되었고, "교회를 향한 그리스도의 사랑의 이미지"가 되었다(엡 5장) (p. 269).

결혼이 자녀 출산을 위해 존재한다는 것은 초기 그리스도인들만의 생각이 아니었다. 종교 이외의 자료들도 이러한 문화적 가정을 확인해 주지만 한 가지 주의해야 할 게 있다. 결혼은 자유인들의 특권이었으며, 단순한 자녀 출산이 아닌 **적통**의 자녀 출산을 보장하기 위해 세워진 제도였다. 노예들은 결혼할 권리가 없었고, 계급을 넘나드는 결혼은 (아우구스티누스의 개인사가 보여 주듯) 장려되지 않았다. 이러한 로마 사회의 이상은 그 언어에서도 나타난다. 'matrimony'(결혼)는 어머니를 뜻하는 라틴어 mater에서 유래했다. "로마 사회에서 결혼의 기본적 기능은 mater, pater[아버지], liberi[자유인으로 태어난 아이들]를 만들기 위한 것이었다고도 할 수 있다. 어머니는 아버지의 유산을 물려줄 수 있는 적통의 자녀를 만드는 기능을 담당했다."[3]

초기의 사막 수도 공동체들은, 섹스를 싫어해서라기보다는 이와 같은 가족과 재정과의 연결 때문에, 그러한 세속적 일들에 얽히지 않고 자유롭게 살고자 독신을 택했다.[4] 결혼은 이 세상의 경제에 자신을 묶는 것이라고 보았던 이러한 문화를 향해서 아우구스티누스는 결혼에는 본질적 유익이 있다고 변호한 것이다. 비록 그 유익이 독신의 종교적 삶보다 더 '낫지는' 않을지라도 말이다. 홈스는 아우구스티누스가 말하는 결혼의 세 가지 유익―출산, 정절, 성례―을 잘 정리해 준다. "아우구스티누스에게 있어서 '성례'란 무엇보다도 결혼의 항구성을 의미하고, 그는 그것이 결혼에 주어진 특별한 하나님의 은혜의 결과라고 믿었다"(p. 271). 동성애 커플도 정절을 지키고 결혼의 항구성도 지지하면서 살 수 있기 때문에 홈스가 동성 간 결혼이 기독교의 결혼이 될 수 없다고 보는 이유는 첫 번째 '유익'에 기반한 것이다. 홈스는 아우구스티누스의 유익이 오랫동안 "안정적"으로 지지받았기 때문에 권위가 있다고 본다. 그러한 안전성은 그것이 "옳다고 확인해 주는 중요한

---

[3] Craig Williams, *Roman Homosexuality, 2nd ed.* (Oxford: University Press, 2010), appendix 2, pp. 280-281.
[4] Peter Brown, *The Body and Society: Men, Women, and Sexual Renunciation in Early Christianity* (New York: Columbia University Press, 1988), p. 220.

지점"이라고 그는 받아들인다(p. 305).

이 부분에서 홈스와 나의 관점이 갈라선다. 우리가 과거의 지혜에 주의를 기울여야 한다는 데에는 동의하지만, 나는 그 전통이 안정적이었다 하더라도 그것에 대해 의혹을 가진다. 여성 신학자로서 나는 전통의 안정성과 다수성이 그 권위에 대한 충분한 보장이라 보지 않는다. 여성의 온전한 인간성과 교회를 섬길 수 있는 우리의 은사를 교회가 알아보기까지 얼마나 오랜 시간이 걸렸는지를 보면서 나는 결혼에 대한 전통 신학이 성과 젠더에 대한 고대의 가정과 어떻게 연결되어 있는지 특별히 주목하게 된다.

홈스가 인정하는 것처럼, 그의 논증은 두 가지 전제를 기반으로 하고 있다. (1) 출산을 최우선 목적으로 하는 결혼, 그리고 (2) 두 성의 상호보완성. 전자가 이번 장의 대부분을 차지하고 있고, 후자는 실제로 매우 제한된 이 책의 지면 때문에 다루지 않고 있다. 그러나 이 두 가지 모두를 살펴보는 게 반드시 필요하다고 나는 생각한다.

내가 홈스 박사의 글을 제대로 읽었다면, 그는 성/젠더 상호보완성을 출산의 상호보완성 이상의 무언가로 보고 있다. 출산의 상호보완성은 기본적으로 첫 번째 전제와 연관이 있기 때문이다. 그렇다면 젠더 상호보완성이란 무엇인가? 일반적으로 나는 상호보완성을 중요하게 여긴다. 결혼한 지 19년이 된 나의 남편과 누리는 관계에서 나는 상호보완성을 경험한다. 그러나, 다른 곳에서도 적었지만, 전형화와 성차별을 넘어서려면 우리가 쓰는 용어를 신중하게 정의하고 엄밀하게 따져 보아야 한다.[32] 나는 모든 결혼에서 상호보완성이 서로 다르게 나타나고 다르게 느껴진다고 본다. 너무도 다양해서 동성 간에 상호보완적 배우자를 찾는 일도 있을 수 없다고 보지 않는다.

우리는 홈스가 말하는 젠더 상호보완성이 무엇인지 알 필요가 있다. 그것이 그의 논증에 본질적이기 때문이다. 결혼의 최우선 목적이 출산이라면, 불임 부부와 가임기를 넘어선 사람들이 결혼을 하는 것에 대해서는 그리스도인들이 왜 개의치 않는지 우리는 물어야 한다. 예리한 신학자인 홈스는 이에 대한 반론을 가지고 있다.

> 출산을 지향하지 않는 관계도 선하고 옳고 거룩할 수 있지만, 결혼은 아니다. 노령자의 결혼이나 인구 과잉도 이것을 바꾸지 못한다. (p. 297)

이것은 매우 강력한 주장이지만, 안타깝게도 홈스는 별다른 변증을 하지 않는다. 임신을 할 수 없는 사람의 결혼을 허용하는 게 왜 동성 간 결혼에 대한 논의와는 상관이 없는지 설명하지 않는다. 동성 간 결혼이 전통에서 배제된 이유가 바로 그들의 결합이 출산과 무관하다는 것인데 말이다. 내가 보기에 그의 전제의 핵심은 두 문장 앞에 나온다. "지면의 한계로 이 글에서는 길게 살펴보지 못했지만, 결혼에서 남성과 여성의 상호보완성 문제…역시 기독교의 전통이기 때문이다"(p. 297). 전통이 어떻게 성차를 설명해 왔는지 보여 주고, 성과 젠더의 차이에 대한 지식이 더 많아진 지금 그것을 시급하게 재고해야 한다고 말하기 위해서 수백 쪽에 달하는 책을 쓴 사람으로서, 이 문제들을 살펴보는 데는 좀더 많은 지면이 필요하다는 말에 전적으

---

5 나의 책 *Sex Difference in Christian Theology: Male, Female, and Intersex in the Image of God* (Grand Rapids: Eerdmans, 2015), 특히 5장을 보라.

로 공감한다.[6] 그러나 그의 논증의 다른 절반을 어떻게든 다룰 필요가 있다.

성적 지향이 문화적으로 구성된다는 사실을 홈스 박사가 받아들이는 것으로 비추어 보면, 젠더도 문화적으로 구성된다는 사실, 곧 사회가 남자, 여자, 간성 그리고 그 외의 사람들의 몸에 어떠한 의미를 부여하고 그에 따라 사회화하는지는 받아들이지 않는다는 점은 놀랍다(p. 286). 본질적인 심리적·행위적 젠더 차이를 찾고자 하는 시도는 문화와 개인의 다양성 틈바구니에서 계속해서 무너지고 있다. 행동 신경과학자 멜리사 하인즈Melissa Hines가 설명했듯, "비록 대부분의 사람들이 겉으로는 확고하게 남자 아니면 여자인 것처럼 보이지만, 우리 각자는 [소위] 남성적·여성적 특징들의 복합적인 조합이다."[7]

노인과 불임 커플을 위해 예외를 허용하고자 하는 움직임은 출산을 결혼의 두드러지는 유익으로 본 아우구스티누스의 평가를 이미 우리가 넘어선 것이라고 본다. 내가 이 말을 하는 것은 교회가 언제나 이러한 수용을 해온 것이 아니기 때문이다. 로마법이 기독교 신학과 맺어졌을 때, (거세된 남자들, 곧 예수님이 마태복음 19장 12절에서 언급하신 두 번째 종류의 고자들처럼) 불임인 사람들은 결혼을 금지당했다. 그러한 제약은 수세기 동안 문서로 남아 유럽 법에 고스란히 전달되었다.[8]

흥미롭게도, 거세된 고자는 불임이 확실하기 때문에 결혼을 할 수

---

6   DeFranza, *Sex Difference*, 특히 3장과 4장.
7   Melissa Hines, *Brain Gender* (Oxford: University Press, 2004) pp. 18-19. 또한 Mary E. Frandsen, "*Eunuchi conjugium*: The Marriage of a Castrato in Early Modern Germany", *Early Music History* 24 (2005): pp. 53-124.
8   Anne Fausto-Sterling, *Sexing the Body: Gender Politics and the Construction of Sexuality* (New York: Basic, 2000), p. 36.

없었지만, 고자로 태어난 사람들—간성의 어떤 종류도 포함했을, 신체적 차이를 가지고 태어난 사람들—과 두 성을 모두 가지고 태어난 사람들은 결혼이 금지되지 않았다. 비록 이러한 사람들 가운데 어떤 이들의 몸은 '반대 성'과의 결혼이라는 확고한 개념을 흔들었지만, 출산의 가능성이 있다고 보고 결혼이 허용되었다.[9] 이와 비슷한 지침을 초기 랍비들의 문서에서도 볼 수 있다.[10] 대부분의 전통에서 확실하게 불임인 사람은 결혼이 금지되었지만, 성/젠더 상호보완성을 흐리는 몸들은 결혼을 할 수 있었던 것으로 보인다.

그리스도인들은 이미 출산을 결혼의 정당한 이유로 삼는 아우구스티누스의 견해를 넘어섰고 그 이유 또한 타당하다. 성경에서 출산을 결혼의 본질적 요소로 제시한 적이 한 번도 없기 때문이다. 물론 이 땅의 첫 부모는 "땅에 충만하라"는 명령을 받았고(창 1:28), 자녀들을 축복이자 유산으로 보았지만(시 127편), 자녀를 결혼의 목표로 제시하는 본문은 없다. 아가서에도 없고 고린도전서 7장에서 바울이 결혼에 대한 찬성이나 반대의 이유로 길게 제시한 본문에도 나오지 않는다. 인구 과잉에 대한 염려가 있기 오래전, 아우구스티누스는 메시아의 탄생과 함께 "땅에 충만하라"는 명령을 인류가 충족했다고 주장했다.[11]

---

9 Mark Brustman, "The Ancient Roman and Talmudic Definition of Natural Eunuchs", a paper presented at a conference on "*Eunuchs in Antiquity and Beyond*", Cardiff University, July 27, 1999, http://www.well.com/user/aquarius/cardiff.htm.

10 Alfred Cohen, "Tumtum and Androgynous", *Journal of Halach and Contemporary Society* 38 (1999): pp.62-85를 보라. John Hare, "Hermaphrodites, Eunuchs, and Intersex People: The Witness of Medical Science in Biblical Times and Today", in *Intersex, Theology, and the Bible: Troubling Bodies in Church, Text, and Society*, Susannah Cornwall, ed. (New York: Palgrave MacMillan, 2015), p. 86.

11 Augustine, *De bono coniugali, De sancta uirginitate*, ed. P. G. Walsh (Oxford: Clarendon

홈스는 출산이 없으면 결혼을 신학적으로 정당화하지 못할 것이라고 염려하지만, 나는 그러한 염려를 하지 않는다. 배우자 간의 연합이 출산과 나란하게 오도록 아우구스티누스의 우선순위를 개정한 로마가톨릭의 결정은 잘 수용되었다. 교황 바오로 2세의 『몸의 신학』은, 교회를 위한 그리스도의 자기희생적 사랑이 보여 준 삼위일체의 사랑을 가장 잘 나타내는 이미지로 배우자 간의 사랑을 제시한다.[12] 가톨릭 신학자 데이빗 매츠코 맥카시 David Matzko McCarthy는 가톨릭 신학자들이 "결혼은 그것 자체로 유익한 게 아니라 자녀와 사회적 안정과 같은 외적 유익을 만들어 낼 뿐"이라고 가르친 옛 결혼의 신학을 수정하려 하고 있다고 설명한다.[13] 배우자의 사랑을 온전하게 자기 자신을 선물로 주는 것이라고 본 교황의 비전을, 결혼 안에서의 피임에 대해서 바티칸과 같은 관점을 공유하지 않은 많은 개신교인들도 수용했다.[14] 결혼을 교회와 그리스도의 관계로 본 은유 자체가 자녀와 관련된 문제를 배제한다. 하나님의 자녀는 그리스도의 신부가 되기 때문에 대부분의 사람들은 이러한 이미지들을 상호 배타적인 것으로 볼 것이다.

Press, 2001), XVII; p. 37
12 John Paul II, *Man and Woman He Create Them: A Theology of the Body*, trans. and ed. Michael Waldstein (Boston: Pauline Books and Media, 2006), pp. 163, homily 9:3, 427, 77:2. 또한 John Paul II, "Commitment to Promoting Women's Dignity", (general audience, Nov. 24, 1999), in *The Trinity's Embrace: God's Saving Plan, a Catechesis on Salvation History* (Boston: Pauline Books and Media, 2002), p. 289.
13 David Matzako McCarthy, *Sex and Love in the Home: A Theology of the Household*, 2nd. ed. (London: SCM, 2004), pp. 4-5. 이러한 개선에도 불구하고 맥카시는 거룩한 기독교의 사랑의 일차적 형태로서 부부 간의 사랑을 제시하는 관점은 지나친 인격주의적 관점이라고 우려한다. 로마가톨릭과 복음주의 신학 안의 이러한 발전에 대한 분석은 특히 DeFranza, *Sex Difference*, 4장을 보라.
14 Stanley J. Grenz, *Sexual Ethics: An Evangelical Perspective* (Louisville: Westminster John Knox Press, 1990), pp. 87-89.

결혼은 부부가 아이를 가지지 못한다 하더라도 계속해서 자기 자신을 주시는 하나님의 사랑의 상징으로 남을 것이다.

고대인들은 여러 가지 이유로 결혼을 했는데, "의무…노후 대책" 등 홈스도 인정하듯 지금의 우리와는 다른 이유에서 결혼을 했다(p. 289). 결혼과 자녀는 현대 서구 사회에서 별다른 지위를 주지 못한다. (자녀를 둔 부부를 위한 세금 감면과 같은) 몇 가지 혜택들은 점점 늘어나는 싱글들—비록 성생활을 하지 않는 독신은 아니라 하더라도—을 유혹할 만한 충분한 유인책이 되지 못한다. 그러나 자녀 출산을 위해 결혼하는 것이 아닌 커플들도 여전히 매우 성경적인 이유에서 결혼한다. 많은 사람들이 창세기 2장 18절에서 하나님이 내리신 진단에 깊이 공감한다. "사람이 혼자 사는 것이 좋지 아니하니." 우리는 "[동반자인] 돕는 배필"(NRSV), "적합한"(NIV) "동료"(Complete Jewish Bible)를, 인생의 도전 앞에서 우리를 도와주고, 인생의 기쁨을 나누고, 자기를 내주시는 하나님의 사랑을 눈으로 볼 수 있고 심지어 만질 수 있도록 신실하게 우리를 사랑해 주는 누군가를 원한다. 이러한 동반자 관계로서의 결혼의 비전은 아우구스티누스의 결혼의 유익에 동반자 의식과 쾌락을 덧붙인 개신교 종교개혁가들의 시대로까지 그 유래를 추적할 수 있다.[15] 사람들 대부분에게 이 동반자는 자신과는 다른 성을 가진 사람일 것이고, 그들 중 대다수는 자녀를 출산할 수 있는 사람들일 것이다. 그러나 '반대 성'이라고 할 수 있는 대상이 존재하지 않는 소수의 사람들, 그리고 자신의 성적 지향 때문에 같은 성의 사람이 가

---

15 같은 책, p. 149.

장 적합한 상대라고 느끼는 또 다른 부류의 사람들도 있다.

개신교인들은 오래 전부터 아우구스티누스의 신학적 기여를 선별적으로 받아들였다. 그래서 유용한 통찰은 취하고 자신들의 성경 해석 그리고 경험과 공존할 수 없는 것들은 무시했다. 종교개혁가들은 결혼을 성례로 본 아우구스티누스의 견해를 거절하고, 성례의 수를 둘이나 셋으로 줄였다. 동시에 그들은 쾌락과 동반자 관계를 자신들의 결혼 신학에 덧붙였다. 이러한 변화들은 침례교 신학자로서 홈스도 인정하리라 생각한다.

오늘날 예수님을 따르는 사람들 사이에서 이미 나타나고 있는 결혼의 우선순위 변화를 설명할 혁신적 사고가 필요할 수 있지만, 이것은 신학의 임무다. 전통에서 배제된 목소리들―여성, 성·젠더·성애적 소수자들, 비유럽계 후손들 등―을 들으면서, 우리는 새로우나 여전히 신실한 길로 우리를 이끄시는 성령의 음성을 성경에서 듣기 시작할지 모른다.

스티븐 홈스에 대한 답변 웨슬리 힐

스티븐 홈스와 나는 이 책에 따로 한 장씩 글을 썼는데, 내가 보기에 서로 비슷한 결론에 도달한 것을 보며 감사했고 또 격려를 받았다. 홈스와 나는 기독교의 결혼이 남자와 여자의 신실한 결속이고, 자녀가 태어날 수 있는 자리이며, 교회를 향한 그리스도의 사랑을 증언하는 관계라고 본다. 따라서 그는 우리가 교회 안에 LGBT 사람들을 온전히 다 포함시키려면, 성차에 의존하지 않는 결혼에 대한 새로운 이해에 도달하거나, 결혼 관계 밖에서도 허용되는 신실한 성적 결합이 가능할 수 있는 새로운 이해에 도달하거나, 성생활을 하는 동성 관계에 있는 사람들을 위해 "목회적 수용"을 할 수 있는 길을 생각해 보거나 해야 한다고 주장한다. 홈스는 이 세 가지 선택 중 첫 두 가지는 가능하지 않다고 보고, 세 번째 가능성을 지지하는 것으로 글의 결론을 맺는다. 내 답변에서는 홈스가 제시한 "아우구스티누스의" 결혼 신학의 석의에 대해서 몇 가지 이야기하고, 또한 홈스가 말하는 목회적 수용의 제안이 가지는 함의가 무엇인지 좀더 자세히 살펴보고자 한다.

 홈스의 글의 핵심 주장 중 하나는 아우구스티누스가 교회에 "결혼은 하나님이 의도하신 선한 것이고, 부활을 믿는 그리스도인에게도 선한 것이며, 독신의 삶보다 열등한 게 아니"라는 점을 이해하게 해 주었다는 것이다. 내가 보기에 홈스의, 그리고 아우구스티누스의 이러한 주장은 옳지만, 홈스가 자신의 글 마지막에서 던지는 질문은 마음에 걸린다. "결혼에 대한 아우구스티누스의 신학이 틀렸다면 어떻게 되는가?" 홈스는 아우구스티누스의 주장을 뒷받침할 수 있는 석의에 본격적으로 달려들지 않았음을 인정하는 셈이고, 그 부분을 내가 좀 보충하고 싶다.

나는 아우구스티누스의 관점이 교회사 속에 매우 유연하게 나타났다고 주장했는데, 이는 정경의 폭넓은 자료를 종합해서 그것이 가지는 흐름 혹은 일관성을 보여 주는 그의 능력 때문이다. 성공회 교회 안의 동성 간 결혼에 대한 최근의 글에서 내가 동료들과 함께 썼듯, "아우구스티누스는 창세기의 첫 세 장, 마태복음 19장에서 결혼은 창조 때 생긴 선한 것이라는 예수님의 확언, 그리고 에베소서 5장에서 결혼은 그리스도와 교회의 모습이라는 주장을 가지고 씨름한 끝에, 결혼의 세 가지 유익에 대한 설명에 도달했다."[16] 이 말은, 창세기와 창세기 이야기에 대한 예수님의 확언과 결혼이 창세기의 확언을 충족시킬 뿐만 아니라(엡 5:31) 교회를 향한 그리스도의 사랑의 이미지나 아이콘으로 보아야 그것의 궁극적 일관성이 나타난다고 한 바울의 관점(5:32; 참고. 계 19:7; 21:2, 9)을 아우구스티누스가 어떻게 서로 엮는지 이해해야, 비로소 그의 관점이 설득력 있다는 뜻이다. 역사적으로 해석하도록 훈

---

16 John Bauerschmidt, Zachary Guiliano, Wesley Hill, and Jordan Hylden, "Marriage in Creation and Covenant: A Response to the Task Force on the Study of Marriage", *Anglican Theological Review*, 2016년 3월 9일에 확인, http://www.anglicantheologicalreview.org/static/pdf/conversations/MarriageInCreationAndCovenant.pdf.

련을 받은 많은 사람들에게 이 말은 정경의 역사적 전개를 추적하고 그것의 최종적 모습을 우선시하는 것을 의미한다.[17] 우리에게 자료가 고린도전서 7장밖에 없었다면 아우구스티누스와 같은 관점에 도달하지 못했을 것이다. 그러나 바울의 서신 모음 중에서 그 마지막 형태가 드러나는 에베소서의 결혼에 대한 확고한 긍정과 아이를 낳아 불어나는 그리스도인 가정에 대한 기대를 보아야 아우구스티누스의 관점을 기독교의 풍성한 입장으로 진지하게 받아들일 수 있다.[18]

홈스가 말하는 것처럼, 명백하게 동성 관계를 다루는 성경의 악명 높은 본문들(예를 들어, 롬 1장)이 없다 하더라도 우리는 동성 간 결혼과 동성 간 성기 접촉을 반대하는 관점에 도달했을까? 그럴 것이라 생각한다. 그래도 내 글에서 레위기 18장, 로마서 1장, 고린도전서 6장에 대한 "각주"는 제공되었기를 바란다. 홈스는 그러한 각주가 "훨씬 더 무게가 있는 다른 석의적이고 신학적인 이유를 통해 도출한 그 결론이 실제로 옳다는, 반가운 그러나 크게 비중은 없는 확인을 해 주"는 역할을 한다고 말한다.

그러나 이러한 아우구스티누스의 관점이 옳다면, 따라서 레즈비언이나 게이인 사람들은 자신이 "선천적으로" 이끌리는 성생활을 할

---

[17] 이 관점에 대해서는 소위 '정경 비평가' 중 한 사람인 브레바드 차일즈(Brevard Childs)의 덕을 보았다.

[18] 여기에서 내가 주장하는 것은 정경 안의 역사적 발전이 아우구스티누스의 결혼 신학에 도달하게 한 것이라는 점이다. 에베소서의 글 자체가 초기 기독교 역사가 조금 지난 시점에서 고린도전서의 관점을 보완하거나 수정하려고 한 것일 가능성이 크다. 이에 대해서는 John M. G. Barclay, "Ordinary But Different: Colossians and Hidden Moral Identity", in *Pauline Churches and Diaspora Jews*, WUNT 275 (Tübingen: Mohr Siebeck, 2011), pp. 237-255와 비교하라. 바울의 나중 서신들이 의도하는 것은 "가족 안의 관계를 주에 대한 충성이라는 틀 안에서 해석하려는 것이다"(p. 247).

수 없다면 우리는 어떻게 해야 하는가? 어떻게 삶을 영위해야 하는가? 홈스는 오늘날 결혼과 섹슈얼리티에 대해서 "전통적" 관점을 고수하고자 하는 교회가 직면하는 중요한 문제가 바로 이것이라고 제대로 지적한다. "우리 교회에는 독신인 게이, 레즈비언, 혹은 이성애자 성인들이 공동체를 경험하고 친밀한 관계를 맺을 수 있는 공간이 있는가?"

바로 이 부분 하나에서 나는 홈스에게—그리고 그 함의상 더 넓은 기독교 공동체에게—압력을 주고 싶다. 사람에게는 지인들 그리고 호의적인 지지자들의 폭넓은 인간관계뿐 아니라 좀더 친밀한 애착 관계와 친족 관계가 있어야 인간으로서 풍성하게 살 수 있다고 최고의 심리학적 증거나 일상적 사례가 보여 준다면, 독신인 레즈비언과 게이 그리스도인은 어떻게 되는가? 지난 몇 년간 나는 교회 안에서 '영적 우정'의 소명을 격려하면서 목사와 상담가와 가족과 싱글들이 모두 우정을 지금까지보다 더 가치 있게 여기고, 우정도 평생을 갈 수 있는 공적으로 존경받을 만한 결속으로 볼 것을 촉구했다.[19] 그러나 내가 하는 일이 시류를 거슬러 가는 것임을 나는 안다. 내가 아는 가장 견고하고 가까운 우정의 관계도 예를 들어 멀리 이사를 가기로 결정하거나 하면 빠르게 과소평가되거나 심지어 버려지기도 한다. 우리 서구 문화에서 우정은 그다지 '두터운' 결속이 아니고, 많은 레즈비언과 게이 신자들은 내게 "죽음이 우리를 갈라놓을 때까지"라고 서약하는 존경받는 결혼 관계 옆에 놓고 보면 그런 우정은 그저 싸구려 위로 선

---

[19] Wesley Hill, *Spiritual Friendship: Finding Love in the Church as a Celibate Gay Christian* (Grand Rapids: Brazos, 2015).

물로밖에 보이지 않는다고 말했다. 어떤 레즈비언은 이렇게 솔직하게 말했다. "LGBT는 우정만 있으면 된다거나 우정밖에 허용할 수 없다고 하는 말은 친절한 척하는 잔인함이다."[20] 이 느낌은 내가 보기에는 그저 ("친구들이 내 친밀감의 필요를 다 채워 줘야 해"라는 식의) 철없는 태도라기보다는, ("사랑하고 돌볼 누군가가 필요해"라고 하는) 자기희생의 욕망을 더 강력하게 반영한다. 이러한 절절한 갈망 앞에서 홈스와 내가 교회 안에서 '공동체'와 '환대'를 외치면서 또 한편으로는 레즈비언과 게이 신자들에게 인생의 동반자와 성적으로 친밀한 관계를 맺으면 안 된다고 권고하는 걸로 충분한가? 나는 그렇지 않다고 생각한다.

나의 게이 그리스도인 친구 한 명이 내게 다음과 같은 편지를 썼다.

하나님이 정말로 나를 독신의 소명으로 부르는 것이라면, 그것이 내가 '싱글'로 있어야 한다는 뜻은 아니라는 것을 알게 되어 정말 안도가 되었지. 하나님은 그 누구도 [오늘날 서구 사회가 생각하는 것과 같은 그런] 싱글의 삶으로 부르시지 않는다네. 모두가 항구적 관계 속에서 일상을 나누는 친족의 관계망 안에서 살도록 하나님은 우리를 창조하신 거지.…사람들은 싱글로 사는 것이 축복이 될 수 있다고 종종 말해. 선택권이 더 많아지기 때문이라는 거지.…교회는 '싱글'로 살면 '자유롭게' 주님을 섬길 수 있다는 거짓말에 [넘어갔다네]. 이 말은 아주 영적이고 고귀하게 들리지. 하지만 그 말이 뜻하는 게 뭔가? 고독한 보안관처럼 혼자 나가서 세상을 구해야 한다는 말인가? 아니지. 우리가 더 잘 섬기기 위해서 결혼하지 않고

20　Casey Pick, "Friends Without Benefits", 2016년 3월 9일에 확인, http://www.believeoutloud.com/latest/friends-without-benefits.

독신으로 살도록 부름을 받은 것이라면, 친족 안에서, 날마다 서로를 지지하는 언약적 형제, 자매, 어머니, 아버지들과의 관계 속에서 그 일을 해야 한다네.[21]

나는 이 말이 맞다고 생각한다. 그러나 이 말은 현재의 교회 생활 방식에 불편한 질문을 던진다. 비이성애자 독신 신자들에게 두터운 언약적 친족 관계를 제공하는 공동체가 되려면 무엇이 달라져야 하는가? 가톨릭 노동자 운동 Catholic Worker Movement의 피터 모린 Peter Maurin의 말을 조금 변용하자면, 레즈비언과 게이 그리스도인들이 좀더 쉽게 덕스러운 삶을 살 수 있기 위해서 교회는 무엇을 해야 하는가?

홈스의 글은 본인이 인정하는 대로 아주 폭넓은 답변을 시도한다. 그는 일반적 규칙들은 개인들의 경험의 특수성에 주의를 기울이지 못한다고 옳게 지적한다. 그러나 나는 내 자신의 경험을 일종의 실험 사례로 삼아 교회적 상상력을 자극하기 위해, 두 가지 구체적 제안을 하고 싶다. 우선, 전통적인 기독교의 '아우구스티누스' 성 윤리를 받아들이는 교회들이 결혼이 아닌 형태의 소속 관계와 친족 관계를 공개적으로 인정하고 축하할 수 있는 방법을 찾아보길 바란다. 이때, 대부모를 두는 관습은 새로운 주목을 받기에 적합하다. (나는 유아 세례를 받아들이는 성공회 신자로서 이 말을 한다.) 교회는 젊은 부부들에게, 자신의 가족 안으로 더 깊이 끌어들이고 싶은 사람들을 자기 자녀의 대부모로 택하도록 조언할 수 있다. 내 친구 조노가 그와 아내 메건의 딸,

---

21 2013년 8월 25일에 받은 개인 서신. 허락을 받고 사용했다.

칼리의 대부가 되어 달라고 내게 청했을 때 나는 그에게 이메일로 이렇게 썼다. "위로가 되는 제안이네. 예수님의 경영 안에서 나 자신은 남편과 아버지가 될 가능성은 없다고 해도 가족 없이 사는 것은 아니라는 사실이 말일세."

나는 더 나아가, 교회가 교인들이 공동체로 사는 것을 격려해야 한다고 생각한다. 아내와 자녀를 데리고 도심의 가난한 동네로 이사한 친구는 이렇게 썼다.

더 많은 가족이―심지어 어린 자녀를 둔 가족도―싱글들에게 자기 집을 개방해야 한다. 친구들과 나는 아주 작은 예에 불과할지 모르지만, 5년간의 결혼 생활 동안 우리는 동거인을 네 명 두었고, 함께 지낸 모두가 이 경험을 긍정적으로 평가했다. 같은 동네에 사는 또 다른―더러는 싱글이고 더러는 결혼한―친구들도 이와 같은 종류의 교제를 통해 비슷한 복을 누렸다고 한다. 그 이유의 상당 부분은 우리가 함께 예배를 드리고, 또한 모두가 서로를 사랑하는 일에 헌신되어 있기 때문이라고 생각한다. 도움이 급하게 필요한 사람이 우리와 함께 살 경우 이러한 증언은 훨씬 더 강력했다. 방을 임대하는 것은 서약의 우정과는 거리가 멀지만, 일단은 시작해 보기에 적당한 정도의 헌신일 수 있다.[22]

우리 문화에서 독신으로 사는 고통에 손쉬운 진통제를 찾을 수 있다는 인상은 주고 싶지 않다. 낭만적 사랑과 성적 '충족'이 우상화된

---

22 Matthew Loftus, "Material Dimensions of Spiritual Friendship", 2016년 3월 9일에 확인, http://mereorthodoxy.com/material-dimensions-spiritual-friendship/.

시대에 독신으로 사는 사람은, 친족 관계가 아무리 풍성하고 안정적이라 하더라도, 외로움을 느낄 수밖에 없을 것이다. 또한 공동체를 꾸리고 산다고 해서 독신 생활에 아무런 문제가 없을 것이라는 인상도 주고 싶지 않다. 그러나 공동체가 가지는 문제는 고립이 가지는 문제보다 매우 낫다는 것을 나는 안다.[23] 나는 '전통주의적' 교회들이 피할 수 있으나 훨씬 더 고통스러운 단절의 고통을 겪는 게이 그리스도인들을 돌보느라 에너지를 쏟는 모습보다, 특정 가정과 결속 되어서 그 안에서 여러 가지 심오한 도전들을 받는 게이 그리스도인들을 돌보는 데에 더 많은 에너지를 쏟는 모습을 보고 싶다.

---

23 이러한 표현은 여러 해 동안 이 지점을 여러 곳에서 강조한 이브 투쉬넷(Eve Tushnet)의 글에서 도움을 받았다. 그녀의 책, *Gay and Catholic: Accepting My Sexuality, Finding Community, Living My Faith* (Notre Dame, IN: Ave Maria, 2014), pp. 168-169를 보라.

응답 스티븐 홈스

내 글을 관대하게 그리고 세심하게 읽어 준 세 동료들에게 깊은 감사를 드린다. 그에 대한 응답으로 두 가지 요점을 말하고, 이 책에서 나타나는 논증의 형태에 대한 일반적인 평을 하고, 마지막으로 이제 우리가 교회 생활을 어떻게 해 나가야 할지에 대해서 잠시 생각해 보고자 한다.

먼저 힐이 마지막 부분에서 공동체, 우정, 독신에 대해서 한 말에 동의하는 것으로 시작하고 싶다. 그의 글에 대한 내 답변에서 이와 비슷한 것들을 더러 이야기했던 것으로 기억한다. 내가 이 문제들에 대해서 아주 개괄적으로 이야기했다는 것을 인정하는데, 그는 반면에 특정한 실천들을 논의했다. 나는 또한 이 분야에 대한 나의 고찰이 더 구체적이어야 한다는 데에 동의한다. 그러나 내가 무엇을 놓친 것이 아닌 한, 그가 압력을 주는 부분은 이미 다 내가 지지하고 있는 부분들이다.

둘째로, 드프란자 박사가 젠더 상호보완성에 대해서 도전한 부분으로 가서, 하나님의 창조의 선한 목적을 이야기할 때는 석의상 일정 정도의 젠더 상호보완성을 포함할 수밖에 없다는 게 나의 생각이다.

창세기를 재확언하신 예수님의 발언은 그것을 뒷받침하는 가장 자명한 증거일 뿐, 그 외에도 증거는 더 있다. 나는 또한 타락의 현실이 우리 존재의 다른 분야들과 마찬가지로 이 분야에도 영향을 미친다고 생각한다. 남성성과 여성성은 (인간성과 마찬가지로) 현재 우리의 존재로는 도달할 수 없는 이상이지만, 이와 같은 창조의 범주는 불완전한 우리의 존재를 다스리는 기준이다.

인간 생물학 분야에서 간성을 다루는 영역에 대해 내게 드프란자 박사와 같은 전문 지식은 없지만, 이 정도의 설명으로도 그들의 존재를 충분히 수용할 수 있다고 나는 생각한다. 그리고 그 설명에 근거해서 나는 창조의 범주로부터 잘 정의된 젠더 역할을 찾으려 하는 시도는 실패할 수밖에 없다고 생각한다. 아직도 에덴에 있는 것처럼 인생을 살 수는 없다. 대신에 성경은, 우리가 속한 문화가 받아들이는 젠더 규범을 선교 차원에서 어느 정도 수용할 것을 제안한다. 그러나 그 수용의 조건은 모든 사람의 온전한 존엄성과 인간성을 절대적으로 강조하고, 성령이 딸과 아들을 가리지 않고 교회의 성숙을 위해서 쓸 수 있는 은사들을 부어 주심을 확신해야 한다는 것이다.

우리의 타락을 고백하는 이와 같은 기본적인 신학적 방향이 우리가 지금 하고 있는 토론에 매우 중요하다. 타락을 근거로 하는 논증은 때로 크게 악용되었다. 동성애자(혹은 간성)는 이성애자(혹은 남자나 여자)보다 '더 타락한' 것이라고 하는 주장은 모두 강력하게 거절해야 한다. 그것이 억압적이기 때문만이 아니라, 나쁜 신학이기 때문이다. '타락'이라는 범주는 정도의 차이를 두지 않는다. 그러나 그에 대한 대응은 우리의 모든 욕망과 존재를 타락 이전의 완벽한 상태로 보는 게 아니라, 모든 인간이 다 상한 존재임을 고백하는 것이다.

일단 그렇게 하고 나면 우리의 결혼 신학의 요점은 어떤 욕망이 건강하고 어떤 욕망이 덜 그러한가를 결정하는 게 아니라는 것을 알게 된다. 우리의 현 상태에서는 그 어떠한 욕망도 건강하지 않다. 모든 욕망은 예이츠Yeats가 "마음이라는, 더러운 누더기와 뼈의 작업장"[1]이라고 인상 깊게 표현한 데서 나오는 것이다. 결혼이나 독신은 우리의 욕망을 재배치하여 바르게 욕망하도록 가르친다. 물론 이것이 동성 간 결혼의 문제를 결정하는 것은 아니지만, 방향은 제시한다.

이제 우리 논증의 형태에 대한 나의 고찰로 넘어가서, 이 문제에 대한 최근의 기독교의 고찰은 이성애 욕망이 완벽하다고 가정하고 동성애 욕망의 완벽함을 의문시하는 몇 개 안되는 본문을 다루는 경우가 지나치게 많았다. 이것은 이 논증을 풀어 가는 좋은 방법이 아니라고 나는 제안했고, 내 동료들의 답변으로 보아 그들도 이에 동의하는 것 같다. 그것보다는 인간 섹슈얼리티의 본질과 목적에 대한 더 폭넓은 성경의 설명에 우리는 초점을 맞추어야 한다.

힐 박사와 나는 그 설명을 아우구스티누스로부터 들었고, 그의 설명이 이 분야에 대한 사실상 모든 기독교의 고찰의 범주가 되었다고 주장했다. 우리는 둘 다 아우구스티누스의 교리 중에서 버려야 할 필요가 있는 부분들이 있고 실제로 버리기도 했음을 인정하지만, 성경적으로 변호할 수 있고 오늘날에도 기독교의 결혼 신학을 결정하는 안정적 핵심이 그의 교리에 있음을 인정한다.

---

1 Yeats, "The Circus Animals' Desertion" 중에서.

이 분야의 진지한 논쟁이 현재의 상태에서 더 나아가려면 바로 여기에 초점을 맞추어야 한다고 나는 생각한다. 동성 관계를 포함시키기 위해서 아우구스티누스의 결혼 신학은 어느 정도까지 첫째로 변호되고, 둘째로 확장될 수 있는가? 만약 변호될 수 없다면, 우리의 성적 태도를 어떻게 다스려야 제멋대로인 욕망을 훈련시킬 수 있는가 하는 부분에 대해서는 무엇이라고 설명할 것인가? 확장시킬 수 없다면, 동성 관계를 허용할 다른 방법은 있는가? 이것이 중요한 질문인데, 이것을 다루지 않는 저자나 강사들이 참 많다.

나는 신학적 의견의 차이가 언제나 시간이 걸리는 과정이라는 말로 글을 시작했는데, 이 책의 끝에 와서도 우리는 합의에 도달하지 못했다. 이러한 교류를 통해 내가 배운 것도 있고 내 생각이 더 예리해지기도 했다. 그러나 학문적 논쟁의 느린 발전에서 멈출 수는 없다. 자신의 섹슈얼리티 때문에 심각하게 상처받고, 교회에서 쫓겨나고, 심지어 자살로 내몰린 사람들에 대한 끔찍한 이야기들을 누구나 들은 적이 있을 것이다. 학문적 견해 차이는 여전하지만, 이 문제는 긴박하다. 우리의 논쟁이 감당할 수 있는 것 이상으로 긴박하다. 그렇다면 우리는 어떻게 살아야 하는가?

기본적으로 답은 간단한다. 근본적으로 사랑을 지향하지 않는 교회의 실천은 기독교에 미치지 못하는 것이다. 여기에서 사랑은 문화적 압력 밖에 존재하는 상상의 완벽한 사람만이 아니라 다양한 여건 속에 있는 실제의 타락한 사람들에 대한 사랑도 일컫는다. 동시에 (반문화적) 회개와 거룩함의 부름을 중심으로 하지 않는 교회의 실천도 기독교에 미치지 못하는 것이다.

물론 이 논쟁의 양측 진영에게 다음과 같은 말은 결정적일 수 있다. "LGBT+ 사람들을 제대로 사랑하는 보수 교회의 실천을 상상할 수 없다." "거룩함의 부름을 제대로 진지하게 여기는 (동성애를) 긍정하는 교회의 실천을 상상할 수 없다." 이러한 발언에 대한 반응은 간단하다. 나의 (혹은 다른 누구의) 상상력의 한계는 흥미로운 신학적 데이터가 아니다. 우리는 자신의 상상력을 뛰어넘도록, 그리고 하나님의 성령의 인도를 받아 예수님이 이 땅에서 사역하실 때처럼 버림받은 사람들을 환영하고, 예수님이 하셨던 것처럼 죄 앞에서는 타협하지 않도록 부름받았다. 보수적 입장이든 긍정하는 입장이든, 이것이 바로 우리가 늘 마주해야 하는 도전이다.

결론: 동성애, 성경, 교회 프레스턴 스프링클

이 책의 저자들은 자신들의 관점을 성경적으로 그리고 신학적으로 설명하고자 했고, 또한 동료 필자들과 예의를 지키며 교류하고자 했다. 내가 보기에 모든 필자가 이 면에서 성공했다. 이들은 자신의 입장을 개진하는 설득력 있는 논거를 분명하게 그리고 친절하게 펼쳤다. 각 글에 대한 답변에서 이들은 직설적이면서도 호의적이고, 분명하면서도 애정 어린 어조를 유지했고, 그러면서도 학문적 정밀성과 깊이를 놓치지 않았다. 비록 같은 의견이 아닐지라도 각 필진이 자신의 대화 상대에게 깊은 존중을 표한 것이 나에게는 가장 인상적이었다. 거실에 모여서 논쟁을 벌이다가도 같이 어울려 술집에 갈 수 있는 그런 친구들 간의 대화를 엿들은 기분이었다.

편집자로서 나의 역할은 또 다른 비평을 제시하거나 각 글의 진실성에 대해 어떤 권위적 발언을 하는 게 아니다. 솔직히 말한다면, 읽으면서 모든 글에 대해서 어떤 부분은 동의하고 어떤 부분은 동의하지 않았다. 그렇다면 이 논의를 마무리하기 위해서 앞으로 더 많은 고찰이 필요한 몇 가지 지점들을 강조하고, 향후의 대화를 위해 몇 가지 제안을 하고 싶다.

금지 본문

소위 금지 본문이라고 불리는 구절과 관련해서 동성애에 대해 긍정하는 관점의 두 사람, 로더와 드프란자가 서로 아주 다른 해석을 제시하는 게 나는 신기했다. 드프란자는 동성 간 성행위를 금지하는 성경의 구절은 고대사회에서 흔했던 (남자아이와의 동성 관계, 강간, 노예와의 성 관계, 성매매 등과 같은) 특정한 종류의 동성 관계에 초점을 맞추는 것이라고 주장한다. 그녀는 성경이 분명하게 동성애 관계를 근본적으로 그리고 절대적으로 금지한다고 보지 않는다. 그러나 빌 로더의 입장은 다르다. 로더는 성경의 금지가 실제로 모든 형태의 동성 관계에 대한 것이라고 주장한다. 나아가서 그는 성경의 저자들은 동성을 향한 성적 지향을 가지고 태어나는 진정한 동성애자들의 존재에 대해서 오늘날 우리가 아는 것만큼 알지 못하기 때문에 이와 같은 현대의 지식으로 성경의 금지를 보완해야 한다고 말한다. 이러한 주장을 하는 사람은 로더만이 아니다. 동성애 관계를 긍정하는 성서학자 및 역사학자들 중에 성경이 실제로 모든 종류의 동성애 관계를 절대적으로 금지한다고 보는 사람들이 있다.[1]

로더와 드프란자의 서로 다른 접근은 긍정의 관점이 성경의 금지 본문을 어떻게 이해하는지에 대해 의문을 제기한다. (드프란자가 주장하는 것처럼) 성경의 금지 본문이 오늘날 서로 동의하는 성인 간의 결

---

[1] 그중에서도 유명한 사람으로는 Louis Crompton[*Homosexuality and Civilization* (Cambridge, MA: Havard University Press, 2006)] 그리고 Bernadette Brooten[*Love Between Women: Early Christian Response to Female Homoeroticism* (Chicago: Chicago University Press, 1998)]이 있다.

혼 관계에는 적용되지 않는다는 것을 보여 줄 필요가 있는가? 아니면 해석학과 윤리학에 대한 문제—인간의 섹슈얼리티에 대한 성경의 고전적 관점이 현대의 윤리에 적절한 지침을 줄 수 있는지 여부에 대한 문제—는 성경의 금지 본문을 제쳐 두거나 상대화해도 될 만한 것들인가? 드프란자의 주장은, 전적으로는 아니지만 많은 부분 성경의 금지 본문을 좀더 협소하게 해석하고, 그 본문이 성인 간에 서로 동의하는 배타적 배우자 관계에는 적용되지 **않는** 것으로 해석하는 데에 달려 있는 것으로 보인다. 그럴 경우, 로더가 옳은 것이라면 드프란자는 틀린 것이 되는가? 긍정하는 관점을 가지기 위해서는 성경의 금지 본문을 해석하는 방식에 얼마나 큰 비중을 두어야 하는가?

흥미롭게도 홈스는 금지 본문이 이 논쟁의 핵심이 아니라고 본다. 그는 건전한 기독교의 결혼 신학 자체가 동성애 관계를 배제한다고 주장한다. 그러나 홈스는 아주 겸손하게 인정한다. "결혼에 대한 아우구스티누스의 신학 자체가 틀렸다면 어떻게 되는가? 그렇다면 내가 여기에서 하는 모든 주장이 다 무관해진다." 아우구스티누스의 결혼 신학이 틀렸다는, 혹은 적어도 오류의 여지가 있고 불완전하다는 드프란자의 주장이 옳다면, 성경의 금지 본문에 대한 그녀의 해석은 긍정하는 관점을 지지하기 위한 그녀의 논증에 결정적 역할을 하지 못한다. **기독교의 결혼 신학 자체로 충분하기 때문이다.**

종합하여, 이 논쟁에 있어서 금지 본문은 얼마나 중요한 것인가? 특히, 긍정하는 관점을 지지하려면 성경의 금지 본문에 대한 특정 해석이 얼마나 필요한가?

성경이 금지 본문을 어떻게 해석하느냐와 무관하게 드프란자와 로더는 앞으로 더 많은 논의가 필요한 성경적 윤리의 성질 자체에 대해 질문을 제기한다. 여기에서 문제는 성경이 권위를 가지는지 **여부**가 아니라, **어떻게** 권위를 가지는지다. 드프란자는 특히 오늘날의 결혼은 '성경적' 결혼이 아니라고, 혹은 그렇게 보아서는 안 된다는 도발적인 주장을 한다. 성경이 결혼에 대해서 이야기할 때는 불가피하게 그 당시에 익숙했던 가부장적 범주를 사용하는데, 그러한 범주는 여성의 온전한 평등을 지지하지 않는다. 성경은 바른 방향으로 움직이고 있고, 한 저자의 글인 바울의 편지도 결혼과 교회 안에서 여성의 지위에 대한 긴장이 있다. 따라서 성경을 신실하게 읽는 사람은 이와 같은 궤적을 따라서 성경을 넘어 여성을 온전히 포함해 가는 여정을 계속해 나가야 한다는 게 그녀의 관점이다. 이러한 관점은 몇 가지 문제를 야기한다. 동등하게 하나님의 형상을 지닌 존재로서 결혼과 교회 안에서 여성을 온전히 포함하는 문제에 대해서 성경이 불완전한 궤적을 보여 준다면, 동성애 커플을 온전히 포함시키는 문제에 대해서도 동일한 접근을 할 수 있는가? 성경은 동성애 관계에 대해서도 그와 비슷한 궤적 혹은 긴장을 보여 주는가? 이와 같은 해석의 궤적에서 금지 본문의 해석 방식은 얼마나 중요한가? 그리고 성 윤리에 대한 성경의 주장을 재고하는 데에 있어서 현대 과학의 역할은 무엇인가?

믿음과 섹슈얼리티 논의에 참여한 많은 학자와 저자들이 이러한 '때리는'(즉, 금지하는) 본문들에 대한 끝도 없는 논쟁 때문에 지쳤다는 것을 나는 안다. 그들이 지친 것은 이해하지만, 금지 본문에 대한 **해석**뿐만 아니라 이 논쟁 전반에서 윤리적 역할을 살펴보는 **방법론**에 대해서도 더 많은 작업이 필요하다.

출산의 역할

힐과 홈스는 모두 결혼의 성관계가 "출산을 지향해야 한다"고 주장한다. 홈스는, 출산을 지향해야 한다는 것은 모든 성 **행위**가 그러해야 한다는 게 아니라 성적인 **관계**가 그러해야 한다는 것이라고 구분한다. 홈스는 출산의 "유익"을 포함하는 아우구스티누스의 결혼 신학을 이해하고 받아들이면 성경의 금지 본문은 "이 윤리적 논쟁에서 그다지 중요하지 않다"고까지 주장한다. 홈스에 의하면,

> 이처럼 출산을 결혼의 최우선 유익으로 본 것은 결혼이 남자와 여자 사이의 일임을 의미한다. 남녀의 상호보완성은 출산을 위해 마련된 창조의 현실이다. 이성애 성관계만이 인간에게 유일하게 올바른 성적 표현인 이유는 그것이 자녀 출산을 지향하기 때문이다. (p. 271)

모든 독자가 이 주장의 유효성을 두고 씨름하리라 생각한다. 복음주의 개신교인들은 성에서 출산의 역할에 대해 대체로 대수롭지 않게 생각하지만, 사실 출산은 교회 역사에서 지난 2천 년간 결혼의 최고 유익 중 하나로 여겨졌다. 비긍정 관점을 지지하는 사람들이 동성애 관계도 지난 2천 년간 교회의 정죄를 받았다는 말을 하는 것을 나는 종종 듣는다. 출산의 역할을 과소평가하는 비긍정 관점의 그리스도인들이 출산을 위한 성이라는 견해에 대해서는 그렇게 하지 않으면서 동성 관계에 대한 견해에서는 교회의 전통에 의지하는 게 과연 일관된 태도인지 의문이 든다. 그러한 면에서 나는 홈스와 힐이 지난 2

천 년간 교회 역사에서 결혼의 최고 유익 중 하나로 간주되었던 것, 곧 출산을 (다시) 소개한 것을 환영한다.

그러나 이러한 관점은 성경의 전체 서사에서 출산이 얼마나 본질적인가 하는 문제를 야기한다. 신약성경은 구약성경만큼 출산을 강조하는 것 같아 보이지 않는다. 바울이 에베소서 5장에서 출산에 대한 언급 없이 결혼 신학을 개진할 수 있었다는 게 놀랍기까지 하다.[2] 예수님도 마태복음 19장에서 결혼과 이혼에 대해서 말씀하시면서 출산에 대한 언급은 하지 않으셨다. 바울은 고린도전서 7장에서 독신, 탐욕, 성, 결혼, 이혼에 대해 이야기하면서 출산은 언급하지 않았다. 출산은 유대교 안에서 너무도 자명한 문제여서 기독교가 다시 강조할 필요가 없었다고 하는 말을 나는 들었다. 이미 전제되고 받아들여진 문제였다는 것이다. 그러나 성과 결혼에 대해서 이야기한 대부분의 초기 유대교 저자들은 출산을 주장하는 논증을 종종 했다. 특히 요세푸스와 필론, 그리고 다른 유대교 저작들에서도 그것을 볼 수 있다. 만약 출산이 결혼의 유익으로 당연시되었다면, 왜 유대교 저자들은 1세기에도 그것을 주장하는 글을 쓴 것일까? 놀라운 것은 어떤 유대교 저작들, 예를 들어 『요셉과 아스낫』, 『희년서』(예를 들어 3장), 『가짜 필론』(50:1-5)에서는 결혼에서 출산의 역할을 중시하지 않는 것 같아 보인다는 점이다. 이처럼 모든 유대교인(혹은 그리스도인)이 성은 출

---

[2] 물론 바울은 에베소서 6장 1-4절에서 자녀를 언급하지만, 이 아이들의 존재가 5장 22-33절의 남편과 아내의 성적 관계를 본질적으로 유효하게 만드는 것은 아니다. 노예(6:5-9)의 존재가 합법적 가정을 정당화하는 게 아닌 것과 마찬가지다. 바울의 논의에서 가정 준칙은 그리스-로마 사회에서 가정이 논의되는 전형적 방식을 반영하기 위해서 그렇게 구성한 것이지, 출산을 주장하기 위해서 혹은 전제하기 위해서 그렇게 한 것은 아닐 것이다.

산을 위한 것이어야 한다고 단순하게 가정하지는 않았다.³

요점은 이것이다. 유대교 사상가가 "성은 출산을 위한 것"이라는 입장을 구약성경에서 발견하고 그것을 엄격하게 주장하고자 할 때는, 논증을 했다는 것이다. 그러나 신약성경은 구약성경이나 초기 유대교 저자들이 하는 것처럼 출산을 주장하지 않는다. 또한 결혼에 대한 신약성경의 가장 철저한 진술들은(예를 들어, 엡 5장; 골 3장) 그리스-로마 청중을 향한 것이었고, 유대교와는 달리(적어도 그들의 분파들 대부분과는 달리) 그리스-로마 문화는 출산을 우선시하지 않았다. 그들은 청동기 중기 시대의 가부장들보다 21세기의 서구인들에 더 가까웠다. 바울이 하나님이 의도하신 결혼과 성의 목적—출산—을 자신의 청중에게 가르치고자 했다면, 그는 훨씬 더 분명하게 그렇게 했을 것이다. 그러나 그는 그러지 않았다.

질문은 여전히 남아 있다. 출산을 지향한다면 모든 성관계는 유효한 것인가? (구약과 신약 모두에) 일반적으로 통일된 증언이 성경에 있는가, 아니면 모든 성관계에서 출산은 본질적으로 유익하다는 관점에서 멀어지는 궤적이 보이는가? 교부들은 바르게 이해했는가, 아니면 성경적이고 신학적인 관점보다는 문화적인 관점(곧 성은 출산을 위한 것이라는 관점)을 지지했는가? 많은 교부들이 그리스-로마 그리고 유대교 사회의 가부장제, 심지어 여성 혐오를 반영하는 것 같은데, 그렇기 때문에 그들이 과연 현대의 성 윤리에 대해 제대로 안내해 줄 수 있을지에 대해서 나는 의문을 품게 된다. 디오도로스 Diodore, 크리소스

---

3 Loader, *Sexuality*, pp. 37-41를 보라.

토무스, 테오도레투스Theodoret는 여성이 온전한 하나님의 형상을 가지고 있는지 의문을 가졌다. 어쩌면 여자는 '형상의 형상'일지도 모르다고 그들은 생각했다. 여성은 남성의 형상을 반영하고, 남성은 하나님의 형상을 반영한다고 보았기 때문이다.[4] 알렉산드리아의 키릴로스Cyril of Alexandria는 "여성은 정신과 육체가 매우 약하다"고 보았다. 크리소스토무스는 여자가 남자보다 두 배는 더 타락했다고 볼 수 있다고 믿었다.[5] 심지어 아우구스티누스도 여자는 결혼을 통해 남편과 연합하기 전까지는 하나님의 형상을 지니지 못한다고 보았고,[6] 남자는 육체뿐만 아니라 정신에 있어서도 여자보다 우월하다고, 그런즉 여자는 남편에게 복종해야 한다고 보았다(『산상수훈』Sermon on the Mount, 1.15-40-41). 메건 드 프란자에 의하면, 너무도 많은 고대의 신학자들이 여성은 "영혼에 결함이 있는 '덜떨어진 남성'"이라는 아리스토텔레스의 선언에 영향을 받았다. 여성은 인간보다 못한, 따라서 "하나님의 형상에 미치지 못하는 것"으로 여겨졌다.[7] 내가 보기에는 성 윤리의 논의에서 교부들을 참고해야 하느냐의 여부가 아니라, 어떻게 그리고 어느 정도까지 참고해야 하느냐에 대한 논의가 더 필요하다.

대부분의 성관계가 임신이 가능한 남자와 여자 사이의 것이라고 가정한다 하더라도, 소위 '예외'에 대한 주장이 나는 여전히 의문스럽다. 성적인 관계는 대부분 출산을 지향하지만, 전형적인 관계(출산이 가능한 성적 관계)에 대한 예외(출산이 가능하지 않은 성적 관계)가 가능한

4 DeFranza, *Sex Difference*, p. 119.
5 같은 책, pp. 120-121.
6 *On the Trinity*, 7.7.10-12.
7 DeFranza, *Sex Difference*, p. 125.

가? 홈스와 힐은 불임 부부 혹은 노인들 간의 성관계를 용인하고, 일관되고 설득력 있게 (예를 들어, 출산이 가능하지 않은 이러한 성적 관계에서도 출산을 위해 필요한 성차는 여전히 유지가 된다고 하는 등) 주장한다. 그러나 예를 들어, 남수단에 있는 어떤 선교사 부부가 자신의 아이를 낳는 대신에 아이를 열 명 입양하고 싶어 하는 경우는 어떤가? 그들의 성관계가 출산을 지향하지 않기 때문에 그것은 유효하지 않은가, 아니면 이것은 덕스러운 예외인가? 그리고 그것이 덕스럽다면, 그 선교사 부부가 게이 커플일 경우는 어떤가?

이 책의 필진들은 매우 중요한 대화를 시작했고 그 대화는 결코 끝나지 않았다고 나는 생각한다. 그리고 믿음과 섹슈얼리티에 대한 앞으로의 논의들이 성적 관계에서 출산의 역할에 대한 문제를 계속해서 연구하길 바란다.

젠더 상호보완성

홈스와 (특히) 힐은 젠더 상호보완성이 성적 관계의 허용에 필요한 기준이라고 주장했다. 유효한 성적 관계는 남자와 여자 사이의 것이다. 힐은 창세기 1-2장의 창조 서사와 예수님이 마태복음 19장 3-4절에서 창세기 1장 27절과 2장 24절을 언급하신 것에 그 근거를 둔다. 이와 같은 상호보완성은 크리스토퍼 로버츠가 그의 중요한 책 『창조와 언약』 *Creation and Covenant*에 기록한 것처럼 기독교의 신학 전통에 뿌리를 두고 있다.[8]

그러나 드프란자는 홈스에 대한 답변에서 좋은 질문을 제기했다.

"젠더 상호보완성이란 무엇인가?…나는 모든 결혼에서 상호보완성이 서로 다르게 나타나고 다르게 느껴진다고 본다. 너무도 다양해서 동성 간에 상호보완적 배우자를 찾는 일도 있을 수 없다고 보지 않는다." 결혼과 성을 위해서는 어느 정도 상호보완성이 필요하다고 가정한다면, 그것이 반드시 성차에 국한되어야 하는가? 성차가 있어야, 곧 남자와 여자여야 결혼과 성관계를 할 수 있다면, 확고하게 남성이나 여성이 아닌 간성의 사람은 어떻게 되는가?[9] 규범의 예외에 기초해서 윤리를 세우면 안 된다는 말을 들었다. 그러나 그것은 요점을 벗어나는 말이다. 드프란자의 (그리고 로더의) 주장을 내가 제대로 읽었다면, 그들은 소수자의 윤리를 기초하는 게 아니라, (성)소수자를 **위한** 자리를 만들어 주려는 것이다.

힐과 홈스 모두 드프란자가 우려하는 바를 자신들의 응답에서 다루었는데, 그들의 답이 설득력 있는지 다시 찾아서 읽어 보길 권한다. 힐이 젠더 상호보완성과 관련해서 '타락'과 죄의 의미를 명확하게 해 준 것은 특히 중요하다고 나는 생각한다. 그는 "현재의 **모든** 인간 조건이, '남자'이고 '여자'인 것을 포함하여, 어떤 근본적이고 심오한 차원에서" "원래 우리가 가져야 하는 모습이 아니"라고 말한다. 다르게 말하면, 성소수자와 간성인 사람들은 신이 **다르게** 창조하신 모습인가, 아니면 다른 모든 인간처럼 그들도 창조의 **타락**을 경험하는 것인가?

---

8 Christopher Roberts, *Creation and Covenant: The Significance of Sexual Difference in the Moral Theology of Marriage* (New York: Continuum, 1997).

9 그러나 내가 보기에 예수님이 마태복음 19장에서 고자를 이야기하신 것은, 결혼의 정의를 확장하기 위해서가 아니라, 어떤 사람들은 결혼 관계 밖에서 급진적 제자도의 삶을 살도록 부름받았다고 주장하시기 위해서다. 예수님에 의하면 고자는 결혼하지 않는다.

이 책에서 젠더 상호보완성에 대한 활발한 대화를 보면서 이에 대해서 더 많은 논의가 필요함을 본다. 합법적 성관계를 위해서는 성과 젠더 차이가 언제나, 어디에서나 필요한 것인가? 그리고 간성인 사람이나 젠더 불안정성을 경험하는 사람과 같은 예외들은 전형적 이분법에 도전하는가? 논의가 계속되면서 이 토론의 양 진영 모두 타락과 상호보완성의 관계에 대해서 다시 생각해 보고 계속해서 연구해야 할 것이다.

목회적 수용

이 책이 내게 가장 도전이 되었던 부분은, 말하자면 선을 벗어나 색을 칠한다는, 그러니까 필자들이 뜻밖의 결론에 도달한다는 점이었다. 빌로더가 성경이 모든 형태의 동성 관계를 정죄한다고 주장하면서도 여전히 동성 관계도 신성한 관계라고 긍정한다는 사실은 이미 언급했다. 게이 남성으로서 이 논의에서 가장 영향을 많이 받는 웨슬리 힐은 성관계 없이도 인간으로서 온전히 풍성하게 살 수 있다고 주장한다. 메건 드프란자는 비긍정의 입장을 오랫동안 유지했지만, 간성과 성차에 대한 작업을 통해서 성 이분법을 재고했고, 이제는 교회의 삶에 동성 커플을 온전히 다 받아들여야 한다고 주장한다.

이 책에서 가장 뜻밖이었던 것은 홈스가 쓴 글의 마지막 몇 쪽이다. 홈스는 기독교의 성과 결혼 신학은 동성 간 결합의 신성함을 배제한다고 주장한다고 길게 쓰고는, 동성애자 커플이 교회에 수용될 수 있는 방법들을 탐구한다. 그는, "동성애 관계가 틀렸다고 생각하는 교회도 동반자 관계로 사는 동성애자들을 위해서 목회적 차원에서 교회 안에 자리를 마련해 줄 수 있다"고 말한다. 교회가 이혼한 사람들을 위해서 그렇게 했다고 그는 주장한다. "목회의 차원에서 (일부) 이혼한 사람들이 재혼을 하고도 교회에 문제없이 다닐 수 있게 하려는 시도들이 있었다." 그렇다면 동성 커플을 위해서 그렇게 할 수 없는 이유는 무엇인가?

모든 목사와 신학자가 이 문제를 고려하면서 홈스의 제안을 가지고 씨름해야 한다고 나는 생각한다. 또한 비긍정 관점의 그리스도인들이 교회가 탐욕, 물질주의, 부도덕한 이성애 관계, 혼합적 애국주의, 그리고 적을 사랑하기보다는 죽이고자 하는 열정에 사로잡힌 것은 무시하고서 동성 간 관계에 대해서 그렇게 난리를 치는 것은 매우 위선적이라고 생각한다. 그리고 우리가 이혼과 재혼에 대해서는 매우 느슨했다는 것 또한 사실이다.

홈스의 제안은 비긍정 관점의 독자들이 고려해 보아야 하는 몇 가지 문제들을 제기한다. 이상에 미치지 못하는 삶을 사는 사람들을 위해서 교회가 수용을 한 경우들은 무엇이 있으며, 그와 같은 수용을 게이 커플들에게도 할 수 있는가? 할 수 없다면 왜 그런가? 할 수 있다면 또 어떠한 '이상에 미치지 못하는' 삶의 방식들도 수용할 수 있는가? 교회가 게이 커플을 교인으로 받아들이지 않는다면, 이혼하고 재혼한 사람을 교인으로 받아들이는 것은 괜찮은가? 가난한 사람에 대해서는 아무런 관심도 없는 부자 CEO는 어떤가? 그 사람에겐 아무런 제약이 없는가? 일관된 성 윤리를 적용하려면 교회 지도자들은 기독교의 이상적 삶에 미치지 못하는 삶을 사는 모든 사람을 수용할 수 있는 방안을 마련해야 하는가?

그러나 홈스의 '목회적 수용'이 제 몫을 하려면 신약성경 윤리의 방향과 논리를 반영해야 한다고 나는 제안하고 싶다. 간단히 말해서, '현실'과 '당위'를 구분해야 한다는 것이다. 교회와 목사들이 수용의 여지를 마련**한다**는 것은 사실이다. 여기에서 윤리적 문제는 그러**해야 하는가**다. 교회가 새 언약에 따라 순종해야 하는 것들 중에서 더러 느슨해지는 것들이 있다면 다른 영역에 대해서도 그러한 관용을 보여야 한다고 우리는 성경적으로 건전하고 일관되게 주장할 수 있는가?[10]

성경이 확고하게 동성 간 관계를 금지한다고 생각하는 경우라 하더라도, 대부분의 목사들은 사역의 실제적 문제는 그렇게 흑백으로 쉽게 갈리지 않는다는 것을 안다. 성경이 동성 관계에 대해서 무엇이라고 말하는지에 대해서 한 목사 그룹과 이야기한 적이 있는데, 내 강의의 마지막 한 시간은 질의응답 시간으로 열어 두었다. 그때 (비긍정 관점에 있는) 어느 목사가 말했다. "지난 주일에 처음으로 레즈비언 커플이 교회에 나왔는데, 둘이 같이 손을 잡고 예수님을 영접하러 앞으로 나왔어요. 이제 어떻게 해야 합니까?"

어떤 사람들은 로마서 1장을 인용하면서 그들을 보내 버릴 것이다. 그러나 내가 아는 가장 보수적인 목사도 그게 최선의 접근은 아니라는 것을 알고, 전통적 성 윤리에 충실한 다른 접근들이 많을 수 있다

---

[10] 어떤 사람들은 초대교회가 옛 언약의 섭식법과 할례법을 개정한 것은 (예를 들어, 행 15장) 그러한 수용이 필요하고 성경적임을 보여 주는 것이라고 주장한다. 그러나 이 1세기의 논쟁은 새 언약에 속하는 신자들의 삶 속에 남아 있는 옛 언약의 위치에 대한 것이었다. 오늘날 교회가 직면하는 문제는 신약성경의 가르침 자체이지 이스라엘에 주어진 특정 율법이 교회에도 적용되느냐의 문제가 아니다.

는 것을 안다. 그 목사에 대한 나의 답변은 이러했다. "우선 그들을 알아 가는 데에 많은 시간을 보내고, 그들이 새롭게 발견한 예수님과의 관계를 어떻게 목양해 갈지에 대해서 교회 내 다른 지도자들과, 그리고 그 커플과 함께 기도하십시오." 이러한 대응이 교회 안에 레즈비언 커플을 수용할 자리가 있는가 하는 궁극적 질문을 해결하는 것은 아니다. 그러나 우리의 윤리적 관점을 사역의 일상에 통합시키려 할 때 가장 좋은 방법은 언제나 진정한 관계를 맺는 데서부터 시작하는 것이다.

이 논의의 향후 방향

이 책의 논의를 돌아보고 또한 믿음과 섹슈얼리티에 대한 앞으로의 논의를 내다보면서 네 가지 제안을 한다.

첫째, 이 책의 대화 방식이 앞으로의 대화에도 모델이 되기를 바란다. 동성애에 대한 대화는 대개 분노와 오해, 혼란과 혹평으로 점철되어 있다. 이 책의 논쟁은 명확하고, 친절하고, 우호적인 태도로 진행되었다는 것을 독자들이 알아보았기를 바란다. 친절함은 물론 자신의 모든 신념을 제쳐 둔다는 뜻이 아니다. 오히려 우리는 리처드 마우Richard Mouw의 조언을 따라 "신념을 가지되 예의바르게" 대화해야 할 것이다. 신념을 갖되 예의를 갖추고, 상대의 인간됨을 존중하면서 논쟁해야 한다.

둘째, 이 책의 모든 글이 사려 깊고 지적인 도전을 준다고 나는 생각하는데, 이러한 접근이 독자들에게 더 폭넓게 다가가기를 바란다.

학문적 논의는 그 성질상 더 생각이 깊을 수밖에 없지만, 이러한 생각이 일반 신자들에게까지도 흘러가기를 바란다. 보수주의자들은 "아담과 스티브Steve가 아니라 아담과 이브Eve다" 하는 식의 논쟁에서 벗어나야 하며, 진보주의자들은 사랑의 얄팍한 정의에 기대어 성경이 말하는 거룩함과 성적 부도덕을 다 무시해 버려서는 안 된다. 더 깊어야 하고, 더 정확해야 하고, 상대가 실제로 무슨 말을 하는지 더 많이 들어야 한다.

셋째, 내가 서문에서 말했고 이 책의 모든 글이 보여 주었듯, 성경이 무엇을 **말하는지**를 넘어서 성경이 무엇을 **의미하는지**를 이해하려 애써야 한다. 우리는 또한 성경이 21세기 교회에 적용되는지의 **여부**가 아니라 **어떻게** 적용되는지 물어야 한다. 의미에서 **적용**으로 너무 빨리 넘어갈 수는 없다. 석의도 물론 필요하지만 앞으로의 대화가 윤리와 신학에도 더 많은 주의를 기울이기를 나는 바란다.

마지막으로, 동성애에 대한 문제는 성소수자와 거리를 두고 이야기 할 수 있는 게 아니다. 그래서 나는 이 책의 모든 필자가 실제 사람들을 염두에 두고 자신의 관점을 발전시킨 것에 무척 감사한다. 동성애 관계에 대해서 더 알고 싶은 이성애자들은 게이와 레즈비언들을 실제로 알아야 한다. 경험이 우리의 윤리를 정해서는 안 되지만, 우리의 윤리적 관점을 실제 삶에 통합시키는 방식은 경험의 영향을 받아야 한다.

신앙과 섹슈얼리티에 대한 엄밀하고, 사려 깊고, 지적인 논의와 논쟁은 여전히 필요하다. 그러나 이것을 지켜보는 사람들, 특히 우리의 게이와 레즈비언 친구들과 이웃들이 예수님으로부터 덜이 아니라 더욱 감명을 받도록 해야 한다. 그리스도인이 된다는 것은 기독교의 관점을 따르는 것을 넘어 그러한 관점을 기독교다운 방식으로 표현하는 것이다. 그렇게 해야 비로소 사람들은 교리의 **내용**에서만이 아니라 교리의 **어조**에서도 그리스도를 볼 수 있을 것이다.

옮긴이의 글 양혜원

편집자의 서문과 결론까지 있는 이 책에 옮긴이의 글을 덧붙이기로 한 이유는, 지금까지 많은 책을 번역한 경험으로 미루어 미국의 논의가 한국 사회와는 어느 정도 차이가 있다는 것을 알기 때문이고, 더욱이 동성애 논쟁과 같은 예민한 사안에 대해서는 특히 안내가 필요하지 않을까 생각했기 때문입니다.

십 년도 더 전에 저는 존 스토트의 『동성애 논쟁』(홍성사)을 번역했습니다. 원래는 『현대 사회 문제와 그리스도인의 책임』(IVP)의 한 장이었는데 따로 낱권으로 번역 출간되었지요. 현대 복음주의의 교부라 할 수 있는 존 스토트가 그 책에서 논의한 것과 비교해 보면, 그때에 비해 지금 이 책의 논의가 훨씬 더 발전했음을 알 수 있습니다. 이 책의 편집자인 프레스턴 스프링클도 지적하지만, 그중에서도 가장 중요한 변화는, 동성애 관계에 대해 복음주의 안에서도 서로 다른 목소리들이 나오고 있다는 것입니다. 그러니까 반대 일변도가 아니라 찬성하는 목소리들이 들려온다는 것이지요. 그리고 한국에서도 비슷한 변화들이 일고 있습니다.

저는 이 문제가 편들기나 편 가르기로 가는 것은 바람직하지 않다고 봅니다. 그리고 손쉬운 도덕적 정죄는 더더욱 바람직하지 않다고 봅니다. 도덕적 정죄는 동성애자들이나 동성애 지지자들만을 향하지 않습니다. 동성애를 반대하는 집단도 민주주의와 인권 증진에 심각한 걸림돌이 되는 존재로 그 반대 진영으로부터 정죄를 받고 있습니다. 이렇게 진리 수호와 정의 수호 두 진영으로 동성애 논의가 정치 이슈화되면, 이 책에서 중요하게 지적하는 것처럼 실제 사람을 놓치기 쉽습니다. 그래서 저는 동성애 자체를 두고 논쟁하기 전에 우리가 중요하게 생각해 보아야 하는, 그리고 그 논쟁의 중요한 배경이 되는 성과 결혼 제도와 기독교 공동체에 대해서 살펴보고 고찰하는 것을 대화의 출발점으로 제안하려 합니다.

먼저 한 가지 중요하게 짚고 넘어가야 하는 것은, 이 책의 저자들 중에서 동성애자들이 실제로 존재한다는 현실을 부인하는 사람은 하나도 없다는 것입니다. 아무래도 동성애자인 웨슬리 힐의 글이 가장 강력한 증거일 텐데, 또한 윌리엄 로더도 강조하듯, 동성애는 교정 가능하며 교정해야 하는 심리적 상태가 아니며, 이성보다는 동성과 친밀한 관계를 맺기를 갈망하는 사람들이 실제로 있고, 따라서 이들의 존재를 부인해서는 안 됩니다. 홈스는 여기에 더해, 모든 사람이 어느 정도 동성과 이성 모두에게 끌린다는 최근의 연구도 지적합니다. 이 책에서 견해가 갈리는 지점은, 동성애자들의 존재가 아니라 동성 간의 성관계, 그리고 나아가서 동성 간 결혼에 대한 것입니다.

그에 이어서 저자들 모두가 암묵적으로 동의하는 중요한 한 가지 지점은, 성관계는 결혼이라는 배타적 관계 안에서 행해야 한다는 것입니다. 동성 결혼을 찬성하기 때문에 얼핏 진보적으로 보이는 것 같은 로더나 메간 드프란자도, 직접 명시하지는 않지만 동성애자들의 성관계가 결혼 안에서 맺어져야 한다는 것을 전제하고 있습니다. 그렇게 본다면 이들의 관점이 어떤 면에서는 동성 결혼을 지지하지 않는 웨슬리 힐과 스티븐 홈스의 관점과 크게 다르지 않음을 알 수 있습니다. 파트너가 이성인가 동성인가만 다를 뿐, 성-사랑-결혼의 고리는 여전히 유효하기 때문입니다. 반면에 아우구스티누스의 결혼관을 지지하기 때문에 보수적으로 보이는 힐과 홈스의 글을 자세히 보면, 오히려 결혼 제도를 상대화하는, 성에 대해 다소 급진적인 관점을 엿볼 수 있습니다.

그 급진적인 입장이란, 성관계는 그리스도인으로서 그리고 인간으로서 충만하게 사는 데에 반드시 필요한 게 아니라는 것입니다. 기독교가 로마 사회에 소개한 새로운 생활양식은 바로 인생의 일정 시기가 아니라 평생을 독신으로 사는 것이었습니다. 독신의 삶은 여성들에게 특히 인기가 있었습니다. 원하지 않는 성관계를 피할 수 있었고, 사망할 가능성이 지금보다 높았던 출산도 피하고, 남성에게 어느 정도 종속되지 않은 채 살 수 있었기 때문입니다. 아시다시피 바울은 결혼하기 전에 예수님을 믿은 처녀들에게 그냥 그대로 지내라고 권합니다. 그 말을 듣고 실천한 전설적인 인물로 테클라Thecla가 있습니다. 외경에서 거의 사도의 반열에 오른 인물로, 페미니스트들이 아주 좋아하는 여성입니다.

2세기에서 5세기에 이르는 기독교 초기의 역사를 보면, 결혼을 했던 사람도 예수를 믿으면 성관계를 중단하고 기도와 경건 생활에 전념한 경우가 많은데, 나중에는 처녀성 자체를 높이 사는 문화가 생기면서, 성 경험이 있는 과부들보다 처녀들이 교회에서 더 존귀한 자리를 차지하게 되었습니다. 처녀성에 대한 강조는 비단 여성뿐만 아니라 남성에게도 부과되어서 점차 성직은 처녀 총각들의 몫이 되었지요. 그래서 혹자는 이러한 성관계 기피와 순교까지 생각하면, 기독교가 그렇게 확산된 게 신기하다고도 말합니다.

만약 우리가 이러한 기독교 역사 초기의 성 문화를 계속 이어 갔다면 동성 간 성관계가 그렇게 문제되지 않았을 수도 있습니다. 이성애자에게도 성관계는 가능하면 피하는 게 좋은 것이었을 테니 말입니다. 어쩌면 이성애자들은 인류의 존속을 위해서 불가피하게 한 해에 몇 번은 성관계를 할 수밖에 없는 짐을 진 자들로 여겨졌을지도 모릅니다. 그러나 아시다시피 역사는 그렇게 흘러가지 않았습니다.

사실 기독교 초기에도 독신을 더 나은 생활양식으로 주장하는 파와 결혼해서 건전한 가정을 꾸리는 것을 더 나은 생활양식으로 주장하는 파가 나뉘어 있었습니다. 그러나 결국 전자가 승리했습니다. 물론 대다수의 사람은 결혼 생활을 했습니다. 그렇기 때문에 독신으로 사는 더 높은 소명과 결혼 생활을 하는 범상한 삶이라는 위계가 생기게 된 것이지요. 물론 이것은 표면적인 이야기일 뿐이고, 실제 인간의 성생활은 훨씬 더 복잡했습니다. 종교개혁 당시 개신교파에서 주로 희화화했던 가톨릭의 모습 중 하나가 귀부인을 유혹하는 신부나 수사들이었습니다. 그들의 이중성을 비난한 것이지요.

다시 초기 기독교의 이야기로 돌아가서, 독신이 더 높은 소명으로 자리 잡은 교회에, 아우구스티누스는 결혼을 하는 대다수 범상한 사람들을 위해서 신약성경 구절에 기초해 그 생활에 신학적 의미를 부여해 주었습니다. 그리고 교회는 결혼을 성례에 포함시키기에 이르지요. 물론 개신교는 나중에 이 성례를 폐지했지만, 결혼은 여전히 성스러운 것으로 여겨지고 있습니다.

그러나 드프란자의 글에서 감지할 수 있겠지만, 교회에 이러한 공헌을 한 아우구스티누스를 페미니스트들은 좋아하지 않습니다. 드프란자가 말하는 동방교회의 전통은 육체의 적절한 통제를 통해 영적·정신적·지적 자유에 이르는 그리스 문화의 파이데이아_paideia_ 전통을 따랐고, 그래서 육체의 욕망을 통제할 수만 있다면 남자든 여자든 비교적 평등할 수 있었습니다. 니사의 그레고리우스와 그의 누이 마크리나_Macrina_의 관계가 대표적 예입니다. 반면에 아우구스티누스는 통제할 수 없는 자신의 성욕에서 완전히 타락한 인간의 의지를 보았고, 여성은 남성의 그러한 통제 불능한 성욕을 부추길 수 있는 존재라고 보았습니다.

아우구스티누스는 성과 육체를 하나님의 선한 창조물로 긍정함으로써 오히려 여성을 더 억압하는 결과를 가져왔다고 할 수 있습니다. 무슨 말인가 하면, 원래는 성관계도 거룩한 것이었는데 인간이 완전히 타락했기 때문에 욕정 없이 성관계를 가질 수 없게 되었고—뒤집어 말하면, 욕정 없이 성관계를 가지기 힘든 것으로 보아 인간의 의지는 완전히 타락한 게 분명하고—따라서 성욕은 최대한 억제하되 오직 출산을 위해서 혹은 파트너가 죄를 짓지 않게 하기 위해서만 할 수 있다고 보았기 때문입니다. 영적·정신적·지적 영역이 육체보다 확실히 우위에 존재하면, 성차는 오히려 사라질 수 있습니다. 그러나 성과 육체도 하나님의 선한 창조물이라면 그것을 긍정해야 하는데, 또 한편으로는 통제할 수 없는 성욕에서 보듯 그것이 심각하게 타락한 상태라면, 결국 질서 유지를 위한 외부의 통제가 필요할 수밖에 없는 것이지요. 그래서 차라리 육체가 정신에 비해 덜 중요하다고 보는 관점보다 이쪽이 더 문제적인 관점이 되었다고 페미니스트들은 지적하는 것입니다. 하지만 결국 아우구스티누스도 결혼보다는 독신이 그리스도인에게 더 나은 생활양식이라고 보았습니다.

지금까지 살펴본 바에 의하면, 기독교는 적어도 개신교가 등장하기 전까지는 전반적으로 성관계를 그다지 환영하지 않았습니다. (사실 성직과 처녀성을 연결하지 않았을 뿐, 개신교가 등장하고도 한참 동안 성은 그리스도인의 생활에 그렇게 중요한 게 아니었습니다.) 성관계가 이성애자에게나 동성애자에게나 다 중요하지 않게 되면, 수도원의 남녀 수사들처럼 좋은 친구들이 되겠지요. 아우구스티누스는 결혼 관계도 그러한 우정의 관계를 발전시킬 수 있는 도구라고 했습니다. 힐이나 홈스가 우리가 잃어버린 전통으로서 회복해야 할 영적 우정에 대해서 이야기하는 것에는 이러한 역사적 맥락이 있습니다.

이렇게 생각해 볼 수 있습니다. 만약에 이성애자 그리스도인이 결혼을 하는 것은 출산을 위해서이고, 오직 그 목적으로만 성관계를 (욕정 없이) 갖고 아이가 태어나면 성실하게 책임껏 (집착 없이) 하나님의 자녀로 키우는 것이 결혼의 주 임무라면, 지금과 같은 방식의 동성 결혼 논쟁이 교회 안에서 일어났을까요? 그리스도인의 결혼이 이런 것이라면, 그것은 하나님 나라를 위해 특정 임무를 받은 관계일 뿐이고, 따라서 결혼이나 가족을 우상화하지 않을 수 있었겠지요. 이것은 유진 피터슨이 『거북한 십대, 거룩한 십대』*Like Dew Your Youth*(홍성사)에서 지적하는 부분이기도 합니다. 결혼을 통한 1차 가족은 믿음으로 형성된 2차 가족 안에서 상대화되어야 한다고 말입니다.

그러나 홈스는 지금 우리가 사는 시대는 성관계가, 그리고 결혼이라는 특별한 관계가 매우 중요한 사회이고 따라서 이러한 사회에서 형성된 우리가 이 문제를 도외시하는 것은 불가능하다고 인정합니다. 이러한 구조 밖에서 자기 정체성과 친밀함을 구성하기 힘들다는 말입니다. 하지만 또 한편으로는 결혼을 그리스도인의 성숙에 반드시 필요한 것으로 만들어 버린 개신교 교회는 자기 문화에 굴복한 것이라고 지적하기도 합니다.

잠시 무대를 동양으로 옮겨 보겠습니다. 서구 사회가 오래전부터 일부일처제를 규범으로 발전시킨 것과 달리, 동양에서는 남자들이 여러 명의 아내를 두는 것에 대해 관대했습니다. 중국에 기독교가 처음 전파되었을 때, 아끼던 첩을 버릴 수 없어서 회심하기를 포기한 한 고위직 관리의 이야기가 전해질 정도입니다. 서구는 기독교를 전파하며 그 나라에 그들의 성 문화도 전파했고, 따라서 일부일처제를 규범으로 강요했습니다. 아프리카에서 처를 여러 명 둔 사람이 회심했을 때 첫 부인만 두고 다 헤어지게 했을 경우의 문제를 홈스가 지적한 것은 아주 현실적인 이야기입니다. 가톨릭이든 개신교든 그렇게 요구한 결과 아프리카나 남미에서는 많은 가정이 해체되었습니다.

그러나 현실적으로 축첩제도를 좋아할 여자는 없습니다. 생계 때문에 어쩔 수 없이 그러한 제도가 성립된 지역에서도, 여자들은 남편이 새로운 아내를 들일 때 고통스러워한다고 합니다. 일본의 우치무라 간조內村鑑三, 1861-1930도 자기 문화의 축첩제도를 비판했습니다. 그런데 유교 문화권은 여러 아내를 두는 것에 대해서 양가적 면을 가지고 있었습니다. 조강지처를 버리는 것에 대한 비판은 첩을 두는 것에 대한 부정적 태도인데, 아들을 남기는 것이 중요하기 때문에 후사를 위한 축첩에 대해서는 관대했지요. 1960년대까지만 해도 한국에서는 아들을 낳기 위해 남편이 첩을 들이는 것에 대해 부인들이 어느 정도 찬성하는 편이었습니다. 대를 잇지 못했다는 책임을 지느니, 차라리 첩을 들이는 게 낫다고 본 것이지요.

아시다시피 유교 문화권에서 가정은 종교적 단위입니다. 남녀가 유별한 것을 아는 것이 짐승과 구분되는 인간 문명의 표시인데, 그 유별한 남녀는 개인이 아니라 부계로 이루어진 가족의 틀 안에 있는 관계적 존재로서 자신의 성별에 맞게 주어진 부부의 예를 지키는 게 유교의 종교적 실천입니다. 전 세계적으로 동성애와 동성 결혼에 대한 태도를 종교에 따라 연구한 것을 보면, 한국과 일본과 대만과 홍콩 등의 유교 문화권은 기독교가 주를 이루는 유럽이나 북미에 비해 부정적이고, 이슬람권에 비해서는 관용적인 편으로 나옵니다.[1] 특별히 어떠한 유교적 요소가 동성애에 대한 태도와 연관이 있는가 하면, 바로 이혼에 대한 태도입니다. 즉, 이혼에 대해 부정적인 입장이 동성애에 대한 부정적인 입장과 상관성이 높다는 것입니다. 여기에서 이혼에 대해 부정적인 입장이란 실제의 이혼율과는 무관한, 이혼에 대해 전반적으로 부정적인 사회의 반응을 일컫습니다. 논란의 당사자들 중 한 명이 이혼을 했다는 게 밝혀지자 그 점이 여론에 영향을 주었던, 최근 한국

---

[1] Amy Adamczyk, *Cross-National Public Opinion about Homosexuality: Examining Attitudes across the Globe* (Oakland, California: California University Press, 2017).

에서 일어난 사건에서도 볼 수 있듯이, 한국 사회는 실제 이혼율과 무관하게 여전히 이혼에 대해 부정적이며, 이혼한 여성에겐 결함이 있다고 인식하고 있습니다.

이혼에 대한 부정적인 인식은 결국 가족 자체가 종교적 실천의 한 단위로 인식되는 것과 밀접하게 관련한다고 저는 봅니다. 그리고 유교 가족의 종교적 표현은 다른 어떤 것보다도 부부의 윤리에 집중되어 있지요. 자식이 부모에 대한 도리를 다하지 못하면 패륜이 되고, 배우자 이외의 대상과 맺는 문제적 관계는 불륜이 되는데, 패륜아보다 불륜 여성이 훨씬 더 많은 지탄을 받는 것을 볼 수 있습니다. 그러나 또 한편으로는 형식적 부부 관계만 유지한다면 부부가 떨어져 살아도 크게 문제 삼지 않는 게 이 문화의 특징이기도 합니다. 일본에서부터 시작된 '졸혼'이라는 현상은, 이혼에 대한 사회의 부정적 인식을 피해 가는 타협이라고 할 수 있는데, 서구에서는 이해하기 어려운 현상입니다. 부부가 그 지경이 되면 이미 결혼 생활은 끝난 것이라고 보기 때문입니다. 그러나 유교 문화권에서는 가족이라는 틀이 중요하기 때문에 그 형태를 유지하는 일이 훨씬 더 중요한 것입니다.

게이인 지인으로부터 제가 들은 바에 의하면, 한국에서는 그리스도인 중에서도 게이들이 제법 있는데, 대부분의 경우 정상적인 가정을 꾸리고 남성 파트너를 애인으로 두고 있다고 합니다. 가정이 종교적 단위인 유교 문화권에서는 아마도 많은 남자와 여자가 종교적 의무처럼 관습에 따라 결혼을 하고 아이를 낳은 후, 애정 관계는 결혼 관계 바깥에서 다른 방식으로 충족했을 수 있습니다. 그 대상이 동성이었는지, 이성이었는지, 성관계가 개입되었는지 아닌지는 그들만의 사정이겠지요. 아마도 "내가 하면 로맨스고 남이 하면 불륜"이라는 말은 이러한 문화적 맥락에서 생겼으리라 짐작합니다.

저는 그리스도인이라고 해서 이러한 행태에 큰 차이가 있다고 보지는 않습니다. 여자의 처녀성을 여전히 중요시하는 문화라고 해도, 일단 결혼한 후에는 어쩌면 더 자유롭게 성애의 경계를 넘나들 수 있기 때문입니다. 게다가 한국 문화 일반과 마찬가지로 가족의 형식적 틀 자체를 지키는 것에 더 비중을 두지요. 제가 한국 교회나 사회에서 관찰한 바로는 상대가 결혼을 했다면 마치 무슨 안전벨트라도 매었다는 듯 따로 만나서 밥도 먹고 술도 마시고 합니다. 결혼한 상대와는 무슨 일이 일어나지 않을 것이라 생각해서 오히려 안심하는 것 같습니다. 하지만 배우자 이외의 대상과 갖는 이러한 친밀한 관계는 언제든 선을 넘을 수 있지요. 꼭 침대까지 가지 않더라도 말입니다. 미국의 펜스 부통령의 '펜스 룰'도 괜히 나온 말은 아닙니다. 커플 중심의 문화가 확고한 서구에서는 오히려 하지 않을 일을, 한국 사회는 결혼이라는 틀이 주는 안정감을 믿고 오히려 자유롭게 하고 있습니다.

이러한 문화 속에서 지금 우리 사회가 겪는 변화는 한편으로는 전통적 결혼과 가족 관계를 거부하는 것이고, 또 한편으로는 그러한 전통적 틀에서 벗어나 자신의 성애적 관계를 드러내고 인정받고 싶어 하는 욕구가 커진 것입니다. 전자는 비혼의 증가로 나타나고, 후자는 동성애자들의 커밍아웃으로 나타나고 있습니다. 그리고 교회는 이것을 심각한 윤리적 위기로 인식하고 있습니다. 그러나 지금까지 살펴본 바에 의하면, 한국 교회의 성과 결혼은 기독교가 발전시킨 성과 결혼의 신학과 이미 상당한 거리가 있습니다. 물론 성에 대해 보수적인 입장은 마치 그 신학을 잘 지킨 것처럼 보일 수 있지만, 혈연관계 중심의 가족과 결혼에 집착함으로써 싱글들을 문제적 존재로 대하고 동성애자들을 사회악처럼 대하는 것을 볼 때, 교회가 지킨 것은 유교 사회의 보수적 성이지 기독교가 발전시킨 성과 결혼의 신학은 아닙니다. 너무도 산적해 있어 해결도 포기했다는 남성 목회자들의 성범죄를 보아도 그렇습니다. 그러나 홈스가 지적하듯, 기독교가 발전시킨 성과 결혼의 신학에서 벗어나기는 서구 교회도 마찬가지입니다. 그래서 그는 동성 결혼에 대한 요구를 서구 교회에서 일어나는 특수한 현상으로 보고 세계 교회의 상황과 맥락 안에서 상대화하는 것입니다.

조금 정리해 보겠습니다. 다시 한 번 강조하지만 이 책의 저자들 중에서 동성애자들 자체를 문제 삼는 사람은 하나도 없습니다. 문제가 되는 것은 동성 간 성관계와 동성 간 결혼인데, 네 사람 모두 성관계는 결혼 안에서 이루어져야 한다는 전제하에, 로더와 드프란자는 그것이 동성 간 관계에도 허용되어야 한다고 보고 그렇게 할 수 있는 성경적·신학적 근거를 제시하고 있습니다. 반면에 힐과 홈스는 기독교가 발전시킨 결혼의 신학이 무엇인지 살펴보면서 이성애 결혼 자체를 상대화하고 있습니다. 즉 이성애자 그리스도인들은 아무 생각 없이 결혼을 하는 것 같은데, 왜 하는지 생각은 해 보았냐고 묻는 것입니다. 그리고 저는 지금까지 기독교 역사와 전통 안에서 성관계와 결혼이 차지한 자리를 특별히 여성의 지위의 관점에서 정리하고, 서구 선교사들의 전도를 통해 기독교를 받아들인 유교 문화권에서 성과 결혼이 지닌 의미를 살펴본 후, 한국 교회의 상황을 몇 가지 지적했습니다.

여기서 내릴 수 있는 결론 두 가지는, 첫째로 동성애자들의 존재

자체가 도덕적 위협은 아니라는 것, 둘째로 한국 교회는 이성애자들의 성과 결혼 문화를 먼저 성찰해야 한다는 것입니다. 거듭 말하지만, 우리 모두가 성관계를 가지지 않는다면 동성애가 문제될 게 없습니다. 가톨릭은 아직도 성직과 처녀성을 연결하기 때문에 동성애자들에게 숨통을 틔워 줄 여지가 있습니다. 우리가 잘 아는 헨리 나우웬도 동성애자였습니다. 그는 성관계를 맺지 않으면서 친밀한 우정의 관계를 발전시키는 법을 자신의 종교 전통 안에서 배웠습니다. 개신교 목사들 중에 독신을 택하는 이들이 많이 나오면, 성관계를 금지당한 동성애자들의 처지를 더 잘 이해할 수 있을지 모르겠습니다. 그리고 어쩌면 동성애 관계를 금지하는 발언에 더 권위가 실릴지도 모르겠습니다.

마지막으로, 그렇다면 왜 성관계는 반드시 결혼 안에서 행해야 한다고 주장하는가라는 문제에 대해서 생각해 보겠습니다. 우선, 이것부터 생각해 봅시다. 동성애자들 중에 정상 가정을 꾸리고 별도로 동성 애인을 두는 경우가 있다는 사실로부터, 동성애자들이 이성과 성관계를 갖지 못하거나 임신을 하지/시키지 못하는 게 아님을 알 수 있습니다. 이것은 앞에서 말한 대로 사람은 이성과 동성 모두에게 끌린다는, 즉 이성애 지향과 동성애 지향은 스펙트럼처럼 존재한다는 것을 뜻합니다. 만약 성관계와 결혼이 정말로 출산을 위해서만 존재해야 한다면 동성애자와 이성애자의 결혼 관계도 기독교가 수용하지 못할 이유는 없다고 봅니다. 전통적으로 기독교가 금지한 것은 동성 간 성관계이지 동성애자가 이성애자와 결혼해서 가정을 꾸리는 것을 금지한 것은 아니었기 때문입니다. 다만 이때, 만약 결혼 밖에서 만나는 동성이 있다면 애인이 아닌 조금 색다른 우정 관계에 머물러야 하겠지요. 게다가 실제로 섹스를 별로 좋아하지 않는 여성의 경우 아이를 얻기 위한 섹스 이상의 관계는 오히려 불편해 하거나 원하지 않을 수도 있습니다. 그렇지 않아도 오늘날 한국이나 일본 사회는 섹스리스 부부가 많은 것으로 유명하지요. 이 책의 저자들도 지적하지만, 결혼에서 성관계는 그리 큰 비중을 차지하지 않는 경우가 종종 있습니다.

사실 역사적으로 성과 결혼이 분리된 때는 그리 멀지 않습니다. 그것은 피임의 혁명과 연관이 있지요. 18세기 영국에서 여성들이 주장했던 자유 결혼은, 자신의 결혼을 임의로 결정할 수 있어야 한다는 주장이 아니라, 결혼 관계 안에서 성관계를 거부할 수 있어야 한다는 주장이었습니다. 『여성의 예속』The Subjection of Women(이화여자대학교출판문화원)의 저자로 유명한 존 스튜어트 밀은, 자기 아내 해리엇 테일러 밀과 실제로 성관계 없는 결혼 생활을 유지했습니다. 제대로 된 피임법이 없고 남편의 협조도 구하기 어려웠던 시절, 여성들은 어떻게든 임신을 통제해 보려고 애썼습니다. 게다가 성관계가 늘 임신의 가능성을 내포한다면 결혼하지 않은 상태에서의 성관계는 아무래도 위험 부담이 많았겠지요. 지금도 그렇지만, 결혼하지 않은 여성의 임신은 종종 빈곤으로 직결되었습니다. 따라서 결혼의 속박 없이 성생활이 가능해진 것은 피임법의 발달과 깊은 연관이 있습니다. 물론 여성의 경제적 지위 상승과도 상관이 있고요. 그래서 아직도 (공식적으로는) 결혼 관계 안에서만 성관계를 허용하는 기독교는 비종교인들의 눈에 케케묵은 성 윤리를 고수하는 것입니다. 하지만 그렇다고 해서 비종교인들이 생각하는 성과 사랑과 결혼이 딱히 진보적인 것도 아닙니다.

역사적으로 결혼은 지킬 것이 있고 물려줄 것이 있는 특권층에게 의미가 있는 것이었습니다. 성공하고자 하는 남자는 좋은 가문의 여자와 결혼해야 했지요. 아우구스티누스는 그 길을 버리고 독신의 길을 택한 사람입니다. 말하자면 반문화적 선택이었지요. (물론 그에게는 회심 전에 일찍부터 동거하면서 아이까지 낳은 여자가 있긴 했습니다.) 결혼이 신분에 기초하는 데서 벗어나 낭만적 사랑에 기반을 두는 개인 중심의 배타적 이성애 관계로 자리 잡은 역사는 불과 2백여 년밖에 되지 않습니다. 동양은 그보다 더 역사가 짧지요. 또한 서구에서는 1960-1970년대에 성 혁명을 거치면서 그러한 결혼 제도도 여전히 가부장제를 존속시키는 문제적 제도로 지목되었고, 그래서 홈스가 지적하듯 동성 간 결혼에 대한 제안에 처음에는 동성애자나 페미니스트 모두가 회의적이었습니다. 오늘날 서구에서는 결혼이 결국 돈 문제라는 인식이 강합니다. 여러 가지 세금 감면이나 경제적 혜택이 있기 때문입니다. 그래서 결혼을 택하는 동성애자들이 오히려 그 선택에 대한 변명을 해야 하는 경우도 있습니다.

사실 동성애든 이성애든 결혼의 틀 안에서는 비슷한 사랑의 각본을 씁니다. 낭만적 사랑에 근거한 개인의 선택이라는 신화가 교회 안에서나 밖에서나, 동양에서나 서양에서나 아직도 강하게 작용하기 때문에, 돈 때문에 결혼한다든지 신분 때문에 결혼한다든지 심지어 아이를 낳고 싶어서 결혼한다든지 하는 이유들에 대해서는, 마치 오직 사랑에만 근거해야 하는 신성한 결혼에 큰 흠집을 내는 것처럼 반응하기도 하지요. 제가 보기에 로더와 드프란자는 오히려 그러한 낭만적 사랑의 패러다임 안에서 동성 결혼을 보지 않나 생각합니다. 이러한 낭만적 사랑의 패러다임은 성-사랑-결혼을 한 단위로 봅니다. 물론 성관계의 대상은 여러 명일 수 있지만 결정적인 한 사람, 운명의 대상을 만나야 한다는 사명이 있고, 우여곡절 끝에 맺어진 그 사랑은 결혼 프러포즈에서 절정에 이르지요. 하지만 낭만적 사랑에 대한 강조는 오히려 그러한 사랑이 없는 결혼에 대해 더 스트레스를 유발할 수 있습니다. 반면에 힐이나 홈스가 제시하는 패러다임은 성-결혼-출산입니다. 기독교에서 말하는 사랑은 로맨틱한 사랑의 범주보다 넓기 때문입니다. 그래서 굳이 결혼 신학의 규범을 바꾸면서까지 동성 간 결혼을 허용해야 하는가 하고 묻는 것입니다. 힐과 홈스의 제안은 표면적으로는 한국 사회의 전통적 모델에 가깝습니다. 오늘날 한국의 결혼 제도/문화는 성-결혼-출산에 낭만적 사랑까지 더하려 해서 더욱 힘든 것이 되고 있는 반면, 기독교가 오랫동안 옹호해 온 독신의 삶에 대해서는 여전히 배타적입니다.

마무리를 하겠습니다. 제가 동성 간 성관계 및 동성 간 결혼 논의에 대한 책을 소개하면서 동성애 관계의 허용 여부 자체에 초점을 맞추지 않고, 폭넓게 기독교의 성과 결혼 신학 및 문화에 대해서 간략하게나마 살펴본 이유는, 어떠한 입장을 취하건 성이라고 하는 것과 어떻게든 연관이 있는 그리스도인 모두에게 이 논의가 성찰의 기회가 되어야 한다고 생각하기 때문입니다. 우리는 누구나 친밀한 관계를 맺을 대상이 필요한데, 가족과 지역 공동체가 해체된 오늘날에는 배타적 애정 관계에 있는 대상으로부터 그 필요를 전부 충족받으려 하는 경우가 많습니다. 한국 사회의 경우, 가족은 점점 더 부담스러운 것이 되고 있고, 독자적으로 사랑을 찾아 나서기에는 아직 개인의 서사가 충분히 발달하지 않은 상황에서 동성애 이슈가 등장했습니다. 저는 이것이 도덕적 정죄의 계기가 되기보다는, 우리 각자가 갈망하는 사랑은 무엇인지 되돌아보는 계기가 되었으면 좋겠습니다. 그 사랑은 성관계를 수반할 수도 있고 수반하지 않을 수도 있습니다. 성관계가 있다고 해서 진보적인 것도 아니고, 없다고 해서 보수적인 것도 아닙니다. 그리스도인은 진보나 보수 없이 그리스도의 모범을 따를 뿐입니다. 그리고 그분은 결혼을 하지 않으셨습니다.

주제/저자 찾아보기

가부장적 결혼 140-143, 145-146,
　167-169, 183-185, 190
『가짜 아리스테아스』(Pseudo-Aristeas)
　40
『가짜 포킬리데스』(Pseudo-Phocylides)
　40-41
『가톨릭교회 교리』(Catechism of the
　Catholic Church) 219
가톨릭 노동자 운동(Catholic Worker
　Movement) 330
『가톨릭 동성애자』(Gay and Catholic)
　253-254
간성인 사람들/고자 111-114, 161,
　188-189, 256
　결혼이 금지됨 319-321
　에 대한 예수님의 논의 52-53, 320
　에 대한 요세푸스의 논의 47
　에 대한 신약성경의 논의 115-123
　창세기에 언급되지 않은 하나님의
　　창조의 일부로서 113-114, 143,
　　171-172, 179-180
　에 대한 알렉산드리아의 필론의 논의
　　46-47
간음 34-35, 98, 106
　에 대한 예수님의 논의 84, 98, 106
　에 대한 『가짜 포킬리데스』의 논의
　　40
강간 282-283

1세기에는 자연스러운 일로 여겨짐
　132
집단 82, 119, 143
남성 36-37, 41-42, 82
에 대한 알렉산드리아의 필론의 논의
　44-45
개그넌, 로버트(Robert Gagnon) 14
결혼, 동성 간
　을 주장하는 근거들 293-304
　에 대한 견해가 다름에 동의하는
　　그리스도인들 156-159, 186
　현대 서구의 288-293, 310
　에 대한 대안으로서 언약적 동반지
　　관계 298-304
　교제에 대한 인간의 필요를 채워 주는
　　152-153
　의 대안으로서 영적 우정 226-230,
　　235-236, 244-247, 252-254,
　　328-331
결혼, 이성애 (또한 아우구스티누스를
　보라)
　산업혁명으로 인한 변화 168-169
　그리스도와 교회의 138-142,
　　181-183, 189-190, 205-206, 316
　기독교 역사 속의 278-283, 321-323
　에 대한 견해가 다름에 동의하는 그
　　리스도인들 156-159
　에 대한 현대 신학 142, 145-146,

167, 172, 175-176, 182, 237, 273-278
안에서의 피임 274-275
아가서에 묘사된 184-185
갈등을 줄이기 위해서 사회가 권장하는 149-150
에 대한 현재 정의의 확장 가능성 294-297
안에서의 정절 271
고자에게는 금지된 320-321
과 기독교 성 윤리에 대한 홈스의 논의 266-269
현대 서구의 결혼에 대한 홈스의 논의 284-293
과 교제에 대한 인간의 필요 149, 152-153,
불임 커플의 153-154, 168, 295, 310-311, 320
에 대한 예수님의 논의 266-267, 312
가부장적 140-142, 145-146, 167-169, 176-177, 183-185, 190
의 의무에 대한 바울의 논의 148, 183-184
다양한 형태의 172
을 통한 출산 35, 44-45, 47-48, 153-156, 167-168, 176, 187-192, 202-207, 234, 236-237, 315-318, 343-347
재혼 275, 300, 313
과 성적 상호보완성 154-156, 318-320
신학적 진리로서, 이성애 138-147
성례, 혹은 성례적인 150, 232, 270-271
결혼을 통한 성화 150-152

『결혼의 유익에 대하여』(On the Good of Marriage) 16, 187, 242, 270-273, 317-318, 325-327
결혼의 출산 기능 35-36, 44-45, 47-48, 153-156, 236-237, 296-297, 343-347
에 대한 아우구스티누스의 논의 153, 167, 176, 187-192, 202-207, 309
과 피임 274-275
고자 (간성인 사람/고자를 보라)
과도한 행위와 착취에 대한 거부 134-135, 144-145, 164-166
구약성경 (또한 타락을 보라)
에 나오는 남자와 여자의 창조 36, 113-114, 143, 171-172, 179-178, 203-205, 241-244
아담과 하와의 창조 이야기 36, 78-81, 113-114, 164, 171-175, 187-188, 203-205
에 나오는 타락 211-212
동성애 관계에 대한 레위기의 금지 34-36, 117-119, 208-211
십계명 39
그리스-로마 사회
의 동성애 관계에 대한 태도 48-51, 83, 164-166, 280
의 죄에 대한 정죄 128-138, 144-145
의 착취로서의 동성애 행위 83, 97-98, 115-116, 125-128, 144
의 동성애 관계에 대한 요세푸스의 논의 47-48
남성, 여성, 양성에 대한 신화 46, 49
의 남자아이와 성인 남자 간의 성관계 (pederasty) 42-43, 81, 118, 122-123
의 동성애 관계에 대한 알렉산드리아

의 필론의 논의 42-43
　　의 과도한 행위와 착취에 대한 거부
　　　134-137, 144
　　의 노예제도 115-116
근친상간 34-35
『기독교, 사회적 관용, 동성애』(Christianity, Social Tolerance, and Homsexuality) 13
기독교 신앙
　　언약적 동반자 관계의 수용
　　　300-302
　　과 동성애 긍정 31-32
　　과 관련한 이슈들에 대한 견해가
　　　다름에 동의하는 것 156-159, 186
　　과 기독교 윤리 147-148, 266-278,
　　　290-291
　　에 대한 현대적 이해 145-146
　　의 토대로서 성경과 경험 모두 가져
　　　오기 73-76, 100-102
　　과 동성애에 대한 신학에 관한 힐의
　　　견해 219-226
　　과 모든 사람에게 적용되는 예수님의
　　　가르침 192
　　과 성경을 바꾸는 것의 문제 30-31
　　그리스도에 비추어 성경 읽기
　　　200-202
　　과 결혼을 통한 성화 150-152
　　과 성령이 이끄시는 성 윤리
　　　148-156, 185-186
　　과 영적 우정 226-230, 235-236,
　　　244-247
　　과 동성애에 대한 다양한 관점 29
　　이성애 결혼을 신학적 진리로 보는
　　　관점 138-147
『기독교 신학에서 보는 성차』(Sex Difference in Christian Theology) 18

남자
　　나긋하고 여성적인 특징을 가진
　　　122-124, 127
　　의 다른 성의 옷 입기 35, 48
　　의 여성화 44, 50, 81
　　명예와 수치 118-119
　　의 왜곡에 대한 바울의 논의 61-63
　　과 남자아이와의 성관계 39, 42-43,
　　　118, 122-123
　　의 여성화에 대한 알렉산드리아의
　　　필론의 논의 44
　　의 성매매 39, 125-126, 216
　　의 강간 36-37
남자아이와 성인 남자의 성관계
　　81, 122-123
　　에 대한 알렉산드리아의 필론의 논의
　　　42-43, 118
　　로마의 그러한 관습에 대한
　　　『시빌라의 신탁』의 논의 39
네로 황제 136
노예제도 74-75, 84-85
　　1세기에는 자연스러운 일로 여겨짐
　　　132, 136
　　성경을 사용해 옹호함 159
　　성매매와 구분됨 126
　　에 대해 성경 제쳐 놓기 100, 104
　　성 노예 115-116, 125-126, 132, 182

다른 성의 옷 입기 35, 48
다자 간 연애 관계 291-292
독신 65, 268, 308, 329-330
　　받아들이되 금하라는 반응 69-70
　　선택 대 의무 31, 91-94, 314
　　에 대한 대안으로서 언약적 동반자
　　　관계 298-304

에 대한 힐의 논의 221, 240,
　　　252-253
　　의 고통 331-332
　　에 대한 바울의 옹호 155-156
　　과 영적 우정 226-230, 235-236,
　　　244-247, 252-254
동물
　　창세기에 언급되지 않는 범주
　　　113-114
　　들의 동성 관계 40
　　과의 성관계 34-35
동방교회 190-192
동성애 (또한 결혼, 동성 간을 보라)
　　이방인 수용과 비교해서 본 동성애
　　　수용 147-148
　　를 회개하고 회복하라는 반응
　　　68-69, 72-73, 106-107
　　를 받아들이되 금하라는 반응
　　　69-70, 73, 88-94, 99
　　를 받아들이고 긍정하라는 반응
　　　71-72, 73, 88-89
　　에 대한 긍정 31-32
　　에 대한 로마서 이전 신약성경의
　　　암시들 51-53
　　와 기독교에 대한 책들 13-14
　　를 보는 관점을 고려하는 독자들에
　　　대한 도전 22-23
　　에 대한 인간의 경험과 관점의 변화
　　　27-28
　　를 떠나도록 사람을 바꿈 29
　　에 답하기 위해 성경을 바꿈 30-31
　　에 대한 견해가 다름에 동의하는
　　　그리스도인들 156-159, 186
　　에 대한 지역 사회와 정부의 수용 71
　　크리소스토무스가 논한 욕심과 비교
　　　133-134

『베드로의 묵시』에 나오는
　　우상숭배와 비교 131-132
다른 죄들과 더불어 정죄됨 128-138
　　에 대한 오늘날의 이해 89-90, 144,
　　　223-225
　　에 대한 카운터포인츠의 접근 14-17
　　를 논의할 카운터포인츠 필진 17-20
　　와 언약적 동반자 관계 298-304
　　바울이 왜곡된 행동으로 묘사한
　　　58-59
　　에 대한 초기 유대교 저작들
　　　38-42
　　에 대한 향후 논의들 352-354
　　그리스-로마의 태도와 관습들
　　　48-51, 83, 280
　　에 대한 레위기의 논의 34-36,
　　　117-119, 208-211, 340-342
　　서로 사랑하며 헌신된 결혼 안에서의
　　　146-147, 282-283
　　현대 서구에서의 97, 147, 166, 282,
　　　284-293
　　의 목회적 수용 273-278, 293,
　　　300-304, 325, 349-352
　　의 결과에 대한 바울의 논의 66-67
　　와 성적 열정에 대한 바울의 논의 64
　　와 무엇이 순리인가에 대한 바울의
　　　논의 62-63
　　에 대한 『가짜 포킬리데스』의 논의
　　　40-41
　　와 영적 우정 226-230, 235-236,
　　　244-247, 262-254, 328-331
　　에 대한 연구 11-12
　　에 대한 대법원의 결정 200
　　와 관련된 용어 20-21, 117
　　에 대한 신앙에서 비롯한 다양한
　　　반응들 29

동성애 긍정
  의 정의 21
  과 믿음 지키기 31-32, 73-76
동성애를 받아들이고 긍정하라는 반응
  71-72, 73
동성애를 받아들이되 금하라는 반응
  69-70, 73, 87-94, 99
동성애를 회개하고 회복하라는 반응
  68-69, 72-73, 106-107
드프란자, 메건(Megan DeFranza)
  18-19, 21, 107, 255-259, 333-334,
  340-342, 349
  아담, 하와, 자연에 대한 논의 79-80,
  171-175
  창세기에서 언급되지 않는 범주들에
  대한 논의 113-114, 143, 171-172,
  179-180
  기독교 윤리에 대한 논의 147-148
  동성 간 결혼에 대한 견해가 다름에
  동의하는 그리스도인들에 대한
  논의 156-159, 186
  오늘날의 결혼에 대한 논의
  142-143, 145-146, 167
  그리스도와 교회의 결혼의 유비로서
  이성애 결혼에 대한 논의
  138-142, 181-182
  성 노예와 성 착취를 향한 신약성경의
  정죄에 대한 논의 116-128
  바울의 목회적 어조에 대한 논의
  84-85
  모든 죄를 거부하고 정죄한 바울에
  대한 논의 128-138
  개인적 여정 111-114
  결혼의 출산 기능에 대한 논의
  153-156
  과잉과 착취의 거부에 대한 논의
  134-136
  성차에 대한 논의 114-115
  성적 상호보완성에 대한 논의
  154-156
  소돔에 대한 논의 81-82
  성령이 인도하는 기독교 성 윤리에
  대한 논의 148-156, 185-186
  신학적 진리로서 이성애 결혼에 대한
  논의 138-147
  에 대한 로더의 답변 161-169
  에 대한 힐의 답변 171-178
  에 대한 홈스의 답변 179-186
  답변들에 대한 응답 187-193
  로더에 대한 답변 77-85
  힐에 대한 답변 239-247
  홈스에 대한 답변 315-324

레위기
  알렉산드리아의 필론이 논한 42-43,
  79, 163
  동성애 관계에 대한 금지 34-36,
  117-118, 207-211, 340-342
로더, 윌리엄(William Loader) 17-18,
  21, 255-257, 340-342, 349
  회개하고 회복하라는 반응 68-69,
  72-73, 106-107
  받아들이되 금하라는 반응 69-70,
  73, 87-94, 99
  받아들이고 긍정하라는 반응 71-72,
  73
  초기 유대교 저작에 대한 논의
  38-51
  신앙의 토대로서 성경과 경험 모두
  가져오기 73-76
  동성애 관계에 대한 그리스-로마

사회의 태도에 대한 논의 48-51
성경의 역사적 맥락에 대한 논의
　32-33
동성애와 인간적 경험에 대한 논의
　27-32
요세푸스에 대한 논의 47-48
성경 저자들의 말에 귀를 기울이기
　67-68, 100-102
동성애에 관한 신약성경의 관점 논의
　51-67
동성애에 관한 구약성경의 관점 논의
　34-37
바울이 로마인들에게 편지를 쓴
　이유에 대한 논의 54-57
알렉산드리아의 필론에 대한 논의
　42-47
선택지들 사이의 경중 달아보기
　72-73
에 대한 드프란자의 답변 77-85
에 대한 힐의 답변 87-94
에 대한 홈스의 답변 95-102
답변들에 대한 응답 103-107
드프란자에 대한 답변 161-169
힐에 대한 답변 231-238
홈스에 대한 답변 307-314
로마서 (바울, 사도를 보라)

마술 34
말라코이(*malakoi*)
　정의 117, 217
　잘못을 행하는 사람들이라고 바울
　이 지적한 53-54, 81, 162-163
　남창을 일컫는 말로서 124,
　126-127
　의 번역과 이해 120-122

메노나이트 158-159
모세 46
목회적 수용 273-278, 293, 300-304,
　349-352
『몸의 신학』(*Theology of the Body*) 322
미국심리학회(American Psychological
　Association) 89

바울, 사도
　독신에 대한 옹호 154-155, 314
　동성애를 탐닉한 결과에 대한 논의
　66-67
　왜곡에 대한 설명 57-58
　결혼의 의무에 대한 논의 155-156,
　183
　하나님이 이성애자 남자와 여자를
　창조하셨다는 것에 대한 논의
　63, 70, 71, 104-105, 163-164
　우상숭배에 대한 논의 131, 214-215,
　232-233, 242-243
　의 유대교적 관점 55-56, 95,
　163-164
　의 목회적 어조 84-85
　남자들의 왜곡에 대한 논의 61
　여자들의 왜곡에 대한 논의 60-61,
　233-234
　왜곡된 심리 65-66
　왜곡된 열정과 행동에 대한 논의
　58-59, 70, 96-97, 106
　로마 사람들에게 편지를 쓰는 이유
　54-57
　모든 죄의 거절과 정죄 128-138,
　144-145, 164-165
　성적 열정에 대한 논의 64
　성적 잘못에 대한 경고 53-54

무엇이 순리인가에 대한 논의
 62-63, 79-80, 88, 96, 128-138,
 213-214, 233-234, 250-251
『베드로의 묵시』(Apocalypse of Peter)
 131-132
보스웰, 존(John Boswell) 13
불임인 사람들 153-154, 168, 310-311,
 319-320

상호보완성, 젠더 154-156, 318-320,
 347-349
생리 중의 성관계 34-35, 60
성경 (또한 신약성경; 구약성경을 보라)
 과 기독교 윤리 147-148, 266-269
 을 둘러싼 신학적 논쟁에 대한
  홈스의 논의 263-266
 과 경험 모두를 가져오는 것에 대한
  로더의 논의 73-76, 100-102
 의 역사적 맥락에 대한 로더의 논의
  32-33
 그리스도에 비추어 읽는 200-219
『성경과 동성애 행위』(The Bible and Homosexual Practice) 14
『성경은 동성 결혼에 찬성한다』(The Bible's Yes to Same-Sex Marriage) 137
성관계
 와 피임 274-275
 갈등을 방지하기 위해서 여러 문화가
  제한한 149-150
 와 결혼 266-269, 276
 생리 중의 34-35, 60
 순리에 대한 바울의 논의 62-63
 의 왜곡에 대한 바울의 논의 58-61
 다자 간 연애 관계에서의 291-292
 의 출산 기능 35-36, 44-45, 47-48,
  153-156
 와 성적 열정 64, 155-156, 272-273
성매매
 1세기에는 자연스러운 일로 여겨짐
  132
 이교 행위로서 35
 성 노예와 구분된 126
 남성 39, 125-126, 216
 와 현대의 인신매매 127
 남창에 대한 『가짜 아리스테아스』의
  정죄 40-41
『성에 대한 이해』(Making Sense of Sex)
 17
성적 상호보완성 154-156, 318-320
성폭력 (강간을 보라)
성 혁명 224
세계 성공회 램버스 회의(Lambeth Conference of the Anglican Communion) 274, 298-299
세례 216
 유아 대 신자 159
『섹슈얼리티와 기독교의 몸』(Sexuality and the Christian Body) 294
소도미(sodomy) 279-280
 를 금지하는 현대 법 81
『에녹2서』에 언급된 39-40
 창세기에 사용된 용어 36-37, 119
소돔과 고모라 36-37, 81-82
 와 남성의 명예 119
 에 대한 알렉산드리아의 필론의 논의
  42-47
 가 가르치는 성폭력의 문제 119-120,
  143
소크라테스 49
『솔로몬의 유언』(Testament of Solomon)
 41-42

『솔로몬의 지혜』(Wisdom of Solomon)
41
스토아학파 55-56, 136, 145, 165
『시빌라의 신탁』(Sibyline Oracles) 39
시험관 임신 296-297
신약성경 (또한 예수 그리스도; 바울,
사도를 보라)
    로마서 이전에 나오는 동성애에 대한
암시 51-53
    세례에 대한 논의 216-217
    특정 종류의 성적 죄에 대한 정죄
144
    에 묘사된 고자 115-122
    에 나오는 동성애 본문에 대한 힐의
논의 211-219
『신약성경이 말하는 섹슈얼리티』(The New Testament on Sexuality) 104
『신학 대전』(Summa Theologica)
278-279
심리, 왜곡된 65-66
십계명 39

아르세노코이타이(arsenokoitai)
    정의 117, 217-218
    잘못을 행하는 사람들이라고 바울이
지적한 53-54, 81-82
    성적 착취를 일컫는 말로서 124-126, 127
    에 대한 번역과 이해 120-122
아리스토파네스(Aristophanes) 45-46, 49, 63
『아브라함의 묵시』(Apocalypse of Abraham) 40, 80
아우구스티누스(Augustine) 19
    『결혼의 유익에 대하여』 16, 242,
270-273, 317-318, 325-327
    와 현대 결혼 신학 273-278, 335
    의 출산과 결혼에 대한 논의 153, 167-168, 176, 187-192, 202-207, 220-221, 231-232, 309
    가 설명한 성차 203-205
    의 성적 열정에 대한 논의 272-273
아이(자녀) (또한 결혼의 출산 기능을 보라)
    노예 84-85
    의 학대에 대한 예수님의 논의 51-52
    적통의 316-317
    남자아이와 성인 남자와의 성관계 39, 42-43, 81, 118, 122-123
    시험관으로 태어난 296-297,
    남자아이의 성매매 39
    남자아이에 대한 강간 41-42
    를 제물로 바침 34-35
    『시빌라의 신탁』이 논하는 로마인들의 아이 학대 39
안드라포디스타이스(andrapodistais) 125
『언약과 소명』(Covenant and Calling) 298
언약적 동반자 관계 298-304
에로스 90-91, 245-247
여자
    의 역할과 권리의 변화 74, 100-101, 104, 168-169, 342
    들의 성관계에 대한 기독교 초기의 이해 130-132
    에 대한 그리스-로마의 관점 43-44, 50
    완경한 혹은 불임의 153-154, 168, 295, 310-311, 319-320
    생리 중의 성관계 34-35, 60
    의 안수 159

가부장적 결혼에서의 140-142,
  167-169, 176-177, 184-185, 190
의 왜곡에 대한 바울의 견해 60-61,
  233-234
와 남성의 여성화에 대한
  알렉산드리아의 필론의 논의
  43-44
에 대한 성폭력 119-120
1세기에는 종속되는 것이 자연스러운
  일로 여겨진 137
『여자들 사이의 사랑』(Love Between
  Women) 130
『열두 족장의 유언』(Testament of the
  Twelve Patriarchs) 41, 81
영적 우정 226-230, 235-236, 244-247,
  252-254, 328-331
영지주의 308
예루살렘 공의회 147
예수 그리스도
  의 간음에 대한 논의 84, 98, 106,
    236
  의 아동 학대에 대한 논의 51-52
  의 죽음과 부활 220-223, 316
  의 이혼에 대한 논의 204-205
  '율법의 완성'으로서 158
  의 고자에 대한 논의 52-53, 255-256,
    320
  도덕적 삶에 대한 지침으로서 창세기
    1장과 2장 174-175
  의 결혼에 대한 논의 266-267, 312
  와 교회의 결혼 138-142, 181-182,
    189-190, 205-206, 316
  에 비추어 성경 읽기 200-219
  결혼을 거부하심 289
  음식과 정결에 대한 성경의 율법을
    제쳐 두심 74, 103-104

모든 사람에게 적용되는 가르침 192
오버거펠 대 호지스(Obergefell v. Hodg-
  es) 200
완경한 여성 153-154, 167-168, 295,
  310-311, 319-320
왜곡된 심리 65-66
요세푸스(Josephus) 47-48
『우리의 생각 바꾸기』(Changing Our
  Mind) 137-138
우상숭배 131-132, 214-215, 232-234,
  242-243, 290, 292
유괴 125-126
유대교 문헌
  유대교 배경의 38, 344-345
  비유대교 배경의 39-42
윤리, 기독교 147-148, 266-278,
  290-291
  성령이 인도하는 성 148-153,
    185-186
  와 시험관 임신 296-297
이교 행위 34-35
이레나이우스(Irenaeus) 190-192, 201
이방인 144-145, 225
  에 대한 차별 73-74, 147-148
  에 대한 예루살렘 공의회의 율법 완화
    147-148
  을 향해 말하는 바울 95, 129,
    180-181
  의 죄와 우상숭배 128, 214-215,
    242-243
이혼 74-75, 100-101
  에 대한 예수님의 논의 204-205
  후 재혼 275, 300, 313
인신매매, 현대의 126-127
일부다처제 300-301, 302

재혼 275, 300, 313
젊은 지구 창조론 100
젠더 상호보완성 154-156, 318-320,
　347-349
죽음과 그리스도의 부활 220-223, 316
집단 강간 82, 119, 143

창세기 58
　아담과 하와의 창조 이야기
　　36, 78-81, 113-114, 164, 171-175,
　　187-188, 203-205
　에 언급되지 않은 하나님의 창조
　　113-114, 143, 171-172, 179-180
　에 제시된 성차 203-205
　에 묘사된 소돔 36-37, 42-47, 119
『창조와 언약』(Creation and Covenant)
　347

칼리굴라, 가이우스 황제(Emperor Gaius
　Caligula) 55, 66, 135, 136, 165

타락 211-212, 241, 250-251, 348-349
　으로 거슬러 올라가는 모든 죄
　　233, 242-243
　의 결과로서 동성애를 보는 주장
　　63, 68-69, 164-165, 187-188,
　　334-335
　의 결과로서 인류의 운명 213-214
　의 증거로서 개구리 113
　과 잘못된 방향의 욕망 98-99

파이퍼, 존(John Piper) 15

플라톤(Plato) 40, 45-46, 49, 62
플라톤의 『향연』(Plato's Symposium)
　45-46
플랫, 데이비드(David Platt) 15
피임 274-275
필론, 알렉산드리아의(Philo of Alexandria) 42-47, 64, 80, 311
　사람은 이성애자 남자와 여자로
　　창조되었다는 논의 46-47, 79,
　　163
　창조의 연대에 대한 논의 101
　남성의 여성화에 대한 논의 44
　남성의 명예와 수치에 대한 논의
　　118-119
　남자아이와 성인 남성의 성관계에
　　대한 논의 42-43, 118-119
　『특별 율법』(Special Laws) 42-43

하나님의 삼위일체 속성 139,
『향연』(Symposium) 63
홈스, 스티븐(Stephen Holmes) 19, 21,
　자신이 틀렸을 수도 있다는 인정
　　304
　젠더 상호보완성에 대한 주장
　　318-320, 347-349
　동성 간 결혼을 주장하는 근거들
　　293-304
　결혼 안의 성은 출산을 위한 것이라는
　　주장 343-344, 347
　아우구스티누스와 『결혼의 유익』에
　　대한 논의 270-273, 325-327
　현대 서구의 결혼에 대한 논의
　　284-293, 309-310
　결혼에 대한 현대 신학에 대한 논의
　　273-278

성경을 제쳐 두지 않는 것에 대한
  논의 101-102, 104
목회적 수용에 대한 논의 273-278,
  293, 300-304, 349-352
신학과 신학 논쟁에 대한 논의
  263-266
결혼과 독신 외 세 번째 부르심에
  대한 논의 298-300
현 시대의 문화적 압력을 이해할
  것에 대한 논의 278-293
에 대한 로더의 답변 307-314
에 대한 드프란자의 답변 315-324
에 대한 힐의 답변 325-332
답변들에 대한 응답 333-337
로더에 대한 답변 95-102
드프란자에 대한 답변 179-186
힐에 대한 답변 249-254
힐, 웨슬리(Wesley Hill) 19, 21, 77-78,
  187, 189, 333, 349
  결혼 안의 성은 출산을 위한
    것이라는 수상 343-344, 347
  아우구스티누스의 결혼 신학에 대한
    논의 202-207
  독신에 대한 논의 220-222,
    239-240, 252-254
  동성애와 관련한 기독교 신학에 대한
    논의 219-226
  그리스도의 죽음과 부활에 대한
    논의 220-223
  신약성경의 동성애 본문에 대한 논의
    211-219
  구약성경의 동성애 본문에 대한 논의
    207-211, 240-244
  개인적 여정 197-299
  영적 우정에 대한 논의 226-230,
    235-236, 244-247, 252-254
  에 대한 로더의 답변 231-238
  에 대한 드프란자의 답변 239-247
  에 대한 홈스의 답변 249-254
  답변들에 대한 응답 255-259
  로더에 대한 답변 87-94
  드프란자에 대한 답변 171-178
  홈스에 대한 답변 325-332

성경 찾아보기

창세기
1장 101, 113, 143, 171, 175, 179, 208, 250
1-2장 96, 209, 347
1:20-25 172
1:26-28 203
1:26-27 167, 173, 205, 209, 231, 255
1:26 173, 212
1:27 36, 42, 61, 62, 70, 79, 105, 138, 162, 164, 174, 205, 232-234, 312, 347
1:28 45, 153, 203, 242, 270, 321
1:30 212
2장 143, 171, 173, 175, 179, 180, 182
2:4-25 204, 231
2:15-23 36
2:18-25 45
2:18-23 204
2:18 149, 323
2:24 36, 138, 174, 205, 209, 232, 255, 312, 347
2:25 173
3장 57, 173
3:1 213
3:5 213
3:7 173
3:8 213
3:10-11 173
3:16-20 36

6장 41
6:4 80
9:20-27 37
17장 74
17:1-14 147
19장 36, 45, 143
19:1-8 119
19:4-9 82

출애굽기
4:1-17 93
20:1-21 218
20:2 208
20:14 219
32장 214

레위기
17-26장 208
18장 118, 124, 144, 232, 277, 311, 327
18:1-3 34
18:2 208
18:6-18 34
18:9 120
18:18 120
18:19 34, 120
18:20 34, 210, 219
18:21 34
18:22 16, 19, 34, 36, 79, 117, 119, 208,

209, 210, 211, 218, 232
18:23 34, 120
18:24 34
18:26 210
19:19 35
19:33-34 210
20장 118, 124, 144
20:4 34
20:6 34
20:10 34
20:11-12 34
20:13 19, 34, 36, 45, 66, 79, 117, 119, 208, 209, 218, 232
20:14 35
20:15-16 35
20:17 35, 120
20:18 35
20:19-21 35

신명기
22:5 35
22:22 219
23:1 48
23:17-18 37

사사기
19장 37, 143
19:22 119
19:24-25 119
19:25-28 119

사무엘상
20:41-42 37

사무엘하
1:17-26 37

열왕기상
11:1-3 176
14:21-24 37
15:12-14 37
22:46 37

열왕기하
23:7 37

욥기
36:13-14 37

시편
23편 183
106:20 214
127편 321
127:3-5 153

이사야
1:10 37
3:9 37
54:5-7 139
56:5 188
62:5 205

예레미야
2-3장 205
23:14 37

에스겔
16장 205
16:48-50 37

호세아
1-3장 206

마태복음
5:27-28   98
5:28   236
5:29-30   52
8:5-13   52
11:8   217
19장   96, 221, 326, 344, 348
19:1-12   174
19:1-6   203, 204, 232, 241
19:3-9   146
19:3-4   347
19:3   205
19:4-6   205, 255
19:8   174
19:10-12   266
19:10   271
19:11   240
19:12   53, 112, 161, 241, 255, 308, 314, 320
19:13-15   267
22장   221
22:30   221, 267
22:39   192

마가복음
1:14-15   221
2:27   73
3:31-35   206
7:1-23   74, 100
7:21-23   236
9:42   51
9:43-48   52
10장   221
10:1-12   174
10:1-9   203, 204, 232, 241
10:9-12   75

10:29-31   206

누가복음
7:1-10   52
7:25   217
20:34-36   205

요한복음
4:46-54   52
8:2-11   84
9:3   256
19:26   52

사도행전
15장   351
15:1-31   148

로마서
1장   80, 87, 105, 106, 232-234, 144-145, 213, 243, 281, 327
1:8-15   211
1:16-17   54, 57, 211
1:16   212
1:18-32   95, 212
1:18-25   57-58
1:18-24   128
1:18   57, 215
1:20   65, 129, 212
1:21-23   214
1:21-22   57
1:21   70, 233
1:23   57, 59, 129, 212, 214
1:24-32   128
1:24-27   124, 216
1:24-25   215
1:24   58, 61, 64, 70, 89, 129, 166

1:25　58, 59, 129, 212, 213, 215
1:26-27　16, 19, 63-64, 96, 128, 129,
　　179, 181, 211-216, 213, 215, 233, 250,
　　278
1:26　58-61, 89, 131, 163, 215
1:27　58, 61-63, 66, 89, 132, 133, 166,
　　213, 215, 224
1:28-32　65
1:28　65, 70
1:29-32　66
1:29-31　134
1:32　213
2장　55
2:1-29　128, 212
3:9　212
3:10-18　98
3:10　212
3:21-26　57
3:22-26　54
3:23-24　128
5:12-19　80
5:12-14　211
7장　87
7:7-25　84
7:14-25　98
8:7-9　98
8:23　258
11:13-24　95
11:24　62, 148
13:8-10　87
14:1　157
14:5-6　157
15:7-13　225
16:1-15　81

고린도전서
6장　144, 327
6:1-6　216
6:2-3　217
6:9-11　120, 218, 234
6:9-10　162, 217
6:9　19, 53, 81, 82, 116, 121, 124,
　　216-219
6:11　216, 217
6:15　125
7장　96, 183, 185, 191, 221-223, 234,
　　273, 298, 308, 316, 321, 327, 344
7:1-9　272
7:3-4　156
7:3-5　312
7:4　142
7:4b　80
7:5　155, 301
7:6-7　155
7:7-8　206
7:7　52, 240, 314
7:8-9　314
7:8　266
7:9　64, 269
7:14　155
7:22-23　141
7:26-27　266
7:26　206
7:28　64, 314
7:32-35　156
7:32-34　312
7:36　269
7:38　206, 266
7:40　266
8:4　157
8:7　157

8:13　157
10:7-8　57
10:11　221
11장　183
11:3　62, 183
11:7　203
11:13　62
11:14-15　130
11:16　62
12장　184
12:2　225
14:34-36　74
15:20-28　223

고린도후서
11:2-3　80

갈라디아서
2:20　225
3:28　225
4:10-11　158

에베소서
2:1-3　98
4장　184
4:8-10　177
4:9　177
5-6장　223
5장　142, 150, 175, 176, 183, 189, 192,
　　205, 232, 257, 273, 316, 326, 344,
　　345
5:2　177
5:21　142, 175, 177
5:21-32　207
5:21-25　189-190
5:21-23　190

5:22　142, 175, 177
5:24　177
5:25　177
5:31-32　138, 273
5:31　269, 326
5:32　205, 269, 326
5:33　269
6:1-4　207, 257, 344
6:5-9　344

빌립보서
2:3　190
2:8-11　190

골로새서
1:15　138
3장　345
3:17　142
3:18-19　207
3:20-21　207
3:22　142

데살로니가전서
1:10　215
4:5　57

디모데전서
1장　122, 144
1:9-10　19, 116, 120-121, 162, 234
1:9　218
1:10-11　54
1:10　121, 125-126, 219
2:9-15　74
2:12　140
2:15　207
4:3　207

베드로전서
3:1-7   207

베드로후서
2:7   143

요한계시록
1:5   223

2:17   225
17:14   141
19:7   206, 326
19:9   206
21:1   139
21:2   206, 326
21:9   139, 326

옮긴이 양혜원은 서울대 불문과를 졸업하고 수년간 기독교 서적 전문 번역가로 일했다. 이화여대 대학원에서 여성학 석사를 수료했으며 미국 Claremont Graduate University에서 종교학 석사 및 박사 학위를 받았다. 현재 일본 난잔종교문화연구소에서 객원 연구원으로 연구 활동 중이다. 지은 책으로 『유진 피터슨 읽기』(IVP), 『교회 언니, 여성을 말하다』(포이에마)가 있고, 『페미니즘 시대의 그리스도인』(IVP)을 공저했으며, 옮긴 책으로 『현실, 하나님의 세계』를 제1권으로 하는 유진 피터슨의 영성 시리즈, 『나는 왜 그리스도인이 되었는가』『주님과 거닐다』『마침내 드러난 하나님 나라』『눈뜬 자들의 영성』『인간의 번영』『사랑하는 친구에게』(이상 IVP), 『거북한 십대, 거룩한 십대』『쉐퍼의 편지』(이상 홍성사) 등이 있다. 『너를 사랑하기 때문에』와 『토비아스의 우물』로 제19회 기독교 출판문화상 어린이 부문 번역상을 수상한 바 있다.

동성애에 대한 두 가지 견해

초판 발행_ 2018년 9월 18일
초판 2쇄_ 2023년 8월 10일

지은이_ 윌리엄 로더 · 메건 드프란자 · 웨슬리 힐 · 스티븐 홈스 · 프레스턴 스프링클
옮긴이_ 양혜원
펴낸이_ 정모세

펴낸곳_ 한국기독학생회출판부
등록번호_ 제2001-000198호(1978.6.1)
주소_ 04031 서울시 마포구 동교로 156-10
대표 전화_ (02)337-2257 팩스_ (02)337-2258
영업 전화_ (02)338-2282 팩스_ 080-915-1515
홈페이지_ http://www.ivp.co.kr 이메일_ ivp@ivp.co.kr
ISBN 978-89-328-1646-3

ⓒ 한국기독학생회출판부 2018

책값은 뒤표지에 있습니다.
무단 전재와 복제를 금합니다.